Digitale Kommunikation

von
Rüdiger Grimm

Oldenbourg Verlag München Wien

Prof. Dr. Rüdiger Grimm ist seit September 2000 Professor für Multimediale Anwendungssysteme in der Technischen Universität Ilmenau. Neben seinem Lehrstuhl leitet R. Grimm die Forschungsgruppe „Sicherheit für virtuelle Waren“ des IDMT – Fraunhofer Instituts für Digitale Medientechnologie in Ilmenau. R. Grimm ist Mitglied in mehreren Programmkomitees, darunter bei W3C, IFIP-TC6, Trustbus, EC-Web, BSI, LIT. Er gehört zum Herausgeberrat der Fachzeitschrift DuD – Datenschutz und Datensicherheit und zum Leitungsgremium des Fachbereichs „Sicherheit – Schutz und Zuverlässigkeit“ der deutschen GI – Gesellschaft für Informatik.

Bibliografische Information Der Deutschen Bibliothek

Die Deutsche Bibliothek verzeichnet diese Publikation in der Deutschen Nationalbibliografie; detaillierte bibliografische Daten sind im Internet über <http://dnb.ddb.de> abrufbar.

Rosenheimer Straße 145, D-81671 München
Telefon: (089) 45051-0
www.oldenbourg.de

Lektorat: Margit Roth
Herstellung: Anna Grosser
Umschlagkonzeption: Kraxenberger Kommunikationshaus, München
Gedruckt auf säure- und chlorfreiem Papier
Gesamtherstellung: Druckhaus „Thomas Müntzer“ GmbH, Bad Langensalza

ISBN 3-486-57828-6
ISBN 978-3-486-57828-7

Inhalt

1 Einführung

1.1 Die Fragestellung der digitalen Kommunikation

Wie kommt es, dass Sie, liebe Leserin, lieber Leser, die seltsam geschwungenen schwarzen Linien, die wir Buchstaben nennen, über Ihr Auge aufnehmen, in Ihrem Innern zu Wörtern und Sätzen formen und das „verstehen“, was ich Ihnen sagen will? Wie kommt es, dass Menschen Töne formen, die bei ihren Mitmenschen gehört werden, auf Verständnis stoßen und Wirkung im praktischen Handeln erzielen? Wie funktioniert Sprache, wie funktionieren und wirken das Sprechen und Hören, das Schreiben und Lesen, und wieso verstehen wir uns auf diesem Wege? Von dieser spannenden Frage handelt das Thema Kommunikation.

Das Wort Kommunikation stammt aus dem lateinischen „communicatio“, Mitteilung, das auf „communis“, gemeinsam, beruht. „communicare“ bedeutet sowohl gemeinsam handeln als auch teilen und mitteilen. Die etymologische Wurzel ist im modernen Begriff Kommunikation erhalten geblieben. Bereits die Mitteilung in einer einfachen Rede ist „communicatio“, ein gemeinsames Tun. In weiterem Sinne ist Kommunikation Rede und Gegenrede mit den vielfältigen Bezügen der Kommunikationspartner zueinander und zu ihrem gemeinsamen Handeln.

Digitale Kommunikation bedeutet zunächst Kommunikation mit Hilfe digitaler Medien. Unter den digitalen Medien steht das Internet an erster Stelle mit seinem vielfältigen Angebot an Publikation und Wechselrede. Dass die Kommunikation selbst digital genannt wird, ist aber keine sprachliche Nachlässigkeit, sondern bringt zum Ausdruck, dass die Kommunikation über digitale Medien eine andere wird. Das Besondere an dieser neuen Kommunikationsform besteht darin, dass das digitale Medium Internet die Menschen gleichzeitig voneinander trennt als auch einander nahe bringt. Die Nähe wird durch den raum- und zeitübergreifenden Zugang zum Netz hergestellt, die Trennung entsteht durch den Verlust der sinnlichen Wahrnehmung der physischen Präsenz, das erlebt der Nutzer als Virtualisierung der Partner und Gegenstände. Die Neuartigkeit der Kommunikation über die digitalen Medien rechtfertigt ihre Bezeichnung als digitale Kommunikation. Das ist der Gegenstand dieses Buches.

Der rasche Siegeszug der Kommunikationstechnik von einer Nischentechnologie in das Zentrum alltäglichen Lebens während der 1990er Jahre ist Anlass zur Beschäftigung mit dem Thema der digitalen Kommunikation. Internet und Mobilfunk im Verein mit einer beispiellosen Miniaturisierung der Bauelemente verschaffen zunehmend mehr Menschen weltweite, zeitlich unbegrenzte und mobile Erreichbarkeit. Es ist allerdings zu beachten, dass der Zugang zum Netz und zu seinen Inhalten sowohl über die ganze Welt insgesamt als auch innerhalb der Gesellschaften ungleich verteilt ist. Die Trennung der Menschen, die keinen Zugang haben, von denen, die „im Netz" sind, wird unter dem Stichwort „Digital Divide" behandelt (Warschauer 2002). Zur Überbrückung dieser Trennungslinie („Bridging the Digital Divide") gibt es zahlreiche Initiativen (s. z.B. www.digitaldividenetwork.org). In diesem Buch wird der Digital Divide selbst nicht problematisiert, sondern der optimistische Standpunkt eingenommen, dass die Überbrückung erfolgreich sein wird.

Unter den zahlreicher werdenden Menschen, die Zugang zu den Kommunikationsnetzen haben, stiftet das Medium selbst neues Kommunikationsverhalten. Das elektronische Bezahlen oder der Download digitaler Musik verschaffen gegenüber dem Reisen mit Kreditbriefen bzw. dem Besuch eines Konzerts neue Handlungs- und Erlebnisräume. Das Medium in Form der programmierbaren und in großen Infrastrukturen vorgehaltenen Kommunikationsnetzen wird „aktiv", es erzeugt neue Kommunikationsformen, und es wird neuen Kommunikationsanforderungen angepasst. Deshalb fügt Pürer (2001) mit Recht zu den traditionellen Kommunikationsformen subanimale, animale und humane Kommunikation sowie Massenkommunikation nach Merten (1977) die „Computer vermittelte Kommunikation" hinzu. Von dieser ist in diesem Buch unter dem Thema „Digitale Kommunikation" vor allem die Rede, aber da diese in einer dynamischen Wechselwirkung mit der humanen Kommunikation steht, wird die Sprachphilosophie ebenfalls berücksichtigt.

Wir stellen uns den Menschen als denkendes und sprechendes Wesen vor. Menschen sprechen miteinander, indem sie durch den sie trennenden Raum hinweg Zeichen austauschen und dabei beim Partner einen ihren eigenen Gedanken analogen Sinn erzeugen. Dabei können Sprecher und Hörer in Gruppen auftreten, im Chor, auf der Bühne, auf dem Podium, bzw. als Publikum. Sie können zu zweit oder in kleinen Gruppen miteinander sprechen und wechseln sich dabei in ihren Rollen als Sprecher und Hörer ab. Selbst die Gedanken des schweigenden Menschen sind als „Selbstgespräch der Seele" (Platon) vorstellbar. All das verstehen wir als Kommunikation und beziehen dabei über das gesprochene Wort hinaus Schrift, Bild und Ton sowie symbolische Handlungen und körperliche Berührungen ein.

Kommunikation ist zwar alltäglich, aber dennoch staunenswürdig. Wie transportiert sich eigentlich Sinn von einem Menschen zum anderen und gar zu vielen in gleicher Weise? In Zeiten spiritueller Erweckung wird dieses Phänomen als Wunder gepriesen, das Christentum verehrt darin den Heiligen Geist.

Abbildung 1.1: *Geistausgießung, Buchmalerei, Pariser Stundenbuch, Folio 127 r, Sammlung Renate König, Erzbischöfliches Diözesenmuseum Köln.*

Und in der Tat stellt es sich auch der Wissenschaft als außerordentlich komplex dar. Die moderne Kommunikationswissenschaft nähert sich dem Phänomen durch eine modellhafte Zerlegung in die vier Bestandteile Sender, Empfänger, Botschaft und Medium.

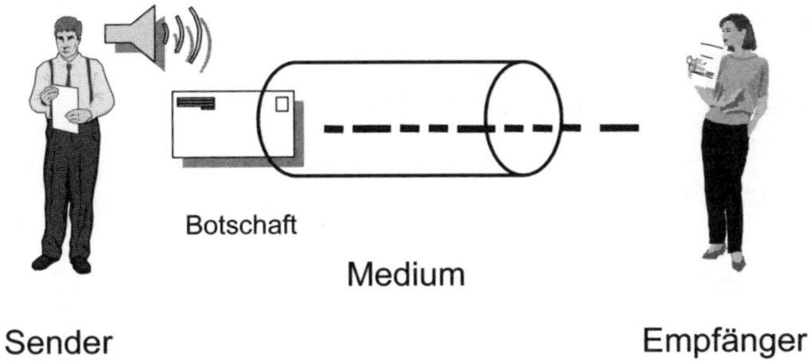

Abbildung 1.2: *Kommunikationsmodell Sender-Empfänger-Botschaft-Medium.*

Im Blickpunkt der „digitalen Kommunikation“ steht zunächst das Medium der Kommunikation im technisch-informatischen und sprachlichen Sinne. Das Medium transportiert nicht nur die Botschaft im Wortlaut, sondern auch ihren Sinn. Es ist durch zwei Schichten hindurch zugänglich: die technische der Physik, Medientechnik und Informatik sowie die philosophische der Sprache. Die Physik beleuchtet die Gesetzmäßigkeiten von Schall und elektromagnetischen Wellen. Die Medientechnik sorgt für die maschinelle Realisierung der Eingabe, Ausstrahlung und Übertragung der Symbole. Die Informatik behandelt die Kodierung, die Austauschlogik und die automatische Verarbeitung der Symbole auf der medientechnologischen Grundlage der Maschinen. Umgekehrt beeinflussen informatorisch-logische Einsichten provokativ die Konstruktion der Maschinen. In der philosophischen Schicht werden das Funktionieren von Sprache, das Verständnis der Menschen und die Einbettung in ihren Handlungskontext untersucht.

Kommunikation ist damit noch nicht vollständig beschrieben. Es fehlt noch der biologische Zugang der Menschen zum Medium, seine Sinnesorgane sowie die soziologische Komponente der kommunikativen Kooperation und der Organisation von Gesellschaft. Hier wechselt der Blickpunkt vom Medium zu den Sendern und Empfängern und ihren Umgang mit den Botschaften. Biologie (und Psychologie) sowie Soziologie (und in ihrem Gefolge Ökonomie und Jura) spielen sogar eine bedeutende Rolle in der technischen Entwicklung von Kommunikation. Zum Beispiel Biologie und Wahrnehmungspsychologie: gute Endgeräte etwa müssen auf die Sinnesorgane abgestimmt sein, Kompressionstechniken berücksichtigen diejenigen physikalischen Wellenbereiche, die von den Sinnesorganen nicht wahrgenommen und deshalb weggelassen werden können. Erst die Soziologie kann die politische Dimension der Medienwirkung mit all ihren neuen Anwendungen, wie zum Beispiel elektronische Wahlen, omnipräsente Nachrichten, unbegrenzte passive Erreichbarkeit usw. erklären und trägt auf diese Weise umgekehrt zur Gestaltung der Technik bei. Und die Bedeutung der ökonomischen Dimension der modernen Kommunikationsformen steht außer Frage.

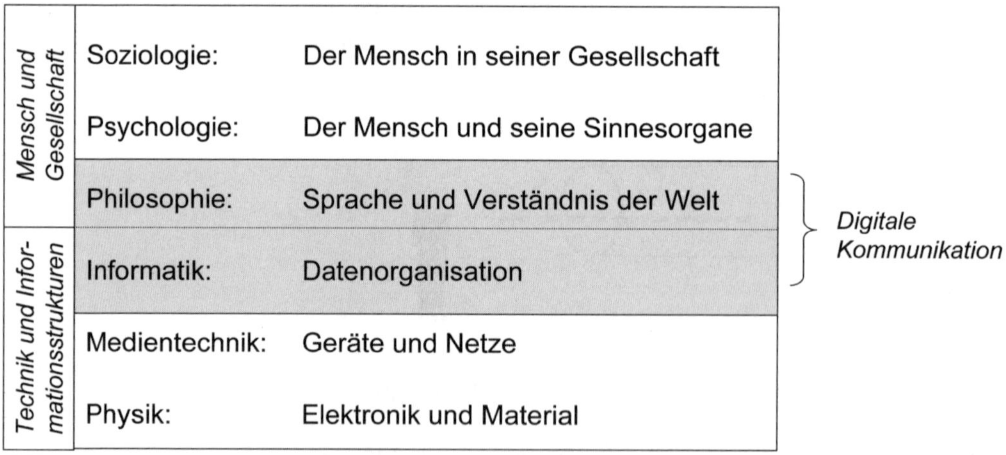

Abbildung 1.3: Ein Schichtenmodell des Kommunikationsmediums.

Die Untersuchung der digitalen Kommunikation beschränkt sich aber auf die Schnittstelle zwischen Informatik und Sprachphilosophie. In der Informatik wird ein abstraktes Modell der Maschinen und ihrer Physik mitgedacht, und hinter der Philosophie der Sprache wird eine sinnvolle Kooperationsform der Menschen unterstellt. Zur vertieften Behandlung der technischen Dimension einerseits und der soziologischen Dimension andererseits sei auf die weiterführende Literatur verwiesen, etwa auf (Tanenbaum 2003) für eine ausführliche Behandlung der Kommunikationstechnik und auf (Döring 2003) als Standardwerk der Sozialpsychologie des Internet.

Die mathematisch basierte Informatik abstrahiert von den elektromagnetischen Impulsen, indem sie sie als Bits und Bytes modelliert und diese zu komplexeren „Datenwörtern" zusammensetzt. Sie behandelt die Logik ihrer syntaktischen Kodierung, Speicherung, Weiterverarbeitung und ihres Transports. Erst die Medientechnik setzt die abstrakten Bits in reale Elektronik um. Die Kodierung des Sinns in Sprache dagegen ist Gegenstand der Sprachphilosophie von Platon bis zu Wittgenstein und Searle, die nicht zu so eindeutigen Aussagen wie die Physik oder Mathematik kommt und gleichwohl das Phänomen der Sprache erhellt.

Von hervorragendem Interesse für das Verständnis der digitalen Kommunikation ist das Zusammenspiel von Syntax und Semantik von Kommunikation. Sowohl in der humanen Kommunikation als auch in der informationstechnischen Unterstützung durch Computer und Netze unterscheidet man Syntax und Semantik. In der Sprachphilosophie unterscheidet man dabei den Wortlaut vom Wortsinn. Die Syntax bestimmt die Form des Sagens und Hörens, sie drückt sich in Orthographie und Phonetik (technischer: in der Kodierung) und in Grammatik aus. Die Semantik umfasst den Inhalt des Verstehens und Wollens bis hin zur Wirkung des Gesagten (Bentele/Bystrina 1978, Searle 1980). In der Informatik spezifiziert man in der Syntax die Daten und ihre Austauschregeln, während man unter Semantik die Zustandsveränderungen in den Datenverarbeitungseinheiten durch die Verarbeitungsprozesse und in weiterem Sinne die Weiterverarbeitung der Daten in den sendenden und empfangenen, sozusagen in den kommunizierenden Instanzen, versteht (z.B. Nagl 1990, S. 29). Die höchste semantische Instanz nimmt dabei der menschliche Nutzer in seiner pragmatischen Umsetzung von Kommunikation in seinen Handlungskontext ein.

Das Zusammenspiel zwischen Syntax und Semantik wird in diesem Buch an der Schnittstelle zwischen der Kommunikationstechnik im informatischen Sinn und dem inhaltlichen Ziel menschlicher Kommunikation sichtbar gemacht. Dabei werden folgende Fragen beantwortet:

Sprachphilosophisch:

- Wie funktionieren Sprache und Kommunikation von Menschen?
- Wo liegt die Grenze zwischen Syntax und Semantik? Was braucht man über den Wortlaut hinaus zum Verständnis von Kommunikation? Wie eindeutig ist Sprache?
- In welchem Maß lässt sich Kommunikation automatisieren und in welcher Weise muss der handelnde Mensch Entscheidungen treffen und Verantwortung übernehmen?

Kommunikationswissenschaftlich:

- Welche Kommunikationsmodelle eignen sich zur Beschreibung menschlicher Kommunikation?

- Welches Referenzmodell eignet sich zur informatischen Beschreibung der technischen Unterstützung von Kommunikation?
- Was ist ein Kommunikationsprotokoll im informatischen Sinne?

Technisch-informatisch:
- Wie funktioniert das Internet mit seinen Anwendungen E-Mail und World Wide Web?
- Wie kommt es, dass eine E-Mail auf einem Laptop in Australien in wenigen Sekunden auf einem anderen Laptop in Deutschland ankommt? Was heißt überhaupt „abschicken" und „ankommen", und was tut das Netz dazwischen?
- Protokolle: Wie übertragen zwei Automaten einander Daten?
- Datenformate: Wie werden Daten digitalisiert, damit sie sich im Netz bewegen können?

Das vorliegende Buch über die Grundlagen der Digitalen Kommunikation behandelt die ersten drei Abteilungen über sprachphilosophische, kommunikationswissenschaftliche und technisch-informatorische Fragen. Die anderen Abteilungen über Konzepte, Anwendungen und wissenschaftspolitische Anforderungen gehören in ein zweites Buch über die Anwendungen der Digitalen Kommunikation (in Planung). Das Buch über die Grundlagen der Digitalen Kommunikation hat die folgenden Abschnitte:

1. Einleitung
1.1 Fragestellungen der Digitalen Kommunikation
1.2 Semiotik: Syntax, Semantik und Pragmatik
1.3 Information

I. Sprachphilosophie

2. Algorithmen (Rekursion, Funktionen, Church-Turing, Halteproblem)
3. Sprache (Universalienstreit, Wittgensteins Tractatus und Sprachspiele, Sprechakttheorie)

II. Modelle der Kommunikation

4. Kommunikationswissenschaftliche Modelle
5. Telekooperationsmodell (Person, Rolle, Akteur, Ziele, Erfolgskopplung)
6. Shannons mathematisches Modell der Übertragungskanäle
7. OSI-7-Schichten Referenzmodell der Kommunikationstechnik (OSI- u. Internet-Modell)

III. Informatik der Kommunikationsnetze

8. Protokolle (Formale Darstellung und die Beispiele Bitübertragung, SMTP/E-Mail, HTTP/World Wide Web und E-Commerce)
9. Datenformate (ASCII, E-Mail, MIME, ASN.1, XML und HTML)

1.2 Die semiotischen Ebenen Syntax, Semantik und Pragmatik

1.2.1 Die semiotischen Ebenen

Die Wissenschaft der Zeichen ist durch den Roman „Der Name der Rose" von Umberto Eco (1980) populär geworden. Nach dem griechischen Wort σεμα für „das Zeichen" heißt diese Wissenschaft Semiotik. Grundlagen und Probleme der Semiotik werden ausführlich in (Bentele/Bystrina 1978) behandelt. Die Semiotik unterscheidet drei Aspekte von Sprache, die syntaktische, semantische und pragmatische Ebene,

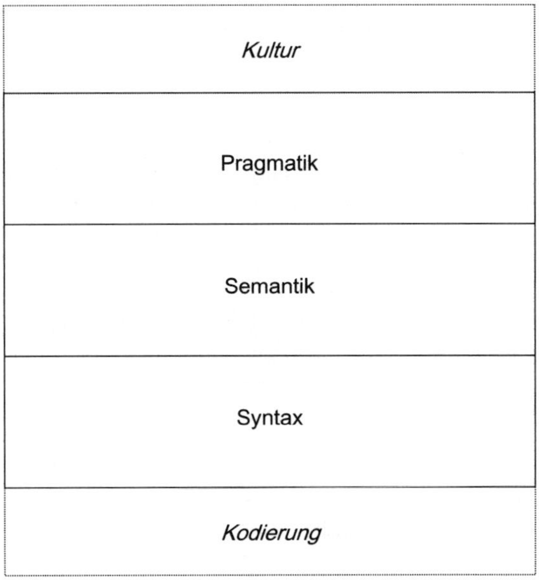

Abbildung 1.4: Die drei semiotischen Ebenen Syntax, Semantik und Pragmatik

Syntax ist, kurz gesagt, das Regelwerk korrekter Ausdrucksformen. Semantik ist die Bedeutung von Ausdrucksinhalten. Pragmatik ist die Bedeutung von Inhalten in Bezug auf einen Handlungskontext. Das Verhältnis zwischen Syntax und Semantik ist von besonderem Interesse. Syntax bestimmt zwar die Semantik mit, aber nicht allein. Gegen die Vorstellung, dass die Semantik von Sprache durch syntaktische Regeln, und seien es auch erst in der Zukunft zu erforschende, determiniert sein könnte, sprechen gewichtige Gründe, die die Sprechakttheorie formuliert (Wittgenstein 1953, Austin 1962, Grice 1968, Searle et al. 1980, vgl. Kapitel 3 in diesem Buch über die Spezifikationsfähigkeit von Sprache).

Die sehr simple Schichtung der drei semiotischen Ebenen untereinander in Abbildung 1.4 wird durch eine etwas komplexere Darstellung in Abbildung 1.5 verfeinert, bleibt aber auch dort eine modellmäßige Vereinfachung.

1.2.2 Syntax

Unter Syntax einer Sprache versteht man das Regelwerk, das entscheidet, ob eine Zeichenfolge Wörter und Sätze dieser Sprache bildet oder nicht. Weitergehend kann man die Kodierung der Zeichen des Alphabets, also die Darstellung des Alphabets, zur Syntax hinzurechnen. In der Kommunikationstechnik wird die Kodierung von Zeichen durch den Signalcode bestimmt. Technisch legt man fest, welche physikalischen Signale, etwa Stromimpulse oder elektromagnetische Wellenparameter, welchem Zeichen zuzuordnen sind. Als grundlegendes Zeichen ist heute das duale Bit üblich. Kombinationen von Bits werden dann zu Symbolen (bzw. Zeichen – diese beiden Begriffe werden hier synonym verwendet) zusammengesetzt. Wichtigstes Beispiel für die digitale Kodierung von Buchstaben in der Schriftsprache ist das 256 Zeichen umfassende ASCII-Alphabet.

Die Regeln für die Zusammensetzung von Zeichen zu korrekten Wörtern und Sätzen nennt man Grammatik. Es gibt Grammatiken für formale Sprachen und anders geartete Grammatiken für Umgangssprachen. Formale Sprachen spielen für die Steuerung programmierbarer Automaten eine fundamentale Rolle, Programmiersprachen und Kommunikationsprotokolle werden mit Hilfe formaler Sprachen untersucht und konstruiert (Eilenberg 1974).

Umgangssprachliche Grammatiken bestehen aus vier Teilen: aus der Satzlehre (Syntax), der Formenlehre (Morphologie), der Rechtschreibung (Orthographie) und der Lautlehre (Phonologie). Syntax und Morphologie bilden den Rahmen für das richtige Zusammensetzen von Wörtern in ihren Flexionsformen zu verständlichen Sätzen. Eine Grammatik legt fest, welche Sätze korrekt sind. Verkürzt bezeichnet man das als „syntaktische Korrektheit".

Zeichencodes haben keine Bedeutung für die Sende- und Empfangsstation. Diese erhalten die Zeichen von Instanzen, die sie erzeugten, und geben sie – gewissermaßen unbesehen – weiter an andere Instanzen, die sie verstehen und weiterverarbeiten werden.

1.2.3 Semantik

Unter dem semantischen Aspekt von Sprache versteht man die Zuordnung von Zeichen zu einer Bedeutung. Bedeutungen sind zwar grundsätzlich handlungsrelevant, aber auf der semantischen Ebene abstrahiert man von konkreten Handlungszusammenhängen. Das Wort „Tür" hat eine allgemein verständliche Bedeutung unabhängig von konkreten Türen, die in gewissen Kontexten von anderen Türen zu unterscheiden sind. Der Satz „Anton liebt Berta, aber Berta läuft von Anton davon" ist unmittelbar verständlich, auch ohne dass man konkrete Personen Anton und Berta kennt.

Wenn auch das Regelwerk der Syntax von Bedeutungen absieht, bestimmt in der Kommunikation die syntaktische Zusammensatzung der Zeichen ihre Bedeutung wesentlich mit (aber nicht ausschließlich!). Durch Weglassen, Hinzufügen, Verändern und Vertauschen von Buchstaben, Wörtern und Sätzen verändert sich ihre Bedeutung. Wenn man in dem oben formulierten Satz die Wörter Anton und Berta in beiden Halbsätzen vertauscht, ist die Bedeutung dahingehend verändert, dass die werbende und ablehnende Rolle zwischen Mann und Frau vertauscht sind. Die Bedeutung wird noch stärker verändert, wenn man die Namen nur in einem der Teilsätze vertauscht, im anderen aber belässt, denn nun erhält man eine Aussage über ein paradoxes Verhalten einer Person. Syntaktisch korrekte Sätze finden immer einen fantasierten Handlungshintergrund, auf dem sie eine Bedeutung hätten, auch wenn sie auf den ersten Blick paradox erscheinen, etwa der Satz „Alle Türen fliegen hoch".

Eine korrekte Syntax entscheidet über korrekte Sprache. Die Unterscheidung zwischen guter und schlechter Sprache dagegen geht über ihre Syntax und über das Verstehen von Bedeutung hinaus. Sie wird durch kulturellen Konsens bestimmt. Im Deutschen gelten beispielsweise Luther, Goethe, Storm, Fontane und Mann als Meister ihrer Zeit für guten Schreibstil. Für bestimmte Anwendungen von Sprache gibt es Stilfibeln, Briefsteller usw. Publikationsorgane pflegen ihren eigenen Stil und unterscheiden sich zum Teil bewusst voneinander. Der Stil der Bild-Zeitung unterscheidet sich durch plakative, einfache Sätze deutlich von der differenzierenden Sprache etwa der Frankfurter Allgemeinen und der Süddeutsche Zeitung. Guter Stil ist nicht mehr Gegenstand der semiotischen Aspekte von Sprache, sondern gehört zu einer Kultur von Sprache, Kommunikation und ihrer Wirkung.

1.2.4 Pragmatik

Die Zuordnung einer abstrakten Bedeutung eines Zeichens auf einen konkreten Handlungszusammenhang ist der pragmatische Aspekt einer Information. Wie gesagt, braucht jede Bedeutung einen – mindestens fantasierten – Handlungszusammenhang. Unter dem pragmatischen Aspekt von Sprache wird aber der Handlungszusammenhang konkretisiert.

Die Grenze zwischen Semantik und Pragmatik ist fließend. Bedeutung (Semantik) hat immer einen Handlungshintergrund (Pragmatik). Gleichwohl ist es oft nützlich, Bedeutungen über mehrere verschiedene Handlungsmöglichkeiten hinweg zu untersuchen. Unter dem semantischen Aspekt eines Wortes, eines Satzes usw. versteht man alle möglichen Bedeutungen, die dieses Zeichen in verschiedenen Handlungszusammenhängen haben kann. Unter dem pragmatischen Aspekt eines Wortes, eines Satzes usw. versteht man die Bedeutung in einem bestimmten Zusammenhang, der sich von der Bedeutung in einem anderen Zusammenhang unterscheiden kann. Der Satz „Alle Türen fliegen hoch" hat in dem Kinderspiel, bei dem die Kinder bei allen flugfähigen Objekten die Hände heben müssen, eine andere Bedeutung als bei der Schilderung einer Explosion in einer Tischlerwerkstatt.

Oftmals ist die Unterscheidung zwischen Semantik und Pragmatik nicht wichtig. Bei der digitalen Kommunikation etwa wird vornehmlich das Zusammenspiel zwischen Syntax und Semantik untersucht, deshalb fasst man hier Semantik und Pragmatik der Einfachheit halber zusammen.

Das Verhältnis zwischen dem syntaktischen und semantisch-pragmatischen Aspekt von Sprache wird etwa von der Sprechakttheorie erhellt (Wittgenstein 1953, Austin 1962, Grice 1968, Searle et al. 1980, vgl. Kapitel 3 in diesem Buch).

In Abbildung 1.5 sind die komplexen Zusammenhänge zwischen Syntax, Semantik und Pragmatik mit ihrer Einbettung in den soziokulturellen Hintergrund vereinfacht graphisch dargestellt.

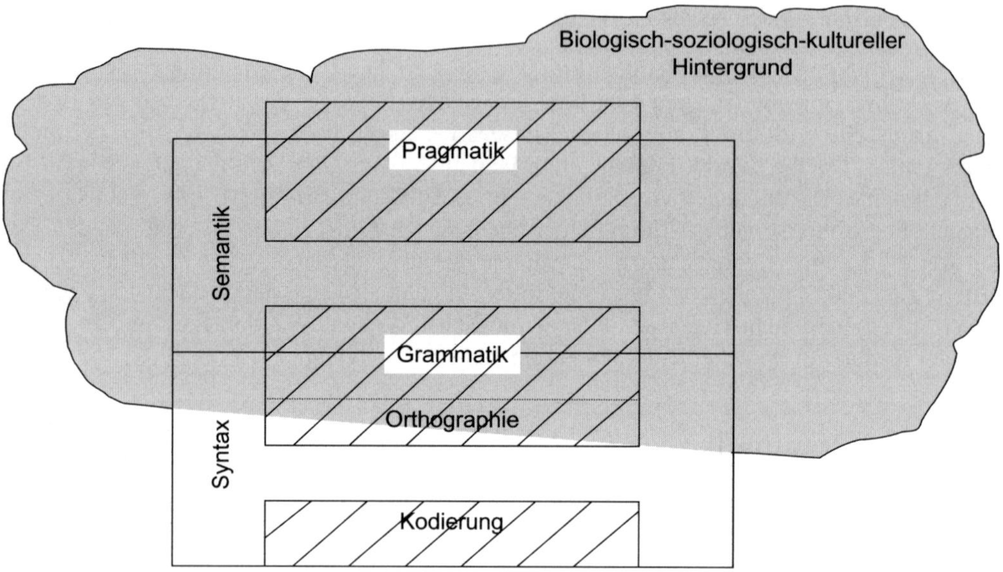

Abbildung 1.5: Das Zusammenspiel zwischen Syntax, Semantik und Pragmatik

1.2.5 Syntax und Semantik in der Informatik

Informatik
Die Informatik ist eine Strukturwissenschaft, die sich mit der Information und deren automatischer Verarbeitung befasst. Die Wurzeln der Informatik liegen in der Mathematik, der Physik, der Elektrotechnik, der Nachrichtentechnik und den Wirtschaftswissenschaften. Als Hilfswissenschaft anderer Fachgebiete bildet die Informatik deren Gegenstände in abstrakte Strukturen ab und deren Prozesse in Algorithmen. Der in Europa geprägte Begriff Informatik deckt unter anderem die Felder ab, die im Englischen mit „*computer science*" und „*information systems*" bezeichnet werden. (www.wikipedia.de, Stichwort „Informatik", download 10.1.2005)

Der Studiengang Informatik wurde in Deutschland 1970 an mehreren Universitäten eingeführt, darunter in Karlsruhe, Darmstadt, München und Dresden. Durch ihre Thematisierung von Information hilft die Informatik auch der Kommunikationswissenschaft zur Aufklärung von Kommunikationsprozessen. Das drückt sich etwa in dem Fach „Digitale Kommunikation“ des Studiengangs Angewandte Medienwissenschaft an der Technischen Universität Ilmenau aus.

Während die Theoretische Informatik mathematische Modelle und Konzepte behandelt, entwickelt die Praktische Informatik Methoden der Programmierung und der Realisierung von Softwaresystemen. In beiden Bereichen spielt die Spezifikation von Daten, Objekten, Modulen und Architekturen von Systemen eine wichtige Rolle. In diesem Zusammenhang verwendet die Informatik die Begriffe Syntax, Semantik und – seltener – Pragmatik.

Wie in der Semiotik üblich, bedeutet ganz allgemein auch in der Informatik

- *Syntax* das Regelwerk zur Zusammensetzung von Zeichen zu korrekten Objekten (Wörtern, Sätzen, Modulen) der Sprache,
- *Semantik* die Bedeutung von Objekten in Bezug zu ihrem System- und Prozessumfeld,
- *Pragmatik* die Bedeutung von Objekten in ihren Anwendungen.

Die semiotischen Begriffe haben aber eine konkretere, wohl definierte Bedeutung im Rahmen der Softwaretechnik. Nagl etwa definiert alle drei Begriffe in (Nagl 1990, 1.8, S. 28 ff.).

Syntax

Die Syntax legt demnach „bei Textsprachen fest, welche Zeichenfolgen oder Sätze als zur Sprache gehörend betrachtet werden bzw. welche nicht“ (Nagl 1990). Syntax wird mit Hilfe einer vollständigen Aufzählung aller Wörter und Sätze oder mit Hilfe generativer Regeln (Chomsky 1963a) oder einer Mischung aus beidem spezifiziert.

Dabei wird unterschieden zwischen „kontextfreier Syntax“, die lokale Gültigkeit hat, und „kontextsensitiver Syntax“, die Bezug zur Syntax anderer, paralleler oder übergeordneter Objekte nimmt. Für die generativen Regeln zur Erzeugung korrekter Wörter hat Chomsky eine Hierarchie von Grammatiktypen aufgestellt (Chomsky 1963a und 1963b). Unter diesen sind die kontextfreien Grammatiken dadurch gekennzeichnet, dass Regeln zur Ersetzung von Termen durch andere Terme unabhängig davon gelten, in welche Terme die zu ersetzenden Terme eingebettet sind. Bei den kontextsensitiven Grammatiken dagegen kann eine Ersetzungsregel für einen zu ersetzenden Term durchaus seine Einbettung in bestimmte andere Terme voraussetzen. Ein anderes Beispiel: Bei der Spezifikation von Modulen ist es wichtig festzulegen, ob ein Funktionsname und die zugehörigen Ein- und Ausgabeparameter nur innerhalb seines Moduls gelten (kontextsensitiv) oder im gesamten Softwaresystem, d.h. auch in allen anderen Objekten des Systems (kontextfrei). Die Abstract Syntax Notation No. 1 (ASN.1 1992) etwa unterscheidet zwischen *universal*, *application-wide* und *context-specific* Datentypen. Beispiele für universelle Datentypen sind *integer* für ganze Zahlen und *char* für Buchstaben. Beispiele für anwendungsweite Datentypen sind das *From-*, *To-* und *Subject*-Feld für die gesamte Message Handling Anwendung.

Semantik

Die Semantik behandelt „die Bedeutung des Zusammenbaus von Sprachelementen zu größeren Einheiten“ (Nagl 1990). In der Informatik wird zwischen „statischer Semantik“ und

„dynamischer Semantik“ unterschieden. Oliver et al. (1997, S. 49-50) beschreiben die statische Semantik von Objekten durch die Festlegung ihrer

- Namen,
- Attribute,
- Funktionen,
- Klassifikation (gleiche Attribute und Funktionen mit anderen Objekten),
- Zusammensetzbarkeit mit anderen Objekten
- und Vererbungsregeln ihrer Attribute und Funktionen.

Die dynamische Semantik dagegen legt für Objekte (Funktionen, Module) fest, wie sie im laufenden Prozess auf das System wirken. Systemprozesse werden formal durch Zustandsübergänge, so genannte Transitionen beschrieben. Zustände werden über die Belegung von Daten und Zugriffe von Objekten auf andere Objekte beschrieben. Eine Transition beschreibt also den Zustand des Systems vor und nach einer Operation. Es gibt einen beobachtbaren Zustand, und die Semantik einer Operation drückt deren Auswirkung auf den Zustand aus. Zum Beispiel: die Operation „push“ fügt einem Datenspeicher vom Typ „Stack“ das im „push“-Parameter angegebene Element hinzu, und die Operation „pop“ stellt in einem Parameter das zuletzt hinzugefügte Element eines „Stacks“ zur Verfügung und entfernt es dabei vom „Stack“.

Korrektheit von Programmen sind in diesem Sinne eine semantische Eigenschaft: sie besagt, dass die Zustandsübergänge, die durch die Operationen eines Programms ausgeführt werden, so erfolgen, wie es gewünscht ist, präzise: wie es formal spezifiziert ist. Zu diesem Zweck kann man Zustandsübergänge in Form von formalen Vor- und Nachbedingungen oder in Form algebraischer Gleichungen spezifizieren. Ein einfaches Beispiel für eine algebraische Gleichung ist die Festlegung: „erst Auslesen eines Datums, dann Zurückschreiben des Datums führt zum Ausgangspunkt zurück: Pop∘Push=Id“ (ausführlicher bei Nagl 1990, 4.2, S. 85 ff.; und Saake/Sattler 2004, 7.2, S. 181 ff.). Regeln dieser Art nennt man in der Informatik „formale Semantik“.

Eine andere Sicht der formalen Semantik erhält man, wenn man Datenverarbeitungsprozesse als Funktionen interpretiert. In dieser funktionalen Sichtweise bilden Datenverarbeitungsprozesse Eingabewerte auf Ausgabewerte ab und realisieren auf diesem Weg eine Funktion der Eingabeparameter. Die Algorithmen, die die Prozesse ausführen, bilden dabei die Syntax des Prozesses, die Funktionen, die sie realisieren, bilden die Semantik der Algorithmen (Saake/Sattler 2003, S. 19). Unter diesem so genannten „applikativen“ Algorithmenbegriff ist also die „Bedeutung“ (Semantik) eines Algorithmus seine Funktion (Wirkung), die er auf die Eingabeparameter ausübt, und umgekehrt wird eine Funktion durch einen Algorithmus, der den ganzen Rechenvorgang bis in kleinste, einfache Rechenschritte zerlegt, syntaktisch spezifiziert. Das ist in Kapitel 2 dieses Buches über Algorithmen genauer ausgeführt.

Pragmatik

Die Pragmatik, die das „Verhältnis der Sprache zu ihrer Umwelt“ behandelt, wird zur Präzisierung in der Informatik unterteilt in die

- mechanische Pragmatik, die von der Übersetzbarkeit von Programmen, von der Werkzeugunterstützung bei der Bearbeitung und von der Weiterverarbeitung durch aufrufende Prozesse handelt;
- menschliche Pragmatik, die davon handelt, wie gut ein Softwaresystem als Modell zu ihrer Anwendung passt: das ist wesentliche Aufgabe einer Projektdurchführung;
- ökonomische Pragmatik, die von dem Wert der Objekte eines Softwaresystems, etwa dem Wert elektronischer Dokumente in einer E-Commerce-Anwendung handelt.

Diese Unterteilung bei (Nagl 1990) wird in der Informatik allgemein so akzeptiert, wenn auch nicht immer mit diesen Begriffen. Beispielsweise nennt Pressman die mechanische Pragmatik den „semantic domain“: „The semantic domain of a specification language indicates how the language represents the system requirements.” (Pressman 2001, 25.4, S. 689)

Bei Kommunikationssystemen behandelt die dynamische Semantik die Zustandsübergänge der Protokollautomaten. Die mechanische Pragmatik behandelt dagegen die Eingabe und Weiterverarbeitung von Protokolldatenelementen durch die nächsthöhere Kommunikationsebene, die das darunter liegende System als Dienstleister verwendet.

Beispiel Internet

Eine Internet-Anwendung wie E-Mail oder das World Wide Web (WWW) zerlegt ihre Aufgabe in verschiedene Dienstschichten, die alle ihre eigene Syntax und Semantik haben (vgl. Kapitel 7 in diesem Buch über das OSI-Referenzmodell). Die Anwendungsschicht tauscht mit Hilfe der Transportschicht über das Internetprotokoll (IP) Anwendungsdaten aus. Das Transportprotokoll TCP des Internets kennt dabei nur *Transport Records*, aber keine Anwendungsdaten wie eine E-Mail oder eine HTML-Seite. Das Anwendungssystem, in unserem Beispiel etwa das WWW, verwendet das Internet als Dienstleister, zerlegt Anwendungsdaten, etwa eine HTML-Seite, in *Transport Records* und sendet sie dann über den TCP-Dienst des Internets. Der TCP-Dienst führt die Zerlegung in Pakete durch, und verschickt diese über das Internet-Protokoll. Im Anwendungsprotokoll, etwa HTTP für das WWW, öffnet die Clientanwendung (der Browser) einfach eine TCP-Verbindung zum Server, über die dann Browser und Server HTTP-Requests und HTTP-Responses austauschen. Auf der Empfängerseite entnimmt das Anwendungssystem dem TCP-Dienst die *Transport Records*, setzt sie zu dem intendierten Anwendungsdatum zusammen und verarbeitet sie entsprechend weiter, etwa indem der Web-Client eine HTML-Seite auf dem Browser graphisch darstellt.

Das Transportsystem legt in diesem Beispiel seine Syntax und Semantik in der Behandlung der *Transport Records* als Protokolldatenelemente fest. Das Internetprotokoll hat eine eigene Syntax, in der die Behandlung der Internetpakete spezifiziert ist. Das Anwendungssystem definiert die Anwendungsdaten und ihren Austausch syntaktisch unter Zuhilfenahme eines Transportdienstes. Die Semantik ist für jede Dienstschicht in Form der Zustandsübergänge in den jeweiligen Protokollautomaten definiert. Die mechanische Pragmatik wird in jeder Dienstschicht vom jeweiligen Auftraggeber abgedeckt: die mechanische Pragmatik des Transportprotokolls erfüllt sich in der Anwendung, also im WWW oder im E-Mail-Service.

1.3 Information

1.3.1 Umgangssprache

In der Umgangssprache versteht man unter Information die korrekte Mitteilung eines Sachverhalts. Sie wird von einem Sender erzeugt und erhöht auf Seiten des Empfängers Wissen. Information hat im Sprachgebrauch etwas Neutrales und Realitätsnahes an sich. Soweit sie der Beschreibung einer externen Realität dient, erwartet man von ihr Wahrheit und Aktualität. Fehlinformationen entwickeln gerade auf dem Hintergrund dieser Erwartung ihre Wirkung. Informationsstände, Informationsbereiche und auf Webseiten Informations-„Buttons" gehören zum selbstverständlichen Dienstangebot für ein Publikum.

Etymologisch aber geht Information weiter. Das Lateinische „informare" bedeutet „prägen" und steht dem deutschen Begriff „Bildung" näher. Der moderne Begriff Information hat in der Tat auch diese Dimension. Die moderne „Informationsgesellschaft" ist dadurch gekennzeichnet, dass sie ihren Reichtum und ihre Freiheit aus der ökonomischen und politischen Verwertung von Wissen schöpft. Deshalb birgt ein schlechtes Bildungssystem die Gefahr der wirtschaftlichen und kulturellen Verarmung einer modernen Gesellschaft. Von Norbert Wiener stammt die Beobachtung, dass „Information" neben „Materie" und „Energie" die dritte große unabhängige Ressource der Menschheit ist:

> Das menschliche Gehirn scheidet nicht Gedanken aus „wie die Leber ausscheidet", wie frühere Materialisten annahmen, noch liefert sie diese in Form von Energie aus, wie die Muskeln ihre Aktivität hervorbringen. Information ist Information, weder Materie noch Energie. Kein Materialist, der dieses nicht berücksichtigt, kann heute überleben.
>
> (Wiener 1963, S. 166)

Auf die Begriffe Information und Kommunikation im sozialwissenschaftlichen Sinne gehen (Bentele/Beck 1994) ein. Zum Informationsbegriff in der Politikwissenschaft siehe (Vowe 2004).

Für die Kommunikationswissenschaft fruchtbar kann man den Begriff der Information im Sinne der Wissenschaft der Zeichen, der Semiotik, nach seinem syntaktischen, semantischen und pragmatischen Aspekt aufschlüsseln.

Der syntaktische Aspekt von Information umfasst die Kodierung von Zeichen und die erlaubten Zeichenketten für Botschaften. Eine Serie von Übermittlungssignalen kodiert ein Zeichen, eine Serie von Zeichen repräsentiert höherwertige Zeichen, die Wörter, Sätze, Abschnitte usw. heißen. Zeichen können zu Botschaften zusammengesetzt werden, die jeweils einen endlichen Sendestrom vom Sender zum Empfänger bilden.

Das Problem der Kodierung von Zeichen aus Signalen ist vollständig und abschließend von Shannon und Weaver (1949) behandelt worden. Shannon ordnet individuellen Botschaften keinen (syntaktischen) Informationswert zu. Nach seiner Theorie leitet sich der (syntaktische) Informationswert jeder Botschaft einer Informationsquelle aus der „Entropie" der

Informationsquelle (nicht der einzelnen Botschaft) ab, d.h. aus der statistischen Verteilung der Zeichen der Informationsquelle. Beispiele für Informationsquellen sind die deutsche Sprache, die englische Sprache, Volksmusik oder Internet-Pakete. Genaueres siehe bei (Shannon/Weaver 1949) und in Kapitel 6 in diesem Buch.

Unter dem semantischen Aspekt von Information versteht man die Zuordnung von Botschaften zu einer Bedeutung. Diese Zuordnung wird von Menschen vorgenommen, die die Botschaft einem konkreten oder fantasierten Handlungshintergrund zuordnen. Rein semantisch legt man sich dabei nicht auf konkrete Personen oder Handlungskontexte fest, sondern ordnet die Bedeutung allen möglichen Handlungskontexten zu.

Unter dem pragmatischen Aspekt einer Information versteht man ihre Bedeutung in einem konkreten Handlungszusammenhang. Dabei wird die Information sowohl zur Information besitzenden Person als auch zu den Objekten in ihrer Umgebung in Bezug gesetzt. Daraus folgt, dass verschiedene Personen dieselbe Information pragmatisch nicht deckungsgleich verstehen werden, da sie verschiedene Erfahrungshintergründe und verschiedene Interessen und mithin eine unterschiedliche Sichtweise in einen gemeinsamen Handlungskontext einbringen. Unter dem semantischen Aspekt wird die Bedeutung einer Information auf alle möglichen Personen und alle möglichen Objekte aller möglichen Handlungsumgebungen der Information bezogen, sozusagen von dem konkreten Handlungshintergrund und den daran beteiligten Personen abstrahiert. Und dennoch kommt es auch unter dem rein semantischen Aspekt im Allgemeinen nicht zu einem deckungsgleichen Verständnis derselben Information, da jede Person verschiedene Handlungszusammenhänge assoziiert und in diesen aufgrund unterschiedlicher Sichtweisen verschiedene Bedeutungsauflösungen vornimmt.

Schließlich liegt die kulturelle Einbettung von Sprache jenseits der handlungsrelevanten Bedeutung von Sprache, reicht also über die Pragmatik hinaus. Stil, Geschmack und Wirkungsmächtigkeit von Sprache sind weitere Aspekte, die die Semiotik nicht mehr erfasst. Gleichwohl sind korrekte Syntax und eine saubere Semantik Voraussetzung zur kulturellen Qualität von Sprache, aber sie determinieren sie nicht.

1.3.2 Information und Unsicherheit

Zur Erfassung der Bedeutung des Begriffs „Information“ schlage ich folgende Definition von Botschaft und Information vor:

- Eine *Botschaft* ist eine Zeichenfolge, die für Sender und Empfänger eine (im Allgemeinen nicht deckungsgleiche) semantische Bedeutung hat.
- Eine *Information im semantisch-pragmatischen Sinn* ist eine Botschaft, deren Bedeutung das Wissen des Empfängers erhöht.

Diese Beschreibung enthält eine Ungenauigkeit. Ein „Mehr“ und „Weniger“ von „Wissen“ ist nicht exakt fassbar. Wichtig ist aber der Bezug der Information zum semantisch-pragmatischen Handlungskontext. Dieser selbst ist nicht exakt fassbar.

Bekanntlich haben Shannon und Weaver den Informationsbegriff mit dem der Unsicherheit des Empfängers einer Botschaft assoziiert. Auch wenn Shannon in seiner mathematischen Theorie von Kommunikation (Shannon 1948) ausschließlich die Unsicherheit auf die Auftrittswahrscheinlichkeit von Zeichen bezieht, besteht intuitiv ein Zusammenhang zwischen „Unsicherheit über den Empfang einer Botschaft" und ein „Mehren von Wissen durch den Empfang der Botschaft". Insofern gibt es eine metaphorische Analogie zu Shannons Kodierungstheorie von Zeichen: Die Ungewissheit auf Seiten des Empfängers über den Empfang einer Zeichenfolge lässt sich, unabhängig von ihrer Bedeutung, statistisch quantifizieren und gibt Anlass zur Definition des – rein syntaktischen – Informationspotentials (der so genannten Entropie) einer Nachrichtenquelle (Shannon 1948). Eine tatsächlich eintreffende Botschaft beseitigt diese Unsicherheit. Analog dazu mehrt der semantische Gehalt der Botschaft das Wissen des Empfängers. Man sollte aber diese metaphorische Analogie nicht überbewerten. Sie hat über das hier Gesagte hinaus keine weitere Erklärungskraft. Genaueres siehe in Kapitel 6 dieses Buches über Shannons mathematisches Modell der Übertragungskanäle.

1.3.3 Information, Objekte und Empfänger

Informationen, die einem Empfänger zukommen und dort Wissen erhöhen, kann man als „aktuelle Information" bezeichnen, die der Empfänger „besitzt" (Bentele/Beck 1994, S. 19, sowie Bentele/Bystrina 1978, S. 96 ff.). Andererseits enthalten Objekte und Sachverhalte Informationen, die einem Betrachter vorab nicht bekannt sind oder die nicht allen Betrachtern bekannt sind oder die in manchen Fällen sogar keinem Betrachter bekannt sind. Diese Informationsart bezeichnen Bentele und Bystrina als „potentielle Information" eines Objekts (ebda.). Beispiel für die potentielle Information eines Objekts ist eine Maschine, deren Inneres dem Ingenieur im Detail bekannt ist, nicht aber dem Nutzer. Und selbst der Ingenieur wird die in einer Maschine vorhandene Information nicht in allen Einzelheiten „aktuell" zur Kenntnis nehmen, sondern nur insoweit er sie für seine Arbeit, etwa eine Reparatur, braucht.

Das in unserem Zusammenhang wichtigste Beispiel sind Informationsquellen. Die Shannon'sche Entropie drückt die *potentielle Information der Informationsquelle* aus, aber nicht die aktuelle Information, die eine individuelle Botschaft bei einem Empfänger erzeugt. Allerdings sagen die Konvergenzsätze von Shannon, dass die Auftrittswahrscheinlichkeiten sehr langer, typischer Botschaften einer Informationsquelle dem Entropiewert der Informationsquelle nahe kommen. Mit anderen Worten: die *aktuelle* Information einer solchen langen typischen Botschaft enthält annäherungsweise den Entropiewert als *potentielle* Information der Informationsquelle. Aber Vorsicht: in diesem Zusammenhang ist mit Information ausschließlich die Auswahl aus einer statistisch möglichem Menge von Botschaften gemeint. Mit Inhalt und Bedeutung hat das (fast) nichts zu tun.

Beispiele für die – durchaus inhaltlich zu verstehende – potentielle Information von Objekten, die aktuell nicht in vollem Umfang aktualisierbar ist, liefert die Physik.

Wegen der ungeheuren Vielzahl von Gasmolekülen kann der Physiker nicht alle Moleküle eines Gassystems gleichzeitig in Lage und Geschwindigkeit bestimmen, wohl aber die Entropie als statistisch gemittelten Ordnungszustand und die Temperatur als statistisch gemitteltem Bewegungszustand des Gesamtsystems. Hier enthält das Gesamtsystem zwar die Information ihrer Moleküle, stellt diese aber nicht als aktuelle Information über jedes einzelne Molekül zur Verfügung.

Aus der Quantentheorie wissen wir nach Heisenbergs Unschärferelation, dass subatomare Partikel zwar sowohl einen Impuls als auch eine Ortslage haben, diese aber nicht zugleich ermittelt werden können, da das Experiment zur Bestimmung des einen das andere notwendig verändert. Das Partikel enthält zwar beide Informationen, gibt sie aber nicht als aktuelle Information für den Beobachter in gleicher Schärfe preis.

Potentielle und aktuelle Information heißen deshalb so, weil die potentielle Information durch gewisse Ereignisse (etwa Eintreffen einer Botschaft) und entsprechende Arbeit (etwa durch Beobachtung oder Abfrage) bei einem Empfänger aktualisiert werden kann. Dieser kann sie anreichern, in einen neuen Kontext stellen und sie anderen Empfängern weitergeben, etwa in Form einer persönlichen Mitteilung oder eines redaktionellen Beitrags.

1.3.4 Information, Unterhaltung und Kommentar

Es ist in der Massenkommunikation üblich, verschiedene Kommunikationstypen darin zu unterscheiden, was sie beim Rezipienten funktional bewirken. Das hat nicht nur theoretisch-ordnende Gründe, sondern es hat Einfluss auf die Organisation und das Management entsprechender Kommunikationsangebote. Merten unterscheidet in seinem Modell nach (Prakke 1968) zwischen Information, Kommentar und Unterhaltung (Merten 1999, S. 56).

In der Praxis nähern sich Information und Kommunikation in Form von „Infotainment“ an: Inhaltsreiche Information soll unterhalten, gute Unterhaltung soll bilden. Ehemals nüchterne Nachrichtensendungen wurden zu Nachrichten-Shows. Talk-Shows gehören zu den beliebtesten Unterhaltungssendungen und sollen das Publikum doch über aktuelle Fragen der Politik und des Zeitgeschehens aufklären. Gerade die Talk-Shows haben dabei zusätzlich einen hohen integrierten Anteil an Kommentarfunktion, während Kommentare in Nachrichtensendungen und Presseerzeugnissen strikt von der Berichterstattung unterschieden sind.

1.4 Zusammenfassung

Unter digitaler Kommunikation versteht man Kommunikation mit Hilfe digitaler Medien. Dieses Buch behandelt das Zusammenspiel zwischen der informatischen Datenorganisation und der inhaltlichen Ausdrucksfähigkeit menschlicher Sprache. Zum einen wird das Verhältnis zwischen Syntax und Semantik untersucht: kann der Inhalt sprachlicher Äußerungen durch seine syntaktischen Regeln vollständig bestimmt werden? Das hätte zur Konsequenz, dass menschliche Kommunikation digitalisiert und schließlich automatisiert werden könnte. Keine Überraschung, dass das nicht möglich ist. Zum anderen wird beschrieben, wo die Schnittstelle zwischen Mensch und kommunikationstechnischer Maschine liegt und wie die beiden Teile der digitalen Kommunikation, technische Unterstützung und inhaltliche Ausdruckssziele, zusammenspielen. Dazu werden Modelle zu drei Bereichen von Kommunikation vorgestellt: Sprachphilosophie (Sprechakttheorie, Algorithmen), Kommunikationswissenschaft (u.a. Prakke, Merten) und Informatik (Shannon, Telekooperation, OSI, Internet).

1.5 Lektüre zur Vertiefung

Zur Vertiefung des Abschnittes 1.2 über die semiotischen Begriffe Syntax, Semantik und Pragmatik eignet sich besonders die Lektüre von (Bentele/Bystrina 1978). Sehr gut lesbar und übersichtlich ist die knappe Einführung zum Buch „Speech Act Theory and Pragmatics" (Searle et al. 1980). Jedes Universallexikon (Brockhaus, Meyer, Die Zeit) bietet ebenfalls einen guten Überblick über diese Begriffe.

Die semiotischen Begriffe Syntax und Semantik in der Informatik (Abschnitt 1.2.5) werden ausführlicher bei (Nagl 1990) beschrieben. Lehrreich ist auch die etwas formalere und dennoch anschauliche Behandlung der Begriffe in (Saake/Sattler 2004), dort allerdings verstreut über die verschiedenen Problemfelder (Suchindex nutzen!).

Der Informationsbegriff, der in Abschnitt 1.3 behandelt wird, ist derart weit gespannt, dass es sich lohnt, Literatur aus verschiedenen Disziplinen zu lesen, aus der Sozialwissenschaft etwa (Bentele/Beck 1994) und (Merten 1999), aus der Politikwissenschaft (Vowe 2004), aus der Philosophie (Capurro 1978), aus der Informatik (Völz 1991) und aus der Kodierungstheorie (Shannon/Weaver 1949, S. 1-28).

1.6 Übungsaufgaben

1. Skizzieren Sie die semiotischen Ebenen von Sprache. In welchem Verhältnis stehen sie dabei zueinander, zur Kodierung von Zeichen sowie zur Umwelt der kommunizierenden Menschen? (graphische Darstellung und sprachliche Erläuterung) (Abschnitt 1.2).
2. (a) Welche Bedeutung hat der Begriff Semantik in der Informatik? (Unterscheidung zwischen statischer und dynamischer Semantik, informeller und formaler Semantik, Abschnitt 1.2.5).

   (b) Welche Rolle spielt die formale Semantik bei Korrektheitsbeweisen. Nennen Sie ein Beispiel (Abschnitt 1.2.5).

   (c) Welche Bedeutung hat der Begriff Pragmatik in der Informatik? (Unterscheidung zwischen mechanischer, menschlicher und ökonomischer Pragmatik, Abschnitt 1.2.5).
3. Unterscheiden Sie „aktuelle" von „potentieller" Information und nennen Sie Beispiele aus dem Alltagsleben (Maschine und Ingenieur), der Physik (Heisenbergs Unschärferelation) und der Informationswissenschaft (Shannons Informationsquelle und konkrete Botschaften) (Abschnitt 1.3).

2 Algorithmen

2.1 Gegenstand

Algorithmen sind Schritt-für-Schritt-Anleitungen zur Lösung mathematischer Aufgaben, deren einzelne Ausführungsschritte so einfach sind, dass sie ohne weitere Hilfsmittel ausgeführt werden können. Beispielsweise ist die schriftliche Multiplikation zweier ganzer Zahlen, so wie man das in der Grundschule lernt, ein Algorithmus: in jedem seiner einzelnen Schritte werden nur das kleine Einmaleins und die Additionen ganzer Zahlen unter 10 benötigt.

Computer werden von Prozessen gesteuert, die gemäß bestimmten Algorithmen programmiert wurden. Ein einzelner Algorithmenschritt entspricht einer Maschinenanweisung, die ein Prozessor mit seinen Registern und Steuerelementen in einem Zug ausführen kann. In diesem Sinne bilden Algorithmen die Basissprache der Computer und damit der Technik der digitalen Kommunikation. Die Anwendungswelt der Algorithmen ist die Mathematik, insofern ist sie wesentlich einfacher strukturiert als die Alltagswelt der Menschen. Bevor wir uns also in Kapitel 3 mit der Alltagssprache der Menschen beschäftigen, untersuchen wir hier in Kapitel 2 die einfachere Welt der Mathematik, und wie ihre Sprache funktioniert.

Der praktische Hintergrund ist das planvolle Handeln von Menschen, die wohlüberlegte Handlungsschritte ausführen, um ein angestrebtes Ziel zu erreichen, etwa Nahrung zu erhalten, einen günstigen Kauf zu tätigen oder eine Abstimmung zu gewinnen (Abschnitt 2.2). Rechenpläne in der Mathematik und Ablaufpläne in der Informatik werden mit Hilfe so genannter Algorithmen formuliert (Abschnitte 2.3 und 2.4). Sie lassen sich auf verschiedene Weise formalisieren. Die Theorie der Informatik bietet ein ganzes Reservoir formaler Methoden, darunter applikative (oder funktionale) Algorithmen, imperative Algorithmen, Zustandsautomaten, formale Sprachen, Petri-Netze (Abschnitt 2.5). Nach der Church-Turing-These sind diese alle untereinander äquivalent und schöpfen den Algorithmenbegriff theoretisch angemessen aus (Abschnitt 2.5.3).

Die Bedeutung eines Algorithmus liegt in der Funktion, die er erfüllt. Es stellt sich heraus, dass es viel mehr Funktionen gibt als Algorithmen, diese zu beschreiben (Abschnitt 2.6). Auf die Alltagssprache übertragen heißt das, dass es mehr Sinn in der Welt gibt als Sprachmöglichkeiten, diesen auszudrücken. Das klassische Beispiel einer nicht spezifizierbaren Funktion ist das Halteproblem, das am Ende dieses Kapitels vorgestellt und diskutiert wird (Abschnitt 2.7).

2.2 Planvolles Handeln

2.2.1 Ziel und Arbeitsschritte

Zur Befriedigung ihrer Grundbedürfnisse müssen Menschen in den natürlichen Lauf der Welt eingreifen. Mindestens müssen sie die Früchte pflücken, die sie essen wollen. Erfolgreicher sind sie, wenn sie ihre Lebensmittel selbst produzieren. Dazu ist zielorientiertes Handeln erforderlich, indem die handelnde Person im Rahmen der Gesetzmäßigkeiten der Anwendungsumgebung an geeigneten Stellen mit geeigneten Hilfsmitteln in den natürlichen Ablauf der Dinge eingreift:

> **Definition**: Unter einem Plan versteht man die Formulierung einer in der Zukunft zu erfolgenden zielorientierten Handlung durch ihre Zerlegung in einzelne verständliche und ausführbare Schritte, bei deren Ausführung in der vorgegebenen Reihenfolge und mit den vorgegebenen Mitteln das Handlungsziel erreicht wird.

Pläne sind nicht nur zum Erwerb von Lebensmitteln erforderlich, sie gelten für jede Form zielorientierten Handelns

- Natur, Beispiel: Landwirtschaft, Jagd
- Gesellschaft, Beispiel: Position erringen
- Persönliche Ebene, Beispiel: andere überzeugen
- Organisation, Beispiel: Projekte
- Politik, Beispiel: Abstimmungsstrategie
- Technik, Beispiel: technische Verfahren, handwerkliche Verrichtungen

Um Pläne formulieren zu können, muss man die im Handlungsumfeld geltenden Gesetzmäßigkeiten kennen, einschließlich der Punkte, an denen man durch Einsatz geeigneter Mittel den gesetzmäßigen Ablauf beeinflussen kann. Beispielsweise muss ein Landwirt den Lebenszyklus und die Lebensbedingungen seiner Pflanzen und Tiere kennen, deren Produkte er produzieren will. Um Mitglied in einem angestrebten Club zu werden, muss man die clubeigenen Regeln der Aufnahme kennen. Um einen Gesprächspartner zu überzeugen, muss man rhetorische Regeln der Argumentation und das inhaltliche Umfeld des Gesprächsstoffes beherrschen. Um ein Projekt durchzuführen, muss man seine Randbedingungen verstehen. Um eine Abstimmung zum Erfolg zu führen, muss man wissen, worauf die Abstimmenden reagieren. Um ein technisches Verfahren zu entwickeln, muss man die zugehörigen Theorien der Naturwissenschaft und Technik verstehen.

Zur Formulierung eines Plans ist es daher erforderlich, die Gesetzmäßigkeiten zu kennen und die Einwirkung an den Einflusspunkten so zu spezifizieren, dass die Abläufe aufgrund der Gesetzmäßigkeiten und der eingesetzten Einflussnahme mit den spezifizierten Hilfsmitteln an den spezifizierten Punkten zum angestrebten Ziel führen. Für Pläne sind daher die folgenden Punkte konstituierend:

- Kenntnis der einschlägigen Gesetzmäßigkeit
- Kenntnis von Verzweigungspunkten, an denen Einfluss auf den Ablauf genommen werden kann
- Formulierung eines Ziels
- Formulierung einer Serie von Arbeitsschritten, von denen jeder Wirkung innerhalb eines gesetzmäßigen Ablaufs erzielt, ohne die der weitere Verlauf anders wäre („Einfluss")
- Spezifikation des Einsatzes von Hilfsmitteln (Werkzeuge)

Dabei sind grundlegende Anforderungen an die Verständlichkeit der Formulierung und an die Angemessenheit der Mittel zu erfüllen (s.u. Abschnitt 2.2.3). Die Aufgabe von Plänen besteht darin, der Zielgruppe von Ausführenden den Weg zum Ziel aufzuzeigen. Pläne haben somit

- eine Mitteilungsfunktion für andere Menschen (Humankommunikation zwischen Autor des Plans und Zielgruppe von Ausführenden)
- eine Merkfunktion für einen selbst (Selbstkommunikation des Autors)

2.2.2 Beispiele

Pläne gibt es in verschiedenen Anwendungsumgebungen. Für technische Geräte gibt es *Bedienungsanleitungen*, ohne die man ein Gerät, das man nicht kennt, gar nicht nutzen könnte. Technische Geräte verfügen in der Regel über Bedienungselemente, deren Betätigung auf den Ablauf des Gerätes Einfluss nimmt, so dass das Gerät den erwünschten Dienst als Planziel des Menschen erfüllt. Die Bedienungsanleitung beschreibt nun den Sinn und Zweck des Geräts (Planungsziel), erklärt die Bedienungselemente und in welcher Weise und Reihenfolge man sie betätigen muss, um bestimmte Funktionen zu erzielen.

Ein weiteres Beispiel sind *Kochrezepte*. Das Ziel ist hier das fertige Gericht, die Arbeitsmittel sind die Küchengeräte (wiederverwendbar) und die Lebensmittel (meistens nicht wiederverwendbar). Das Kochrezept beschreibt die einzelnen Arbeitsschritte, mit denen man den physikalisch-chemischen Entwicklungsprozess der Lebensmittel beeinflusst: man nehme, man siede, man rühre ein, usw.

Zur Ausführung komplexer Arbeiten gibt es *Arbeitspläne*, deren Ziel das Ergebnis einer Arbeit ist, zum Beispiel ein gesäubertes Haus (Reinigung) oder eine Studie („Work Packages") oder ein zusammengebautes Holzgerüst. Wenn mehrere Personen eine Arbeit ausführen sollen, dann beschreibt der Arbeitsplan in einigen Arbeitsschritten die Kooperation zwischen den Personen.

Kooperationen erfordern besondere Formen von Plänen, das ist im Telekooperationsmodell (Kap. 5 dieses Buches) beschrieben. Ein Kooperationsziel muss dem Kooperationsprinzip genügen, gemäß dem entweder kein Teilnehmer oder alle das Kooperationsziel erreichen. Die spezifizierten Schritte der einzelnen Teilnehmer nennt man die Rollen der Kooperation, zur Ausführung bedarf es aber Personen, die in diesen Rollen solange aktiv sind, bis das Ziel erreicht oder verfehlt ist.

Die Steuerung planvollen Handelns in kooperativen Arbeitsumgebungen nennt man *Projektmanagement*. Zingel beschreibt in seinem Projektmanagement-Skript alle Elemente eines Plans: Die statische Aufbauorganisation und die dynamische Ablauforganisation liefern die Gesetzmäßigkeit des Anwendungsumfeldes (Zingel 2004, 1.1), in das das Projekt zielorientiert („Zielvorgabe“) mit einzelnen Schritten („Komplexität“) und terminiert („Zeitliche Begrenzung“) eingreift (ebda., 1.2). Im interpersonellen Management kommen die kooperativen Züge zum Tragen, im Sachmittelmanagement der Einsatz der Hilfsmittel (ebda., 1.3.2).

Besondere Aufmerksamkeit verdienen die so genannten „technischen Verfahren“, die im deutschen Patentgesetz definiert sind. In den Prüfungsrichtlinien des Deutschen Patent- und Markenamtes (2004) heißt es dazu:

> [Ein technisches Verfahren] ist eine Lehre zum planmäßigen Handeln unter Einsatz beherrschbarer Naturkräfte zur Erreichung eines kausal übersehbaren Erfolgs (vgl. BGH im BIPMZ, 1970, 21, und 2000, 276,278). [...] Der Erfolg muss aber die Folge beherrschbarer Naturkräfte sein und nicht einer abwägenden Tätigkeit des menschlichen Geistes.
>
> (Deutsches Patent- und Markenamt 2004, 3.3.3.2.1, S. 7):

In dieser Definition ist das Planziel der „kausal übersehbare Erfolg“, wobei „kausal“ das Ziel in die Gesetzmäßigkeit des Anwendungsumfeldes einbettet, welches hier die „beherrschbaren Naturkräfte“ sind. Die Arbeitsschritte sind bestimmt durch die „Lehre zum planmäßigen Handeln“. Die *differentia specifica*, die technische Verfahren von anderen Plänen unterscheidet, bilden

1. die Naturkräfte, also das naturwissenschaftliches Umfeld – im Gegensatz zu einem organisatorischen Umfeld, auch im Gegensatz zu einem theoretisch-mathematischen Umfeld;
2. die „Beherrschbarkeit“ der Naturkräfte und der „kausal übersehbare Erfolg“, also die ingenieursmäßige Steuerung durch Apparate, was vor allem auch im dritten Punkt zum Ausdruck kommt:
3. der Ablauf ohne Zwischenschaltung menschlicher Verstandestätigkeit, also die Ausführung in wesentlichen Teilen durch einen Apparat, nicht durch einen Menschen.

Technische Verfahren sind nach dem deutschen Patentrecht patentierbar. Aufgrund dieser Definition sind weder mathematische Algorithmen, noch organisatorische Abläufe, etwa Geschäftsmodelle, patentierbar. Hingegen ist unklar, ob Software eher in die Welt der theoretischen Mathematik zu rechnen ist, die nicht patentierbar ist, oder in die Welt der Apparatesteuerung, die patentierbar ist.

2.2.3 Anforderungen

An einen Plan sind folgende sprachliche Anforderungen zu erfüllen, damit er ausführbar ist und sein Ziel erreicht:

1. Syntax: Die Schritte sind korrekt und verständlich formuliert.
2. Semantik: Sie sind schlüssig in Bezug auf die zu erreichenden Zwischenschritte und das Ziel:

- Terminierung: die Ausführung des Plans endet im Ziel;
- Eindeutigkeit/Determiniertheit (nicht immer erforderlich): die Arbeitsschritte führen von derselben Ausgangslage immer zum selben Ergebnis;
- Eindeutigkeit/Determinismus (nicht immer erforderlich): die Arbeitsschritte sind von derselben Ausgangslage immer eindeutig vorgegeben.

3. Pragmatik/Zweck: das erreichte Ziel ist das erwünschte Ziel, d.h.: der Plan ist auf die vorliegende Problematik anwendbar.
4. Pragmatik/Effizienz: der Aufwand an Hilfsmitteln und Zeit ist angemessen.
5. Pragmatik/Beherrschbarkeit: der Plan kann von der Zielgruppe ausgeführt werden.

Erläuterungsbedürftig sind die semantischen Fragen nach Terminierung und Eindeutigkeit. Sie spielen insbesondere für mathematische Algorithmen eine hervorragende Rolle.

2.2.4 Terminierung

Nicht terminierende Algorithmen sind höchst unerwünscht. In Algorithmen des Alltagslebens sieht man einem Algorithmus rasch an, ob er terminiert oder nicht. In der Praxis allerdings passiert es häufig, dass jemand „vergisst aufzuhören“, etwa in Streitsituationen, beim Spiel ums Geld, in Vertragsverhandlungen. Die Terminierung des Vorgehens ist dennoch immer gegeben. Geldspiele enden spätestens mit dem Bankrott desjenigen, der nicht aufhören kann oder will. Bei der Aushandlung von Verträgen gibt es Situationen, in denen es nicht weitergeht. Hier schlägt die Terminierung durch die Überschreitung einer nicht immer scharf definierten Zeitgrenze zu. Oder man ist sich einig, dass eine Aushandlung gescheitert ist, wenn eine Partei ihre Position unverändert wiederholt.

In der Mathematik dagegen ist die Terminierungseigenschaft im Allgemeinen schwer zu erkennen. Viele Algorithmen enden „fast“ immer, während sie von seltenen Ausgangslagen, die man deswegen nicht bedacht hat, nicht enden. Ein Beispiel dafür ist die Fakultätsfunktion $n!=1\cdot 2\cdot \ldots \cdot n$, die man gerne (aber unvollständig) so spezifiziert, dass man n mit $(n\text{-}1)$ multipliziert, das Ergebnis mit $(n\text{-}2)$ und so weiter, bis man bei 1 anlangt. Dieser Algorithmus geht gut, wenn $n>0$ ist, aber er endet offenbar nie, wenn n negativ oder *null* ist, da dann die Folge $(n\text{-}1)$, $(n\text{-}2)$, usw. bereits jenseits von 1 im Negativen unbegrenzt wächst. Allgemein gilt das berühmte Halteproblem, das unten in Abschnitt 2.7 diskutiert wird, das besagt: es gibt kein allgemein anwendbares Verfahren (keinen Algorithmus), die Terminierung von Algorithmen festzustellen.

2.2.5 Eindeutigkeit

Zum Verständnis der Eindeutigkeitseigenschaften sollen die folgenden Beispiele aus dem Alltag und der Mathematik dienen.

Deterministische Wege führen notwendiger Weise immer zu einem determinierten Ergebnis. Wenn der Algorithmus zufällige Parameter enthält, dann ist der Weg an diesen Verzweigungspunkten nicht mehr deterministisch, etwa in einem Würfelspiel. Dasselbe gilt für nicht-deterministische Verzweigungspunkte aufgrund des Eingriffs von Menschen, etwa in einem Schachspiel. Die Vorschrift „erst die Ware, dann das Geld“ macht einen Verkaufsvorgang deterministisch, das Ergebnis soll dadurch (hoffentlich) determiniert sein: am Ende hat der Verkäufer das Geld und der Käufer die Ware. Das Ergebnis ist bei denselben Waren immer dasselbe.

Es gibt aber auch nicht deterministische Wege, also Wahlfreiheit in der Vorgehensweise, die dennoch zu einem determinierten Ergebnis führen: Der Austausch von Ware gegen Geld in einem Verkaufsvorgang ist nicht deterministisch, wenn man die Wahl hat, ob erst die Ware und dann das Geld oder erst das Geld und dann die Ware gegeben wird. Wenn Verkäufer und Käufer vertrauenswürdig sind, dann ist das Verfahren gleichwohl determiniert, denn beide sollen zum selben Ergebnis des fairen Austauschs führen.

Wenn man jedoch befürchten muss, dass der Käufer oder der Verkäufer betrügt, dann unterscheiden sich die beiden Varianten des Verfahrens in der Begünstigung des einen oder anderen Partners erheblich und das Verfahren ist dann weder deterministisch noch determiniert!

Determiniert, aber nicht deterministisch sind in der Mathematik Rechenverfahren, die nach arithmetischen Gesetzen auf verschiedene Weise zum selben Ergebnis führen (wenn auch nicht immer mit derselben Effizienz). Ein Beispiel dafür ist das Distributionsgesetz $a \cdot (b+c) = a \cdot b + a \cdot c$. Der Algorithmus kann es der ausführenden Instanz frei stellen, ob sie erst addiert und dann multipliziert (wie auf der linken Seite) oder erst multipliziert und dann addiert (rechte Seite), das Ergebnis wird immer dasselbe sein.

Weder determiniert, noch deterministisch sind Verfahren, bei denen Zufallszahlen oder Zahlen nach freier Wahl in das Verfahren eingeführt werden, etwa die Erzeugung von Verschlüsselungsparametern. Zum Beispiel sorgt das digitale Signaturverfahren von El Gamal (eingesetzt im *Digital Signature Algorithm* DSA, siehe etwa bei Eckert 2005, 6.2.3, S. 200-201) durch Einsatz von Zufallszahlen dafür, dass dieselbe Person bei der Signatur desselben Textes mit demselben Schlüssel jedes Mal ein neues Ergebnis erzielt. Das Ergebnis ist deshalb nicht determiniert.

2.3 Mathematische Algorithmen

Das Wort *Algorithmus* leitet sich vom Namen des persischen Mathematikers *al Choresmi* (800 n. Chr.) ab. In Deutschland wurden „Algorithmen“ durch das Rechenbuch des sprichwörtlichen Mathematikers Adam Riese (1492-1559) verbreitet. Die Idee der Rechenprogramme geht auf Charles Babbage (1791-1871) und Ada Lovelace (Ada Byron Countess of Lovelace, 1815-1852, eine Tochter Lord Byrons und befreundet mit Babbage) zurück. Programmierte Algorithmen haben aber erst seit der ersten Hälfte des 20. Jahrhunderts beginnend mit den theoretischen Arbeiten von Alan Turing (1912-1954) und der Ingenieursleistung von Konrad Zuse (1910-1995) wissenschaftliche und ökonomische Wirkung aufgebaut. Heute sind Computer und die ihnen zu Grunde liegenden Algorithmen aus dem Leben der Menschheit nicht mehr wegzudenken.

In der Mathematik sind es Rechenverfahren zur logischen Kombination von Zahlen, die algorithmisch gefasst werden. Die ersten Algorithmen, die wir heute noch nutzen, stammen von Euklid (um 330 v.Chr.), etwa die Bestimmung des größten gemeinsamen Teilers „ggT“ zweier positiver ganzer Zahlen (Euklid, Elemente, 7. Buch, Satz 2: „Numerus autem est multitudo ex unitatibus composita“). Zur Erinnerung: positive ganze Zahlen nennt man „natürliche Zahlen“; zu den natürlichen Zahlen zählt man oft auch die Null hinzu. Dieser Algorithmus geht so:

ggT(x,y) =

A1: wenn x=y, dann ist ggT(x,y)=x (oder, was dasselbe ist, =y); fertig.

A2: wenn $x \neq y$, dann nenne man die größere Zahl y und die kleinere x und berechne ggT(x, y-x), wobei man wieder bei Schritt A1 beginnt.

Das Verfahren endet offenbar in einem Schritt A1, niemals in A2. Dass dieser Algorithmus immer endet, ist auf den ersten Blick nicht zu erkennen. Wie er funktioniert, macht man sich an Beispielen klar, etwa mit den Zahlen 36 und 20.

ggT(36,20)=

1. 36≠20, also fährt man fort mit Schritt A2: x=20, y=36, y-x=16, weiter mit ggT(20,16)
2. 20≠16, also fährt man fort mit Schritt A2: x=16, y=20, y-x=4, weiter mit ggT(16,4)
3. 16≠4, also fährt man fort mit Schritt A2: x=4, y=16, y-x=12, weiter mit ggT(4,12)
4. 4≠12, also fährt man fort mit Schritt A2: x=4, y=12, y-x=8, weiter mit ggT(4,8)
5. 4≠8, also fährt man fort mit Schritt A2: x=4, y=8, y-x=4, weiter mit ggT(4,4)
6. 4=4, also endet man mit Schritt A1: ggT(4,4)=4
7. Damit lautet das Gesamtergebnis ggT(36,20)=4

Der Euklidische Algorithmus zur Bestimmung des größten gemeinsamen Teilers zweier natürlicher Zahlen hat schon alle „aufregenden“ Eigenschaften, die Algorithmen von einfachen Arbeitsplänen des Alltags unterscheiden: Bedingungen, Schleifen und Wiederholungen. Etwas gewöhnungsbedürftig ist die wiederholte Anwendung von Schritt A2, in dem die Werte x und y immer wieder einen neuen Wert annehmen, nämlich das Ergebnis des vorherigen Aufrufs von A2.

Einfacher sind die Grundrechenarten, die man schon in der Grundschule lernt. Addieren und Subtrahieren kleiner Zahlen und das kleine Einmaleins lernt man auswendig, für jede weitere Rechenaufgabe gibt es Algorithmen. Beispielsweise addiert man Zahlen größer 10, indem man sie in ihre Dezimalschreibweise zerlegt und Ziffern derselben Zehnerpotenz (im Kopf) geeignet aufaddiert und kombiniert, so wie das jeder Kellner und jede Kellnerin mit der Summe der bestellten Getränke und Gerichte für die Rechnung tut. Schriftliches Multiplizieren erfordert schon etwas mehr Aufwand durch Kombination von mehrmaligem kleinen Einmaleins und der Addition mehrstelliger Zahlen. Die erste größere Hürde für junge Schülerinnen und Schüler bildet das schriftliche Dividieren, für das es gleich mehrere Verfahren gibt, über die sich dann oft Eltern, die es früher anders gelernt haben, mit ihren Kindern auseinandersetzen müssen. Die Verfahren sind nicht deterministisch (es gibt verschiedene

Wege), aber sie führen am Ende zum selben, determinierten Ergebnis. Der Grund für die Bevorzugung der einen oder anderen Variante liegt in der unterschiedlichen Effizienz des Lernens bzw. der Ausführung.

2.4 Algorithmen in der Informatik

2.4.1 Begriff

In der Informatik geht es (unter anderem) um die komplexe Verarbeitung großer Mengen von Daten, etwa Rechenaufgaben mit großen Zahlen, Erstellung von Zahlenreihen wie die Dezimalbruchentwicklung von π oder die Bewältigung vieler Schritte für ein Ergebnis, wie etwa die Berechnung eines Schachzugs. Darüber hinaus geht es (wie schon Lovelace 1842 vorhergesehen hatte) nicht nur um die Verabreitung von Zahlen, sondern von Zeichen, Sätzen, Bildern, Filmen, Tönen. In dem Wie der Verarbeitung liegt die algorithmische Herausforderung: Ein Prozessor muss die Aufgabe in kleinen, für ihn verständlichen und ausführbaren Schritten durchführen.

Die Zerlegung einer Verarbeitung in solche Schritte, die ein Prozessor ausführen kann, nennt man Programm. Die Sprachmittel zur Formulierung eines Programms bilden die Programmiersprache. Eine Programmiersprache ist maschinennah, wenn ihre Befehle den Ausführungsschritten eines Prozessors entsprechen, man nennt maschinennahe Programmiersprachen Assemblersprachen. So genannte höhere Programmiersprachen sind dagegen solche, deren Befehle die algorithmischen Schritte der Anwendung zum Ausdruck bringen.

Ein Befehl der Art „Addiere 1 auf den Wert im Registerspeicher Nr. 6" ist ein typischer Assemblerbefehl, hingegen gehört der Befehl „Bilde den Logarithmus von 10 zur Basis 2" zu einer Programmiersprache, die für mathematische Anwendungen geeignet ist. Jeder Prozessortyp verfügt über eine eigene Assemblersprache. Höhere Programmiersprachen sind Fortran, Algol und Cobol (aus den 1960er Jahren, aber noch heute gebräuchlich), Pascal und C (aus den 1980ern, ebenfalls noch heute gebräuchlich), und die jüngeren Programmiersprachen C++, Java und zahlreiche Varianten davon. Eine Besonderheit bildet die Programmiersprache C, die zu den höheren Programmiersprachen zu zählen ist, aber ebenfalls maschinennahe Ausdrucksweisen enthält. Deshalb sind ganze Betriebssysteme und ihre Kernelemente wie Gerätetreiber und Compiler in C geschrieben. Dadurch entsteht etwa die seltsame „Schleife", dass ein C-Compiler „sich selbst" übersetzt, wenn das C-Programm neu geschrieben und übersetzt wird. Das Betriebssystem Unix ist zum Beispiel vollständig in C geschrieben.

Eine Darstellung der Entwicklung der Programmiersprachen, besonders die so genannte Objektorientierung, bei der man nicht mehr in einzelnen Befehlen, sondern in komplexen Datenstrukturen und ihnen zugehörigen extern sichtbaren und verborgenen Operationsmethoden denkt und schreibt, geht über den Kontext dieses Buches hinaus. Eine gute Einführung dazu bieten etwa (Witt 1992) und moderner (Saake/Sattler 2004).

Unter Bezug auf den Begriff eines Plans in Abschnitt 2.2 oben kann man für die Informatik den Algorithmenbegriff so definieren:

Definition: Unter einem Algorithmus versteht man in der Informatik einen Plan zur Berechnung eines Funktionswertes aus den Eingabewerten.

Dabei gibt es verschiedene Stufen zur Formulierung eines Algorithmus, deren praktischste und konkreteste das ausführbare Programm ist. Die konstituierenden Elemente eines Plans sind hierbei:

- Einschlägige Gesetzmäßigkeit: Logik und konstruktive Mathematik
- Verzweigungspunkte, an denen Einfluss auf den Ablauf genommen werden kann: Anwendung der mathematischen Logik auf die Eingabe- und Zwischenwerte
- Ziel: der Funktionswert
- Arbeitsschritte: Befehle in einem Programm, Funktionsterme in einer funktionalen Schreibweise, Schaltungsregeln in einem Petri-Netz, Transitionsregeln in einem Zustandsautomaten, grammatische Konstruktionsregeln bei formalen Sprachen, näheres dazu s.u.
- Hilfsmittel (Werkzeuge): Zirkel und Lineal in der konstruktiven Geometrie (nicht im Computer), Rechenschieber, Logarithmentafeln und Taschenrechner in der Arithmetik (nicht im Computer), Rechnerumgebung, Speicherbereiche, Hilfsbibliotheken usw. beim Einsatz von Computern.

In den Arbeitsschritten ist bereits deutlich geworden, dass es ganz verschiedene Methoden gibt, einen informatorischen Plan zu spezifizieren. Sie entsprechen verschiedenen Algorithmenparadigmen, sie werden unten in Abschnitt 2.5 näher erläutert.

2.4.2 Grundbausteine

Unabhängig von den einzelnen Paradigmen sind alle Algorithmen aus den folgenden Grundbausteinen zusammengesetzt:

1. Variable bzw. Speicherbereiche: Eine Variable x kann zum Beispiel im Laufe eines Algorithmendurchgangs alle Werte natürlicher Zahlen darstellen. Analog zur mathematischen Schreibweise „vertritt“ x in einem funktionalen Ausdruck jeden möglichen konkreten Wert. In einer Programmierumgebung assoziiert man Variable mit Speicherbereichen, die im Laufe eines Algorithmendurchgangs Werte eines vorgegebenen Typs (z.B. natürliche Zahlen) aufnehmen können.
2. Wertezuweisung: zum Beispiel „die Variable x soll den Wert 37 annehmen“ oder „der Speicherbereich x soll den Wert 37 aufnehmen“, kurz „x=37“.
3. Additive Wertezuweisung: zum Beispiel „der Wert der Variablen x soll um 1 erhöht werden“ oder „der Wert im Speicherbereich x soll um 1 erhöht werden“, kurz „x=x+1“.

4. Logik und Arithmetik: Aussagenlogisch verknüpfte einfache Aussagen (wenn-dann-andernfalls, und oder, nicht) über arithmetische Sachverhalte natürlicher Zahlen (oder anderer mathematischer Objekte) beschreiben einzelne Arbeitsschritte, zum Beispiel „wenn x>0 dann y=1/x, sonst y=0“
5. Sequenz: zwei Schritte werden hintereinander ausgeführt. Beispiele: die Addition mit 2 ist die zweimalige Hintereinanderausführung der additiven Wertezuweisung; die Addition von x und y ist die y-fache Hintereinanderausführung der additiven Wertezuweisung zu x; die Multiplikation von x und y ist die y-fache Hintereinanderausführung der Addition von x mit sich selbst.
6. Parallelität: zwei Schritte werden unabhängig voneinander parallel ausgeführt. Beispielsweise kann die Multiplikation zweier Summen $(a+b)\cdot(c+d)$ in eine Sequenz eines parallelen und dann einer einfachen Ausführung zerlegt werden: erst werden die beiden Summen $a+b$ und $c+d$ parallel zueinander gebildet, dann werden die beiden Ergebnisse multipliziert. Übrigens gibt es in der kooperativen Zusammenarbeit von Menschen zahlreiche parallele Arbeitsschritte, etwa in der Herstellung von Autos, für die Zulieferer parallel Einzelbausteine liefern. Die Kompilation am Fließband erfolgt schließlich sequentiell.
7. Schleife: Die wiederholte Ausführung einer Sequenz. Beispiel: die y-fache Hintereinanderausführung der Addition von x mit sich selbst als Realisierung der Multiplikation $x\cdot y$. Charakteristisch für „gute“ Schleifen ist ihre explizite Terminierung: z.B. „y-mal“ (endliche Anzahl) oder „solange $x>0$“ (logische Abbruchbedingung).
8. Auslagerung/Unterprogramm/Funktionsaufruf: Ein Teil des Plans wird an anderer Stelle beschrieben und muss dort nachgeschaut werden, um weiter fortzufahren. Im Alltag sind das Verweise auf andere Stellen in einer Bedienungsanleitung oder einem Kochbuch. In der Mathematik sind das Verweise auf Algorithmen, die so oft verwendet werden, dass sie ein für alle Mal an einer Stelle zusammengefasst werden, damit nicht jeder Algorithmus diese Bausteine wieder von vorne beschreiben muss. Ausführbare Unterprogramme werden in so genannten Bibliotheken zusammengefasst und können von allen Programmen, die Zugriff darauf haben, aufgerufen werden. Typische Unterprogramme sind die Grundrechenarten und andere mathematische Funktionen, wie etwa die Fakultätsfunktion $n!=1\cdot 2\cdot\ldots\cdot n$, Sinus, Cosinus, Logarithmus usw. Auch Standardfunktionen der Ein-Ausgabe am Computer sind in Unterprogrammbibliotheken zusammengefasst.
9. Rekursion: Die Rekursion bildet eine besondere Form des Funktionsaufrufs. Eine Rekursion ist der Aufruf einer Funktion durch sich selbst oder der Aufruf eines Unterprogramms durch sich selbst.

Da der Grundbaustein „Rekursion“ nicht ohne Weiteres einsichtig ist, lohnt es sich, ihn etwas weiter auszuführen.

2.4.3 Rekursion

Die Rekursion ist eine fundamentale gedankliche Prozedur, die erst durch die Programmierung und schließlich durch die automatische Datenverarbeitung in großem Stil realisiert wurde. Ob unser Gehirn selbst bereits rekursive Bausteine enthält, ist unbekannt. Jedenfalls fällt es dem Menschen schwer, rekursive Gedankengänge über mehrere Schritte auszuführen. Hingegen hat Babbage bereits erkannt, dass Maschinen „sich selbst in den Schwanz beißen können“ (Hofstadter 1991, S. 28).

> **Definition von Rekursion:** Eine Arbeitsanweisung zur Erfüllung einer komplexen Aufgabe heißt „rekursiv“, wenn sie eine Vorschrift enthält, sich selbst zu wiederholen (am Besten mit immer weiter reduzierter Komplexität so lange, bis sie so einfach ist, dass sie direkt ausgeführt werden kann).

Der euklidische Algorithmus zu Bildung des größten gemeinsamen Teilers, den wir in Abschnitt 2.3 oben vorgestellt haben, ist ein Beispiel für eine Rekursion. In Schritt A2 wird dort der ganze Algorithmus *ggT* mit neuen Eingabewerten aufgerufen. Das geschieht „immer wieder“ mit verkleinerten Zahlen, bis der Algorithmus schließlich (irgendwann) in einem Schritt A1 terminiert.

Ein anderes Beispiel ist die ebenfalls bereits angesprochene Fakultätsfunktion, die der Zahl 0 die 1 zuordnet und allen anderen natürlichen Zahlen $n>0$ das Produkt $1 \cdot 2 \cdot \ldots \cdot n$. Der rekursive Unterprogrammaufruf lautet dann so:

*Fakultät(*n*):=*

Wenn n*=0, dann =1,*
*sonst Fakultät(*n*):=* n *·Fakultät(*n *-1).*

Ein drittes Beispiel für eine Rekursion in der Mathematik ist die Zerlegung einer natürlichen Zahl n in ihre Primfaktoren. Man sucht die kleinste natürliche Zahl m mit $1<m\leq n$, durch die n teilbar ist und berechnet dann „die Primfaktorzerlegung von n“ als das Produkt von m und der „Primfaktorzerlegung von (n geteilt durch m)“. Die Rekursion besteht darin, dass in der Aufgabe der Primfaktorzerlegung einer Zahl die Primfaktorzerlegung selbst wieder ausgeführt wird, aber mit einer kleineren Zahl, nämlich mit n/m. Wenn man bei $m=n$ angelangt ist, ist man fertig, denn dann ist $n/m=1$, und die Primfaktorzerlegung von 1 gibt man mit 1 selbst an; rückwirkend lösen sich dann alle anderen Primfaktorprodukte bis zu n hin auf.

*Primfaktorzerlegung(*n*) :=*

Wenn n *=1, dann =1,*
*sonst wähle kleinstes m mit 1<*m≤n*, durch das* n
teilbar ist; und führe aus:
*m·„Primfaktorzerlegung(*n/m*)“.*

Aus der Informatik gibt es praktische Beispiele für Rekursionen. Man zerlegt komplexe Programme in eine Serie von Einzelschritten, unter denen Aufrufe von Unterprogrammen sind. Unterprogramme, die sich selbst aufrufen, sind rekursiv. Die Primfaktorzerlegung kann auf diese Weise rekursiv programmiert werden.

Für die Frage nach der Grenze der Spezifizierbarkeit von Funktionen (und *a forteriori* von menschlichen Handlungen überhaupt) ist das folgende Beispiel für rekursive Algorithmen von großer Wichtigkeit: Das sind Algorithmen, die *sich selbst als Argument* verarbeiten. Das klingt paradox, hat aber durchaus praktische Anwendungen, zum Beispiel ein Texteditor, der als Eingabeparameter Texte bekommt und diese in einer graphischen Darstellungsform in einem fensterorientierten Betriebssystem zum Lesen und Verändern durch den Nutzer ausgibt. Ein Texteditor kann eine einfache Rekursion der Tiefe 1 ausführen, indem er *seinen eigenen Quellcode* als Inputparameter annimmt. Ein anderes Beispiel sind *Compiler*. Das sind Programme, die Quellcodes von Programmen in Maschinencode übersetzen. Ein *Compiler* kann selbstverständlich auch *den eigenen Quellcode* als Eingabeparameter annehmen und in Maschinensprache übersetzen. Der Unix-Compiler für C ist zum Beispiel selbst in C geschrieben und kann verändert und neu übersetzt werden. Der veränderte Compiler kann dann wiederum eine neue Version von sich herstellen.

Daher ist es durchaus möglich, einen Algorithmus X mit dem eigenen Beschreibungstext x als Eingabeparameter zu füttern und diesen durch X zu dem Ausgabewert $X(x)$ zu transformieren, auch wenn das natürlich nur für einige wenige Algorithmen wirklich sinnvoll ist. Für alle anderen Algorithmen würden wir sagen, „$X(x)$ ist nicht definiert".

Ein Hinweis auf die *Effizienz rekursiver Algorithmen* sei hier noch gemacht: Rekursionen eignen sich hervorragend zur knappen Formulierung von Algorithmen, auch ihr Zeitverhalten kann durchaus günstig sein, aber ihre Ausführung kostet immer viel Speicherplatz. Denn für jeden Selbstaufruf muss ein neuer Speicherbereich zur Verfügung gestellt werden, so dass ein nicht terminierender Algorithmus allein schon durch Überschreitung der Speichergrenzen zum Absturz (und damit doch zu einem, wenn auch etwas gewaltsamen Ende) kommt. Im Gegensatz dazu enden nicht terminierende Schleifen, die nicht rekursiv programmiert sind, so lange nicht, bis der Anwender die Geduld verliert und das Programm von außen unterbricht.

2.5 Formalisierung von Algorithmen

2.5.1 Funktionen

Unter einer Funktion versteht man eine Abbildung von Eingabewerten auf Ausgabewerte. Funktionen müssen eindeutig sein, das heißt, ihre Eingabewerte müssen ihre Ausgabewerte determinieren. Die Lösung der Gleichung $y^2=x$ beschreibt beispielsweise keine Funktion eines Eingabewertes x auf einen Ausgabewert y, da für $x>0$ mit jeder Lösung y auch das davon verschiedene $-y$ eine Lösung liefert. Umgekehrt definiert die Gleichung sehr wohl eine Funktion für den Eingabewert y auf den Ausgabewert x, denn jede Zahl y hat genau ein Quadrat y^2.

Man nennt eine mathematische Funktion *injektiv*, wenn verschiedene Eingabewerte einen verschiedenen Ausgabewert erzeugen. Die Funktion $x \rightarrow x^2$ ist beispielsweise nicht injektiv, da negative Zahlen dasselbe Quadrat haben wie ihre positiven Beträge: $2^2=(-2)^2=4$. Deswegen liefert die Umkehrung davon, die Wurzelrelation, auch keine eindeutigen Ergebnisse und ist keine Funktion. Hingegen ist $x \rightarrow x^3$ injektiv, denn Zahlen dreimal mit sich selbst malgenommen bewahren ihr Vorzeichen: $2^3=8$ und $(-2)^3=-8$.

Man nennt eine mathematische Funktion *surjektiv*, wenn der gesamte Ausgabebereich ein Bild der Funktion ist. Die Funktion $x \rightarrow x^2$ ist beispielsweise nicht surjektiv auf alle reellen Zahlen, denn die negativen Zahlen sind nicht Quadrate anderer reeller Zahlen. Hingegen ist die Quadratfunktion sehr wohl surjektiv auf die positiven reellen Zahlen einschließlich der Null: $R \rightarrow R^+ \cup \{0\}$, da diese alle Quadrate reeller Zahlen sind. $x \rightarrow x^3$ wiederum ist surjektiv auf ganz R, denn jede reelle Zahl, auch jede negative, hat eine kubische Wurzel, z.B. $\sqrt[3]{-8}=-2$.

2.5.2 Algorithmenparadigmen

Zur Berechnung einer Funktion werden Algorithmen eingesetzt. Wir werden später sehen (Abschnitte 2.6 und 2.7), dass nicht alle Funktionen überhaupt berechenbar sind, d.h. die syntaktische Welt der Algorithmen deckt nicht die semantische Welt der Funktionen ab. Die Algorithmen bilden das syntaktische Gerüst, die ihre Bedeutung in ihrer Abarbeitung dadurch erlangen, dass dabei ihre Eingabewerte in Ausgabewerte überführt werden. Es gibt für Algorithmen eine Reihe verschiedener Syntaxen, denen verschiedene Paradigmen zugrunde liegen:

- Imperative Algorithmen: Vorbild sind Bedienungsanleitung, Computerprogramm.
- Funktionale, bzw. applikative Algorithmen: Vorbild sind mathematische Funktionsausdrücke und vereinfachende Ersetzungsregeln (rekursive Funktionen, Church 1936).
- Formale Sprachen: Vorbild ist die Umgangssprache mit ihren Grammatiken zur Erzeugung korrekter Sätze (generative Grammatiken, Chomsky 1963a).
- Automaten: abstraktes Maschinenmodell aus Zuständen und Zustandsübergängen (Turing 1936).
- Petri-Netze: Trennung von Zuständen und Zustandsübergängen in einem graphischen Netzmodell, geeignet für die Nebenläufigkeit kooperierender Algorithmen (Adam Petri, geb. 1926; über Petri-Netze s. Baumgarten 1996).
- Deduktive Algorithmen: Modell von Axiomen und Ableitungsregeln korrekter Sätze aus einem Grundschatz einiger weniger einsichtiger Sätze, die zusammen den gesamten Sprachraum aufspannen.
- Genetische Algorithmen: Vorbild sind DNS-Gene von Phänotypen, die entweder selbst schon das Problem lösen oder nächste Generationen mit verbesserten Eigenschaften bilden können.
- Neuronale Netze: Vorbild sind Netze aus Schaltstellen (Synapsen), die aufgrund von Eingabewerten und vordefinierten Schwellwerten Ausgabewert erzeugen und diese an die nächsten Synapsen bis schließlich zu den Funktionsausgabestellen weiterleiten.

Die sprachlichen Mittel der verschiedenen Paradigmen unterscheiden sich erheblich. Nicht überraschend ist deshalb, dass sie für verschiedene Anwendungsprobleme unterschiedlich gut geeignet sind. In (Saake/Sattler 2004) werden zu den meisten Paradigmen Beispiele ausgeführt, aus denen die Eignung eines Paradigmas ersichtlich wird. In Kapitel 8 in diesem Buch werden formale Sprachen, Automaten und Petrinetze eingesetzt, um so genannte „Protokolle“, das sind Algorithmen für die technische Abwicklung von Kommunikation, zu spezifizieren.

Eine andere Frage ist, ob die Algorithmen unterschiedliche Mächtigkeit in Bezug auf den Funktionenraum haben, den sie abdecken: Gibt es Funktionen, die mit den Mitteln eines Paradigmas spezifiziert werden können, mit den Mitteln eines anderen aber nicht? Das ist nicht der Fall! Es kann für jedes der Paradigmen mit formalen Mitteln bewiesen werden, dass er jeden Algorithmus in der Sprache eines anderen Paradigmas spezifizieren kann. Alle Paradigmen decken genau denselben Funktionenraum ab. Es gelten zum Beispiel die folgenden Sätze (s. etwa bei Schöning 2001):

> Die Klasse der rekursiven Funktionen (nach Church) stimmt genau mit der Klasse der Funktionen überein, die von Turing-Maschinen berechnet werden können.
>
> Die Klasse der rekursiven Funktionen (und damit auch der Turing-berechenbaren Funktionen) stimmt genau mit der Klasse der Funktionen überein, die von WHILE-Programmen berechnet werden können (WHILE-Programme sind Programme aus Wertezuweisungen, Sequenzen und Schleifen mit logischer Abbruchbedingung).
>
> Und ebenso für alle anderen Paradigmen.

2.5.3 Die Church-Turing-These

Schwieriger ist die Frage, ob man mit Hilfe der Paradigmen alles das zum Ausdruck bringt, was man unter „Berechenbarkeit“ versteht. Decken die formalen Algorithmenparadigmen den intuitiven Berechenbarkeitsbegriff überhaupt ab? Hier versagen formale Beweismethoden, denn der intuitive Algorithmenbegriff ist formal nicht fassbar. Die Mathematiker Alonso Church (1903-1995) und Alan Turing (1912-1954) haben sich unabhängig voneinander mit dieser Frage beschäftigt. Beide haben das Ziel verfolgt (und erreicht), „Berechenbarkeit“ zu formalisieren. Church hat das Paradigma der rekursiven Funktionen entwickelt, Turing unabhängig davon das Paradigma der Automaten, deren Ergebnis die berühmte „Turing-Maschine“ ist, die gleichmächtig ist wie die rekursiven Funktionen von Church. Beide beanspruchen ihr Ziel erreicht zu haben, dass ihr Algorithmenparadigma die intuitive Berechenbarkeit zum Ausdruck bringt. Diese These wird bis heute akzeptiert, sie heißt die „Church-Turing-These“.

Um sie zu verifizieren oder zu falsifizieren, helfen keine formalen, sondern diskursive Methoden, bei denen man Formulierungsvorschläge mit Beispielen untermauert und mit Gegenbeispielen modifiziert oder zu Fall bringt. Dazu muss zunächst formuliert werden, was eine „effektive Rechenmethode“ sein soll, wenn schon nicht formal, so doch möglichst klar. Eine gute Beschreibung findet sich etwa im *Stanford Encyclopedia of Philosophy* unter dem Stichwort *Church-Turing Thesis* (Copeland 2002):

> A method M for achieving some desired result is called "effective" or "mechanical" just in case
>
> 1. M is set out in terms of a finite number of exact instructions (each instruction being expressed by means of a finite number of symbols);
> 2. M will, if carried out without error, always produce the desired result in a finite number of steps;

3. M can (in practice or in principle) be carried out by a human being unaided by any machinery save paper and pencil;
4. M demands no insight or ingenuity on the part of the human being carrying it out.

Man kann diese Definition einer intuitiven „effektiven Rechenmethode“ dadurch nachvollziehen, dass man konkrete Algorithmen daraufhin prüft, ob sie unter diese Definition fallen. Für die bereits vorgestellten Beispiele von Algorithmen, die Primfaktorzerlegung und die Fakultätsfunktion, ist das offenbar der Fall. Die These von Church und Turing unterstellt nun, dass das für alle Algorithmen gilt. Sie lautet so (vgl. Schöning 2001, Copeland 2002):

Church-Turing-These: Die Klasse aller durch Turing-Maschinen (bzw. durch funktionale Algorithmen, bzw. durch WHILE-Programme) berechenbaren Funktionen stimmt genau mit der Klasse von Funktionen überein, die durch die oben vorgelegte intuitive Definition einer „effektiven Rechenmethode“ berechnet werden können.

Church: *A function of positive integers is effectively calculable only if recursive.*

Turing: *LCMs [Turing machines] can do anything that could be described as „rule of thumb“ or „purely mechanical“.*

Um diese These zu diskutieren, sucht man Beispiele, die folgende beiden Fragen belegen oder widerlegen:

1. Gibt es eine „effektive Rechenmethode“ gemäß dieser Definition oben, die nicht durch einen funktionalen Algorithmus (bzw. eine Turing-Maschine, bzw. ein WHILE-Programm) ausgedrückt werden kann?
2. Gibt es einen funktionalen Algorithmus (bzw. eine Turing-Maschine, bzw. ein WHILE-Programm), welches im Sinne dieser Definition keine „effektive Rechenmethode“ darstellt?

Da alle bisher gefundenen Beispiele die Definition bestätigen und weder die eine oder andere Frage mit ja beantwortet werden konnte, wird die Church-Turing-These allgemein als wahr akzeptiert.

Die Church-Turing-These bezieht sich ausschließlich auf das Verhältnis zwischen intuitiver Berechenbarkeit und formalen Algorithmen. Sie sagt nichts über konkrete Maschinen oder über das menschliche Gehirn. Deshalb ist die Church-Turing-These nicht mit der weiter gehenden Behauptung zu verwechseln, dass funktionale Algorithmen bzw. Turingmaschinen bzw. WHILE-Programme die Fähigkeit von Maschinen grundsätzlich und bis in alle Zukunft festlegen, etwa in der manchmal so formulierten Weise: „Was eine Maschine berechnen kann, ist Turing-berechenbar“ (bei Copeland 2002 die so genannte „These M“). Diese weiter gehende Behauptung ist kaum diskutierbar, da wir nicht wissen, was Maschinen in Zukunft leisten können werden, eventuell jenseits von „effektiven Rechenmethoden“, auch wenn wir uns das heute nicht recht vorstellen können.

Ebenfalls nicht zu verwechseln ist die Church-Turing-These mit der anderen weiter gehenden Behauptung, dass funktionale Algorithmen das menschliche Gehirn repräsentieren (auch bei Copeland 2002 diskutiert). Diese Behauptung unterstellt die Programmierbarkeit allen menschlichen Handelns. Ob aber das Gehirn nur das berechnen kann, was einer „effektiven

Rechenmethode“ entspricht oder über andere Verfahren verfügt (zum Beispiel so etwas wie unscharfe, nicht eindeutig nachvollziehbare „schöpferische Sprünge“) ist unbekannt. Die Frage der Programmierbarkeit menschlichen Handelns ist Gegenstand des folgenden Kapitels 3 dieses Buches über digitale Kommunikation, und zwar in der Form, ob die Bedeutung der menschlichen Sprache durch ihre Syntax determiniert sei. Sie wird mit Argumenten der Sprachphilosophie und aufgrund der Erkenntnisse von Gödel über die Unvollständigkeit mathematischer Axiome und von Turing über nicht berechenbare Funktionen verneint werden.

In den folgenden beiden Abschnitten werden wir zeigen, dass es nicht berechenbare Funktionen gibt und dafür das *Halteproblem* als konkretes Beispiel konstruieren.

2.6 Funktionale Algorithmen

2.6.1 Syntax und Semantik

Ein Algorithmus ist ein Regelwerk von auszuführenden einfachen Schritten. Ein Algorithmus konstruiert dadurch eine Funktion, dass die Eingabewerte durch die Schritte des Algorithmus hindurch verändert und zu den Ausgabewerten transformiert werden.

> Gegeben sei ein Algorithmus „Alg“. Dann ist die zugehörige Funktion auf der Menge der Eingabeparameter des Algorithmus definiert durch die Zuordnung
>
> $$F_{\text{Alg}}: x \;\text{—}\boxed{\text{Algorithmus}}\!\rightarrow\; y$$

Die „Arbeitsanweisungen“ eines Algorithmus entsprechen der syntaktischen Vorgabe zur Konstruktion von Sätzen: man möchte einen bestimmten Sinn zum Ausdruck bringen und tut das durch die Formulierung eines geeigneten Satzes in einer geeigneten Umgebung. Die Funktion hingegen, die durch einen Algorithmus konstruiert wird, erfüllt den Algorithmus mit seinem Sinn. Man sagt daher:

> Die durch einen Algorithmus konstruierte Funktion ist die „Semantik“ des Algorithmus. Der Algorithmus, der eine Funktion berechnet, gibt die „Konstruktion“ einer Funktion an.
>
> (Siehe dazu Saake/Sattler 2004, S. 19; „Semantik eines applikativen Algorithmus”, S. 64; „Semantik eines imperativen Algorithmus“, S. 72).

In dieser eingeschränkten, wohldefinierten Sichtweise von Algorithmen und Funktionen stellen wir uns die beiden grundlegenden Fragen zum Verhältnis zwischen Syntax und Semantik:

1. Konstruiert jeder Algorithmus eine Funktion – dem entspricht: hat jeder syntaktisch gebildete Satz einen Sinn? Die Antwort wird „ja“ lauten“, wenn auch in einem eingeschränkten Sinne.

2. Liegt jeder Funktion ein Algorithmus zugrunde – dem entspricht: ist der Sinn eines Satzes durch seine Syntax vollständig determinierbar? Die Antwort wird „nein“ lauten.

2.6.2 Alphabet

Zur Beantwortung beider Fragen zieht man sich auf einen sehr eingeschränkten, formalen Sprachbegriff zurück: Ein Alphabet ist eine Menge $A=\{a_1, a_2, \ldots\}$ vorgegebener Zeichen. Wir beschränken uns auf endliche Alphabete und stellen uns dabei unser 256 Zeichen umfassendes ASCII-Alphabet {A-Z, a-z, 0-9, Satz- und Sonderzeichen} vor.

Ein Wort in diesem Alphabet *A* ist eine beliebige endliche Zeichenfolge aus *A*. Beispiele für Wörter im ASCII-Alphabet sind „X7-?Wr8o\K“, „Joju 9497“, „Hallo“ und „Eine Primfaktorzerlegung von n wird wie folgt gebildet: Schritt 1, ... usw.“. Zunächst ist jede beliebige endliche Zeichenfolge ein erlaubtes Wort. Allerdings möchte man oft nur einige Worte zulassen, denen man einen Sinn verleiht, während alle anderen Zeichenfolgen dann als „sinnlos“ gelten, zum Beispiel alle diejenigen Wörter, die einen Algorithmus beschreiben oder alle Wörter, die eine natürliche Zahl zum Ausdruck bringen, oder alle Wörter der deutschen Sprache, usw.

Die Menge alle Zeichenfolgen eines Alphabets *A* wird mit A^* bezeichnet. A^* ist die Menge aller überhaupt nur möglichen Wörter. A^* besteht zwar aus unendlich vielen Wörtern, aber man kann diese derart in eine Reihenfolge bringen, dass man sie abzählen und jedem Wort dadurch einen festen Platz in der Reihenfolge zuordnen kann. Man sagt: „A^* ist gleichmächtig wie die Menge der natürlichen Zahlen *N*“ oder: „A^* ist abzählbar“ (s.u. Abschnitt 2.6.5).

2.6.3 Beschreibung funktionaler Algorithmen durch Terme

Wir haben oben (Abschnitt 2.5.2) ausgeführt, dass verschiedene Algorithmenparadigmen zu verschiedenen formalen Darstellungsformen führen. Diese sind untereinander äquivalent, d.h. mit dem einen Formalismus kann man exakt dieselbe Menge von Algorithmen beschreiben wie mit jedem anderen. Daher ist es eine „Geschmackssache“, welchen Formalismus man wählt. Man wählt immer den Formalismus, der für das jeweilige Anwendungsumfeld am besten geeignet ist. Für die folgende Darstellung wählen wir den Formalismus der *applikativen Algorithmen*, die man auch *funktionale Algorithmen* nennt. Wir beschränken uns hier auf solche Algorithmen, die ganze Zahlen $Z=\{\ldots-2,-1,0,1,2,\ldots\}$ als Ein- und Ausgabewerte haben, die also Funktionen $Z \rightarrow Z$ definieren.

Im funktionalen Algorithmenparadigma werden Funktionswerte durch *Terme* gebildet, die ihrerseits weitere Funktionswerte enthalten können (ausführlich bei Saake/Sattler 2004, Abschnitt 3.2, S. 54 ff.). Die folgenden drei Beispiele definieren solche funktionalen Algorithmen für ganze Zahlen *x*:

1. $f(x) := x^2+1$
2. $f(x) := g(x)+1$, wobei $g(x) := x^2$
3. $f(x) := 1$, wenn $x=0$, sonst $f(x) := x \cdot f(x-1)$

Regeln für die funktionale Spezifikation von Algorithmen:

- Algorithmen werden als Zeichenketten aus dem ASCII-Alphabet gebildet, stellen also „Worte in der formalen Sprache über dem endlichen ASCII-Alphabet“ dar.
- Ein Algorithmus bestimmt eine Funktion *f*, die Eingabewerte aus den ganzen Zahlen $Z=\{\ldots\text{-}2,\text{-}1,0,1,2,\ldots\}$ in Ausgabewerte aus den ganzen Zahlen *Z* überführt.
- Die rechte Seite enthält immer einen so genannten erweiterten Term. Ein *erweiterter Term* besteht aus Variablen (*x*, *y*,… als Platzhalter für ganze Zahlen), arithmetischen Operationen (+, - usw.), logischen Operationen (wenn-dann, und oder, nicht) sowie weiteren Funktionen (*f*, *g*,…), die ihrerseits mit eigenen erweiterten Termen definiert sind. Indem man einen Term mit konkreten Zahlen füttert, kann er zu einer Ergebniszahl ausgewertet werden.
- Ein erweiterter Term, der eine Funktion *f* definiert, kann, wie gesagt, seinerseits Funktionen enthalten (s.o. Beispiele 2 und 3) und dabei sogar das eigene *f* (Beispiel 3). Man sagt in diesem Fall, *f* ist „rekursiv“ definiert.
- Zur Berechnung von konkreten Ausgabewerten wertet man die Terme aus, wie in der Mathematik üblich, wobei man mit dem ersten Term links oben beginnt. Bei der Auswertung eines Terms ersetzt man von links nach rechts, von oben nach unten fortschreitend, Funktionsausdrücke durch die sie definierenden Terme und man ersetzt Variable durch konkrete Eingabewerte.
- Verschiedene Algorithmen können dieselbe Funktion spezifizieren (siehe Beispiel 1 und 2).
- Es gibt funktionale Algorithmen, die nicht terminieren, das heißt, sie führen nicht jeden Eingabewert zu einem Ergebnis. Zum Beispiel läuft das Beispiel 3 oben für negative Eingabewerte unendlich lang „in die Leere“: es erzeugt für negative Werte keine Ausgabe.
- Funktionen, die nicht für alle Werte definiert sind, nennt man „partielle Funktionen“.

Durch einen funktionalen Algorithmus wird eine Funktion *f* konstruiert, die in der Definitionskette immer an erster Stelle links oben steht. Sie wird definiert durch einen erweiterten Term, der seinerseits Funktionen enthält, die im weiteren Verlauf der Definitionskette aufgelöst werden.

> **Definition:** Unter der Domäne einer Funktion $f{:}A^*\rightarrow A^*$ versteht man die Menge aller Eingaborte aus A^*, für die *f* definiert ist, d.h. für die *f* einen Ausgabewert produziert. Formal: $\text{dom}(f) := \{x\in A^*{:}\ f(x)\in A^* \text{ wohldefiniert}\}$.

Zum Beispiel sind die beiden ersten Beispiele über alle ganzen Zahlen, und das dritte Beispiel über alle nicht-negativen ganzen Zahlen wohldefiniert. Die Domänen dieser drei Beispiele sind solche Zeichenfolgen, die ganze Zahlen, bzw. nicht negative ganze Zahlen repräsentieren in ASCII-Schreibweise einer Dezimaldarstellung:

$$\text{dom}(f_1) = \text{dom}(f_2) = \{va_0a_1a_2\ldots a_n\in A^*{:}\ \ v\in\{\ ,+,-\};\ a_0,a_1,\ldots,a_n\in\{0,\ldots,9\};\text{ falls } a_0=0, \text{ dann } n=0\}$$
$$\text{dom}(f_3) = \{a_0a_1a_2\ldots a_n\in A^*{:}\ \ a_0,a_1,a_2,\ldots,a_n\in\{0,\ldots,9\};\text{ falls } a_0=0, \text{ dann } n=0\}$$

Zum Beispiel gehören folgende Zeichenfolgen zu $\text{dom}(f_1)$ und $\text{dom}(f_2)$: -13, +248, 0, 929, aber nicht 1+3, 04, 1/3. Zu $\text{dom}(f_3)$ gehören alle Zeichenfolgen von $\text{dom}(f_1)$, die kein Vorzeichen tragen, also 13, 248, 0, 929 usw.

2.6.4 Verhältnis von Algorithmen zu Funktionen

Die Definitionskette zur Spezifikation eines funktionalen Algorithmus ist die *Syntax* der zuerst genannten Funktion f. Die Funktion f ist der *Sinn* oder die *Bedeutung* des Algorithmus:

> **Definition:** Die *Semantik* eines Algorithmen über A^* ist die Funktion $f{:}A^*\to A^*$, die er definiert.

Zuerst verfolgen wir die einfachere Frage: Konstruiert jeder Algorithmus eine Funktion? Zur Erinnerung: das ist die Frage nach dem Sinn von Worten. Man fragt sogar noch weiter: Stellt jedes Wort aus einem Alphabet, aus dem Algorithmen gebildet werden, einen Algorithmus dar, und konstruiert es damit eine Funktion? Die Antwort kann in folgendem eingeschränkten Sinn mit „ja" beantwortet werden:

Ein beliebiges Wort $a\in A^*$ wird versuchsweise als „Algorithmus" aufgefasst, also als Serie von Funktionsdefinitionen, die sich alle nacheinander (ggf. rekursiv) auflösen. Die allerallermeisten Worte werden natürlich keinen Algorithmus darstellen, sondern blanken Unsinn, etwa die Worte „X7-?Wr8o\K", „Joju 9497" und „Hallo". Wenn man versuchen wollte, diese Worte als Algorithmus zu interpretieren und sie mit Eingabeworten aus A^* zu füttern, käme nichts Sinnvolles heraus. Solchen Worten ordnet man diejenige Funktion f: $A^*\to A^*$ zu, die für keinen Eingabewert aus A^* definiert ist, d.h. dom(f)=∅ die leere Menge.

Den anderen Worten $a\in A^*$, die tatsächlich einen Algorithmus zum Ausdruck bringen, ordnet man die durch ihren Algorithmus gebildete Funktion $A^*\to A^*$ zu. Diese wird im Allgemeinen nicht für alle Eingabewerte definiert sein.

> **Definition:** Es sei A ein endliches Alphabet und $a\in A^*$ ein Wort über diesem Alphabet.
>
> Mit φ_a: $A^*\to A^*$ bezeichnet man diejenige partielle Funktion, die dadurch definiert ist, dass a als Algorithmus interpretiert wird, welcher Worte aus A* in andere Worte aus A* transformiert: Für jedes $x\in A^*$ ist $\varphi_a(x)$ der Ausgabewert von x bei Durchlauf durch den Algorithmus a, wenn $x\in dom(\varphi_a)$, und ansonsten, wenn $x\notin dom(\varphi_a)$, ist $\varphi_a(x)$ undefiniert.

Die meisten Worte $a\in A^*$ haben „keinen Sinn", d.h. sie ergeben Funktionen φ_a, die für kein Eingabewort Worte $x\in A^*$ definiert sind: $\mathrm{dom}\varphi_a{:=}\emptyset$. Andere haben „Sinn", denn sie stellen tatsächlich einen Algorithmus dar. Dadurch definieren sie partielle Funktionen, die wenigstens für einen Teilbereich von A* definiert sind und diese sinnvoll als Eingabewerte annehmen können: $\mathrm{dom}\varphi_a=B\subset A^*$ mit $B\neq\emptyset$.

Jetzt stellen wir uns die schwierigere Frage:

- Ist jede denkbare Funktion f: $A^*\to A^*$ durch einen Algorithmus aus A* repräsentiert?
- Anders ausgedrückt: Ist jede Funktion algorithmisch berechenbar?
- Noch abstrakter formuliert: Ist die Semantik eines Satzes (die Funktion) durch eine Syntax (Algorithmus) vollständig erfassbar?

Die erstaunliche Antwort lautet: nein, es gibt viel mehr Funktionen als Algorithmen, die allermeisten Funktionen sind nicht algorithmisch berechenbar. Auf „Syntax" und „Semantik" angewendet: es gibt mehr Bedeutung in der funktionalen Welt als sich durch formale Algorithmen ausdrücken lässt. Auf die Sprachphilosophie übertragen heißt das, dass die Bedeutung von Sprache nicht durch ihre Syntax determiniert ist. Das Besondere an dieser Aussage ist, dass sie mathematisch beweisbar ist.

Satz: Es gibt Funktionen, die nicht berechenbar sind. Anders ausgedrückt: es gibt Funktionen, für die es keinen Algorithmus gibt, der sie konstruiert.

Zum Beweis gibt es zwei Ansätze, beide von großer Aussagekraft: Erstens beweist man mit einem reinen Überabzählbarkeitsargument, dass es viel mehr Funktionen als Algorithmen gibt. (s.u. Abschnitt 2.6.5). Zweitens kann man ganz konkret Funktionen konstruieren, von denen man nachweist, dass sie nicht algorithmisch spezifizierbar sind. Es handelt sich regelmäßig um so genannte semantische Funktionen:

- Terminierung: Gegeben ein Algorithmus: hält dieser?
- Wirkung: Gegeben zwei Algorithmen: spezifizieren sie dieselbe Funktion?
- Korrektheit: Gegeben ein Algorithmus und eine Funktion: gibt der Algorithmus die Funktion korrekt wieder?

All diese „semantischen" Fragen sind algorithmisch nicht entscheidbar. Die erste dieser Fragen ist das berühmte Halteproblem von Alan Turing, das wir unten im Abschnitt 2.7 behandeln werden.

2.6.5 Überabzählbarkeit des Funktionenraums

Zum Verständnis des Kapitels 2 ist dieser Abschnitt 2.6.5 nicht erforderlich. Hier führen wir nur die Beweise zweier Aussagen formal aus, die wir in der Diskussion in diesem Kapitel 2 (und später) verwenden. Für ein endliches Alphabet A gilt:

1. Die Menge aller Wörter in A^* ist abzählbar.
2. Die Menge aller Funktionen $A^* \rightarrow A^*$, das ist die Menge aller Funktionen, die Wörter aus A^* als Eingabewerte in Wörter aus A^* als Ausgabewerte überführen, ist überabzählbar.

Zunächst die Abzählbarkeit von A^*. Die Anzahl der Zeichen in A bezeichnet man mit $|A|$. Man kann eine Methode konstruieren, wie man die Wörter in A^* in eine feste Reihenfolge bringt, die insgesamt zwar unendlich lang ist, die aber jedem Wort aus A^* einen festen Platz in der Reihenfolge zuordnet:

An erster Stelle steht das leere Wort, das man mit ε bezeichnet. Danach kommen, jeweils in lexikographischer Reihenfolge geordnet, erst alle einbuchstabigen Wörter ($|A|$ Stück), dann alle zweibuchstabigen ($|A|\cdot|A|$ Stück), dann alle dreibuchstabigen ($|A|\cdot|A|\cdot|A|$ Stück) usw. Man kommt auf diese Weise zwar nicht zu einem Ende (die Menge aller endlichen Buchstabenfolgen ist unendlich), aber man hat doch alle nur möglichen Worte in eine lineare Reihenfolge gebracht, bei der jedem Wort genau eine Abzählzahl zugeordnet werden kann.

Diese Konstruktion bildet eine surjektive und injektive Abbildung (und damit eine bijektive 1:1-Abbildung) der Menge der natürlichen Zahlen N auf die Menge aller Wörter von A^*. Man sagt, die beiden Mengen N und A^* sind mengentheoretisch äquivalent: sie haben dieselbe „Mächtigkeit": $|N|=|A^*|$; oder: sie haben dieselbe „Kardinalität": card(N)=card(A^*).

Nun zeigen wir, dass es „viel viel mehr“ Funktionen $A^*\to A^*$ gibt als Wörter in A^*. Wir zeigen, dass die Menge der Funktionen $A^*\to A^*$, die wir mit $\{f: A^*\to A^*\}$ bezeichnen, *überabzählbar* ist, dass es mit anderen Worten keine bijektive Abbildung von N auf $\{f: A^*\to A^*\}$ gibt. In mengetheoretischer Schreibweise: card(A^*)<card($\{f:A^*\to A^*\}$).

Wir beweisen den Satz etwas allgemeiner. Mit Hilfe des in Kap. 3 (Abschnitte 3.4.2-3) näher diskutierten Russel'schen „Selbstfütterungstricks“ beweisen wir, dass *jede* nicht-leere Menge X kleiner ist als die Menge $\{f:X\to Y\}$ aller Funktionen von X nach Y, wenn nur Y mehr als ein Element enthält. Indem man dann $X=Y=A^*$ setzt, ist damit auch unser speziellerer Satz bewiesen, dass card(A^*)<card($\{f:A^*\to A^*\}$).

Satz: Es sei X eine beliebige nicht-leere Menge, und Y sei eine beliebige Menge mit mindestens zwei verschiedenen Elementen b_1 und b_2. Dann ist die Kardinalität von X (das ist die Anzahl der Elemente von X) kleiner als die Kardinalität der Funktionenmenge $\{f:X\to Y\}$.

Beispiel 1: X=die Menge der natürlichen Zahlen N, $Y=\{0,1\}$. Dann ist $\{f:N\to\{0,1\}\}$=Menge aller unendlichen Folgen aus Nullen und Einsen. Wenn man die reellen Zahlen als unendliche Dezimalbrüche auffasst und sich diese in dualer Schreibweise vorstellt, ist die Menge aller unendlichen Folgen aus Nullen und Einsen „dieselbe“ Menge wie die Menge der reellen Zahlen zwischen 0 und 1 (nämlich die Stellen hinter dem Komma in dualer Schreibweise). Der Satz besagt für dieses Beispiel dann nichts anderes als dass die Menge der reellen Zahlen im Einheitsintervall überabzählbar ist, und erst recht alle reellen Zahlen.

Beispiel 2: $X=Y$=Menge alle Worte des ASCII-Aphabets. Dann ist $\{f:ASCII^*\to ASCII^*\}$= Menge aller Funktionen, die jedem ASCII-Wort als Eingabe ein anderes ASCII-Wort als Ausgabe zuordnen. Der Satz besagt hier, dass es mehr Funktionen gibt, die ASCII-Worte in ASCII-Worte überführen als es ASCII-Worte gibt.

Beweis: Wir zeigen, dass es eine einbettende Abbildung φ von X nach $\{f:X\to Y\}$ gibt, die jedem Element $a\in X$ genau eine Funktion f_a $X\to Y$ zuordnet, dass es aber keine surjektive Abbildung X nach $\{f:X\to Y\}$ geben *kann*, die sowohl – wie φ – jedem Element $a\in X$ genau eine Funktion $f_a:X\to Y$ zuordnet als auch dabei sämtliche Funktionen $X\to Y$ als Bild erwischt. Formal: es gibt eine injektive Einbettung von X nach $\{f:X\to Y\}$, aber keine Bijektion zwischen X und $\{f:X\to Y\}$.

Ein injektives $\varphi : X\to\{f:X\to Y\}$ kann so gebildet werden, dass jedem $a\in X$ folgende charakteristische Funktion $f_a:X\to Y$ zugeordnet wird: $f_a(x)=b_1$, falls $x=a$, und $f_a(x)=b_2$, falls $x\neq a$. Diese sogenannte „charakteristische Funktion von a“ ist nur dann für jedes $a\in X$ eine andere Funktion, wenn $b_1\neq b_2$, wenn also Y mindestens diese beiden verschiedenen Elemente enthält. φ demonstriert, dass X jedenfalls nicht mehr Elemente als $\{f:X\to Y\}$ haben kann, denn durch φ entspricht ja jedem Element von X genau eines von $\{f:X\to Y\}$.

Jetzt zeigen wir, dass die Menge $\{f:X\to Y\}$ sogar *mehr* Elemente hat als die Menge X:

$\{f:X\to Y\}$ hätte dann nicht mehr Elemente als X, wenn es eine bijektive Funktion $\psi:X\to\{f:X\to Y\}$ gäbe, die nicht nur wie φ oben jedem $a\in X$ genau eine Funktion $f_a:X\to Y$ zuordnet, sondern dabei jede Funktion $X\to Y$ als Abbild erwischt. Jetzt zeigen wir mit dem „Russel'schen Selbstfütterungstrick“, dass es ein solches ψ nicht geben kann:

Angenommen, es gäbe eine solche 1:1-Funktion $\psi:X\to\{f:X\to Y\}$ dann könnte man folgende seltsame Funktion $g:X\to Y$ konstruieren: $g(x):=b_1$, falls $(\psi(x))(x)=b_2$, und sonst $g(x):=b_1$. Achtung: $\psi(x)$ ist ja diejenige Funktion $X\rightarrow\{f:X\rightarrow Y\}$, die jedem $x\in X$ genau eine Funktion $X\rightarrow Y$ zuordnet. Für jedes $y\in X$ ist daher $(\psi(x))(y)$ ein wohldefiniertes Element in Y. Also ist insbesondere $(\psi(x))(x)$ ein wohldefiniertes Element in Y. g ist raffinierter Weise so definiert worden, dass $g(x)$ für *jedes* $x\in X$ ungleich $(\psi(x))(x)$ ist! Gleichwohl ist g eine ordentliche Funktion $X\rightarrow Y$, müsste also unter der Bijektion ψ ein Urbild $y\in X$ haben mit $\psi(y)=g$. Jetzt kommt Russels Selbstfütterungsfrage: Wie steht es denn nun mit $(\psi(y))(y)$? Es stellt sich heraus, dass sowohl $(\psi(y))(y)=g(y)$, da ja g das Bild von y unter ψ ist (d.h. $\psi(y)$=g), andererseits aber ist g gerade so konstruiert worden, dass für alle x galt: $(\psi(x))(x)\neq g(x)$, insbesondere auch für jenes $x=y$. Also würde für dieses g und das zugehörige y gelten: $(\psi(y))(y)=g(y)$ *und* $(\psi(y))(y)\neq g(y)$. Das ist ein Widerspruch. Also kann es eine solche Bijektion ψ nicht geben, also enthält die Menge $\{f:X\rightarrow Y\}$ aller Funktionen von X nach Y *mehr* Elemente als die Menge X. Quod erat demonstrandum.

Ganz analog beweist man die Überabzählbarkeit aller unendlichen Folgen von Nullen und Einsen, die Überabzählbarkeit der reellen Zahlen und die Überabzählbarkeit der Menge aller Teilmengen natürlicher Zahlen.

2.7 Die Unentscheidbarkeit des Halteproblems

2.7.1 Terminierung

Funktionale Algorithmen terminieren nicht immer, das heißt sie führen nicht immer zu einem Ziel. Unter den drei folgenden Beispielen endet das erste niemals, das zweite führt für alle nicht-negativen natürlichen Zahlen zum Ziel, und das dritte führt für alle ganzen Zahlen zum Ziel:

1. $f_1(x) := x\cdot f_1(x\text{-}1)$
2. $f_2(x)$:= wenn x=0 dann =1, sonst $=x\cdot f_2(x\text{-}1)$
3. $f_3(x)$:= wenn x<0 dann $=(\text{-}1)^{-x}\cdot f_3(\text{-}x)$, sonst (wenn x=0 dann =1, sonst $=x\cdot f_3(x\text{-}1)$)

Ob eine algorithmische Bearbeitung anhält oder ohne Ende weiterläuft, stellt man dadurch fest, dass man den Algorithmus und seine Eingabewerte untersucht. Das erste Beispiel f_1 läuft für jede Zahl im Kreis herum, denn f_1 wird ohne Anfang und Ende durch sich selbst spezifiziert, das führt zu keiner Auflösung. Im zweiten Beispiel hat man für die natürlichen Zahlen die Fakultätsfunktion spezifiziert, für negative ganze Zahlen x aber erzeugt man die unendliche Kette $x\cdot(x\text{-}1)\cdot(x\text{-}2)\cdot\ldots$, die nie abreißt, da die (negativen!) x im Betrag immer größer werden. Das dritte Beispiel endlich spezifiziert die Fakultätsfunktion für alle ganzen Zahlen, aus den negativen wird der Minusfaktor einfach nach vorne gezogen und ansonsten die Fakultät des Betrages berechnet.

Alle drei Funktionen sind außerhalb der ganzen Zahlen undefiniert und liefern dort keine Ergebnisse. Es gilt daher:

1. $\text{dom}(f_1) = \varnothing$
2. $\text{dom}(f_2) = N$
3. $\text{dom}(f_3) = Z$

2.7.2 Formulierung und Beweis des Halteproblems

Wir gehen wieder von einem endlichen Alphabet A aus, dessen Wörter die Menge A^* bilden. Mit den Wörtern aus A^* werden sowohl Algorithmen, als auch deren Ein- und Ausgabeparameter beschrieben. Das Halteproblem stellt nun die Frage, ob es einen einheitlichen Algorithmus gibt, der für alle Algorithmen der Welt entscheidet, ob sie halten oder nicht: Gibt es einen allgemeinen Haltealgorithmus H, der für jeden funktionalen Algorithmus $Alg \in A^*$ und irgendeinen Eingabeparameter $x \in A^*$ entscheidet, ob dieser damit zum Halten und einem Ergebnis kommt oder ob er entweder undefiniert ist oder nicht zum Halten kommt?

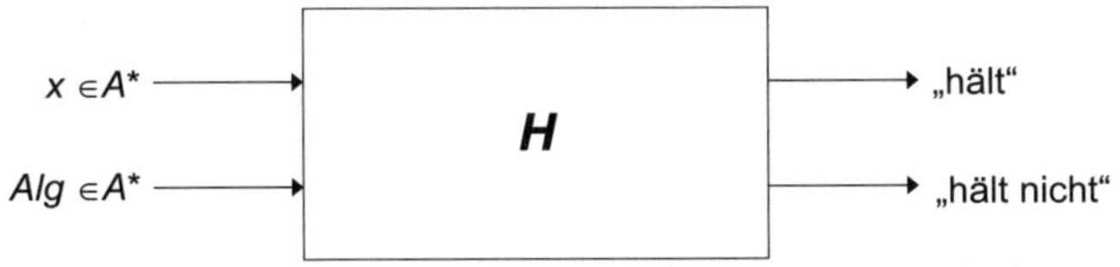

Abbildung 2.1: Fiktiver Algorithmus für das Halteproblem

Mit dem Russelschen Selbstfütterungstrick zeigen wir, dass ein solcher Algorithmus nicht existieren *kann*. Angenommen, ein solcher Algorithmus H existierte, dann könnten wir die folgende seltsame Funktion g: $A^* \to A^*$ konstruieren. Wir wählen ein festes nicht-leeres Wort $a \in A^*$, das wir zum Anhängen an andere Worte benutzen werden. Zur Erinnerung: φ_x ist diejenige Funktion, die durch den Algorithmus x konstruiert wird, s.o. Abschnitt 2.6.4. Nun bilde g jedes Eingabewort $x \in A^*$ auf folgendes Wort in A^* ab:

Wenn x ein sinnvoller Algorithmus ist, der sein eigenes Wort x als Eingabeparameter
akzeptiert und dieses zu einem sinnvollen Ausgabeparameter $y=\varphi_x(x)$ überführt,
dann $g(x) := \varphi_x(x)||a$, wobei „$||a$" bedeutet, dass
das Wort a an das vorherige Wort angehängt wird.

Andernfalls, falls x kein sinnvoller Algorithmus ist oder
falls er sein eigenes Wort x nicht als Eingabeparameter akzeptiert
oder falls $\varphi_x(x)$ mit x als Eingabeparameter nicht zu einem Halten kommt,
dann $g(x) := a$

Formale Definition von g: $A^* \to A^*$:

$g(x) := \varphi_x(x)||a$, falls $x \in \text{dom}(\varphi_x)$ und $g(x) := a$, falls $x \notin \text{dom}(\varphi_x)$.

g ist deshalb sinnvoll, weil nach unserer Voraussetzung die Bedingung „falls $x \in \text{dom}(\varphi_x)$" durch einen Haltealgorithmus wohlspezifiziert ist! Mit anderen Worten: g ist eine wohlspezifizierte Funktion, deren Spezifikat durch ein Wort $z \in A$ dargestellt wird! Es muss also gelten: $g(x) = \varphi_z(x)$ für alle $x \in A^*$.

Jetzt kommt wieder die kritische „Selbstfütterungsfrage“: Wie steht es mit $\varphi_z(z)$? Das heißt, was passiert, wenn man dem Algorithmus z, der die Funktion g konstruiert, als Eingabeparameter in g hineinsteckt? Kommt dieser Algorithmus zum Halten oder nicht? Das fragen wir unseren fiktiven Haltealgorithmus H, der uns folgendes dazu sagt:

Wenn z mit dem Eingabeparameter z zum Halten kommt, dann ist g für dieses z definiert als das Wort $\varphi_z(z)||a$, d.h. $g(z) = \varphi_z(z)||a \neq \varphi_z(z)$. Andererseits aber ist z das Spezifikat von g, d.h. es muss wie für alle Eingabeparameter x auch für z gelten $g(z)=\varphi_z(z)$!

Also kann z mit dem Eingabeparameter z nicht zum Halten kommen. In dem Fall aber ist $g(z)=a$ definiert, was ein wohldefiniertes Ergebnis ist und ein ordentliches Halten von z anzeigt. Mit anderen Worten: z hält für z, wenn es für z nicht hält. Das ist ein Widerspruch und kann auch nicht sein.

Wie man es also dreht und wendet, $\varphi_z(z)$ führt immer zu einem Widerspruch, der nur dadurch behoben werden kann, dass man die Voraussetzung aufgibt, es gebe einen Algorithmus H für die Konstruktion des Halteproblems.

2.7.3 „Seltsame“ Algorithmen (die nicht existieren können)

Es gibt eine graphisch hübsche Darstellung eines „seltsamen“ Algorithmus G, den man mit Hilfe eines Haltealgorithmus H (wenn es diesen denn gäbe!) konstruieren könnte, der aber selbstverständlich in Wirklichkeit nicht existieren kann, da ja das Halteproblem unentscheidbar ist (Sattler/Saake 2004, Abb. 7.2, S. 177):

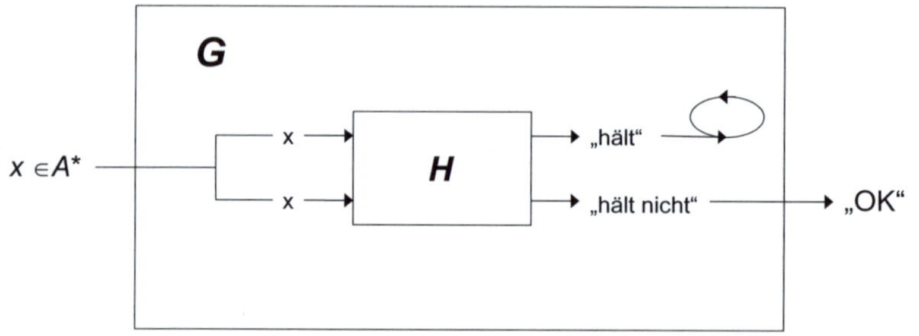

Abbildung 2.2: Ein widersprüchlicher Algorithmus G, der mit Hilfe eines Haltealgorithmus H konstruiert werden könnte, wenn es H gäbe.

Der ist so zu verstehen: G akzeptiert als Eingabe ein Wort $x \in A^*$, dieses interpretiert G einerseits als Algorithmus, andererseits als Eingabewert zu demselben Algorithmus (Selbstfütterung!). Zu diesem funktionalen Durchlauf $\varphi_x(x)$ befragt G den Haltealgorithmus H, ob er hält. Falls ja, hängt G eine beliebige Endlosschleife dran, zum Beispiel vom Typ „hänge an das Ergebnis so lange ein nicht-leeres Wort a an, bis das Ergebnis das leere Wort ergibt" – das endet nie. Falls nein, falls also H zurückmeldet: $\varphi_x(x)$ hält nicht, dann hält G mit dem Output „OK" an.

G ist ein Algorithmus, der durch ein Wort $G \in A^*$ spezifiziert ist. Nun der „Selbstfütterungs-Killer": Was passiert, wenn G selbst als Eingabe von G verarbeitet wird? G ist gerade so konstruiert, dass es in eine Endlosschleife läuft, wenn es hält, und wenn es nicht hält, dann hält es mit der Ausgabe „OK". Also kann es so ein G nicht geben, also kann es keinen Haltealgorithmus geben.

Man könnte noch viele andere seltsame Algorithmen konstruieren, wenn es einen Haltealgorithmus H gäbe. Ein weiterer seltsamer Algorithmus wäre derjenige, der für jeden Algorithmus genau diejenigen Eingabewerte mitteilen würde, unter denen dieser hält, und andernfalls mitteilen, er hält bei keinem Eingabewert (Übungsaufgabe).

Einen seltsamen Algorithmus wollen wir hier noch vorstellen, siehe Abb. 2.3. Ein Haltealgorithmus wäre eine Art Wundermaschine zur Lösung zahlentheoretischer Probleme, ohne dass man die mathematische Natur des Problems kennen müsste. Mehr noch, man könnte bisher ungelöste Probleme im Handumdrehen lösen. Zum Beispiel könnte man folgenden seltsamen Algorithmus *PZ* konstruieren, der uns sagt, ob es unendlich viele Primzahlzwillinge gibt oder nicht – dieses Problem ist in der Zahlentheorie bis heute ungelöst. Ein Primzahlzwilling besteht aus zwei benachbarten ungeraden Zahlen, die beide Primzahlen sind, Beispiele sind (3,5), (5,7), (11,13), (17,19), (29,31), (41,43), usw. Man weiß nicht, ob es von diesen endlich oder unendlich viele gibt.

*PZ*1 akzeptiert eine beliebige natürliche Zahl n und findet durch systematisches Probieren den nächst höheren Primzahlzwilling $(p,p+2)$ mit $p>n$. *PZ*1 gibt die größere Primzahl des Zwillings, $p+2$, aus und endet damit (Abb. 2.3 a). Nun wird mit Hilfe des Haltealgorithmus folgender Algorithmus *PZ* gebildet (Abb. 2.3 b): *PZ* akzeptiert eine beliebige natürliche Zahl n und befragt den Haltealgorithmus, ob *PZ*1 bei Eingabe von n endet. Wenn ja, dann merkt sich *PZ* die höhere der beiden Zwillingszahlen und steckt diese wieder in *PZ*1 rein und befragt H erneut, ob es wieder endet. Wenn H bei irgendeiner Eingabezahl p meldet, *PZ*1 endet nicht, dann meldet auch *PZ*: das zuletzt gefundene Zwillingspärchen $(p\text{-}2,p)$ ist der größte Primzahlzwilling, andere gibt es nicht. Wenn aber H immer meldet, *PZ*1 endet, dann endet *PZ* nicht. Genau darüber kann man H wiederum fragen (Abb. 2.3 c): Endet *PZ*? Wenn *PZ* nicht endet – das teilt H ja mit – dann gibt es unendlich viele Primzahlzwillinge, andernfalls wird der letzte von *PZ* gefundene Primzahlzwilling als größter ausgegeben, womit bewiesen wäre, dass es nur endlich viele Primzahlzwillinge gibt. Tableau!

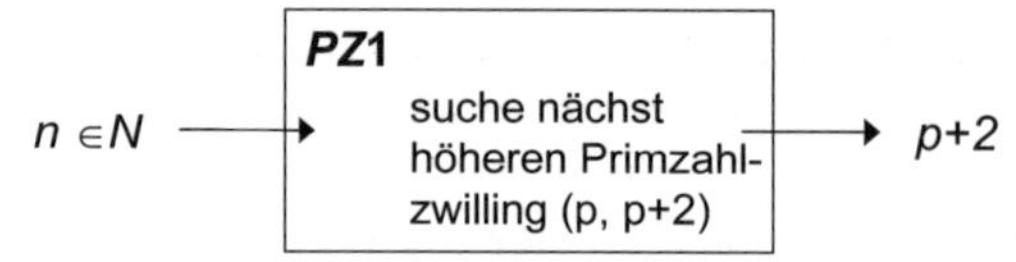

Abb. 2.3 a

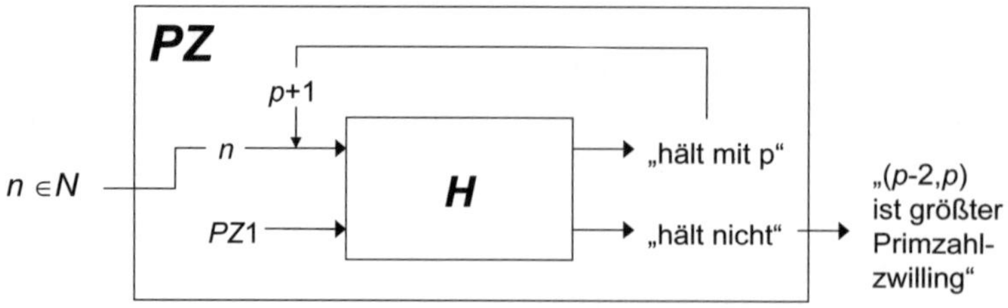

Abb. 2.3 b

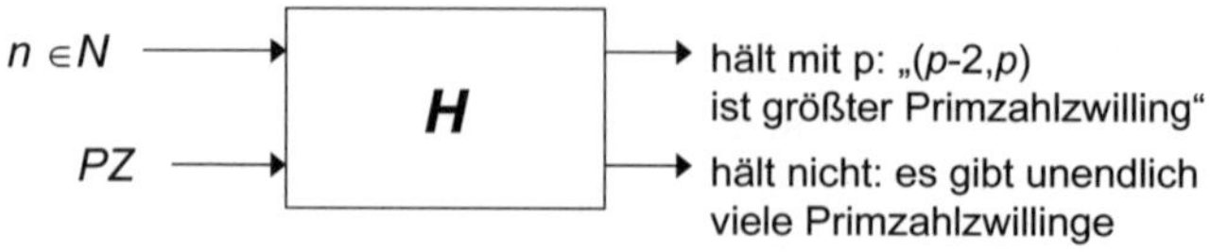

Abb. 2.3 c

Abbildung 2.3: Eine Wundermaschine zur Lösung des bisher ungelösten Problems, ob es unendlich viele Primzahlzwillinge gibt.

Es entspricht also durchaus unserer Vorstellung, dass es einen Haltealgorithmus nicht geben kann. Er würde zahlentheoretische Probleme entscheiden, ohne sie inhaltlich aufzudecken. Nun, da es einen Haltealgorithmus nicht gibt, brauchen wir uns über die Konsequenzen einer solchen Wundermaschine keine Gedanken zu machen. Wir merken uns:

Satz: Das Halteproblem ist nicht algorithmisch entscheidbar. Wohl aber kann man für viele konkrete Algorithmen durch inhaltliche Einzelprüfung entscheiden, ob sie halten oder nicht.

Die Mathematik mit Gödel und die Informatik mit dem Halteproblem liefern eine starke Motivation dafür, die Syntaxdiktatur des Tractatus (Wittgenstein 1922) aufzugeben und sich der Dynamik der Kommunikation als Ursache der Semantik von Sprache anzunehmen. Das leisten Wittgensteins Sprachspiele und die daraus entwickelte Sprechakttheorie. Das wird im folgenden Kapitel 3 behandelt.

2.8 Zusammenfassung

Pläne sind Schritt-für-Schritt-Formulierungen für zukünftiges zielorientiertes Handeln. Pläne dienen der Mitteilung von erfolgreichen Handlungsmöglichkeiten an andere Menschen oder zum Merken für einen selbst. Sie dienen der Bewältigung von Problemen in allen möglichen

Lebensumgebungen, zum Beispiel im persönlichen Miteinander, in der Politik, in Organisationen, in der Landwirtschaft, in der Wissenschaft.

Eine besondere Form von Plänen sind Algorithmen zur Berechnung von Funktionen in der Mathematik. Die Informatik hat eine Reihe verschiedener Paradigmen zur Formalisierung von Algorithmen entwickelt, darunter die WHILE-Programme, die funktionalen (applikativen) Algorithmen und die Turing-Maschinen. Diese sind untereinander alle äquivalent. Sie decken nach der Church-Turing-These alle Funktionen ab, die man intuitiv als berechenbar ansehen würde, d.h. sie formalisieren genau den intuitiven Berechenbarkeitsbegriff.

Alle Algorithmen kann man aus denselben typischen Grundbausteinen zusammensetzen: die Wertezuweisung, die Sequenz, die Parallelität, die bedingungsgesteuerte Verzweigung, die bedingungsgesteuerte Schleife, die Auslagerung. Eine besondere Form der Auslagerung ist die Rekursion, in der der Algorithmus sich selbst aufruft.

Algorithmen bilden die Syntax von Funktionen, indem sie Schritt für Schritt beschreiben, wie diese ausgeführt werden. Die Funktionen bilden die Semantik der Algorithmen, indem sie dem Rechenvorgang Bedeutung verleihen.

Die Menge aller Algorithmen über einem festen Alphabet von Ausdrucksmöglichkeiten ist unendlich, aber abzählbar. Die Menge aller Funktionen über demselben Alphabet ist dagegen überabzählbar. Metaphorisch gesprochen: Zwar haben alle Algorithmen einen Sinn (sie definieren eine Funktion), aber nicht alles, was Sinn hat, kann algorithmisch ausgedrückt werden. Ein konkretes Beispiel einer Funktion, die nicht algorithmisch beschreibbar ist, ist das Halteproblem.

2.9 Lektüre zur Vertiefung

Als allgemeine Einführung in die Informatik, die nicht so theorielastig ist, eignet sich das „Skriptum Informatik“ von (Appelrath/Ludewig 2000). Lehrreich sind auch die Einträge im Duden Informatik des Lektorats des BI-Wissenschaftsverlags (1993). Zum Verständnis des Algorithmenbegriffs, gerade auch von seiner intuitiven Seite her, hilft die „moderne Einführung“ in die Informatik von (Goldschlager/Lister 1990).

Ein ausgezeichnetes Lehrbuch, das die Grundbegriffe der Algorithmen sowohl intuitiv als auch theoretisch sehr gut erklärt, ist das Lehrbuch über Algorithmen und Datenstrukturen von (Saake/Sattler 2004). Es verschafft dem Leser zudem einen leicht nachvollziehbaren praktischen Zugang zur Programmierung der algorithmischen Grundprobleme mit Java.

Eine recht einfache Einführung in die Problematik der Theoretischen Informatik, insbesondere über die Berechenbarkeitstheorie, über die Ansätze von Chomsky, Turing und Church, und über die Komplexitätstheorie gibt Uwe Schöning in seinem Lehrbuch „Theoretische Informatik – kurzgefasst (2001). Theoretisch sehr anspruchsvoll ist dagegen das Standardwerk der Automatentheorie von (Eilenberg 1974). Programmiersprachen sind in zahlreichen Lehrbüchern beschrieben, einen Überblick verschaffen zum Beispiel (Witt 1992) und (Goos 2001).

Abzählbarkeit und Überabzählbarkeit von Mengen und weitere Eigenschaften von Mengen, Relationen und Funktionen werden sehr übersichtlich in dem Buch von Lilly Görke (1974) beschrieben, das auch für Nicht-Mathematiker gut lesbar ist.

Die Mächtigkeit der Rekursion, die menschliche Vorstellungskraft zu erweitern und ihre Grenzen zu sprengen, hat in verständlicher und überzeugender Weise Hofstadter in seinem populären Buch über „Gödel, Escher, Bach" (1991) aufgezeigt. Es enthält auch für den technisch nicht vorgebildeten Leser verständliche Erklärungen des Unvollständigkeitssatzes von Gödel, des Halteproblems von Turing und der Church-Turing-These. Dieselbe Art „geflochtener endloser Bänder" wie in mathematischen Rekursionen zeigt Hofstadter in den paradoxen Graphiken des Zeichners Maurits Cornelis Escher (1898-1972) und in den Harmonien des Wohltemperierten Klaviers von Johann Sebastian Bach (1685-1750).

2.10 Übungsaufgaben

1. (a) Formulieren Sie eine Definition von Plan und nennen Sie die konstituierenden Elemente eines Plans. Diskutieren Sie die Definition anhand von Beispielen. (Abschnitt 2.2)
   (b) Definieren Sie den Begriff eines Algorithmus als einen Spezialfall eines Plans (Abschnitt 2.4.1)
2. Welche Anforderungen sind an einen Plan zu stellen, damit er ausführbar ist und sein Ziel erreicht? (Abschnitt 2.2.3)
3. (a) Beschreiben Sie ein Beispiel für einen nicht-terminierenden Algorithmus aus der Mathematik.
   (b) Wie kann man Ihr Beispiel durch zusätzliche Schritte terminieren? (Abschnitt 2.2.4)
4. Liefern Sie eine Definition und Beispiele für Determinismus und Determiniertheit von Algorithmen. (Abschnitt 2.2.5)
5. Diskutieren Sie die Begriffe Determinismus und Determiniertheit anhand der Wahlfreiheit in einem Verkaufsvorgang zwischen „erst die Ware, dann das Geld" und „erst das Geld, dann die Ware". Wie beeinflussen die verschiedenen Betrugsmöglichkeiten die Determiniertheit des Ergebnisses? (Abschnitt 2.2.5)
6. (a) Was ist der Sinn des folgenden Algorithmus: Für positive natürliche Zahlen x und y sei $f(x,y)$:=„wenn $x=y$ dann $f(x,y):=x$, sonst: wenn $x>y$ dann $f(x,y):=f(y,x)$, sonst $f(x,y):=f(x,y-x)$"?
   (b) Spielen Sie diesen Algorithmus für die Zahlenpaare (12,8), (18,28) und (15,16) durch. (Abschnitt 2.3)
7. Nennen Sie die Grundbausteine, aus denen jeder Algorithmus aufgebaut werden kann. (Abschnitt 2.4.2)
8. (a) Definieren Sie den Begriff einer Rekursion eines Algorithmus.
   (b) Spezifizieren Sie in einem Pseudocode die Fakultätsfunktion für ganze Zahlen $x!=1\cdot 2\cdot 3\ldots\cdot(x-1)\cdot x$
   (c) Für welche Zahlen ist Ihre Spezifikation wohldefiniert? (Abschnitt 2.4.3)

9. Nennen Sie Beispiele für Funktionen, die (a) surjektiv, aber nicht injektiv, (b) injektiv, aber nicht surjektiv, (c) injektiv und surjektiv, (d) weder injektiv noch surjektiv sind. (Abschnitt 2.5.1)
10. Wie lautet die Church-Turing-These? (Abschnitt 2.5.3)
11. Was ist ein erweiterter Term in der Definition funktionaler Algorithmen? (Abschnitt 2.6.3)
12. Gegeben sei ein Algorithmus $Alg \in A^*$ als Wort über einem endlichen Alphabets A.
    (a) Was versteht man unter der Funktion, die *Alg* konstruiert?
    (b) Welche Rolle spielen Algorithmus und seine Funktion in Bezug auf Syntax und Semantik? (Abschnitte 2.6.3 und 2.6.4)
13. Ohne Beweis:
    (a) Was ist die Bedeutung (die Semantik, der Sinn) eines Algorithmus?
    (b) Hat jeder Algorithmus einen Sinn?
    (c) Ist jede Funktion durch einen Algorithmus konstruierbar? (Abschnitte 2.6.3 und 2.6.4)
14. Formulieren Sie das Halteproblem. Skizzieren Sie graphisch einen fiktiven Haltealgorithmus. (Abschnitt 2.7.2)
15. (Anspruchsvoll:) Unter der Annahme, dass es einen Haltealgorithmus mit Eingabe „Algorithmus“ und „Eingabeparameter“ gäbe, konstruieren Sie einen erweiterten Haltealgorithmus mit Eingabe „Algorithmus“, der für jeden Algorithmus genau diejenigen Eingabewerte mitteilt, unter denen dieser hält, und andernfalls mitteilt, er halte bei keinem Eingabewert. (Abschnitt 2.7.3)

3 Sprache

3.1 Die Fragestellung

In der digitalen Kommunikation unterstützt Kommunikationstechnik gemeinsames Handeln. Sie besorgt den Austausch von Informationen über Netze und die lokale Weiterverarbeitung der Informationen bei den Kommunikationspartnern. Die Technik bringt dabei die Menschen einander näher, indem sie Kommunikation über örtliche und zeitliche Distanzen erlaubt. Sie trennt aber auch die Menschen voneinander, indem diese einander nicht mehr direkt wahrnehmen.

Die Entfernung zwischen den Kommunikationspartnern ist eine geeignete Metapher für die Besonderheit der digitalen Kommunikation im Vergleich zur Kommunikation unter Anwesenden: Digitale Kommunikation unterstützt „*Tele*kooperation". Das Modell für die digitale Kommunikation heißt daher „Telekooperationsmodell" (Kapitel 5 unten).

Das Kommunikationsmittel in der Telekooperation ist Sprache. Ihr Gewicht ist in der Telekooperation umso größer, als aufgrund der Digitalisierung des Kanals andere Ausdrucksmittel der persönlichen Anwesenheit wegfallen, wie zum Beispiel Berührung, Mimik, Gestik und Körperhaltung.

Gemeinsames Handeln mit Hilfe von Sprache setzt eine Verbindung zwischen Sprache, die die Informationen „trägt", und Handeln voraus. Bei der Vermittlung der Sprache über den digitalen Kanal gibt es eine funktionale Aufgabenteilung zwischen dem Transfer der Daten und der lokalen Verarbeitung bei den Kommunikationspartnern.

Die lokale Verarbeitung von Daten bei den Kommunikationspartnern besteht aus zwei Anteilen, dem automatischen und dem menschlichen Anteil. Der automatische Anteil ist ein Programm zur Aufbereitung der Kommunikationsdaten bei ihrer Eingabe (Input), bzw. bei ihrer Präsentation (Output) an der Nutzungsschnittstelle. Beispiele dafür sind Telefongeräte, Webbrowser und E-Mailtools. Der menschliche Anteil umfasst alle menschlichen Handlungen zwischen dem Empfang und der Aussendung der Daten, also sowohl die Steuerung des Kommunikationsapparats als auch alle anderen Handlungen, die ein Mensch in Erfüllung seiner Kommunikation ausführt.

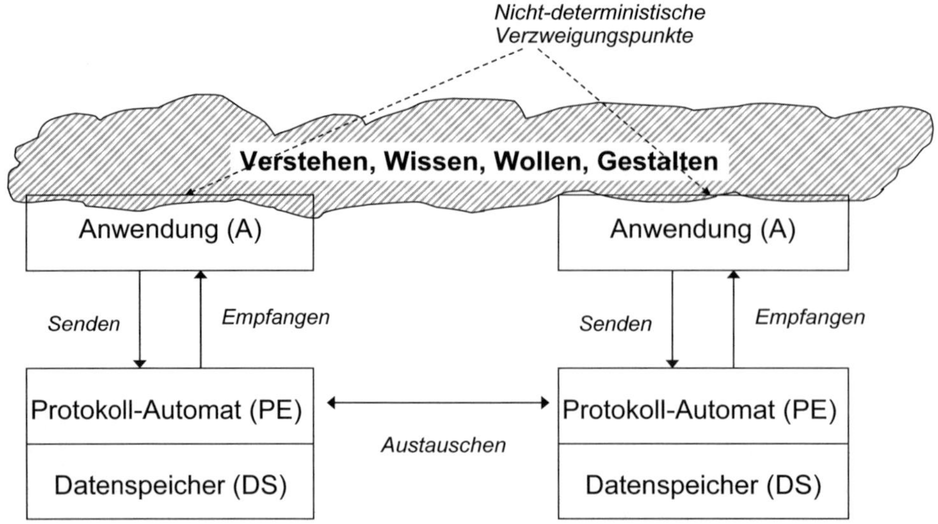

Abbildung 3.1: Digitales Kommunikationsmodell zum Austausch und zur Verarbeitung von Kommunikationsdaten

Der Automat soll die Kommunikationspartner in ihrer Kommunikation unterstützen. Wie weit kann er das? Kann er letztlich den menschlichen Anteil ganz übernehmen und so den kommunizierenden Menschen vollständig entlasten? Beispiele dafür gibt es: SPAM-Filter sollen sinnvolle von sinnloser Eingangspost trennen. Ordner sollen die eingehende Post automatisch nach Themen und Wichtigkeit strukturieren. Automatische Rückantworten sollen Präsenz des empfangenen Partners signalisieren. Weitergehend im E-Commerce: in elektronischen Geschäften werden dem potentiellen Käufer Waren und Kombinationen von Waren vorgeschlagen. Bei Online-Auktionen werden automatische Bietmechanismen eingesetzt. Der Verkäufer bildet Kundenprofile und wertet diese zur automatischen Steuerung der Kundenansprache aus. Es gibt weitere Beispiele aus der Verkehrsfluss- und Fahrzeugsteuerung, Börsenspekulation, Raumüberwachung, uvam.

Diese Frage nach der Grenze zwischen automatischer und menschlicher Verarbeitung von Kommunikationsdaten beeinflusst die weitere Technikentwicklung und das Kommunikationsverhalten von Menschen:

- Wie weit lässt sich der automatische Anteil der Kommunikation erweitern?

Es liegt nahe, dass der Automat den Mensch nicht ersetzen wird, sondern dass es bei einer partiellen Unterstützung bleibt. Es gibt Beispiele für eine weitgehende Automatisierung komplexer menschlicher Aufgaben, die gut funktionieren, etwa in der Verkehrssteuerung, durch automatische Piloten, bei Geldüberweisungen und in Auktionen. Es gibt andere Beispiele für Überautomatisierung, die zu Unfällen geführt haben, zum Beispiel Fluglandeautomaten ohne Eingriffsmöglichkeit des Piloten oder der Börsencrash 1987 durch automatisch angestoßene Verkäufe.

Das Telekooperationsmodell beschreibt die Grenze zwischen Kommunikationsautomat und Mensch. Es beschreibt die Elemente des Automaten zur Kommunikationsunterstützung und die Schnittstelle zu ihrer Behandlung durch den Menschen an der Nutzungsoberfläche:

1. Welches sind die Bestandteile des Kommunikationsautomaten?
2. Welche Elemente menschlicher Kommunikation sind nicht automatisierbar?
3. Wie wird die Schnittstelle zwischen Mensch und Automat in der Telekooperation gestaltet?

Der automatisierbare Anteil wird „Rolle“ genannt, der menschliche Anteil „Person“. Eine Person in einer Rolle führt als „Akteur“ eine temporäre „Aktivität“ aus. Das wird in Kapitel 5 unten ausgeführt.

Zur Begründung des Telekooperationsmodells mit seiner Schnittstelle zwischen Mensch und Automat wird in diesem Kapitel die Frage untersucht, wie Sprache für das menschliche Verständnis der Welt und für die Steuerung seiner Handlungen in dieser Welt funktioniert. Wir gehen deshalb an dieser Stelle noch einmal einen Schritt zurück und halten uns die Frage nach der Automatisierung menschlicher Kommunikation offen. Auf die Sprache bezogen lautet die Frage:

- Ist die Bedeutung von Sprache (Semantik-Pragmatik) aus ihrem syntaktischen Gerüst heraus vollständig zu erfassen, d.h. ist Bedeutung von Sprache spezifizierbar?

Ist das der Fall, dann hat man eine Vorlage für eine programmgesteuerte Automatisierung von Kommunikation. Ist das nicht der Fall, dann ist der nicht-spezifizierbare Anteil einer sprachlichen Äußerung zu identifizieren.

3.2 Wie funktioniert Sprache?

Die Frage, wie Sprache funktioniert und wirkt, beschäftigte die Philosophie seit ihren ersten Anfängen:

- Was ist das Gemeinsame in der Sprache, das die Menschen verbindet und das ihnen erlaubt, einander und die Welt zu verstehen und zu verändern?

Wir werden dieser Frage nicht in voller Allgemeinheit nachgehen, sondern mit Blick auf die digitale Kommunikation einschränkend die Grenzen der automatischen Unterstützung von Kommunikation untersuchen:

- Ist die Semantik von Sprache vollständig aus den sprachlichen Konstrukten, d.h. aus der Syntax heraus spezifizierbar?
- Sind die unleugbar existierenden Unschärfen der Sprache unvermeidlich oder kann und soll es das Ziel von Philosophen, Informatikern und Anwendungsentwicklern sein, solche Sprachen zu verwenden, bzw. den Gebrauch von Sprache auf solche Anteile einzuschränken, die vollständig spezifiziert sind?

- Ist es eine Perspektive der Informatik, Interessens- und Interpretationskonflikte in der Kommunikation zwischen Menschen durch Technik zu lösen?

Hier sollen einige Argumente der Sprachphilosophie aufgenommen werden, um damit eine begründete Antwort auf die Frage zu geben, in welcher Hinsicht dem handelnden Menschen Eingriffsmöglichkeiten in einen automatischen Rollenablauf gewährt werden müssen.

Wir nähern uns diesem Phänomen der Sprache in drei Schritten:

1. Die ältere Tradition: Verstehen – die Sprache als Projektionsapparat der Welt
2. Moderne Grundlagen der Mathematik: Vollständigkeit und Entscheidbarkeit von Sprache
3. Die jüngere Tradition: Kommunizieren – Sprache als Werkzeug gemeinsamen Handelns

Die ältere Tradition, die mit Platon (428-348 v.Chr.) vor fast zweieinhalbtausend Jahren einsetzt, untersucht das Verhältnis zwischen Sprache und Wirklichkeit. Die interaktive Wechselwirkung in der Kommunikation zwischen Sprecher und Hörer (Kommunikator und Rezipient) wird von dieser Tradition der Sprachphilosophie nicht beachtet. Sprache wurde eher statisch als eine Art Projektionsapparat aufgefasst, der die Wirklichkeit in den menschlichen Geist hinein auf eine allen Menschen einheitliche Weise abbildet. Die jüngere Tradition wird durch die schockierenden Erkenntnisse von Gödel (1931) und Turing (1936) über die Unvollständigkeit mathematischer Systeme ausgelöst. Sie wird besonders einflussreich durch die Philosophischen Untersuchungen von Ludwig Wittgenstein (1889-1951) repräsentiert, der in der zweiten Hälfte seines philosophischen Wirkens etwa ab 1933 in Cambridge den Gebrauch der Sprache als „Sprachspiel“ in den Vordergrund rückt. In seiner Folge haben Austin (1962), Grice (1968), Searle (1980) und andere die Sprechakttheorie entwickelt.

Zunächst werfen wir einen Blick auf die ältere Tradition, auf die Sprache als Vehikel zum Verstehen der Wirklichkeit (Abschnitt 3.3). Dann zeigen wir die Grenze idealer Sprachen am Beispiel der Mathematik und Algorithmik auf (Abschnitt 3.4). Schließlich wird die jüngere Tradition im Abschnitt 3.5 behandelt.

3.3 Sprache als Abbild der Wirklichkeit

3.3.1 Der Universalienstreit

Die Frage, wie die Sprache den Menschen dazu verhilft, die Wirklichkeit zu erkennen, führte im Mittelalter seit den Frühscholastikern zum sogenannten Universalienstreit über das Verhältnis zwischen den konkreten Dingen („*Res*“) und den sie bezeichnenden abstrakten Begriffen („*Universalia*“). Vereinfacht an einem Beispiel: War erst der ideale Kreis da und dann die Versuche der Menschen, ihn durch mehr oder weniger glatte Linien nachzuahmen oder hat erst der Mensch mehr oder weniger kreisrunde Linien gezogen, als deren Verallgemeinerung man sich einen idealen Kreis ableitet: erst der ideale Kreis (*Universalium, Conceptus*) oder erst die unvollkommene Kreislinie (*Res*)?

Eine zusammenfassende Darstellung des „Problems des Allgemeinen" findet sich zum Beispiel in (Stegmüller 1974, Kap. II.2, S. 56 ff), knapper in der Brockhaus Enzyklopädie unter dem Stichwort „Universalienstreit". Ausführlich etwa bei (Erdmann 1930).

Der Begriffsrealismus geht auf das Höhlengleichnis zurück, das Platon (428-348 v. Chr.) im 7. Buch seines Werkes *Politeia* („Staat") entwirft (Platon 1994). Im Begriffsrealismus existieren die Ideen als *Universalia* unabhängig von den Dingen, den *Rebus*, die nur unvollkommene Schatten ihrer eigentlichen Ideen darstellen („*universalia ante res*"). Platons Schüler Aristoteles (384-322 v. Chr.) überwindet den radikalen Begriffsrealismus und erkennt den Einzeldingen Substanz zu, deren spezifische Wesenheit „in" dem Vielen liege. Demnach existieren Ideen zwar, aber nicht unabhängig von den Dingen, sondern sie kommen „in" ihnen zum Ausdruck („*universalia in rebus*").

Für die mittelalterliche Scholastik des 11. und 12. Jahrhunderts war die Frage nach dem Prinzip der *Universalia* oder der *Conceptus*, wie man die allgemeinen Begriffe und Ideen auch nannte, mit der Begründung des Glaubens verknüpft. Auf Roscelin aus Compiegne (1050-1120) geht der Nominalismus zurück, der eine Gegenposition zum Realismus darstellt. Der Nominalismus leugnet die Existenz allgemeiner Begriffe und deutet das von den Dingen abstrahierende Verstehen als psychische Aufmerksamkeit bei der Beobachtung von Einzeldingen, die allein real seien („*universalia post res*"). Damit geriet Roscelin in scharfen Gegensatz zur Kirche, vor allem zum Trinitätsdogma. In diesem Sinne forderte etwa der „Vater der mittelalterlichen Scholastik", der Mystiker und Dialektiker Anselm von Canterbury (1033-1109), die unbedingte Unterordnung des Denkens unter den Glauben und war somit ein Vertreter der Begriffsrealisten. Modern würde man den Begriffsrealismus als Idealismus und den Nominalismus als Materialismus bezeichnen.

Zwischen den extremen Positionen hat es immer Vermittlungsversuche gegeben. Bereits der hoch geachtete Schüler von Roscelin, Petrus Abalaelard (1079-1142), kritisiert den Alleinvertretungsanspruch sowohl der Realisten wie der Nominalisten. Seinen Standpunkt bezeichnet man nach dem Begriff *Conceptus* für *Universalia* als Konzeptualismus. Obgleich Abaelard den Nominalisten näher zu stehen scheint als dem Realismus, setzt er (mit Bezügen zu Aristoteles) dem „*ante res*" des Anselm und dem „*post res*" des Roscelin das „*universalia in rebus*" entgegen: die Arten existieren in den Individuen; für Gott seien die *Universalia ante res*, für die Menschen *post res*.

Die Frage nach dem Prinzip der Ideen wird auch von der neuzeitlichen Philosophie behandelt, wenn auch nicht mit der Erbitterung der Scholastiker. Um nur zwei Beispiele zu nennen: für John Locke (1632-1704), den englischen Philosophen der Vernunft und Toleranz, sind die einfachen Ideen für sich real, während die komplexen Ideen nicht real, sondern das Ergebnis der sprachvermittelten Reflexion und Empfindung seien. Für Edmund Husserl (1859-1938) konstituiert das Bewusstsein jede Art von Sein mit schöpferischer Absicht. Der Mensch erschaue intuitiv das Wesen eines jeden Dinges in seiner Unmittelbarkeit und leibhaftigen Selbstgegebenheit. Das Bestehen von Allgemeinbegriffen wird als geistige Abstraktion von Einzeldingen erklärt, die grundsätzlich eine neue Art von Verstehen begründen könne. Das wird manchmal auch in der Formulierung „*universalia in mente*" griffig zusammengefasst.

Wir brauchen uns im Universalienstreit nicht zu entscheiden. Wir registrieren lediglich den Konsens darüber, dass Verstehensprozesse Bedeutung von Einzeldingen erfassen, die über diese selbst hinausreichen: bei Platon geschieht es als eine Art Erinnerungsprozess, bei den Nominalisten als psychische Fiktion, bei Locke ist es eine Reflexionsleistung und bei Husserl schöpferische Intuition. Ob die *Universalia* oder die *Res* die Vorherrschaft haben, ist für uns nicht wichtig.

Schaff weist in einem Abschnitt über „Sprache und Wirklichkeit“ darauf hin, dass die Sprache kein statisches „Analogon“ der Wirklichkeit sei, sondern dass das Verhältnis zwischen Sprache und Wirklichkeit einer wechselseitig sich beeinflussenden „Dialektik“ unterliege (Schaff 1960, Teil 2, Kap. IV.2, S.294 ff., bes. S.304). Im Laufe der Diskussion dieser Frage paraphrasiert er auch seine Version der Theorie von Sapir-Whorf (Schaff 1960, S.314 ff). In der Tat liefert diese Theorie, die aufgrund von Analysen indoeuropäischer Sprachen und der indianischen Hopi-Sprache entwickelt worden ist (Whorf 1959), eine zu ihrer Zeit revolutionierende Deutung des Verhältnisses zwischen Sprache und ihrer Umwelt und ist als das „sprachliche Relativitätsprinzip“ in die Linguistik eingegangen:

> We are thus introduced to a new principle of relativity, which holds that all observers are not led by the same physical evidence to the same picture of the universe, unless their linguistic backgrounds are similar, or can in some way be calibrated.
>
> (Whorf 1959 S.214, Dt. Ausgabe 1963 S.12)

Demnach gibt es eine dialektische Wechselwirkung, nach der die Umwelt die Sprache formt und diese wiederum das Bild ihrer Sprecher von der Umwelt. Kurz gesagt: Sprache bildet Welt ab und Sprache konstituiert Welt. Berühmt geworden sind die Beispiele von den zahlreichen differenzierenden Wörtern für „Schnee“ in den Eskimosprachen und von der Unfähigkeit der Navahoindianer, uns geläufige Farben zu erkennen, für die es in ihrer Sprache keine Ausdrücke gibt.

Für unsere Zwecke wichtig ist die Frage, wo die Elemente zum gemeinsamen Verstehen der Wirklichkeit angesiedelt sind. Offensichtlich verfügt jeder individuelle Mensch über ein (veränderbares) Interpretationsprogramm. Leitet dieses Programm die Bedeutung von Sprache allein aus den sprachlichen Konstrukten ab oder korrespondiert es mit der Umwelt und konstituiert dadurch eine kontextspezifische Bedeutung? Und wenn die Umwelt mitspielt: welche Art von Umwelt und auf welche Weise? Das führt direkt zu unserem Spezifikationsproblem, ob die Sprache selbst alles ausdrückt (bzw. im Prinzip alles ausdrücken könnte), was in Hinsicht auf die intendierten Handlungen gemeint ist.

Drei wichtige philosophische Traditionen, die transzendentalistische, die naturalistische (oder biologistische) und die marxistische Tradition, fügen zur Sprache selbst noch eine weitere Kraft hinzu, die zum Verständnis von Sprache erforderlich ist. In allen drei Traditionen liegt diese zusätzliche Kraft außerhalb der individuellen Menschen und außerhalb ihrer sprachlichen Äußerungen. Sie unterscheiden sich aber sehr in der Art dieses äußeren Moments (Schaff 1960, Teil 2, Kap. I.1-I.2, S.123-144).

Vereinfacht ausgedrückt heben die *Transzendentalisten* in der Nachfolge Platos und Kants die Trennung der menschlichen Geister in einem gemeinsamen universellen Geist, dem sogenannten „transzendentalen Ich“, auf und stellen sich vor, dass die Kommunikation zwischen den Menschen nichts anderes sei als ein „riesiges Selbstgespräch [...], in dem der menschliche Geist, in Milliarden von personenhaften Rollen sich entfaltend und aus all diesen Vereinzelungen sich wieder zusammensetzend, begriffen ist“ (K.Vossler zitiert nach A.Schaff 1960, S.125). Zum Verständnis dieser Art Wirklichkeit ist die Philosophie in ihrer traditionellen argumentativen Form die geeignete Wissenschaft.

Die *Naturalisten* (J. Dewey, I.A. Richard, K. Lorenz) weisen darauf hin, dass der Mensch ein Teil der Natur ist, in der er nur überlebt, indem er naturgemäß organisiert ist. Diese Organisation ist dem Menschen auf Grund natürlicher evolutionärer Entwicklung angeboren und verschafft ihm eine analoge physische und geistige Struktur in einer Wirklichkeit, die auf diese Weise allen Menschen gemeinsam ist. Der Vorteil der Natur gegenüber einem metaphysischen universellen Geist ist, dass sie naturwissenschaftlichen Untersuchungen auf anerkannter Methodik (z.B. Messtechnik) zugänglich ist. Die Mathematik ist demnach ein Beleg für die Einbettung des menschlichen Geistes in die Natur, denn die Menschen erfinden die Mathematik in ihren Köpfen, sozusagen ohne auf die Natur zu schauen, und sie passt dennoch als angemessene naturwissenschaftliche Sprache zur präzisen Beschreibung der Natur.

Die Infinitesimalrechnung von Newton und Leibniz zur Beschreibung der Wirkung von Kräften auf Bewegungsabläufe sowie die Matrizenalgebra, die Heisenberg zur Darstellung diskreter Zustände der Quantenmechanik benutzte, sind gute Beispiele für mathematische Theorien, die physikalische Zusammenhänge transparent machen.

Der *Marxismus* schließlich sieht in der Gesellschaft das die Menschen verbindende Element und betrachtet die Sprache in dialektischer Weise gleichzeitig als Produkt und als Werkzeug gesellschaftlichen Handelns. Konsequenterweise rücken die politische Ökonomie und die Soziologie in den Rang von Basiswissenschaften, die dazu verhelfen, die Welt zu erkennen.

Diese drei Traditionen begründen die Fähigkeit der Menschen zu sprechen und zu verstehen auf eine Kraft, die außerhalb der unmittelbaren sprachlichen Ausdrücke liegt und die über den individuellen Menschen hinausragt.

3.3.2 Wittgensteins ideale Sprache im Tractatus

Dem gegenüber vertritt eine sehr einflussreiche Tradition aus dem frühen 20. Jahrhundert, in die Frege, Russell und vor allem der (frühe) Wittgenstein des „Tractatus logico-philosophicus“ gehören, eine gegenteilige Position. Ihr Einfluss wirkt bis heute auf eine Vorstellung von der vollkommenen Spezifizierbarkeit von Sprache. Die Haltung, dass in den Geisteswissenschaften alles unbegründetes Gerede sei, was nicht in der klaren formalisierten Idealsprache der Mathematik, die den Vorzug der Eindeutigkeit besitze, ausgedrückt sei, beruht auf dieser sprachphilosophischen Tradition. Sie kulminiert im ersten und letzten Satz des Tractatus (Wittgenstein 1922):

1. Die Welt ist alles, was der Fall ist.

1.1. Die Welt ist die Gesamtheit der Tatsachen, nicht der Dinge.

7. Wovon man nicht sprechen kann, darüber muss man schweigen.

Die Philosophie des Tractatus ist übrigens nicht zu verwechseln mit den späteren Philosophischen Untersuchungen derselben Person Wittgenstein, in denen er 10 Jahre nach dem Tractatus, etwa ab 1933, die Sprache als „Spiel" modelliert. Dazu mehr in Abschnitt 3.5 unten.

Der Tractatus beschreibt die Welt als eine ausschließlich gedankliche Welt in logischen Kategorien. Demnach ist die bestehende Welt wie ein Vektor in einem unendlichdimensionalen logischen Raum aller möglichen Welten aus elementaren Tatsachen zusammengesetzt. Die Aufgabe der Sprache sei es dabei, die logische Welt auf unzweideutige Art zu beschreiben. Die Aufgabe der Philosophie sei es dann, die bestehenden Sprachen zu korrigieren, bis sie eindeutig spezifiziert seien, und das heißt eine eindeutige Sprache zu entwickeln, die die ganze Welt erfasst. Dazu sagt der Tractatus:

3.25. Es gibt eine und nur eine vollständige Analyse des Satzes.

4.116. […] Alles, was sich aussprechen lässt, lässt sich klar aussprechen.

4.12. Der Satz kann die gesamte Wirklichkeit darstellen […].

4.3. Die Wahrheitsmöglichkeiten der Elementarsätze bedeuten die Möglichkeiten des Bestehens und Nichtbestehens der Sachverhalte.

Searle spitzt diese Position auf das Verhältnis zwischen praktischer Bedeutung (Pragmatik) und wörtlicher Bedeutung bei Frege so zu:

> According to the tradition since Frege, the literal meaning of a sentence is entirely determined by the meanings of its parts and their syntactical combination in a sentence. This axiom has the consequence that the notion of the literal meaning of a sentence is a context free notion […] A second axiom in this dominant tradition has been that the meaning of a sentence determines the truth conditions of that sentence, and, according to some authors, a theory of the truth conditions of the sentences of a language is a theory of meaning of that language.
>
> (Searle 1980, S.223)

Von diesem philosophischen Standpunkt aus wäre eine vollständige Automatisierung sprachbasierter Kommunikation eine sinnvolle Perspektive der Informatik. Der Weg dahin würde etwa mit einer korrekten und vollkommenen Zerlegung der Welt im Sinne der logischen Welt des Tractatus in ihre „elementaren Sachverhalte" beginnen. Eine Analyse von Sprache könnte dann zu Sprachbausteinen führen, die den elementaren Sachverhalten zugewiesen werden. Schließlich hätte man eine Syntax zu entwickeln, nach deren Regeln komplexe Sachverhalte ausgedrückt werden. Damit könnte man zumindest solche Kontexte, die man „vollständig verstanden" hat, vollständig und unzweideutig spezifizieren. Das gemeinsame Verständnis der Menschen von den kommunizierten Sachverhalten beruhte dann einfach auf dieser objektiv bestehenden scharfen Abbildungseigenschaft der Sprache.

Das ergäbe ein geschlossenes und statisches Textmodell, welches beliebige Texte einer automatischen Analyse zugänglich machen könnte. Es beruhte auf einer vollständig objektivierten Welt, innerhalb derer nur noch belehrende, aber nicht neu entdeckende Kommunikation möglich wäre. In den folgenden Abschnitten werden Argumente dafür geliefert, dass ein solches Vorgehen unrealistisch ist. Zunächst zeigen wir, dass schon die ideale Sprache der Mathematik unvollständig ist. Dann gehen wir auf das Konzept der Sprachspiele und Sprechakte ein. Darin spielt der *Kontext* von Kommunikation, der nicht auf die sprachlichen Ausdrücke selbst reduziert werden kann, eine wesentliche Rolle. Daraus erklärt sich beispielsweise die Verschiedenheit subjektiver Interpretationen. Verschiedene Weltsichten können zum Beispiel geradezu der Gegenstand einer Kommunikation sein, in deren Verlauf der Austausch und die Veränderung verschiedener und subjektiver Weltsichten vollzogen wird.

3.4 Unvollständigkeit in der Mathematik und Informatik

3.4.1 Axiomensystem

Die Hoffnung von Frege und Wittgenstein auf eine ideale und vollkommen objektivierte Sprache speiste sich aus einer Euphorie der Mathematiker um Hilbert und Cantor, die Ende des 19. und Anfang des 20. Jahrhunderts die Mathematik systematisierten und formalisierten, letztlich übrigens mit *praktischem* Erfolg, aber nicht ohne *theoretische* Blessuren, wie wir sehen werden.

Der Hallenser Mathematiker Georg Cantor (1845-1918), ein Schüler des Logikers und Mathematikers Weierstraß, begründete in zahlreichen Schriften ab 1874 die Mengenlehre, zunächst als Basis der reellen Zahlen, und schließlich der gesamten Mathematik. Eine Reihe von Axiomen über das Objekt „Menge" und die Operation „Element von" sollten die Grundlage aller mathematischer Disziplinen bilden.

Ein Axiomensystem besteht aus einer Syntax, die die Bildung korrekter Sätze regelt (die wahr oder falsch sein können), einer endlichen Menge von wahren Grundaussagen sowie Schlussregeln, mit denen aus wahren Aussagen andere wahre Aussagen abgeleitet werden. Eine solche Ableitung nennt man einen formalen Beweis.

Ein Axiomensystem muss immer zweierlei leisten: erstens müssen die Axiome untereinander frei von Widersprüchen sein, d.h. es darf nicht passieren, dass aus den Axiomen mit Hilfe logischer Ableitungsregeln eine Aussage und ihr Gegenteil abgeleitet werden können. Andernfalls würde jede Schlussregel an Wert verlieren, da man aus einer falschen Aussage, die gleichzeitig wahr ist, jede beliebige Aussage als gültig ableiten kann.

Es gilt nämlich die elementare Schlussregel „$a \Rightarrow b$ wahr und a wahr, dann ist auch b wahr." Wenn nun a falsch ist, dann ist der erste Teil „$a \Rightarrow b$" der Voraussetzung wahr („*ex falso quodlibet*"), und wenn a gleichzeitig wahr ist, dann ist auch der zweite Teil der Voraussetzung wahr. Und dann kann man für b einsetzen was man will, und sei es der größte Unsinn, es wäre immer wahr.

Zweitens wünscht man sich, dass ein Axiomensystem möglichst „vollständig" ist, d.h. dass man mithilfe der Axiome und Schlussregeln für alle Aussagen, die man aufgrund der Regeln des Axiomensystems überhaupt formulieren kann, „entscheiden" kann, ob sie wahr oder falsch sind. Wahre Aussagen müssen bewiesen, falsche Aussagen widerlegt werden können. In Bezug auf die Mathematik sollte ein Axiomensystem mit seinen Schlussregeln alle mathematischen Aussagen entscheiden können. So hatte man sich das ursprünglich gedacht. Aber mit der Vollständigkeit hapert es, wie Gödel (1931) und Turing (1936) gezeigt haben.

3.4.2 Mengenlehre und Russelsches Paradoxon

Die Mengenlehre stellte sich von Anfang an als sehr anschaulich heraus. Man konnte damit „im Handumdrehen" sowohl die Zahlenbereiche als auch die geometrischen Räume und ihre Operationen beschreiben. Ja sogar Objekte der alltäglichen Umwelt lassen sich anschaulich als Mengen modellieren. Streng logisch aber erwies sich die Mengenlehre als außerordentlich stachelig. Es gelang nicht sogleich, die Widerspruchsfreiheit der Axiome zu beweisen, die so offensichtlich dazu taugen, die Mathematik zu begründen.

Der erste, der den ursprünglichen naiven Definitionsansatz für Mengen zu Fall brachte, war Bertrand Russel (1872-1970) mit seinem berühmten „Russelschen Paradoxon". Das geht so:

Naiv ist eine Menge dadurch wohldefiniert, dass man festlegt, sie bestehe aus Elementen, die einer beliebigen logischen Bedingung unterliegen. Etwa ist die Menge aller Elemente, die aus den Zahlen 1, 2 und 3 besteht, die endliche Menge $\{1,2,3\}$, die dadurch zustande kommt, dass man die Elemente explizit bezeichnet. Diese Menge nennen wir A. Die Menge, die aus den beiden Zahlen 3 und 4 besteht, ist die Menge $\{3,4\}$, die wir B nennen. Etwas abstrakter definiert man dann die so genannte Vereinigung von *A oder B* $= \{1,2,3,4\}$ als die Menge derjenigen Elemente, die *Element in A oder Element in B* sind. Der Durchschnitt *A und B* $= \{3\}$ ist definiert als die Menge derjenigen Elemente, die *Element in A und Element in B* sind. Es kann passieren, dass der Durchschnitt von Mengen die leere Menge ist, die als wohldefinierte Menge extra durch ein Axiom abgesichert wird.

Russel hat nun gezeigt, dass diese Art der Mengenbildung zu Widersprüchen führt. Wenn nämlich eine Menge durch jede beliebige logische Bedingung ihrer Elemente wohldefiniert ist, dann ist auch diese Mengenbildung korrekt: M sei die Menge aller der Mengen, die nicht Element von sich selbst sind, formal $M := \{n\colon n \notin n\}$. Man schließt intuitiv, dass M die „Allmenge" sein müsse, da ja keine Menge Element ihrer selbst ist. Auch wenn die logische Bedingung „$n \notin n$" seltsam klingt, so ist sie doch formal völlig korrekt. Ist aber nun auch die so gebildete Menge ein sinnvolles mathematisches Objekt? Die Antwort lautet: nein, eine solche Menge kann es nicht geben, denn sie trägt einen unauflöslichen Widerspruch in sich. Für M selbst gilt nämlich: die Menge M ist genau dann Element von sich selbst, wenn sie nicht Element von sich selbst ist. Für sie gilt sowohl eine Aussage ($M \in M$) als auch ihr Gegenteil ($M \notin M$).

Das kann man so einsehen: Wenn $M \notin M$ dann erfüllt M als Element die logische Bedingung, die sie dazu qualifiziert, Element von M zu sein, d.h. dann gilt $M \in M$. Das darf nicht sein. Wenn aber umgekehrt $M \in M$ ist, dann erfüllt M als Element die logische Bedingung, die sie davon ausschließt, Element von M zu sein, d.h. dann gilt $M \notin M$. Wie man es dreht und wendet, es gilt für diese Menge M der Widerspruch „$M \in M \Leftrightarrow M \notin M$". Widersprüche dürfen aber nicht sein. Also funktioniert die naive Regel zur Bildung von Mengen nicht.

Das Problem konnte behoben werden. Man behilft sich, indem man einschränkende Regel für die Bildung neuer Mengen angibt. In diesem Beispiel genügt die Einschränkung, eine neue Menge muss Teilmenge einer bereits wohl definierten Menge sein. Das ist bei der Menge M oben offensichtlich nicht der Fall.

3.4.3 Rekursionen und „endlos geflochtene Bänder"

Das Russelsche Paradoxon hat die Mathematik also gut überlebt. Bahnbrechend ist das Paradoxon denn auch nicht in seinem Ergebnis, sondern in seiner Methode. Der Trick von Russel liegt in der „Selbstfütterung" einer Menge mit sich selbst: $n \notin n$, $M \in M$, usw. Dahinter steckt die fundamentale gedankliche Prozedur einer „Rekursion", die oben in Abschnitt 2.4.3 behandelt wird. Zur Erinnerung:

Eine Arbeitsanweisung zur Erfüllung einer komplexen Aufgabe heißt „rekursiv", wenn sie eine Vorschrift enthält, sich selbst zu wiederholen (am Besten mit immer weiter reduzierter Komplexität so lange, bis sie so einfach ist, dass sie direkt ausgeführt werden kann).

Gute Beispiele für eine Rekursion in der Mathematik sind die Bildung des größten gemeinsamen Teilers, die Zerlegung einer natürlichen Zahl in ihre Primfaktoren und die Fakultätsfunktion. Weitere Beispiele sind Algorithmen, die sich selbst als Argument verarbeiten (Selbstfütterung!), wie Texteditoren, die ihren Quelltext ausgeben und Compiler, die ihren Quellcode neu übersetzen, wie das zum Beispiel mit C unter Unix geschieht. Diese Beispiele sind in Abschnitt 2.4.3. oben ausgeführt.

Die Rekursion ist ein mächtiges Werkzeug für mathematische und informatorische Operationen. Russel hat nun gezeigt, wie man mit Hilfe von Rekursionen Widersprüche in mathematischen Systemen aufdecken kann. So ist es ein gängiges Argument für systemverträgliche Widerspruchsbeweise, zum Beispiel für die Überabzählbarkeit der reellen Zahlen oder für die Überabzählbarkeit der Menge aller Teilmengen natürlicher Zahlen. Beispielsweise kann man mit Hilfe des Russelschen „Selbstfütterungstricks" beweisen, dass jede nicht-leere Menge A kleiner ist als die Menge aller Funktionen von A nach B, wenn B mehr als ein Element enthält.

Satz: Es sei A eine beliebe nicht-leere Menge, und B sei eine beliebige Menge mit mindestens zwei verschiedenen Elementen b_1 und b_2. Dann ist die Anzahl der Elemente von A kleiner als die Menge aller Funktionen von A nach B.

Dieser Satz ist in Kapitel 2 oben über Algorithmen ausführlich bewiesen (Abschnitt 2.6.5). Kurz zusammengefasst: Man zeigt, dass es keine 1:1-Abbildung zwischen A und der Funktionenmenge $\{f:A\to B\}$ geben kann. Gäbe es nämlich eine solche, dann könnte man eine Funktion $g:A\to B$ konstruieren, die unter der 1:1-Bijektion zwischen A und der Funktionenmenge $\{f:A\to B\}$ ein Urbild $y\in A$ haben müsste, dessen Bild gerade g ist. Genau dieses y steckt man nun in g hinein – das ist die Selbstfütterung – und gelangt dann zu dem Widerspruch, dass g an dieser Stelle y nicht mit dem Bild von y unter der 1:1-Bijektion zwischen A und der Funktionenmenge $\{f:A\to B\}$ übereinstimmt.

Das sind ordentliche Aussagen innerhalb der mathematischen Mengenlehre. Gödel und Turing sind weiter gegangen und haben die Rekursion für systemsprengende Aussagen eingesetzt.

Die Mächtigkeit der Rekursion, die menschliche Vorstellungskraft zu erweitern und ihre Grenzen zu sprengen, hat in verständlicher und überzeugender Weise Hofstadter in seinem populären Buch über „Gödel, Escher, Bach" (1991) aufgezeigt. Dieselbe Art „endlos geflochtener Bänder" wie in mathematischen Rekursionen zeigt er in den paradoxen Graphiken des Zeichners Maurits Cornelis Escher (1898-1972) und in den Harmonien des Wohltemperierten Klaviers von Johann Sebastian Bach (1685-1750) auf.

3.4.4 Gödels Unvollständigkeitssatz

Während die Mathematik das Russelsche Paradoxon gut überlebt hat, erging es ihr mit dem Unvollständigkeitssatz von Kurt Gödel (1906-78) schlimmer. Er bewies 1931 inmitten der Euphorie zur widerspruchsfreien Axiomenlegung der Mathematik, dass jedes formale Axiomensystem mindestens eine von zwei unangenehmen Eigenschaften hat: es enthält Widersprüche oder es ist unvollständig. „Unvollständig" bedeutet: mit Hilfe der Syntax des Axiomensystems können korrekte Aussagen gebildet werden, deren Wahrheitsgehalt mit Mitteln der Schlussregeln aus den Axiomen weder bewiesen noch widerlegt werden können. Vereinfacht könnte man Gödels Unvollständigkeitssatz so zusammenfassen:

> Jedes hinreichend mächtige formale System ist entweder widersprüchlich oder unvollständig.
>
> (Gödel 1931; sehr schön ausgeführt in Hofstadter 1991, Kap. 14-16, S. 470 ff.)

Die Beweisführung ist scharfsinnig und erinnert ähnlich wie Russels Paradoxon an den Kreter Epimenides, der sagt, alle Kreter lügen. Dieser Kreter allerdings lügt und fügt der Logik dabei keinen Schaden zu, indem nämlich entgegen seiner Aussage einige Kreter, zu denen er nicht gehört, die Wahrheit sagen. Schlimmer steht es mit dem Satz „Indem ich dieses sage, lüge ich", der logisch nur zu retten ist, indem man Meta-Sprache von Sprache trennt. Auf diese Idee der verleugnenden Selbstaussage baut Gödel seinen Beweis auf. Zum Nachweis des Unvollständigkeitssatzes nummeriert Gödel alle Sätze innerhalb des formalen Systems durch. Das geht deshalb, weil die Menge aller möglichen endlichen Zeichenfolgen über einem endlichen Alphabet zwar unendlich, aber doch abzählbar ist.

Gödel konstruiert damit eine Aussage der Form: „Der Satz mit der Nummer *n* ist nicht beweisbar“. Dieser Satz kommt in der Aufzählung aller Sätze ebenfalls vor und habe dort, sagen wir, die Nummer *m*. Jetzt setzt er – Achtung Selbstfütterung! – in dieser Aussage für *n* die Nummer eben dieser Aussage, also *m* ein. Nun gibt es zwei Möglichkeiten: Entweder ist dieser Satz Nr. *m* wahr, dann ist er, wie er sagt, nicht beweisbar. Oder er ist falsch, dann muss ja das Gegenteil gelten, also muss der Satz entgegen seiner Aussage *doch* beweisbar und demnach *doch* wahr sein. Das ist ein Widerspruch. Also kann dieser Satz nur dann falsch sein, wenn das formale System widersprüchlich ist. Und wenn keine Widersprüche möglich sind, dann ist dieser Satz eben nicht entscheidbar. Mit Widersprüchen kann die Mathematik nicht leben. Mit Unvollständigkeit kann sie leben, aber damit verliert sie ihren Vorbildcharakter als ideale und eindeutige Beschreibung der ganzen Welt.

Gödel hatte bewiesen, dass es in jeder mathematischen Sprache unentscheidbare Sätze gibt. Er hatte allerdings keinen unentscheidbaren Satz konkret benannt. Gödel konnte später noch nachweisen, dass das Auswahlaxiom und die Kontinuumshypothese zu den restlichen Axiomen der Mengenlehre nicht im Widerspruch stehen. Das Auswahlaxiom erlaubt die Bildung einer Menge dadurch, dass aus einer vorgegeben Menge von Mengen jeweils ein Element „ausgewählt“ wird. Die Kontinuumshypothese besagt, dass es keine Menge gibt, die mehr Zahlen enthält als die natürlichen und weniger als die reellen Zahlen (das Kontinuum). Beide Aussagen ließen sich aus anderen Aussagen nicht herleiten und hatten deswegen den Rang eines Axioms bzw. einer Hypothese. Man wusste aber bis Gödel noch nicht einmal, ob diese Aussagen im Widerspruch zu dem restlichen Axiomengerüst standen oder nicht. Nun, Gödel konnte nachweisen, dass das nicht der Fall ist. Erst Paul Cohen (*1934) hat dann 1961 noch mehr bewiesen: sie sind aus dem bisherigen Axiomensystem weder ableitbar noch widerlegbar. Genau diese beiden Aussagen sind damit auf Grundlage der Zermelo-Fraenkel-Mengenlehre formal unentscheidbar. Er fand damit die ersten Beispiele für unentscheidbare Aussagen in der Mengenlehre, deren Existenz Gödel bewiesen hatte.

Der Unvollständigkeitssatz von Gödel hat der Sprachphilosophie einen Schock versetzt. Damit konnte sie nämlich nicht mehr das leisten, was Wittgenstein in seinem Tractatus (1922) von der Sprache fordert, die ganze Welt auf eine eindeutige und unzweifelhafte Weise zu beschreiben. Wenn schon die Mathematik, deren Objekte aus simplen Zahlen und geometrischen Objekten besteht, dazu nicht in der Lage sein kann, wie viel weniger dann die Sprache der Philosophie oder gar die Alltagssprache der Menschen! Das Projekt musste als gescheitert angesehen werden. Genau diesen Schritt vollzog Wittgenstein mit seinen Philosophischen Untersuchungen ab 1933.

3.4.5 Funktionale Algorithmen in der Informatik

Axiomensysteme zur Ableitung wahrer Aussagen haben in der Theorie der Informatik ein Pendant in den Algorithmen zur Konstruktion von Funktionen: es herrscht dieselbe Art von Unvollständigkeit. Genauso wenig, wie formale Axiomensysteme den von ihnen aufgespannten Sprachraum vollständig entscheiden können, genauso wenig können Algorithmen den gesamten Funktionenraum abdecken. Algorithmen spielen in der Informatik die Rolle der Syntax und Funktionen spielen die Rolle der Semantik.

In Abschnitt 2.6 oben haben wir gezeigt, dass es viel mehr Funktionen als Algorithmen gibt. Als konkretes Beispiel für Funktionen, für die es keinen berechnenden Algorithmus gibt, haben wir in Abschnitt 2.7 das Halteproblem ausgeführt.

Dieses Ergebnis hat große Auswirkung auf die weitere Entwicklung der Sprachphilosophie. Es verstärkt den Schock der Gödelschen Unvollständigkeit von Axiomensystemen, indem es die Grenze der Syntax in ihrer Fähigkeit, Semantik zu determinieren, auf die Semantik von Funktionen ausdehnt. Wenn sie das schon in diesen eingeschränkten sprachlichen Kontexten nicht kann, um wie viel weniger kann sie es für das gesamte Umfeld der natürlichen Sprache! Das rechtfertigt umso mehr Wittgensteins Abkehr von der Tractatus-Philosophie und den neuen Ansatz der Sprachspiele und der Sprechakte.

3.5 Sprache als Kommunikationsmittel: Wittgensteins Sprachspiele

Die Tractatus-Philosophie ist derart brillant geschrieben, dass allein schon ihr literarischer Wert erhalten bleiben muss. Inhaltlich aber war sie mit dem Unvollständigkeitssatz Gödels eigentlich gescheitert. Was kann an ihre Stelle treten? Die wirkungsvollste Kritik an ihr stammt von ihrem Autor Wittgenstein selbst. Diese Kritik entzieht der philosophischen Position des Tractatus die Grundlage. Sie führt zu einer ganz neuen Philosophie, die Wittgenstein im Laufe der zweiten Hälfte seines philosophischen Lebens, etwa ab 1933 in Cambridge entwickelt und die in den Philosophischen Untersuchungen zusammengefasst ist. Es heißt, dass der konstruktivistische Mathematiker Jan Brouwer (1881-1966) in Cambridge Wittgenstein dazu angeregt hatte. Die Philosophischen Untersuchungen erschienen erst 1953, über dreißig Jahre nach dem Tractatus und zwei Jahre nach Wittgensteins Tod. Darin beobachtet und beschreibt Wittgenstein die Sprache in ihrem Gebrauch und kommt zu einer Reihe von Erkenntnissen, die eine zum „Tractatus“ entgegengesetzte Position begründen: Es gibt keine eindeutige Zerlegung von Sachverhalten (Wittgenstein 1953, Abschnitte 46 ff), und zerlegte Sätze sind in ihrem Gebrauch nicht äquivalent mit ihren unzerlegten Formen:

> 60: Denke, du sagtest jemandem statt „Bring mir den Besen!“ – „Bring mir den Besenstiel und die Bürste, die an ihm steckt!“ – Ist die Antwort darauf nicht: „Willst du den Besen haben? Und warum drückst du das so sonderbar aus?“ Wird er den weiter analysierten Satz also besser verstehen?
>
> (Wittgenstein 1953, Abschnitt 60)

Es gibt also immer ein angemessenes Abstraktionsniveau. Unschärfe ist ein wesentliches Merkmal von Sprache:

71: „Aber ist ein verschwommener Begriff überhaupt ein Begriff?" – Ist eine unscharfe Photographie überhaupt ein Bild eines Menschen? Ja, kann man ein unscharfes Bild immer mit Vorteil durch ein scharfes ersetzen? Ist das unscharfe nicht oft gerade das, was wir brauchen?

88: Wenn ich Einem sage „Halte dich ungefähr hier auf!" – kann denn diese Erklärung nicht vollkommen funktionieren? Und kann jede andere nicht auch versagen? [...] Verstehen wir aber nur, was „unexakt" bedeutet! Denn es bedeutet nun nicht „unbrauchbar".

(Wittgenstein 1953, aus Abschnitten 71 und 88)

Vor allem erkennt diese neue Philosophie die interaktive Dynamik der Sprache an, was sich in den Philosophischen Untersuchungen in der Bezeichnung „Sprachspiele" für die kommunikativen Akte ausdrückt:

7: Ich werde auch das Ganze: der Sprache und der Tätigkeiten, mit denen sie verwoben ist, das „Sprachspiel" nennen.

23: Das Wort „Sprach*spiel*" soll hier hervorheben, dass das Sprechen der Sprache ein Teil ist einer Tätigkeit oder einer Lebensform. [...] Es ist interessant, die Mannigfaltigkeit der Werkzeuge der Sprache und ihrer Verwendungsweisen, die Mannigfaltigkeit der Wort- und Satzarten, mit dem zu vergleichen, was Logiker über den Bau der Sprache gesagt haben. (Und auch der Verfasser der *Logisch-Philosophischen Abhandlung*.)

43: Man kann für eine *große* Klasse von Fällen der Benützung des Wortes „Bedeutung" – wenn auch nicht für *alle* Fälle seiner Benützung – dieses Wort so erklären: Die Bedeutung eines Wortes ist sein Gebrauch in der Sprache.

(Wittgenstein 1953, aus Abschnitten 7, 23, 43. Hervorhebungen L.W.)

Es gibt keine kontextfreie Bedeutung von sprachlichen Äußerungen. Die Definition einiger Linguisten von „Semantik" als „kontextfreier Bedeutung", die Searle kritisiert (Searle/Bierwisch/ Kiefer 1980, Introduction, S.viii-xi), würde also offenbar auch von Wittgenstein nicht akzeptiert werden. Der Grund für das sprachliche Verständnis zwischen Menschen ragt über die sprachlichen Äußerungen hinaus: Das Verstehen dessen, was wirklich gemeint ist, hängt von den Regeln des Sprachspiels ab, die die Beteiligten bereits beherrschen, bevor sie in das Spiel eintreten. Die Regeln selbst sind nicht Gegenstand des Spiels. Man kann sie in einem anderen Sprachspiel lernen. Sprache dient nicht allein der Beschreibung der Wirklichkeit, vielmehr wäre das nur eines von vielen Sprachspielen.

Das gemeinsame Verstehen in der Kommunikation wird in der Tradition der Philosophischen Untersuchungen, darunter von John Austin (1911-1960), Herbert Paul Grice (1913-1988) und John Searle (*1932), untrennbar mit dem von der Kommunikation intendierten Handeln gesehen. Zwar sollte das Sprechen selbst („*illocutionary act*") nicht mit der Wirkung des Sprechens („*perlocutionary act*") verwechselt werden:

> [...] it has seemed crucial to the theorists of speech acts, unlike earlier behavioristic theorists of language, to distinguish the illocutionary act, which is a speech act proper, from the achieve-

> ment of the perlocutionary effect, which may or may not be achieved by specifically linguistic means.
>
> (Searle/Bierwisch/Kiefer 1980, Introduction, S. vii)

Aber sie bedingen einander. Wittgenstein spricht von „der Sprache und den Tätigkeiten, mit denen sie verwoben ist“ (Wittgenstein 1953, Abschnitt 7), Grice von der „Absicht des Sprechers, eine Wirkung auf den Hörer zu erzielen“ (Grice 1969, Axiom 1, S.151). Searle folgt dieser intentionalistischen Position ausdrücklich: „meaning is always a derived form of intentionality” (Searle 1980, S.231).

Unabhängig davon und aus anderen Gründen, nämlich als Konsequenz aus seiner dialektisch-materialistischen Grundposition, bezieht auch der marxistische Linguist Schaff Sprache auf den praktischen Kontext gesellschaftlichen Handelns: „die Sprache ist das praktische Bewusstsein. [...] Das Bewusstsein ist also von vornherein schon ein gesellschaftliches Produkt und bleibt es, solange überhaupt Menschen existieren“ (aus Marx, Engels: Die deutsche Ideologie, zitiert nach Schaff 1960, S.131 ff).

Die intentionalistische Interpretation der Sprache, die ihre interaktive Dynamik und ihren sozialen Bezug betont, ist für das Verständnis der Telekooperation grundlegend. Denn sie erkennt die Absicht (Intention) als verbindendes Glied zwischen dem Sprechen (Information, Kommunikationstechnik) und dem Handeln (Kooperation). Die Absicht selbst ist, genauso wie der Sinn und die Interessenlage, Bestandteil des sprachlichen Kontextes, das heißt, sie ragt aus den sprachlichen Äußerungen, aus dem Text, heraus.

3.6 Der Kooperationsmechanismus von Grice

Es ist das Verdienst des Linguisten Herbert Paul Grice (1913-1988) den Mechanismus beschrieben zu haben, welcher Handlungsabsicht und Kommunikationsvorgang miteinander verknüpft. Sein Anspruch ist es, mit Hilfe dieses Mechanismus die Bedeutung eines Satzes zu erklären. Es gibt drei Artikel von ihm, die als Basis der intentionalistischen Sprachphilosophie anerkannt sind. Im ersten Artikel (1968): „Utterer's Meaning, Sentence-Meaning, and Word-Meaning“ erklärt er die Satzbedeutung (*sentence-meaning*) mit dem, was ein Sprecher meint, wenn er diesen Satz äußert (*utterer's meaning*). Der Ansatz offenbart schon, dass es sich um handlungsorientierte Bedeutungen, also um Pragmatik handelt (*applied timeless meaning*), obgleich Grice den Begriff „Pragmatik“ nicht ausdrücklich verwendet. (Grice 1968, S.225-229) Der zweite Artikel (1969): „Utterer's Meaning and Intentions“ enthält Grices sogenanntes Grundmodell der Kommunikation. Dieses Modell leitet das, was ein Sprecher meint, indem er einen bestimmten Satz äußert (*utterer's meaning*), aus der Absicht des Sprechers ab, auf den Hörer in bestimmter Weise einzuwirken (*utterer's intention*). Diese beiden Artikel zusammen betrachten als kommunikationsauslösendes Moment eine Handlungsabsicht, leiten daraus die Sprechermeinung und daraus wiederum die Satzbedeutung ab:

> Starting with the assumption that the notion of an utterer's occasion-meaning can be explicated, in a certain way, in terms of an utterer's intention, I argue in support of the thesis that timeless meaning and applied timeless meaning can be explicated in terms of the notion of utterer's occasion-meaning (together with other notions), and so ultimately in terms of the notion of intention.
>
> (Grice 1969, S.150)

Im dritten Artikel (1975) schließlich: „Logic and Conversation“ formuliert H. Grice sein *Cooperative Principle*, das er in mehrere Kategorien einteilt, welche wiederum aus Handlungsmaximen bestehen, an die sich Kommunizierende halten (Grice 1975, S.45-47). Die vier Kategorien sind

1. Quantität: „produziere nicht zuviel und nicht zuwenig Information“
2. Qualität: „sage nichts, was du für falsch hältst oder wofür dir angemessene Gründe fehlen“
3. Modalität: „sei kurz, klar, eindeutig, in der richtigen Reihenfolge“
4. Relation: „sei relevant“

Dabei kann natürlich die eine oder andere Maxime verletzt werden, was zu ganz bestimmten Missverständnissen, beabsichtigten Missverständnissen, indirekten Redeweisen, usw. führt (Grice 1975, S.49 ff).

Im Zentrum unseres Interesses steht aber das sogenannte Grundmodell, welches die Sprecherabsicht mit dem Verstehen und der darauffolgenden Handlung (bzw. Handlungsbereitschaft) des Hörers verknüpft:

> I start, then, by considering the following proposed definition: „*U* meant something by uttering *x*“ is true iff, for some audience *A*, *U* uttered *x* intending
>
> (1) *A* to produce a particular response *r*
>
> (2) *A* to think (recognize) that *U* intends (1)
>
> (3) *A* to fulfill (1) on the basis of his fulfillment of (2)
>
> (Grice 1969, S.151)

Das Grundmodell behauptet also, dass ein Sprecher mit der Äußerung eines Satzes genau dann etwas meint, wenn er mit der Äußerung des Satzes drei Absichten verfolgt: Erstens die eigentliche Handlungsabsicht, den Hörer zu einer bestimmten Handlung zu bewegen; zweitens dem Hörer diese Handlungsabsicht zu offenbaren; drittens den Hörer dazu zu bewegen, das Verstehen der Handlungsabsicht als Grund dafür zu nehmen, die Handlung auszuführen. Zum Beispiel eine „Aussage“: der Hörer soll glauben, sie sei wahr; zum Beispiel eine „Aufforderung“: der Hörer soll sie ausführen; usw. mit allen Sprechakttypen.

Gegen diese sehr weitreichende Behauptung ist vielerlei Kritik geäußert worden. Da Grice ja behauptet, mit dem Grundmodell jede Art von Satzbedeutung erklären zu können, werden Gegenbeispiele konstruiert, in denen entweder die drei Axiome gelten, aber offenbar der Sprecher etwas ganz anderes meint oder umgekehrt der Sprecher zwar etwas meint, aber die drei Axiome nicht erfüllt sind. Diese Gegenbeispiele sind in der Regel sehr kompliziert und lassen Sprecher und Hörer mehrmals um die Ecke denken.

Zum Beispiel konstruiert Searle ein hübsches Gegenbeispiel für eine sprachliche Äußerung, die offensichtlich absichtsvolle Kommunikation darstellt, aber nicht vom Grundmodell abgedeckt ist: Ein amerikanischer Soldat im 2. Weltkrieg wird von italienischen Soldaten gefangen genommen und sagt in der Hoffnung, von ihnen für einen deutschen Offizier gehalten zu werden, in autoritärem Ton den einzigen deutschen Satz, den er kennt, nämlich: „Kennst du das Land, wo die Zitronen blühen?" (aus: Grice 1969, S.160-165). Grice diskutiert selbst einige dieser Gegenbeispiele (Grice 1969, Abschnitte III. und IV, S.152-173) und nimmt sie zum Anlass, sein Grundmodell zu verfeinern, so dass es am Ende schließlich aus drei Hauptaxiomen mit zahlreichen Unteraxiomen besteht, die keineswegs mehr ein einfaches und übersichtliches Modell darstellen. (Grice 1969, Redefinition V, S.175-176).

Nach Auffassung einiger Linguisten, zum Beispiel Max Black in „Bedeutung und Intention" (Black in Meggle 1979, S.52-81), ist das das unvermeidliche Schicksal jeder Bedeutungstheorie vom intentionalistischen Typ, indem eben Handeln (oder handeln Wollen) etwas anderes sei als Verstehen. Die Rolle als Hörer und Interpret eines Sprechaktes sei zu Ende, wenn der Sprechakt verstanden sei und bedürfe nicht noch einer nachfolgenden Handlung oder der inneren Repräsentanz einer nachfolgenden Handlung. Es sei sonst auch gar nicht zu verstehen, wie lauschende Dritte Gespräche verstehen könnten.

Ob das intentionalistische Grundmodell für Sprache von Grice jede Form von Kommunikation erklärt, ist für ein Telekooperationsmodell nicht relevant, weil es keine allgemeine Bedeutungstheorie verfolgt. Es genügt, den Mechanismus zu verstehen, der Handlungsabsichten und Kommunikation miteinander verknüpft. Diese Sichtweise ist sehr viel vorsichtiger und verzichtet auf den weitergehenden Anspruch, Satzbedeutung allgemein zu erklären. Dass das Grice'sche Grundmodell aber diesen Mechanismus in der Tat korrekt beschreibt, räumen sogar die Kritiker einer intentionalistischen Bedeutungstheorie ein. Black schreibt unter der Überschrift „Der unbeabsichtigte Gegenstand der Griceschen Analyse", „dass Grices Modell in Annäherung eine Erklärung dafür gibt, was kooperatives Verhalten (einer bestimmten Art) ist" (Black in Meggle 1979, S.78). Auf Kooperation aber kommt es uns gerade an. Deshalb wird das Gricesche Grundmodell im Folgenden als *Kooperationsmechanismus* akzeptiert.

3.7 Die sprachliche Äußerung und ihr Hintergrund

3.7.1 Der „Hintergrund" bei Searle

In dem Artikel „The Background of Meaning" (Searle 1980) macht Searle seine Position über die pragmatische Bedeutung von sprachlichen Äußerungen deutlich. Für Searle ist jede wirkliche Bedeutung handlungsrelevant und als solche Pragmatik. Unter Semantik versteht er entweder einfach „Bedeutung" (in Wendungen wie „semantic content") oder denjenigen

Zweig der Pragmatik, der das Verhältnis zwischen wörtlicher und pragmatischer Bedeutung studiert. Zu den Begriffen „Pragmatik“ und „Semantik“ äußert sich Searle in (Searle/Kiefer/Bierwisch 1980, Introduction S.viii-xi). Andere Linguisten verstehen Semantik auch als kontextfreie Bedeutung und Pragmatik als kontextbezogene Bedeutung (ausführlich etwa bei Bentele/Bystrina 1978). Searles Kernaussage lautet nun, dass zum Verständnis einer kommunizierten Äußerung nicht nur das ausgetauschte sprachliche Konstrukt, sondern außerdem ein sogenannter *Hintergrund* (*background*) notwendig ist, der nicht semantischer Bestandteil der kommunizierten Äußerung ist:

> The view I shall be espousing is that in general the meaning of a sentence only has application (it only, for example, determines a set of truth conditions) against a background of assumptions and practices that are not representable as a part of the meaning.
>
> (Searle 1980, S.221)

Und an anderer Stelle:

> Furthermore, these assumptions that determine the interpretation of a sentence are not part of the semantic content of the sentence. [...] What we want to say is, rather: the literal meaning of a sentence only determines a set of truth conditions given a set of background practices and assumptions.
>
> (Searle, S.227)

Der Hintergrund ist gerade das, was zur Semantik eines Satzes hinzugenommen werden muss, um zu seiner Pragmatik zu gelangen. Searle identifiziert den Hintergrund als das von ihm gesuchte Bindeglied zwischen der wörtlichen Bedeutung von Sätzen und Wörtern einerseits, und ihrem Kontext, zu dem Sprecher, Hörer, Ort, Zeit, Absichten, Wünsche, Interessen, usw. gehören, andererseits:

> [...] a context of utterance consists of five distinguishable elements and sets of elements: a speaker, a hearer, a time, a place, and those various other features of the speaker, hearer, time, and place that are relevant to the performance of the speech acts. Especially important features are the psychological states – intentions, desires, beliefs, etc. –- of the speaker and hearer. These various other features we will call the world of utterance [...]
>
> (Searle/Vanderveken 1989, S.27-28)

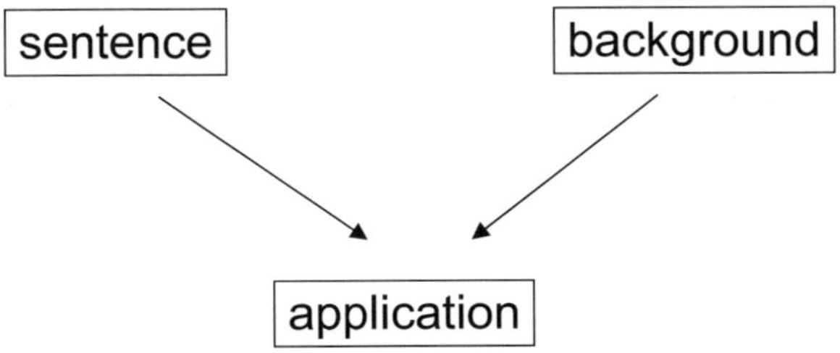

Abbildung 3.2: Searles Vorstellung von Pragmatik (Pfeile geben die Richtung eines Einflusses an)

Aus dieser Vorstellung ergeben sich drei wichtige Fragen (gleichbedeutend mit dem englischen Begriff „Background“ von Searle wird hier der deutsche Begriff „Hintergrund“ verwendet):

1. Was ist der Hintergrund (*Background*) und woraus besteht er?
2. Warum spezifiziert man den Hintergrund nicht vollständig, so dass er semantischer Bestandteil der Sätze wird?
3. Warum entledigt man sich nicht einfach einer derart unvollkommenen und unsicheren Sprache und erfindet stattdessen eine neue Sprache im Stile des Wittgensteinschen Tractatus, die ganz frei von irgendeinem Hintergrund ist?

Als Antwort auf die erste Frage: Was ist der Hintergrund? bezeichnet Searle den Hintergrund als das Wissen, das Menschen als natürliche Wesen als Mitglieder ihrer Kultur und als Träger vergangener Erfahrungen haben:

> [...] a whole background of information about how nature works and how our culture works. A background of practices, institutions, facts of nature, regularities, and ways of doing things are assumed by speakers and hearers when one of these sentences is uttered or understood.
>
> (Searle et al. 1980, S.226-227)

Auf einem Vortrag am 14.5.1991 in der Universität Heidelberg, auf Einladung des anglistischen Seminars, teilte er den Hintergrund in zweifacher Weise auf: Einmal in eine „tieferliegende“ Schicht (natürlicher, anthropologischer Hintergrund) und in eine „höherliegende“ Schicht (kultureller, erlebnisbasierter Hintergrund), und in anderer Weise in die beiden Komplexe: das Wissen, wie Dinge beschaffen sind, gegenüber dem Wissen, wie man Dinge tut. Zur Veranschaulichung präsentierte er dabei das folgende Bild:

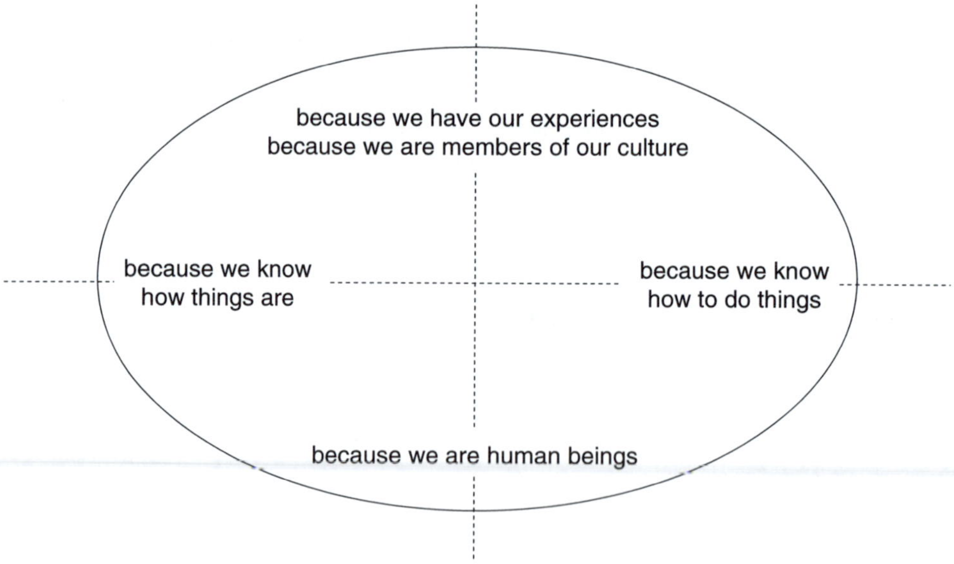

Abbildung 3.3: Searles Background

Die zweite Frage formuliert Searle so:

> [Someone might object:] We ought to make the background fully explicit as part of the semantic content of the sentence or at least as a set of stage directions for using the sentence.
>
> (Searle et al. 1980, S.227-228)

Er wendet gegen diese Möglichkeit drei Argumente: Die Spezifikation von Hintergründen wäre ein nicht klar begrenzbarer Prozess: „We would never know when to stop“, „and so on indefinitely (though not infinitely)“ (Searle 1980, S.228), der auf einer Rekursion ohne erkennbarem Ende beruhen müsste, da Spezifikationen ihrerseits Sätze darstellen, und schließlich ist nicht jedes Element des Hintergrunds sprachlich explizit repräsentiert oder gar überhaupt sprachlicher Natur.

Die dritte Frage behandelt Searle wie folgt:

> Assuming that the contextual dependence of the applicability of semantic content is as widespread as I claim, why not simply get rid of it; why not for example invent a language that would not in this way have contextually dependent semantic contents? The answer is that the features we have cited are features not just of semantic contents but of representations generally, in particular they are features of intentional states, and since meaning is always a derived form of intentionality, contextual dependency is ineliminable.
>
> (Searle 1980, S.231)

Eine solche Sprache müsste ja das Spezifikationsproblem der Hintergründe in sich gelöst haben. Mit anderen Worten, es handelt sich nicht um ein Problem von Wort- oder Satzbedeutungen, sondern um ein Problem der Repräsentation von Wirklichkeit selbst, d.h. von den Absichten, die die Kommunizierenden mit den Sätzen und der Wirklichkeit verbinden. Und das gilt gleichermaßen in Sprechakten, die der gegenseitigen Beeinflussung von Menschen direkt dienen, wie in Sprechakten, die der Erkenntnis von Sachverhalten dienen, denn auch den letzteren liegt Absicht (zu erkennen) zugrunde.

Diese Erfahrung haben wir in der Mathematik und in der Informatik bereits gemacht! Die Unvollständigkeit formaler Axiomensysteme (Gödel 1931) und die Existenz nicht entscheidbarer Funktionen (Halteproblem, Turing 1936), zeigen, dass ein Projekt zur vollständigen Spezifikation von Hintergründen aussichtslos ist. Die Sprechakttheorie geht weiter als nur zu konstatieren, dass Syntax allein zur Aufschlüsselung von Semantik nicht ausreicht: sie strukturiert die Semantik der Alltagssprache (s.u. Abschnitt 3.8).

Der Begriff des Hintergrunds ist eine andere Metapher für das Wittgensteinsche Sprachspiel. Er konkretisiert die bildliche Vorstellung der Regeln für ein Sprachspiel.

3.7.2 Hintergrund und Kompetenz in einer Telekooperation

Das Konzept des Hintergrunds (*background*) von Searle lässt sich in die Telekooperation übertragen (vergleiche Abschnitt 3.1 oben und dort besonders die drei Fragen zur Schnittstellengestaltung). Der Hintergrund beschreibt den menschlichen Anteil des lokalen Kommunikationspartners, während das sprachliche Konstrukt (*sentence*) die Botschaft (die Zeichenfolge) repräsentiert und der automatischen Verarbeitung syntaktisch spezifizierter Daten zugänglich ist. Der Hintergrund der Kommunikation wird vom Menschen in Form seiner persönlichen „Kompetenz“ eingebracht. Zum Verständnis einer sprachlichen Äußerung gehören beide: die persönliche Kompetenz und die sprachliche Äußerung.

Kommunikation hat Wirkung. Das heißt, dass Hintergründe nicht nur Einfluss auf die Interpretation der Kommunikation nehmen, sondern dass Kommunikation umgekehrt auch Hintergründe verändern. Diese Veränderung nehmen kommunizierende Menschen in ihre – sich dadurch mit verändernde – persönliche Kompetenz auf und tragen sie somit in die nächste Kommunikation. Hintergründe, bzw. personalisiert: Kompetenzen, repräsentieren das fortschreitende Wissen im Laufe mehrerer Kommunikationsakte und kitten diese zusammen.

Abbildung 3.2 kann daher wie folgt auf Telekooperation übertragen werden: die „Botschaft“ repräsentiert die syntaktische Gestalt des kommunizierten Satzes, die „Kompetenz“ personifiziert den Hintergrund im Kommunikationspartners, und die semantisch-pragmatische „Information“ ist das durch die Botschaft angeregte handlungsorientierte Wissen, das wiederum in die persönliche Kompetenz eingeht. Das ist in Abbildung 3.4 graphisch dargestellt.

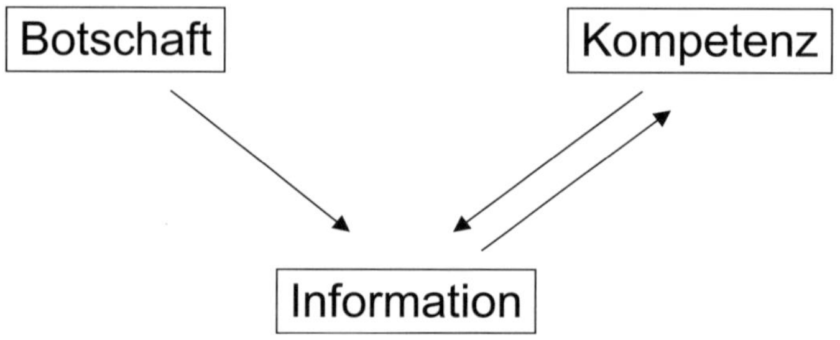

Abbildung 3.4: Kommunikation und Kompetenz (Pfeile geben die Richtung eines Einflusses an)

Das Ziel von Telekooperationen ist die Veränderung von Kompetenz. Dabei wirken die Informationen als Auslöser der Veränderung. Informationen können, je nach Kontext, vielerlei Bedeutung haben: Wissen, Geld, Verträge, Versprechen, usw. Es handelt sich also um eine dynamische Wechselbeziehung zwischen Kommunikation und Kompetenz, denn natürlich kann eine veränderte Kompetenz in einer späteren Kooperation einen veränderten Verlauf bewirken: auch das kann das Ziel einer Kooperation sein. Zum Beispiel können spezielle Kooperationen dem Erwerb von Betriebsmitteln und von Lizenzen dienen, die Voraussetzung für andere Kooperationen sind. Der Erwerb eines Führerscheins ist eine Kooperation zwischen Fahrschüler und Fahrschule. Das Chauffieren eines Freundes ist eine Kooperation zwischen Fahrer und Beifahrer und wäre ohne vorher erworbenen Führerschein nicht möglich, wenigstens nicht legal, und oft auch praktisch nicht.

Die Kompetenz ist ein Element, das einzelne Kooperationsakte überdauert. Sie beansprucht in unauflöslicher Verbindung mit der Person, der sie zugehört, eine permanente Existenz.

Und da Kooperation ohne Kompetenz prinzipiell nur unvollständig modelliert ist, muss ein Telekooperationsmodell neben den in Handlungsmustern temporär agierenden Akteuren notwendigerweise permanente Personen enthalten, die jeweils mit ihrer Kompetenz in diese Rollen ein- und aus ihnen wieder austreten. Jede Person ist mit einer Kompetenz ausgestattet, die die einzelnen Kooperationsakte zu interpretieren gestattet und die durch Kooperationsakte verändert werden kann. Der in bezug auf eine Rolle spezifizierbare Anteil einer Kompetenz ist eine Akteurskompetenz und wird von einer Person in eine Rollenaktivität eingebracht. Das wird in Kapitel 5 unten über Telekooperation ausgeführt.

3.7.3 Hintergrund und Absicht

Eine Kooperation ist auf das gemeinsame Erreichen eines Zieles hin ausgerichtet. Das Handlungsmittel in einer Telekooperation ist der Austausch von sprachlichen Äußerungen, also die Kommunikation. Die handlungsrelevante Bedeutung, die Pragmatik, des Sprechaktes beruht nach dem Griceschen Kooperationsmechanismus (s.o. Abschnitt 3.6) auf der Handlungsabsicht des Sprechers, dem Erkennen der Sprecherabsicht auf Seiten des Hörers und seiner Bereitschaft, ihr zu folgen. Bei gegebener Interessenlage eines Kooperationsteilnehmers kann es daher nur seine Absicht als Sprecher sein, den Hörer dazu zu bewegen, das Seinige zum Erreichen des Kooperationsziels zu tun. Der Sprecher kann die Hörerreaktion auf Grund der nachfolgenden sprachlichen Antwort überprüfen, für die wiederum – mit umgekehrten Sprecher- und Hörer-Rollen – der Gricesche Kooperationsmechanismus wirkt. Und so fort bis zum Erreichen oder Nicht-Erreichen des Kooperationsziels.

Searle ordnet die Absicht dem Kontext, also dem Hintergrund zu (Searle/Vanderveken 1989, S.27). Auf Grund des Kooperationsmechanismus ist Absicht dasjenige Element einer Kompetenz, das Kooperationsakte ins Leben ruft und so steuert, dass das Kooperationsziel in befriedigender Weise erreicht wird. Die Befriedigung eines Kooperationsteilnehmers ist abhängig von seiner Interessenlage, die ihrerseits nicht-semantischer Bestandteil des Kontextes (der Teilnehmer-Kompetenz) ist.

Derjenige Anteil der Handlungsabsicht, der sich auf das bloße Erreichen des Kooperationsziels richtet („ich will ein Auto kaufen“), ist durch die Spezifikation des Kooperationsziels explizit gemacht. Der nicht im Kooperationsziel sichtbare Anteil der Handlungsabsicht wird aus der Interessenlage des Partners gespeist und richtet sich auf die inhaltliche Ausgestaltung des Kooperationsziels („so gut und billig wie möglich“), die zum Konflikt mit dem Kooperationspartner führen kann. Hierin steckt auch eine Motivation für eine Manipulation des Telekooperationsaktes. Es ist die Aufgabe von Sicherheitstechnik in der Telekooperation, solche Manipulationsmöglichkeiten zu identifizieren und Maßnahmen gegen sie zur Verfügung zu stellen.

3.7.4 Hintergrund und Unschärfe in der Telekooperation

Mit Unschärfe ist hier die semantisch-pragmatische Uneindeutigkeit der Bedeutung sprachlicher Äußerungen gemeint. Sie ist zu unterscheiden von der Unschärfe in der Bestimmung von Lage und Impuls subatomarer Teilchen nach Heisenberg, und ebenfalls von der Unsicherheit des Empfangs von Zeichenfolgen im Shannonschen Kommunikationsmodell.

Sprachliche Äußerungen enthalten notwendig interpretatorische Unschärfen, wie von Wittgenstein in Abschnitt 71 der Philosophischen Untersuchungen (1953) formuliert, s.o. Abschnitt 3.5. Es ist daher eine falsche Strategie zu versuchen, alle Unschärfen durch syntaktische Spezifikationen zu beseitigen mit dem Ziel, die Interpretationsentscheidungen vollkommen zu automatisieren. Es muss vielmehr das Ziel sein, das Ausmaß an eindeutiger Interpretationsfähigkeit der in einer Telekooperation vorgesehenen Informationen zu definieren. Der unscharfe Rest bleibt dann der Interpretation durch die beteiligten Kooperationspartner überlassen, die dafür ihre Kompetenzen einsetzen.

Das deckt auch all diejenigen Sprechakte ab, deren Handlungsabsichten nicht semantischer Bestandteil der Informationen sind und die auf Grund der Hintergründe der beteiligten Kooperationspartner natürlich doch verstanden werden. Die nachträgliche Überprüfung dieser Nachrichten kann zu Entscheidungsproblemen führen, zu deren Lösung auch Dritte mit ihren wieder anderen Hintergründen beitragen müssen, wie das im gesellschaftlichen Leben in Schiedsverfahren etabliert ist. Eine Automatisierung dieser Entscheidung ist wegen der Rolle der Hintergründe und der vorhandenen sprachlichen Unschärfen nicht möglich.

Allerdings ist es eine sinnvolle Strategie bei der Spezifikation einer Telekooperation, die semantische Interpretationsmöglichkeit *einzuschränken*. Die handlungsrelevanten Bestandteile einer Information im Laufe einer Telekooperation werden dabei in der Weise formalisiert, dass sie in den Informationen explizit enthalten sind. Dies gilt beispielsweise für eine Handlungsabsicht selbst: Ein Versprechen wird in Form eines Vertrages kommuniziert, eine Aufforderung wird in Form eines Auftrags kommuniziert, usw. Das tut z.B. Woitass in seiner Koordination strukturierter Konversationen, indem er die Informationen nach Kategorien der Austin-Searleschen Sprechakttheorie kategorisiert (Woitass 1991, S.61 ff). Dabei ist es eine Gestaltungsaufgabe des Entwicklungsingenieurs, die richtige Grenze zur interpretatorischen Freiheit der Kooperationspartner zu ziehen und Mechanismen zur Unterstützung von Lösungen der Konflikte zur Verfügung zu stellen, die auf Grund der verbleibenden Unschärfen außerhalb der Telekooperation ausgetragen werden müssen. Wenn z.B. Verbindlichkeit ein Kooperationsmerkmal ist, dann unterstützen technische Mechanismen (z.B. digitale Unterschriften) den Nachweis, dass eine Kommunikation mit den tatsächlich ausgetauschten Nachrichten und mit den tatsächlich beteiligten Partnern stattgefunden hat. Die Interpretation des Nachrichteninhalts dagegen muss letztlich den kommunizierenden Menschen selbst vorbehalten bleiben, auch wenn technische Interpretationsschritte dazwischenliegen.

3.8 Sprechakttheorie

3.8.1 Schlüsselwörter

Sprechakt, illokutionärer Akt, illokutionäre Kraft (Rolle), propositionaler Inhalt; indirekter Sprechakt, perlokutionärer Akt, perlokutionäre Wirkung, Konversation; illokutionärer Zweck (*point*), Relation zwischen Wort und Welt (*direction of fit*).

Eine sehr übersichtliche Zusammenfassung der Sprechakttheorie findet sich in (Searle/Vanderveken 1989, Kapitel 1, „Introduction to the theory of speech acts"). Die Theorie zerlegt unter vereinfachenden Annahmen Sprechakte in einfache Grundbausteine. Das macht sie für die Informatik so attraktiv. Vor allem behandeln die Grundbausteine auch die für die Informationstechnik so schwer handhabbare Beziehung zwischen Sprechen und Handeln.

Wittgenstein beschreibt in den Philosophischen Untersuchungen (1953) Sprache im Gebrauch. Das setzt sich bei J. Austin in seinem berühmten Aufsatz „*How to do Things with Words*" (Austin 1962) und bei Searle und Vanderveken (1989) in „*Foundations of illocutionary logic*" und in vielen nachfolgenden Arbeiten in einer systematischen und konstruktiven Theorie von Sprechakten fort. Sprache wird als Sprechen untersucht. Sprechen ist selbst Handeln und hat Einfluss auf anderes Handeln. Die Beziehung zwischen Sprechen und Handeln, die pragmatische Bedeutung von Sprache, wird durch den Griceschen Kooperationsmechanismus (oder eine verfeinerte Form davon) beschrieben. Seine Antriebs„kraft" ist die Absicht des Sprechers, beim Hörer eine gewisse Wirkung zu erzielen.

3.8.2 Illokutionärer Akt, illokutionäre Kraft, propositionaler Inhalt

Die Sprechakttheorie unterscheidet verschiedene Arten von Sprechakten, unter denen sie den illokutionären Akt als kleinste Kommunikationseinheit bezeichnet.

> The minimal units of human communication are speech acts of a type called illocutionary acts.
>
> (Searle/Vanderveken 1989, S.1)

Jeder illokutionäre Akt enthält zwei bedeutungstragende Komponenten: die eine ist die illokutionäre Kraft (auch illokutionäre Rolle genannt), in der sich die Art einer Sprecherabsicht explizit ausdrücken kann, nämlich als Behauptung, Versprechen, Befehl, Frage, Erklärung, usw. Die andere Komponente ist der propositionale Inhalt, in der sich der Wirklichkeitsinhalt ausdrückt, auf den sich die Sprecherabsicht bezieht, nämlich in der Form „dass etwas so-und-so sei" oder „dass das-und-das geschehen soll", usw. Zum Beispiel ist in einem Versprechen der Anteil des Satzes, der ihn zu einem Versprechen macht, die illokutionäre Kraft, und der Anteil des Satzes, der sich auf den Inhalt des Versprechens bezieht, sein propositionaler Inhalt. Konkret stellt in dem einfachen und direkten Satz „Ich verspreche, dass ich morgen komme" der Anteil „ich verspreche" die illokutionäre Kraft und der Anteil

„dass ich morgen komme“ den propositionalen Inhalt dar. In den einfachen, sogenannten „elementaren“ Sätzen, mit denen ein illokutionärer Akt vollzogen wird, entspricht ein syntaktischer Bestandteil *f* der illokutionären Kraft *F* und ein syntaktischer Bestandteil *p* dem propositionalen Inhalt *P*. Der Satz ist dann von der syntaktischen Form *f*(*p*) und drückt den zugehörigen illokutionären Akt von der Form *F*(*P*) aus. (Searle/Vanderveken 1989, S.2)

Von dem illokutionären Akt unterscheidet die Sprechakttheorie andere Sprechakte. Unter ihnen interessieren uns vor allem der indirekte Sprechakt, der perlokutionäre Akt und die Konversation.

3.8.3 Perlokutionärer Akt, perlokutionäre Wirkung

Der perlokutionäre Akt stellt die Handlung dar, mit einer sprachlichen Äußerung eine über das bloße Verstehen der Äußerung hinausgehende Wirkung zu erzielen, die dann auch „perlokutionäre Wirkung“ genannt wird:

> But in addition to the illocutionary effect of understanding, utterances normally produce, and are often intended to produce, further effects on the feelings, attitudes, and subsequent behavior of the hearers. These effects are called perlocutionary effects, and the act of producing them are called perlocutionary acts.
>
> (Searle/Vanderveken 1989, S.11)

Indem also jemand durch ein Versprechen bei seinem Hörer das Vertrauen in die spätere Realisierung des Versprechens erzeugt, vollzieht er einen perlokutionären Akt, und die zugehörige perlokutionäre Wirkung ist eben das beim Hörer erzeugte Vertrauen. Perlokutionäre Wirkungen drücken sich nicht notwendig in sprachlicher Form aus (sie sind nicht „sprachlicher Natur“), sie finden in der Regel außerhalb des Sprechens statt. Das kann man sich zum Beispiel daran verdeutlichen, dass Erklärungen wie: „Hiermit überrede ich dich, dass das-und-das der Fall ist“ oder „Hiermit unterhalte ich dich auf das beste“ unsinnig sind, im Gegensatz zu: „Hiermit *bemühe* ich mich, dich zu überreden“, bzw. „hiermit *beabsichtige* (oder *versuche*) ich, dich zu unterhalten“. Es ist von fundamentaler Bedeutung für jede Art von Kommunikationstheorie, und insbesondere für ein Modell von Telekooperation, diese beiden Handlungen, die Sprechhandlung und die durch sie intendierte nachfolgende Wirkung, auseinander zu halten und doch in ihrer Wechselwirkung zu verstehen. Telekooperation basiert geradezu darauf, dass die kooperativen „Effekte“ mit Hilfe von Sprache, also mit Telekommunikation, erzielt werden können. Aber in den ausgetauschten Daten selbst drückt sich Wesentliches nicht aus, nämlich die Kooperationszwecke, die Absichten, die Interessen, usw., die, in der Terminologie der Sprechakttheorie, alle zu dem perlokutionären Akt gezählt werden müssen.

3.8.4 Indirekter Sprechakt

Im indirekten Sprechakt fallen die explizit geäußerte und die eigentlich vom Sprecher gemeinte illokutionäre Kraft auseinander, wie z.B. bei ironischer Redeweise und bei in Fragen gekleideten Aufforderungen. Indirekte Sprechakte sind alltäglich außerordentlich häufig und werden von Menschen in der Regel nicht missverstanden. Für eine inhaltliche Spezifikation von Kommunikation stellt sie aber eine fast unüberwindliche Hürde dar und wird daher in der Regel nicht zugelassen. Zum Beispiel identifiziert Woitass in seiner „Koordination in strukturierten Konversationen“ explizit jeden Nachrichtentyp mit einer illokutionären Kraft (Woitass 1991, S. 63 ff.). Bei Ausschluss der indirekten Sprechakte werden nur die explizit geäußerten illokutionären Kräfte spezifiziert.

3.8.5 Konversation

Unter Konversation versteht die Sprechakttheorie jede geordnete Folge von Sprechakten, in denen ein Sprechakt folgende Sprechakte provoziert und sich auf vorangegangene Sprechakte bezieht.

> But the principle remains that just as a move in a game creates and restricts the range of appropriate countermoves so each illocutionary act in a conversation creates and constrains the range of appropriate illocutionay responses.
>
> (Searle/Vanderveken 1989, S.11)

Der Vergleich mit dem „*move in a game*“ zeigt übrigens deutlich die Tradition von Wittgensteins Sprachspielen. Konversationen treten alltäglich als Diskussionen, Frage-Antwort-Folgen, Briefkorrespondenzen, Kauf- und Verkaufsverhandlungen und andere Verhandlungen, lose strukturierte Gespräche, usw. auf. Einen Versuch, strukturierte Konversationen computergestützt zu koordinieren, hat zum Beispiel (Woitass 1991) für die Terminvereinbarung in einer Gruppe unternommen und dabei die Struktur der Sprechakttheorie verwendet.

3.8.6 Illokutionärer Zweck (point), Wort-Welt-Relation

In unserem Zusammenhang ist besonders die illokutionäre Kraft von Interesse, da sie es ist, die die Absicht des Sprechers klassifiziert und so das „Wort mit der Welt verbindet“. Die Sprechakttheorie behauptet in einer sogenannten Hypothese der Konstruierbarkeit, dass jede illokutionäre Kraft aus genau sieben Komponenten besteht. Durch eine richtige Belegung einer jeden dieser sieben Komponenten kann daher jede illokutionäre Kraft generiert werden (Searle/Vanderveken 1989, The Hypothesis of Constructability, S. 49).

Die tragende Basiskomponente einer illokutionären Kraft ist der sogenannte illokutionäre Zweck, bei Searle heißt es original „*illocutionary point*“. Wittgenstein benutzt dafür in seinen Philosophischen Untersuchungen das Wort „Witz“, welches ebenfalls eine mögliche Übersetzung von „*point*“ wäre, aber nur einen Aspekt von „*point*“ umfasst: „Der Witz der beiden Befehle ist der gleiche“ usw. (Wittgenstein 1953, Abschnitt 62). Hingegen verwendet Searle den Begriff „*purpose*“, um den „*point*“ zu erläutern:

> Each type of illocution has a point or purpose which is internal to its being an act of that type.
>
> (Searle/Vanderveken, S.13)

Der „*point*" oder „Zweck", wie wir ihn nun nennen, stellt die Hauptkategorie eines Sprechaktes dar. Daneben gibt es weitere Komponenten, die nun nichts anderes mehr tun als den Zweck einzugrenzen und zu modifizieren. Der illokutionäre Zweck ist diejenige Komponente der illokutionären Kraft, welche die Art charakterisiert, die die sprachliche Äußerung gerade an die Wirklichkeit bindet, nämlich als Behauptung, Versprechen, Befehl, Erklärung oder als Gefühls- und Meinungsäußerung:

> The illocutionary point of an illocutionary force always relates the propositional content of that illocutionary force to the world of utterance, and there are a limited number of ways that propositional contents can be related to a world of utterance.
>
> (Searle/Vanderveken 1989, S.52. Zu „world of utterance", „context of utterance" siehe auch S.27-31)

Der Erfolg eines illokutionären Sprechaktes liegt in der Erfüllung seines illokutionären Zweckes:

> If the act is successful the point is achieved.
>
> (Searle/Vanderveken 1989, S.14)

Im Verhältnis zwischen Sprache und Wirklichkeit gibt es nur vier mögliche Richtungen der gegenseitigen Einflussnahme („*directions of fit of word and world*"): Entweder muss das Wort der Welt oder die Welt dem Wort oder beide einander angepasst werden, um eine sprachliche Äußerung zu erfüllen, oder es gibt keine Beziehung. Daraus leiten Searle und Vanderveken die fünf einzig existierenden illokutionären Zwecke ab: „There are five and only five illocutionary points" (S. 37-38) und „The five illocutionary points" (S. 51) und „There are four and only four directions of fit in language" (S. 52 ff):

1. Behauptung – assertive point: word-to-world
2. Versprechen – commissive point: world-to-word, speaker's responsibility
3. Befehl – directive point: world-to-word, hearer's responsibility
4. Erklärung – declarative point: world-to-word via word-to-world
5. Gefühls- und Meinungsäußerung – expressive point: null-direction

Für die Telekooperation spielen alle fünf Arten von illokutionären Zwecken eine Rolle. Am schwierigsten zu handhaben und daher am leichtesten zu manipulieren sind diejenigen Sprechakte, in denen Sprache und Wirklichkeit miteinander verbunden werden: das sind einerseits Behauptungen und andererseits Befehle und Versprechen. Das liegt daran, dass die eine Seite von ihnen außerhalb des Sprechaktes liegt und sogar nicht-sprachlicher Natur sein kann: Bei Behauptungen liegt der behauptete Sachverhalt in der Welt, und ob die Behauptung den Sachverhalt korrekt oder nicht-korrekt darstellt, unterliegt der Interpretation der kommunizierenden Menschen, von der wir annehmen, dass sie nicht allgemein spezifizierbar ist.

Bei Versprechen und Befehlen soll die Sprache einen nachfolgenden Effekt auf die Wirklichkeit haben. Kommunikationstechnisch wird der Umgang mit ihnen auf die Überprüfung einer Behauptung zurückgeführt. Die Erfüllung des Versprechens (bzw. des Befehls) führt aus dem Sprechakt des Versprechens (bzw. des Befehls) selbst hinaus und kann auch nichtsprachlicher Natur sein. Sie lässt sich also mit informatorischen Mitteln nicht durchsetzen, aber ihre Durchsetzung lässt sich mit informatorischen Mitteln unterstützen, indem die zugehörige Kommunikation beweisbar gemacht wird. Die Zeitspanne zwischen Versprechen (bzw. Befehl) und Erfüllung wird auf informatorische Weise durch „Erinnern" an die Beschreibung, also durch speicherndes Aufbewahren der Beschreibung, überbrückt. Das entsprechende informatorische Element heißt Vertrag und muss entsprechend seiner Bedeutung gesichert werden, wofür auch informationstechnische Hilfsmittel (digitale Unterschrift) zur Verfügung stehen. Die spätere Überprüfung des Versprechens (bzw. des Befehls) hat dann den illokutionären Zweck einer Behauptung und unterliegt in der Regel der, ggf. konfliktträchtigen, Interpretation der beteiligten Menschen. Diese Form der Beziehung zwischen Sprache und Handlung heißt „Verbindlichkeit". Sie wird unten in Abschnitt 3.9 behandelt (s. auch Grimm 1994).

3.8.7 Die anderen Komponenten der illokutionären Kraft

Die anderen Komponenten der illokutionären Kraft präzisieren und modifizieren den illokutionären Zweck (Searle/Vanderveken 1989, „The seven components of illocutionary force", S.12-20). Darunter sind

- die Stärke des Ausdrucks: betteln, bitten, vorschlagen, dringen, anordnen, befehlen, usw.;
- logische und reale Verknüpfungen mit dem propositionalen Inhalt;
- psychologische Bedingungen, z.B. der Ehrlichkeit oder der Bereitschaft;
- Grad der psychologischen Bedingungen.

Diese Komponenten spielen für die technische Gestaltung von Telekooperation eine wesentliche Rolle. Es ist die Aufgabe einer Anwendungsspezifikation, die Komponenten der illokutionären Kraft so darzustellen, dass ihre Auswirkung auf die illokutionäre Kraft technisch adäquat unterstützt wird.

Beispielsweise muss ein wichtiges Versprechen, das mit der entsprechenden Ernsthaftigkeit gegeben werden soll, durch eine angemessene Vertragsform dargestellt werden, während etwa informative Bereitschaftserklärungen informell kommuniziert werden. Der Umgang mit Lüge/Ehrlichkeit kann in rechtsverbindlichen Telekooperationen z.B. durch eine Verbindlichkeit aufgrund der Kommunikationsform geregelt werden, wo allein schon die Verwendung eines bestimmten Kommunikationsmittels (z.B. ein Scheck, ein Eid, usw.) die Verpflichtung herstellt, gleichgültig was sich der Sprecher sonst dabei denken mag. Das lässt sich aber nicht ein für alle Male und für alle Anwendungen festlegen. In anderen Kontexten muss man die Klärung von Lüge und Ehrlichkeit vielleicht außertechnischen Entscheidungen vorbehalten. Es ist allerdings in jeder Anwendungsspezifikation genau festzulegen, welche Bestandteile der Kommunikation der inhaltlichen Interpretation durch die kommunizierenden Menschen überlassen bleiben und welche durch automatische Entscheidungen abgedeckt sind.

3.9 Verbindlichkeit aus sprechakttheoretischer Sicht

3.9.1 Begriffsbestimmung

In besonderer Weise verbinden solche Sprechakte das gesprochene Wort mit der Wirklichkeit, die „verbindlich" genannt werden. Das, was gesagt wurde, soll sich in der Wirklichkeit erfüllen. Während die Formulierung einer verbindlichen Aussage ein reiner kommunikativer Akt ist, ist ihre Erfüllung eine spätere Handlung. Ob die frühere Aussage und die spätere Handlung übereinstimmen, unterliegt der Kontrolle der sprechenden und handelnden Menschen.

Definition:
Verbindlichkeit ist die Eigenschaft eines Sprechaktes, dass die wirkliche Erfüllung seines propositionalen Inhalts unter gesellschaftlicher Kontrolle steht. Die Nicht-Erfüllung hat gesellschaftliche Konsequenzen.

Gesellschaftliche Konsequenzen können sein: die gewaltsame Durchsetzung, die Bestrafung des Verantwortlichen, der Verlust des Vertrauens in den Verantwortlichen. Verbindlichkeit wird einem Sprechakt durch Vereinbarung, durch Konvention oder aufgrund bestehender Autorität zugeordnet.

(vgl. Grimm 1994, S. 113)

Syntaktisch wird „Verbindlichkeit" gewissen Aussagen (Versprechen, Weisungen, Erklärungen) als Eigenschaft zuerkannt: „Die-und-die Aussage ist verbindlich". Semantisch handelt es sich nicht um eine Eigenschaft der Aussage allein, sondern um eine Eigenschaft der Aussage in ihrem gesellschaftlich-pragmatischen Umfeld. Verbindlichkeit betrifft die perlokutionäre Wirkung der Sprechakte. Die Einbettung einer Aussage in ihr gesellschaftliches Umfeld ist nicht nur sprachlicher, sondern eben auch gesellschaftlicher Natur: Ob ein Versprechen wirklich erfüllt, ob eine Weisung wirklich ausgeführt wird und ob eine Erklärung akzeptiert wird, kann in einer Aussage selbst nicht ausgedrückt werden. Daher: Ver*bind*lichkeit ver*bind*et das sprachliche Konstrukt einer Aussage mit der Erfüllung seines propositionalen Inhalts in der Wirklichkeit.

Das Verbindungsglied ist die Kontrolle. Die Übereinkunft, dass ein Versprechen (bzw. eine Weisung oder eine Erklärung) verbindlich ist, und die Art der Kontrolle beruhen auf gesellschaftlichen Konventionen. In einigen Fällen, wie bei Gesetzen, Normen und Rechten, wird die Kontrolle von der Gesellschaft hoheitlich ausgeübt. Verbindlichkeit gibt es aber auch bilateral und in kleinen Gruppen, zum Beispiel bei dem Verkauf von Waren, bei privaten Verabredungen und bei dienstlichen Weisungen.

Zwischen Aussage und Erfüllung klafft bei verbindlichen Sprechakten eine Lücke, die durch die Verbindlichkeit pragmatisch überbrückt wird: Man „merkt" sich ab sofort das Gesagte und überprüft zum gegebenen Zeitpunkt die Wirklichkeit auf Erfüllung oder Nicht-Erfüllung. Dieses Phänomen allein macht es übrigens schon zwingend notwendig, dass ein Akteur-Rollen-Modell für kommunikative Kooperationen die Menschen berücksichtigt, die mit ihrem Gedächtnis einen einzelnen Kommunikationsvorgang überdauern und die mit ihrem pragmatischen Verständnis sprachliche Inhalte bewerten.

3.9.2 Beispiele für verbindliche Sprechakte

Unter den fünf Sprechakttypen, den illokutionären Zwecken (s.o. Abschnitt 3.8.6), können drei „verbindlich" oder „unverbindlich" sein: Versprechen, Befehle und Erklärungen. Behauptungen und Gefühlsäußerungen sind wahr oder falsch, authentisch oder unglaubwürdig, aber niemals verbindlich oder unverbindlich.

Bei den Versprechen liegt die Verantwortung zur späteren Erfüllung beim Sender, bei den Befehlen beim Empfänger. Bei den Erklärungen erfüllt sich die Äußerung, indem sie getan wird, wenn der Sender die Autorität dazu hat.

Einige Formen von Versprechen implizieren ihre Verbindlichkeit:

- *Versprechen* können ein- oder mehrseitig sein. Verträge, Verabredungen, Vereinbarungen sind *per se*, d.h. aufgrund sprachlicher Konvention, verbindlich. Gute Vorsätze, Versuche und Bemühungen sind *per se* unverbindlich.
- Einige Formen von *Befehlen* implizieren ebenfalls ihre Verbindlichkeit. Weisungen sind *per se* verbindlich. Aufforderungen sind verbindlich, etwa als gerichtliche Aufforderung oder als drohende Bitte. Vorschläge sind, solange sie verhandelbar sind, unverbindlich. Bitten und Betteln sind aufgrund fehlender Durchsetzungsmöglichkeiten unverbindlich.
- Einige Formen von *Erklärungen* sind verbindlich, andere nicht. Ein Vorsitzender, der eine Sitzung eröffnet, tut dies verbindlich. Ein Schüler, der sich beim Aufruf zum Vortrag seiner Hausaufgaben für nicht zuständig erklärt, kann das (vermutlich zu seinem Bedauern) nicht verbindlich tun.

Manchmal sagt man auch, Informationen oder Auskünfte seien verbindlich oder unverbindlich. Dabei handelt es sich um Behauptungen, d.h. um Aussagen, die in Bezug auf die Übereinstimmung mit dem beschriebenen Objekt einen Wahrheitsgehalt haben. Behauptungen können nicht verbindlich oder unverbindlich sein, sondern nur wahr oder falsch. Mit einer „verbindlichen Auskunft" ist gemeint, dass die Auskunft gebende Person *verspricht*, dass die Auskunft wahr sei. Gegebenfalls übernimmt der Auskunftgeber für dieses Versprechen die Verantwortung. Wenn zum Beispiel ein Reisedienst eine falsche Fahrplanauskunft gibt, dann ist er unter Umständen schadenersatzpflichtig. Ob eine Auskunft in diesem Sinne verbindlich ist, ob also der Auskunftgeber dafür einsteht, dass sie wahr ist, sollte man besser vorher sicherstellen.

3.9.3 Systemunterstützung für verbindliche Sprechakte

Der Kommunikationsautomat kann verbindliche Äußerungen nicht ohne Beteiligung der kommunizierenden Menschen erfüllen. Die Telekooperationstechnik kann mit informationstechnischen Mitteln digitale Formate für Verträge, Anweisungen und Erklärungen zur Verfügung stellen, absichern und aufbewahren. Dadurch wird das Problem der Einhaltung von

Versprechen auf die Überprüfung von Behauptungen reduziert. Die Überprüfung von Behauptungen unterliegt aber letztlich (d.h. auch wenn technische Interpretationsschritte dazwischenliegen) der Interpretation der kommunizierenden Menschen.

Ein technisches System kann Verbindlichkeit unterstützen, indem es Elemente zur Verfügung stellt, die eine Gesellschaft zur definitionsgemäßen Kontrolle von Verbindlichkeit braucht. Die Telekooperation verbindlicher Sprechakte hat dann die folgenden fünf Phasen:

1. Vereinbarung der Form des Sprechaktes, Spezifikation als digitales Dokument;
2. Erzeugung der verbindlichen Aussage und Absicherung seiner Authentizität;
3. Zugang des digitalen Dokuments für alle Beteiligte, z.B. durch Verteilung;
4. Abspeichern des Dokuments mindestens bis zu seiner versprochenen Erfüllung;
5. Vergleich seines propositionalen Inhalts mit der Wirklichkeit.

In allen Phasen spielen sowohl der Mensch als auch der Kommunikationsautomat mit. Die Durchsetzung der verbindlichen Umsetzung in der Wirklichkeit wird ganz auf die Menschen ausgelagert. Die Technik setzt nichts durch. Die Unterstützungsleistung der automatischen Datenverarbeitung besteht darin, Formate und Dienstleistungen bereitzustellen: ein Aussagenformat (Phase 1), ein Kommunikationsprotokoll zur Formulierung (Phase 2) und zur Verteilung der Aussage (Phase 3), einen Datenspeicher als Merkfunktion (Phase 4) und schließlich den Zugang zur Aussage zum Zweck der Überprüfung (Phase 5).

3.10 Zusammenfassung

Sprache ist das Medium zwischen Mensch und Wirklichkeit. Sie vermittelt und konstituiert Wirklichkeit und sie ist Instrument der Verständigung und gegenseitigen Einflussnahme unter Menschen. Der Funktion und Wirkung von Sprache haben wir uns auf dem Wege über drei philosophische Traditionen genähert:

1. Die ältere Tradition: Verstehen – die Sprache als Projektionsapparat der Welt
2. Moderne Grundlagen der Mathematik: Vollständigkeit und Entscheidbarkeit von Sprache
3. Die jüngere Tradition: Kommunizieren – Sprache als Werkzeug gemeinsamen Handelns

Ein wesentliches Ergebnis aller Traditionen ist die „Unvollständigkeit" der statischen Syntax von Sprache. Die ältere Tradition sucht nach Kräften außerhalb von Sprache und individuellen Menschen, die das Verständnis der Welt mittels Sprache befördern. Eine kurze Episode zur vollständigen Erfassung der Welt durch eine ideale Sprache (Wittgensteins Tractatus 1922) ist gescheitert. Gödels Unvollständigkeitssatz der Mathematik und Turings Halteproblem der Informatik haben gezeigt, dass das bereits für die eingeschränkte Welt der formalisierbaren Arithmetik bzw. Algorithmik nicht funktioniert. In einer modernen Sicht wirkt Sprache in ihrer Interaktion: Sprache als Sprachspiel (Wittgenstein) und Sprache als Handeln (Sprechakte).

3.11 Lektüre zur Vertiefung

Untersuchungen zum Verhältnis zwischen Wirklichkeit und Sprache ziehen sich durch die ganze Geschichte der Philosophie von Plato bis zur modernen Sprechakttheorie. Der Universalienstreit zeigt, dass das Thema bereits im Mittelalter ernst genommen wurde. In der Neuzeit haben Leibniz, Rousseau, Herder, Kant, Wilhelm von Humboldt, Nietzsche und Heidegger, um nur einige klangvolle Namen zu nennen, Beiträge zur Sprachphilosophie geliefert. Frege, Russel, Wittgenstein und Carnap stehen für die analytische Sprachphilosophie der Moderne, von der ausgehend Austin, Grice, Searle und andere die bis heute hoch beachtete Sprechakttheorie entwickeln.

In Erdmanns „Grundriß der Geschichte der Philosophie" (1930) sind die Wurzeln dieser Entwicklung bis 1930 historisch sehr übersichtlich nachzulesen. Einen ersten Überblick über die „Sprachphilosophie" liefern Einträge in Lexika, zum Beispiel www.wikipedia.de (Stichwort „Sprachphilosophie") und http://www.phillex.de/sprachph.htm [download 29.3.2005]. Auch zum Stichwort „Universalienstreit" oder „Universalienproblem" gibt es lesenswerte Einträge im Brockhaus und in wikipedia.

Einen guten Überblick über die „Klassiker der Sprachphilosophie" liefert Borsche (1996) in seinem Sammelband mit 24 Beiträgen verschiedener Fachleute. Sie zeigen am Beispiel herausragender Sprachphilosophen von Platon bis Chomsky, warum den Problemen der Sprache entscheidende Bedeutung in der Philosophie zukommt.

Ich bin der Meinung, dass man Wittgenstein im Original lesen sollte und auch kann, daher empfehle ich die beiden grundlegenden Werke zur Lektüre: Seinen „Tractatus logico-philosophicus" (1922, in vielen modernen Ausgaben, zum Beispiel in der Edition Suhrkamp) sowie seine „Philosophische Untersuchungen" (1953, Suhrkamp Taschenbuch). Als begleitende Lektüre zur Erläuterung von Wittgenstein habe ich (Stegmüller 1969, Kap. XI, S. 526-696) nützlich gefunden.

Die Sprechakttheorie ist von John Searle in lesenswerter Weise an verschiedenen Stellen dargestellt, ich empfehle besonders seine „Foundations of illocutionary logic" (Searle/Vanderveken 1989). Auch Herbert Grice ist gut verständlich im Original zu lesen, für seine Lektüre eignet sich am Besten Meggles Sammelband von 1979.

3.12 Übungsaufgaben

1. Schildern Sie den Universalienstreit der mittelalterlichen Scholastik anhand der Begriffe *Universalia* und *Res*. (Abschnitt 3.3.1)
2. Wie erklären die Naturalisten die Fähigkeit des Menschen die Umwelt sprachlich angemessen zu erfassen? Geben Sie Beispiele aus der Mathematik und Physik. (Abschnitt 3.3.1)

(Alternativ: wie interpretieren Transzendentalisten und Marxisten das gemeinsame Verständnis zwischen Menschen mit Hilfe von Sprache?)

3. Wie versteht der „Tractatus logico-philosophicus“ von Wittgenstein (1922) die Sprache? Teilfragen davon: Was sind Sachverhalte, was sind Tatsachen, was sind Dinge, woraus besteht die Welt? (Abschnitt 3.3.2)
4. Nennen Sie den ersten und letzten Satz des „Tractatus logico-philosophicus“ von Wittgenstein (1922) und erläutern Sie sie kurz. (Abschnitt 3.3.2)
5. (a) Aus welchen drei Grundbausteinen besteht ein formales Axiomensystem? (b) Was ist in einem formalen Axiomensystem ein Beweis? (c) Welche beiden Eigenschaften wünscht man sich für ein Axiomensystem? (d) Auf welche muss man aufgrund der Erkenntnisse von (Gödel 1931) verzichten? (Abschnitt 3.4.1)
6. Formulieren Sie das Russelsche Paradoxon: (a) Erläuterung seiner Bedeutung, (b) formaler Beweis. (Abschnitt 3.4.2)
7. Definieren Sie eine rekursive Arbeitsanweisung (Abschnitt 3.4.3).
8. (a) Was heißt es, dass die Menge aller reellen Zahlen überabzählbar ist? (b) Nennen Sie ein weiteres Beispiel einer überabzählbaren Menge. (Abschnitt 3.4.3)
9. Skizzieren Sie den Beweis zu Gödels Unvollständigkeitstheorem für ein formales Axiomensystem der Arithmetik. (Abschnitt 3.4.4)
10. (a) Welche zentrale Metapher beschreibt in Wittgensteins Philosophischen Untersuchungen (1953), wie Sprache funktioniert? (b) Erläutern Sie sie kurz in eigenen Worten. (c) Welche Vorstellung des Tractatus (1922) wird damit aufgegeben? (Abschnitt 3.5)
11. Das Grundmodell von Herbert Grice (1969) zur kooperativen Kommunikation behauptet, dass ein Sprecher mit der Äußerung eines Satzes genau dann etwas meint, wenn er mit der Äußerung des Satzes drei Absichten verfolgt. Welche sind das? (Abschnitt 3.6)
12. Welche Modellbausteine spielen in der Theorie von John Searle (1980) zusammen, um einem Satz einen semantisch-pragmatischen Sinn zu verleihen? (Abschnitt 3.7.1)
13. (a) Welche bedeutungstragenden Elemente bestimmen einen illokutionären Akt in der Sprechakttheorie? (Abschnitt 3.8.2) (b) Erläutern und unterscheiden Sie die Begriffe „illokutionärer Akt“ und „perlokutionärer Akt“ in der Sprechakttheorie. (Abschnitt 3.8.2 und 3.8.3)
14. Zählen Sie alle illokutionären Zwecke der Sprechakttheorie auf und geben für jeden Zweck ein Beispiel. (Abschnitt 3.8.6)
15. (a) Definieren Sie den Begriff des verbindlichen Sprechaktes. (b) Nennen Sie drei verschiedene Beispiele für verbindliche Sprechakte. (Abschnitt 3.9)

4 Kommunikationswissenschaftliche Modelle

4.1 Geschichte der Kommunikationswissenschaft

Die Kommunikationswissenschaft hat mehrere historische Wurzeln, unter denen die Zeitungskunde im 19. Jahrhundert, die Zeitungswissenschaft in der ersten Hälfte und die Publizistikwissenschaft in der zweiten Hälfte des 20. Jahrhunderts die wichtigsten sind (Merten 1999, zur Geschichte der Kommunikation, S. 413 ff; und zur Geschichte der Kommunikationswissenschaft, 424 ff.).

Das Phänomen der Kommunikation ist dagegen schon viel länger Gegenstand wissenschaftlichen Interesses. Bereits in der Antike wurden die Organisationsform und die Wirkung von Kommunikation in verschiedenen Disziplinen behandelt. Dazu gehören die Dialektik (Sokrates/Platon), die Rhetorik (Aristoteles) und die Geschichtsschreibung (Herodot). Alle hoch entwickelten Kulturen der Antike pflegten Nachrichten- und Mitteilungssysteme, sowohl im militärischen als auch im zivilen Bereich. Besonders hoch entwickelt und bestens dokumentiert waren die Nachrichtensysteme des römischen Reiches spätestens seit Julius Cäsar.

In der Neuzeit haben technische Entwicklungen immer neue Formen von Publikationsorganen befördert. Mit der Erfindung des Buchdruckes kamen die ersten Zeitungen heraus, Merten erwähnt als Vorläufer die *Newe Zeytung* ab 1471, die *Fugger-Zeitungen* ab 1568, und als erste „richtige" Zeitungen die gleichzeitig herausgekommenen *Straßburger Relation* und das *Aviso* in Wolfenbüttel 1609. Als erste Massenpresse tritt die bis heute bestehende *The Sun* in London ab 1833 auf.

Aus der Zeitungskunde entwickelte sich im 19. Jahrhundert die Zeitungswissenschaft, die sich disziplinär erstmals 1916 in der Universität Leipzig etablierte, später dann auch in Münster (1919), München (1924) und Berlin (1928). Die Zeitungswissenschaft hatte einen ordnenden und analytischen Ansatz, indem sie sich der Systematisierung der Zeitungskunde widmete. Parallel dazu entstand in den USA das praktisch orientierte Fach *Journalism Research* (erste Herausgabe der Fachzeitschrift *Journalism Quaterly* in den USA 1924), welches die Journalistenausbildung in den Vordergrund stellte und dabei auf das Studium der Wirkungsmöglichkeiten gegenüber dem Publikum ausgerichtet war.

Neben diesen sich neu etablierenden Disziplinen haben sich andere Disziplinen mit dem klassischen Phänomen der Kommunikation und mit dem neuen Phänomen des Pressewesens auseinandergesetzt. Insbesondere Max Weber machte 1910 auf die gesellschaftliche Dimension des Pressewesens aufmerksam und rückte sie in den Forschungsfokus der Soziologie (Weber 1911).

Der Nationalsozialismus in Deutschland hatte 1933-1945 alle Formen der öffentlichen Aussage in den Dienst der politischen Propaganda gestellt und sich dabei der Unterstützung der deutschen Zeitungswissenschaft versichert. Nach dem Krieg war diese Disziplin diskreditiert. Darüber hinaus hatten sich neben dem Pressewesen vielfältige, technisch und organisatorisch ausdifferenzierte Massenkommunikationsmittel etabliert. Der Morse-Telegraph über Draht und später drahtlos sowie das Telefon sind Erfindungen des 19. Jahrhunderts. Erste öffentliche Filmvorführungen gab es 1895 in Berlin und Paris. Rundfunk (1923 Radio Berlin) und Fernsehen (1935 Fernsehen Berlin) kamen in der ersten Hälfte des 20. Jahrhunderts auf. Das Phänomen der öffentlichen Kommunikation war mithin nicht mehr nur in der Zeitung, sondern auch in allen anderen Formen der öffentlichen Aussage zu untersuchen, darunter die klassische öffentliche Rede, der 1945 bereits etablierte Hörfunk und der Film, sowohl als Spiel- und Kulturfilm als auch als Wochenschau sowie das bereits aufkommende Fernsehen.

Andere Wissenschaften lieferten gewichtige Erkenntnisse zum Verständnis von Kommunikation. Sowohl Soziologie und Politikwissenschaft als auch die neu eingeführten Methoden der empirischen Sozialforschung waren in die Erforschung der Publizistik einzubringen. Eine weitere Wurzel der Auseinandersetzung mit Kommunikation liefert die Psychologie, ursprünglich für die direkte interpersonale Kommunikation („face-to-face“), aber selbstverständlich auch als psychologische Wirkungsforschung der Massenkommunikation. Schließlich liefert die Literaturwissenschaft Beiträge zur Schriftsprachenkommunikation und zum Medium Buch und bildet daher ebenfalls eine Wurzel für die Kommunikations- und Medienwissenschaft.

So wandelten sich nach dem Zweiten Weltkrieg in Deutschland viele zeitungswissenschaftliche Institute in Institute für Publizistik um. Die Publizistikwissenschaft hatte zwei unterschiedliche Ansätze, zum einen die praktisch orientierte Journalistenausbildung, zum anderen die theoretische Analyse von Kommunikation, zunächst als Massenkommunikation, doch mit der wachsenden Bedeutung von Telefon und Internet ebenfalls als Individualkommunikation (auch „interpersonale Kommunikation“ genannt). Das Telefon zog ab 1945 bis heute in fast jeden Haushalt (mit sehr unterschiedlichen Geschwindigkeiten in Ost und West), und seit der Einführung der Mobiltelefonie ab 1990 buchstäblich in jede Westen- und Handtasche ein. Videotext und Telefax wurden in den 1970er Jahren eingeführt. Das Internet mit dem E-Mail-Dienst (1980) und dem World Wide Web (1990) verbreitet sich ab Mitte der 1990er weltweit mit dramatischen Zuwachszahlen, allerdings ist der unterschiedliche Zugang verschiedener Länder und verschiedener sozialer Gruppen innerhalb der Gesellschaften beachtenswert (Stichwort „Digital Divide“, z.B. bei Warschauer 2002).

Das Phänomen der Kommunikation rückte immer stärker in den Vordergrund der Forschung, zunächst in den USA, ab den 1960er Jahren auch in Deutschland. In Folge davon wurde der

Begriff der Publizistik zunehmend durch den der Kommunikations- und Medienwissenschaft ersetzt. Zu Beginn des 20. Jahrhunderts trugen die Institute durchwegs noch den Namen Zeitungswissenschaft, nach 1945 erhielten sie den Namen Publizistik, ab 1964 (Nürnberg, Bochum usw.) den Namen Kommunikation, und seit 1984 erstmals in Siegen sogar den Doppelnamen „Kommunikation und Medien". Das 1998 gegründete Institut für Medien- und Kommunikationswissenschaft der Technischen Universität Ilmenau hat neben den klassischen Fächern der Medien- und Kommunikationswissenschaft sowie der Politikwissenschaft sogar noch einen besonderen Fokus auf Medienkonzeption, Medienproduktion, Medienmanagement und Anwendungsforschung des Internets.

4.2 Massenkommunikation und Individualkommunikation

Zeitung, Rundfunk, Fernsehen, Film und öffentliche Rede sind in erster Linie Massenkommunikationsmittel, die ihre Aussage an viele Empfänger „ausstrahlen", sie werden daher im Englischen als „Broadcast"-Medien bezeichnet. Briefverkehr, Telefon, Telefax und E-Mail sind in erster Linie Kommunikationsmittel zwischen individuell adressierten Personen, nicht nur privat. Sie heißen darum Mittel zur „interpersonalen Kommunikation", „Individualkommunikation", „Punkt-zu-Punkt-Kommunikation", englisch „Point-to-Point" oder „End-to-End", manchmal auch, aber eher irreführend, „Privatkommunikation".

Allerdings sind Konvergenzen zwischen den beiden Kommunikationsformen erkennbar. Die Massenmedien aktivieren Teilnehmer in zunehmendem Maße, etwa über Leserbriefe, Telefonabfragen und in Life-Beteiligungen wie die Expertenbefragung im Fernsehquiz oder mit den neuerdings aufkommenden Online-Spielen. Die Individualkommunikation wird umgekehrt mehr und mehr zur Versendung von Massenpost verwendet, im Internet auch als *Spam*-Pest erlitten. Wichtiger noch für die Konvergenz von Massen- und Individualkommunikation ist das neue Medium World Wide Web (WWW, seit 1990). Es ist zunächst ein *Broadcast*-Medium, indem die Web-Seiten zwar einen Absender, aber keinen individuell adressierten Empfänger haben, sie sind im Allgemeinen öffentlich zugänglich. Gleichzeitig aber enthält das WWW bruchlose Übergänge in die Individualkommunikation mittels Formularen und E-Mail-Anschlüssen.

Gruppen- und Organisationskommunikation bilden eine Art „Zwischenstufe" zwischen Individual- und Massenkommunikation. Sie sind mehr als die einfache Summe der interpersonalen Kommunikationsprozesse zwischen den Mitgliedern, allein dadurch, dass die Wirkung auf andere und die Beobachtung durch andere Handlungsoptionen vergrößern und Rücksichten mobilisieren.

Das Internet ist das eigentliche Konvergenzmedium von Kommunikation im *Broadcast*, von Punkt-zu-Punkt und in Gruppen. Gleichwohl gibt es charakteristische Unterschiede zwischen der Massenkommunikation und der Individualkommunikation, die in besonderer Weise hervorzuheben und zu untersuchen sind.

Bentele und Beck (1994, Abschnitt 5, S. 33 ff.) stellen als *Gemeinsamkeit* der Individual- und Massenkommunikation

- die Intention der Mitteilung

heraus. Wir werden später sehen, dass Intention ein zentrales Element von Kommunikation überhaupt darstellt, wie schon die Intentionalisten in der Sprechakttheorie (Austin 1962 u.a.) hervorheben. Als charakteristische *Unterschiede* identifizieren Bentele und Beck zwei Punkte:

1. Unidirektionalität: die schwache Reziprozität der Massenkommunikation im Gegensatz zur starken bi- (oder multi-)direktionalen Kommunikation der Individualkommunikation zwischen zwei und mehr Personen;
2. Öffentlichkeit: die öffentliche Zugänglichkeit der Aussage in der Massenkommunikation im Gegensatz zur Zugangsbeschränkung der Individualkommunikation auf die explizit adressierten Teilnehmer.

Die vorherrschende Unidirektionalität der Massenkommunikation drückt sich in der Asymmetrie der Kommunikationsrollen aus: Einer produzierenden Redaktion steht das aufnehmende Publikum gegenüber. Die Rolle der Redaktion wird in der Gesetzgebung der Massenkommunikation entsprechend hervorgehoben: Der Mediendienstestaatsvertrag (MDStV) hebt die redaktionelle Gestaltung und Verantwortung der Massenkommunikation gegenüber den privatrechtlichen Pflichten eines Dienstanbieters für die Individualkommunikation im Sinne des Teledienstegesetzes TDG hervor.

Die öffentliche Zugänglichkeit der Aussagen der Massenkommunikation hat eine politische Dimension: Im modernen demokratischen Rechtsstaat muss sich politische Herrschaft öffentlich legitimieren. Dabei muss sie nicht nur öffentlich sichtbar sein, sondern sich auch öffentlicher Kritik stellen. Darin liegt die besondere Aufgabe des Pressewesens, das neben Exekutive, Legislative und Jurisdiktion die vierte Säule der Demokratie darstellt.

Dagegen ist die Zugangsbeschränkung zu den Aussagen der Individualkommunikation grundgesetzlich durch den Artikel 2 in der Entfaltungsfreiheit der Persönlichkeit geschützt. Darauf baut das Bundesverfassungsgericht 1982 im Volkszählungsurteil das informationelle Selbstbestimmungsrecht der Bürger auf. Daraus leiten sich die Prinzipien der modernen Datenschutzgesetzgebung ab. Im Rahmen der Teledienste ist der Datenschutz etwa besonders im Teledienstedatenschutzgesetz (TDDSG) geregelt. Mehr hierzu ausführlich bei (Rossnagel 2002).

Die Formel „Who says what in which channel to whom with which effect" (Lasswell 1961) fasst verschiedene Komponenten der Massenkommunikation in einer Merkformel zusammen, schweigt aber über die Wechselbeziehungen und dynamischen Rückkopplungen zwischen den Komponenten. Diese heben Westley und McLean in ihrem Rückkopplungsmodell der Massenkommunikation (Westley/McLean 1957) hervor. Die spezifischen Rollen in ihrem Modell sind Informanten als selektierende Beobachter äußerer Ereignisse sowie Redaktionen als Sammler, Ordner und Verbreiter von Information. Kanalwahl und Wirkung, Rückkopplung, Selektion und Weitergabe sind nicht auf die Massenkommunikation beschränkt, sie spielen auch bei der Individualkommunikation ihre Rollen. Die „Verbreitung" durch den Kommunikator bei Westley und McLean ist allerdings spezifisch für die Massenkommunikation. Es macht deutlich, dass die Kommunikation nicht nur öffentlich zugänglich ist, sondern aktiv verbreitet, „veröffentlicht" wird.

Maletzke hebt neben der Öffentlichkeit und Unidirektionalität den mangelnden Zusammenhang (Dispersivität) des Publikums als Charakteristikum der Massenkommunikation hervor, wenn er Massenkommunikation knapp definiert als „jene Form der Kommunikation, bei der Aussagen öffentlich durch technische Verbreitungsmittel indirekt und einseitig an ein disperses Publikum vermittelt werden" (Maletzke 1978, S. 32). Im Gegensatz zu einer Individualkommunikation in Gruppen ist das Massenpublikum untereinander kommunikativ nicht verbunden, außer über die Massenmedien selbst, etwa in Form von Leserbriefen.

Ich halte es deshalb für angebracht, die beiden oben erwähnten Charakteristika der Massenkommunikation, Unidirektionalität und Öffentlichkeit, durch die beiden folgenden unterscheidenden Merkmale zu ergänzen:

3. Aktive Verbreitung: Die Verbreitung liegt in der Verantwortung der Redaktionen, das Publikum wählt aus und ignoriert den Teil der öffentlichen Aussage, der nicht an es herangetragen wird; hier gibt es eine tendenzielle Aufweichung bei den Online-Publikationen;
4. Dispersion: Relativ zum Empfang der öffentlichen Aussage ist die gegenseitige Verständigung des Publikums in der Massenkommunikation gering ausgeprägt; hier gibt es eine tendenzielle Aufweichung bei den Online-Diskussionsforen.

Auch wenn die Mittel der Kommunikation in der öffentlichen und interpersonellen Kommunikation konvergieren, etwa im World Wide Web mit dem E-Mail-Anschluss oder im Fernsehen mit dem Rückkanal durch Set-Top-Boxen, so bleiben die Merkmale charakteristisch für die Organisationsform der Massenkommunikation als pragmatische Verhaltensoption:

1. Unidirektionalität: Redaktionen erzeugen die Aussage; das Publikum konsumiert;
2. Öffentlichkeit: Massenkommunikation ist öffentlich, Individualkommunikation ist exklusiv;
3. Distribution: Aktive weite Verbreitung der Aussage durch den Kommunikator;
4. Dispersion: die kommunikative Unverbundenheit des Publikums.

Gleichwohl nehmen die Rückkopplungen in der Massenkommunikation ebenso zu wie in der Individualkommunikation. Es ist aber wichtig, zwischen technischer Konvergenz und entsprechender Erhöhung der Kommunikationsdichte einerseits und der Veränderung bzw. Erhaltung von Kommunikationsformen als Verhaltensoptionen andererseits zu unterscheiden.

4.3 Gegenstand der Kommunikationswissenschaft

Der historische Einfluss der Publizistikwissenschaft auf die Kommunikationswissenschaft ist erheblich, umso mehr als man unter Medien in erster Linie die Publikationsmedien versteht. Merten vertritt die Auffassung, dass das ursprüngliche Forschungsfeld der Publizistikwissenschaft die öffentliche, regelmäßige und aktuelle Kommunikation war, wobei Publizität (die allgemeine Zugänglichkeit der Aussage) und Aktualität (die zeitliche Nähe zwischen Ereignis und Information) besondere Merkmale von Kommunikation sind. Dadurch sei der Forschungsgegenstand der Publizistikwissenschaft ein Teil des Gegenstands der Kommunikationswissenschaft und die Hinwendung zu diesem neuen Fach konsequent (Merten 1999, 16.2.3, S. 444 ff).

Für die Kommunikationswissenschaft schlägt Merten als Erkenntnisgegenstand klassifikatorisch vor:

- Bedingungen für, Prozesse der und Wirkungen von Kommunikation.

Dabei bleibt der Begriff der Kommunikation erklärungsbedürftig. Wenn man bei der Kommunikation von den bedeutungsvollen Zeichen ausgeht, entgeht man diesem Zirkel, indem man als Erkenntnisgegenstand der Kommunikationswissenschaft

- alle Zustände und Prozesse, in denen öffentliche Zeichenverwendung relevant ist,

ansieht. Störend ist dabei die Einschränkung auf die „Öffentlichkeit“ der Zeichenverwendung, die Merten dadurch aufhebt, dass er jedwede Äußerung „öffentlich“ nennt, auch die interpersonale. (Merten 1999, Abschnitt 10.4.2, S. 219 ff.). Um dieser Verwirrung zu entgehen, sollte man auf das mithin überflüssige Attribut „öffentlich“ verzichten, denn dass relevante Zeichenverwendung (irgend jemandem gegenüber) geäußert wird, darf man unterstellen.

Es ist wichtig hervorzuheben, dass die Kommunikationswissenschaft über die öffentliche Kommunikation hinaus sich auch mit der Individualkommunikation und den komplexen wechselseitigen Bezügen darin beschäftigt. In sofern ist die Publizistikwissenschaft nur *eine* Wurzel der modernen Kommunikationswissenschaft. Eine zweite ist das Studium der Ökonomie von Kommunikation. Eine dritte Wurzel ist das Studium der Individualkommunikation, einschließlich ihrer technischen, psychologischen, sprachphilosophischen, gesellschaftlichen und praktischen Aspekte. In diesem Sinne ist „Digitale Kommunikation“ ein moderner Bestandteil der Kommunikations- und Medienwissenschaft. Sie abstrahiert vollkommen vom Charakter einer Massen- oder Individualkommunikation.

Weitere Gegenstände der Kommunikationswissenschaft sind

- das Wechselspiel zwischen Kommunikation und Politik,
- die Ökonomie und Organisation der Kommunikation, etwa als Medienmanagement,
- die Gestaltung der Kommunikation in Form von Schöpfung, Konzeption und Produktion,
- sowie die Anwendungen neuer Kommunikationsmedien, etwa in Form des E-Business.

4.4 Modellbildung

Warum streben Wissenschaftler nach Modellen, die Sachverhalte doch nur vereinfachen, während die Wissenschaft nach vertiefender Erkenntnis strebt? Der Grund liegt in der praktischen Verwendung von Modellen zur Erläuterung wichtiger Aspekte, wobei man die unwichtigen Aspekte weglässt. Modelle geben kein vollständiges Bild eines Untersuchungsgegenstands, sondern sie dienen der abkürzenden Veranschaulichung und Erinnerung und bilden damit einen Ausgangspunkt für vertiefende Differenzierung.

Modelle sind in der Architektur genauso wie in der Informatik – und ebenso in der Kommunikationswissenschaft – dadurch gekennzeichnet, dass sie leicht handhabbar sind und ein abstraktes Abbild des zu modellierenden Gegenstandes darstellen. Abstraktion bedeutet Hervorhebung wichtiger Elemente gegenüber unwichtigen.

Beispiel: Ein Architekturmodell ist im Gegensatz zum späteren Original leicht handhabbar im physisch wörtlichen Sinne. Darin werden Gesamtansicht, Größenverhältnisse, Farbeindrücke und Einbettung in die unmittelbare Umgebung besonders hervorgehoben, während Realgröße, Materialeigenschaften, Stabilität und vieles anderes weggelassen werden. In einem Kommunikationswissenschaftlichen Modell werden handelnde Subjekte und die Senderichtung ihrer Äußerungen hervorgehoben, dagegen die individuellen Subjekte und die technische Realisierung des Sendevorgangs ignoriert.

Ein weiteres besonderes Merkmal ist die räumliche Größenanpassung aufs Augenmaß: Gebäude, Straßen, Landschaften werden im Bild verkleinert, Insekten, Bazillen, Atome und andere winzigen Objekte werden vergrößert. Auch die Zeit wird „verkleinert“, und zwar werden dynamische Prozesse in einem „extremen Zeitraffer“ zu einem eingefrorenen Gesamtbild des zeitlichen Ablaufs zusammengefasst: dynamische Modelle sind statische Abbilder des zeitlichen Ablaufs.

Das Modellbild kann graphischer oder sprachlicher Natur sein. Zum Beispiel ist das Prakke-Modell graphisch, die Lasswell-Formel ist sprachlich, s.u. Hervorzuhebende Elemente von Kommunikationssituationen entsprechen in graphischen Modellen einfachen geometrischen Objekten wie Kreisen und Pfeilen, in sprachlichen Modellen sind sie in wenigen Merkworten kategorisiert. Das Modell stellt in jedem Fall nicht nur die Elemente selbst, sondern auch Bezüge der Elemente untereinander dar. In graphischen Modellen sind das verbindende Linien, Überschneidungen oder Inklusionen geometrischer Objekte. In sprachlichen Modellen werden die Bezüge durch grammatikalische Zusammenhänge der Merkworte hergestellt. Das Ergebnis ist ein – visuelles oder sprachliches – Bild, das den Untersuchungsgegenstand mit seinen wichtigsten Elementen und Bezügen auf einem Blick bzw. in wenigen Merkworten präsentiert. Anhand des Bildes können die differenzierenden Aussagen leichter in den Gesamtzusammenhang des Untersuchungsgegenstandes eingeordnet werden.

Modelle haben also eine Ordnungs- und Merkfunktion. Zusammengefasst ist ein Modell durch folgende Eigenschaften charakterisiert:

1. Abbild des wirklichen Untersuchungsgegenstandes;
2. graphische oder sprachliche Darstellung der wichtigen Elemente des Untersuchungsgegenstandes und ihrer Bezüge untereinander;
3. Abstraktion: Hervorhebung wichtiger und Weglassen unwichtiger Bestandteile;
4. Relationstreue der räumlichen, zeitlichen und wechselseitigen Bezüge;
5. leichte Handhabbarkeit;
6. räumliche Anpassung aufs Augenmaß: Verkleinerung großer und Vergrößerung kleiner Gesamtobjekte;
7. statisches Abbild dynamischer Zeitabläufe, falls es diese gibt.

Während sich die Kommunikationswissenschaft historisch aus der Publizistikwissenschaft und dem Journalismus entwickelt hat und damit in erster Linie die Massenkommunikation im Blick hatte, vollzog sich die Modellierung von Kommunikation historisch interessanter Weise in umgekehrter Richtung: Shannon führte zunächst ein reines Mitteilungsmodell eines Sendeapparats über einen technischen Kanal zu einem Empfangsapparat ein. Kommunikationswissenschaftler erweiterten das Modell zur Darstellung interpersonaler Kommunikation zwischen einem Kommunikator und einem Rezipienten, indem die einzelnen Modellelemente in ihren real-pragmatischen Hintergrund eingebettet und dort weiter ausdifferenziert werden. Aber selbst das komplexe Modell von Prakke (1968), das die Interpretation und die unterschiedlichen Zeichenvorräte der Kommunikanten einbezieht, sowie das noch weiter entwickelte Modell von Merten (1977), das den reziproken Kanal zur bidirektionalen Kommunikation, die Bewusstseins- und Reflexionsebenen und die Erwartungsstruktur der Kommunikanten darstellt, sind zunächst Modelle der interpersonalen Kommunikation. Erst durch eine weitere Ausdifferenzierung der Kommunikanten werden dann unterscheidende Charakteristiken der Massen bzw. der Individualkommunikation hervorgehoben.

Zur Massenkommunikation stellt Lasswell (1961) die berühmte Formel „Who says what in which channel to whom with which effect" auf, die dazu dient, den einzelnen W-Begriffen Forschungsfelder der Kommunikationswissenschaft zuzuordnen.

Auf die Dynamik der Rückkopplung zwischen selektierendem Informanten, verbreitendem Kommunikator und aufnehmendem Rezipienten geht ausdrücklich das Kommunikationsmodell von Westley/MacLean (1957) ein.

Die Grundbegriffe der Kommunikationswissenschaft, die zum Verständnis der Kommunikationsmodelle hilfreich sind, werden auf verständliche Weise bei (Pürer 2001) vorgestellt und besprochen. Ich werde im Folgenden die Begriffe „Information" und „Kommunikation" etwas ausführlicher behandeln. Danach folgt eine Diskussion der Merkmale und Typen von Kommunikation. Schließlich stelle ich einige Kommunikationsmodelle vor. Eine sehr schön lesbare Zusammenschau und Kritik dieser Modelle findet sich bei (Bentele/Beck 1994).

4.5 Kommunikation und das grundlegende Kommunikator-Rezipient-Modell

Das lateinische Wort *communicatio*, das sich von *communis*, gemeinsam, ableitet, bedeutet sowohl „gemeinsames Handeln“ als auch „Mitteilung“. Bereits die Mitteilung in einer einfachen Rede ist ein gemeinsames Tun. In weiterem Sinne ist Kommunikation Rede und Gegenrede mit den vielfältigen Bezügen der Kommunikationspartner zueinander und zu ihrem Umfeld.

Das einfachste Modell, das jeder Kommunikation zugrunde liegt, enthält drei Komponenten: mindestens zwei Personen oder, allgemeiner, zwei Systeme, die „gemeinsam handeln“, in erster Näherung „Sender“ und „Empfänger“ genannt sowie eine Verknüpfung zwischen den beiden, „Stimulus“ genannt, durch die der Sender eine Wirkung auf den Empfänger ausübt, etwa dadurch, dass er ihm eine Botschaft sendet. Dieses Grundmodell nennt Merten „Das klassische Paradigma: Kommunikation als Stimulus-Response“ (Merten 1999, 4., S. 54): Der „Kommunikator“ als Sender übt mit Hilfe eines Stimulus eine Wirkung (Response) auf den „Rezipienten“ als Empfänger aus. Deswegen heißt das „Kommunikator-Rezipient-Modell“ auch „Stimulus-Response-Modell“.

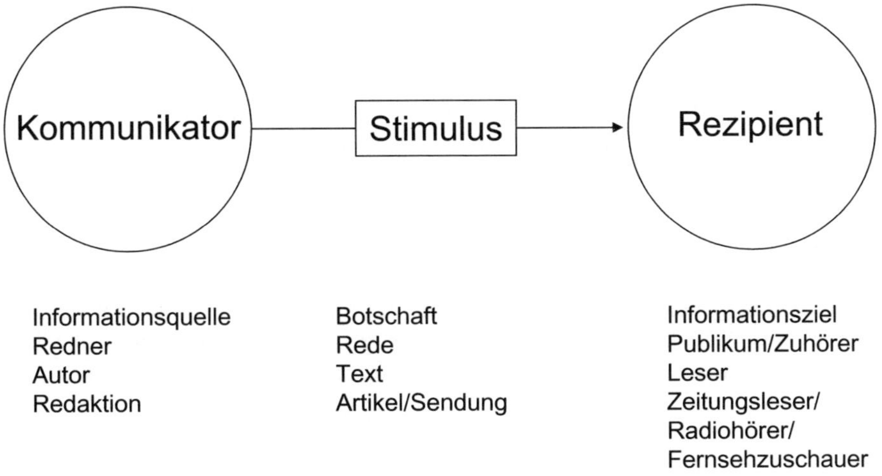

Abbildung 4.1: Das klassische Stimulus-Response-Modell nach (Merten 1999, S. 54)

Dabei wird eine Senderichtung asymmetrisch ausgezeichnet: Der „Kommunikator“ sendet, der „Rezipient“ empfängt. Weiterhin ist der Stimulus in diesem einfachen Modell noch nicht aufgeteilt in Medium, Kanal und Botschaft. Das Modell abstrahiert vom Medium und betont die kommunizierenden Partner.

Im Pressewesen kann man sich den Kommunikator als Redaktion, den Stimulus als Zeitung und den Rezipienten als Leserschaft vorstellen. In der interpersonellen Kommunikation passt das Modell etwa auf einen Sprecher, der als Kommunikator auf sein Gegenüber als Rezipienten den Stimulus der direkten Ansprache ausübt. Offensichtlich deckt dieses Modell alle möglichen Kommunikationssituationen ab, denn es enthält diejenigen Komponenten, ohne die „gemeinsam handeln“, „mitteilen“ gar nicht möglich ist. Die Frage ist, ob es spezifisch genug ist, Kommunikation von anderen Aktions- und Reaktionssituationen abzuheben. Allgemein drückt es jede Wirkung eines Systems auf ein anderes aus, sowohl physikalische Kausalzusammenhänge als auch biologische Konkurrenz- und Symbiosesituationen sowie die Ausstrahlung unbeabsichtigten Verhaltens. Daher ist es sinnvoll, die Kommunikationsarten, die das Grundmodell erfasst, zu klassifizieren und unter ihnen die menschliche Kommunikation, die uns interessiert, durch charakteristische Merkmale auszuzeichnen.

4.6 Arten von Kommunikation

Merten hat es unternommen, in der Literatur alle Bedeutungen des Begriffs Kommunikation zu sammeln und zu ordnen. Er kommt auf über 160 verschiedene Bedeutungen (Merten 1977). Pürer stellt diese Klassifikation zusammen und erweitert sie um die „Computer-animierte“ Kommunikation (Pürer 2001, S. 3). Demnach kann man die folgenden Kommunikationsarten unterscheiden:

- Subanimale Kommunikation: Jegliche Einwirkung eines nicht-lebenden Systems auf ein anderes, zum Beispiel physikalische oder chemische Kausalzusammenhänge und maschinelle Kopplungen. Beispiele dafür sind die Anziehungskraft der Erde auf einen schweren Körper, die chemische Reaktion bei der Verbindung zweier Stoffe und die Kupplung eines Autos.
- Animalische Kommunikation: biologische Kooperation, Einverleibung, Konkurrenz und Symbiose. Beispiele für Kooperation sind die Erziehung von Haustieren durch Menschen und ihre Arbeitsteilung; ein Beispiel für Einverleibung ist die Nahrungsaufnahme; Beispiele für Konkurrenz sind der Kampf um Nahrung gleichartiger Lebewesen und das Schmarotzertum verschiedenartiger Lebewesen; Symbiose ist eine besondere Form der Kooperation, z.B. die zwischen Spechtvogel und Baum oder die zwischen Darmflora und Säugetier.
- Mensch-Tier-Kommunikation: eine besondere Form der animalischen Kommunikation ist die zwischen Mensch und Tier. Haus- und Nutztierhaltung, Zucht, Bändigung, Dressur und insbesondere die Mensch-Primat-Kommunikation haben ganz besondere Eigenheiten. Sie sind nicht nur Schlüsselbausteine zum Selbstverständnis der Menschen, sondern auch ökonomisch relevant. Deshalb bilden sie jeweils eigenständige Forschungsgebiete.
- Humankommunikation: Kommunikation zwischen Menschen durch Verhalten, Gesten, mit Hilfe von Sprache und Schrift. Man unterscheidet verbale von non-verbaler Kommunikation sowie zwischen intentionaler Kommunikation und Verhalten.

- Massenkommunikation: Unidirektionale Humankommunikation an eine unverbundene Öffentlichkeit über ein aktiv betriebenes Verbreitungsmedium (s.o. Abschnitt 4.2).
- Digitale Kommunikation: Humankommunikation mit Hilfe der neuen elektronischen Medien der Telekommunikation, darunter Telefon, Telefax, E-Mail, World Wide Web und andere Internetanwendungen.

Es gibt mindestens zwei weitere Kommunikationsarten, die erwähnenswert sind und die gerade für digitale Kommunikation eine wichtige Rolle spielen (nach einem Hinweis von N. Döring in einer persönlichen Anmerkung 2004):

- Intra-personale Kommunikation als Unterart der Humankommunikation: Selbstgespräche, Tagebücher, Notizen, Kalender bilden wichtige Bausteine zur Selbstorganisation des handelnden Menschen. Die digitale Selbstkommunikation ist in Form des digitalen „Personal Information Management“ (Kalender, Notizbücher, to-do-Listen etc.) ein Teil der digitalen Kommunikation.
- Mensch-Computer-Kommunikation als Mischform zwischen humaner und subanimaler Kommunikation: Die Gestaltung der Mensch-Maschine-Schnittstelle ist eines der zentralen Forschungs- und Entwicklungsgebiete der nutzerfreundlichen Gestaltung von Technik und stellt deshalb ebenfalls eine Herausforderung an die digitale Kommunikation dar.

Zusammengefasst: Kommunikation unter nicht-lebenden Systemen ist jede Form der Verknüpfung von Ereignissen. Kommunikation zwischen Lebewesen (nach Maletzke 1963, S. 18, „Kommunikation im engeren Sinne“) ist ein Vorgang der Bedeutungsübermittlung und, weitergehend, Verständigung. Speziell Kommunikation unter Menschen ist gemeinsames Handeln, bei dem absichtsvoll Einfluss aufeinander genommen wird. Bei der Massenkommunikation und der digitalen Kommunikation kommt als differenzierende Komponente des Stimulus das Medium hinzu, über das eine bedeutungsvolle Aussage mitgeteilt wird (s.u. Abschnitt 4.8).

4.7 Merkmale von Humankommunikation

Um zu verstehen, was die Humankommunikation denn vor der nicht-humanen Kommunikation auszeichnet, ist es hilfreich, charakteristische Merkmale zu benennen. Diese Frage wird von allen Kommunikationswissenschaftlern im Wesentlichen übereinstimmend beantwortet (Bentele/Beck 1994, 2.2, S. 20 ff.; Merten 1999, S. 55 ff.; Pürer 2001, 1.3, S. 4 ff.). Unterschiede bestehen in der Gewichtung der Merkmale, die zu unterschiedlichen Modellen führen.

An erster Stelle ist die *Absicht* der Kommunikationswirkung zu nennen, die einer ganzen Philosophie den Namen gegeben hat: den Intentionalisten (Austin 1962 usw.). Dem steht der berühmte Aphorismus von Watzlawick entgegen, demnach es unmöglich sei, nicht zu kommunizieren. Bentele und Beck nehmen dies zum Anlass, zwischen intentionaler Kommunikation und nicht-intentionalem Verhalten, das auf andere Menschen wirkt und insofern auch Botschaften ausstrahlt, zu unterscheiden (Bentele/Beck 1994, S. 20). Unter Humankommunikation im engeren Sinne wird absichtsvolle Mitteilung verstanden, zu der unabsichtliche Botschaften aus Mimik, Gestik, Kleidung und Verhaltensweisen (soweit sie unabsichtlich sind!) nicht gehören.

Die folgenden Merkmale sind für Humankommunikation charakteristisch: Intentionalität, Wechselseitigkeit (Reziprozität), Bezugsgeflecht (Reflexivität), Verständnis/gemeinsamer Zeichenvorrat, Anwesenheit/Zugang, Sprachlichkeit, Medialität und Wirkung.

- Intentionalität: Der Sender beabsichtigt mit seiner Botschaft, den Empfänger zu erreichen und eine Wirkung auf ihn auszuüben. Die Intentionalisten gehen weiter und behaupten, dass das eigentliche Ziel jeder Kommunikation die absichtsvolle Einflussnahme auf den Kommunikationspartner sei.
- Wechselseitigkeit (Reziprozität): Ein Kommunikationskanal wird im Allgemeinen in zwei Richtungen verwendet. Sender und Empfänger tauschen die Rollen. Gegenrede folgt auf Rede und bezieht sich auf diese (s.u. Reflexivität). Mit Reziprozität ist die Multi-Direktionalität des Kommunikationskanals gemeint, mit Reflexivität das zugehörige Beziehungsgeflecht (Bentele/Beck unterscheiden diese beiden Begriffe nicht genau, 1994, S. 26).
- Reflexivität: Damit bezeichnet man das komplexe Bezugsgeflecht von Kommunikation. Die Kommunikationspartner nehmen einander wahr und beziehen *sich aufeinander*. Sie beziehen *zeitlich* vorgehende Kommunikation mit ein und bereiten sich auf nachfolgende Kommunikation vor. Sie beziehen *sachlich* Inhalte aus ihrer Lebensumgebung ein. Sie beziehen in ihrem *Verständnis* (Semantik/Pragmatik) ihren Erfahrungshintergrund mit ein. Der letzte Punkt des semantisch-pragmatischen Verständnisses ist es wert, gesondert als die Überschneidung der verschiedenen Zeichenvorräte bei den Kommunikationspartnern hervorgehoben zu werden.
- Verständnis/gemeinsamer Zeichenvorrat: Die Kommunikationspartner tauschen Botschaften in Form (komplexer) Zeichen aus. Gesten, Mimik, absichtsvolles Verhalten sind Zeichen. Sprache ist ein Zeichen und besteht ihrerseits aus Sätzen, Wörtern, Buchstaben, die als Zeichen verstanden und gedeutet werden. Jeder Kommunikationspartner verfügt über einen Zeichenvorrat und einen zugehörigen Interpretationsmechanismus. Diese sind im Allgemeinen nicht deckungsgleich. Je größer die Deckung, desto leichter das Verständnis. Je geringer die Deckung, desto mehr Missverständnisse sind möglich, und desto mehr Metakommunikation zur Klärung der Zeichenvorräte ist erforderlich.
- Anwesenheit/Zugang: Die Kommunikationspartner nehmen sich gegenseitig wahr, sei es in persönlicher Anwesenheit unter Einbeziehung aller Sinne oder über technische Medien unter Ausschluss eines Teils der Sinne. Das Telefon beschränkt sich auf das Hören und schließt Sehen, Berühren, Riechen und Schmecken aus, besteht aber noch aus zeitunmittelbarer Aktion und Reaktion. Briefe verlagern die Wahrnehmung auf die fixierte Sprache und schließen sogar das Gehör aus. Hingegen können der Geruchssinn (Parfüm in Liebesbriefen) und die indirekte „Berührung der Berührung“ bei Briefen eine Rolle spielen. Briefe strecken außerdem die Kommunikation auf mehrere Tage in die Zeitdimension. In höchstem Maße indirekt ist die elektronische Kommunikation, bei der allein der Kanal der Schriftsprache, ggf. multimedial angereichert mit aufgenommenem Bild- und Tonmaterial, zur Verfügung steht. Nähe von Zeit und Ort ist aufgehoben. Hier wird die Anwesenheit ersetzt durch den Zugang zum Medium.

- Sprachlichkeit: Sprache ist die wichtigste, wenn auch nicht einzige Kommunikationsform. Darüber hinaus werden Gesten, Mimik und andere gezielt eingesetzte Verhaltensweisen, z.B. sich abwenden oder zuwenden, provozierende Kleidung, Sprechpausen usw., eingesetzt.
- Medialität: Die Übermittlung von Sprache und anderen Zeichen bedient sich eines Mediums: Stimme, Laut und Luft in der direkten Kommunikation; Mikrofon, Leitungsnetz, Lautsprecher und Schwachstrom in der Telefonie; Computer und digitale Übertragungsnetze im Internet. Besonders in der Massenkommunikation („Medien“) und in der Computer-vermittelten Kommunikation („Netze“) spielt das Medium eine bedeutende Rolle in der Kommunikation.
- Wirkung: Darunter versteht man sämtliche Verhaltensweisen und Erlebnisprozesse, die beim Kommunizieren ablaufen, erfahrbar und beobachtbar sind.

Die Kommunikationsmodelle beziehen sich auf diese Merkmale und unterscheiden sich in der Gewichtung der Merkmale.

4.8 Medium, Kanal und Botschaft

Der Stimulus, welches die dritte Komponente im grundlegenden Stimulus-Response-Modell darstellt, hat als Medientheorie eine geradezu herausragende Behandlung erfahren. Bei der Massenkommunikation bilden die Medien das Organisationsorgan der Kommunikation. In der digitalen Kommunikation ist das hochkomplexe, durch eine organisierte Infrastruktur realisierte Kommunikationsnetz Untersuchungs- und Entwicklungsgegenstand einer ganzen Reihe von Wissenschaften, darunter Kommunikations- und Medieninformatik sowie die Medientechnologie und die Medienwirtschaft.

Das Medium, das Verständigungs“mittel“ zwischen dem Kommunikator und dem Rezipienten, kann man aufteilen in einen Kanal und eine Botschaft, die den Kanal als Transportmittel nutzt.

Bei der Betrachtung von Medien in der Humankommunikation unterscheidet man sinnvoller Weise zwischen

- materiellen und technischen,
- symbolischen,
- organisatorischen,
- und inhaltlichen

Aspekten des Mediums. Ähnlich (aber nicht ganz gleich) unterteilen (Bentele/Beck 1994, 5.5, S. 40). Die materielle und technische Seite des Mediums wird hier nicht weiter vertieft, sie ragt in unsere Diskussion über das Kodierungsmodell von Shannon (1948/49 sowie Kapitel 6 in diesem Buch) hinein: Wir behandeln die materielle und technische Seite über ihre Abstraktion als Zeichencode in Bits und Bytes.

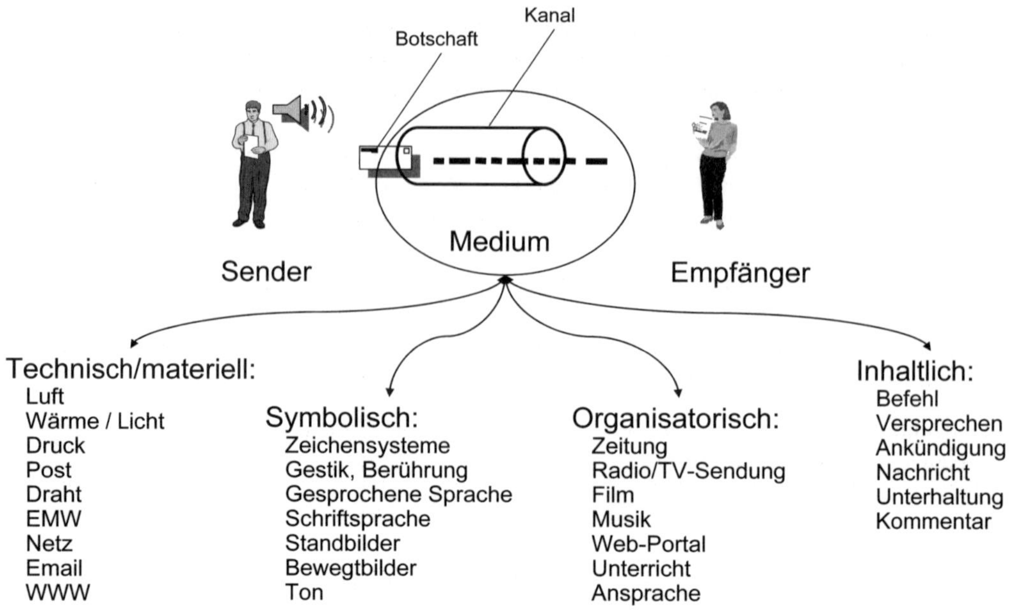

Abbildung 4.2: Mediales Kommunikationsmodell

Der symbolische Aspekt (den Bentele/Beck einerseits „kommunikativ" nennen, andererseits in den Kanälen der Sinneswahrnehmung zum Ausdruck bringen) umfasst die spezifischen Mitteilungsmethoden der Sinnesorgane (zeigen/sehen, sprechen und klingen/hören, schreiben/lesen, drücken/spüren, riechen) sowie die zugehörigen Zeichensysteme, also etwa Buchstaben, Wörter und Sätze in der Sprache. Interessanterweise bilden die unterschiedlichen Mitteilungsarten der Sinnesorgane (bei Bentele/Beck die „Kanäle") das Unterscheidungsmerkmal im modernen Begriff der Multimedialität. Man spricht von „Multimedia", wenn mit technischen Mitteln in synchronisierter Weise mehrere „Sinneskanäle" angesprochen werden.

Ich werde dagegen den Begriff „Kanal" nicht ausschließlich auf die Sinnesorgane beziehen, sondern allgemeiner so verwenden, wie es in der Informatik üblich ist: als „Träger der Botschaft". Kanäle haben demnach zwei Aspekte: einen materiell-technischen und einen organisatorischen Aspekt. Technische Übertragungskanäle sind Druckwellen in Luft, Wasser oder anderen Stoffen für das direkte Hören, elektromagnetische Wellen im freien Raum für das direkte Sehen und – in anderen Wellenbereichen – für die drahtlose Übertragung, Schwachstrom im Draht sowie Wärmestrahlen und Verformungen für die Berührung und olfaktorische Partikel für den Geruchssinn. Organisatorische Kanäle sind Zeitungen, Sendungen, Unterrichtsveranstaltungen usw. Für die digitale Kommunikation ist das wesentliche Medium die komplexe Infrastruktur der Computergestützten Übertragungsnetze, darunter das Internet. Das Internet ist sowohl unter technischen Aspekten als unter organisatorischen Aspekten zu beschreiben.

Der inhaltliche Aspekt von Medien entspricht dem semantisch-pragmatischen Aspekt von Sprache und Information. Hier steht die inhaltliche Aussage im Mittelpunkt: ihre Bedeutung (Semantik), ihr Handlungskontext (Pragmatik) sowie ihre Wirkung im sprachlichen und soziologischen Sinn.

Für die weitere Untersuchung der digitalen Kommunikation ist es nützlich, die folgende Funktionsunterteilung für den organisatorischen Aspekt der Medien (Daten in Computernetzen) und für den inhaltlichen Aspekt der Medien (die Wirkung bei den Kommunikationspartnern, nicht nur beim Rezipienten) vorzunehmen:

1. Kommunikation findet statt durch Austausch von Daten
   - von Punkt-zu-Punkt
   - durch Vermittlung von Daten im Netz
   - durch Verknüpfung von informationsverarbeitenden Netzanwendungen
2. Kommunikation bewirkt die
   - Mitteilung und den Austausch von Wissen zwischen Menschen
   - Einflussnahme auf den Rezipienten

Die ersten drei Punkte, die den Austausch von Daten strukturieren, helfen bei der Beschreibung, wie das Internet funktioniert. Die nächsten zwei Punkte über die Wirkung auf die Kommunikationspartner strukturieren die Beschreibung, wie Sprache funktioniert. Zum Verständnis von digitaler Kommunikation wird das Zusammenspiel dieser zwei Aspekte von Medien untersucht.

4.9 Kommunikationsmodelle

4.9.1 Das Kommunikationsmodell technischer Übertragungskanäle nach Shannon und Weaver (1949)

Das Kommunikationsmodell von Shannon und Weaver (1948, 1949, ausführlich in Abschnitt 4.2 in diesem Buch) erweitert das Grundmodell aus Sender, Stimulus und Empfänger um den technischen Übertragungskanal. Darin kodiert ein Übermittlungsapparat Zeichen in ein Signal und sendet es aus. Während der Übertragung kann das Signal durch eine Störung verändert werden. Ein Empfangsapparat dekodiert das (möglicherweise gestörte) Signal zurück in Zeichen. Der Stimulus erhält also die Verfeinerung um fünf Komponenten: Übermittlungs- und Empfangsapparat, Kanal, Signal und Störung. In diesem Sinne ist das Shannon'sche Modell medienzentriert.

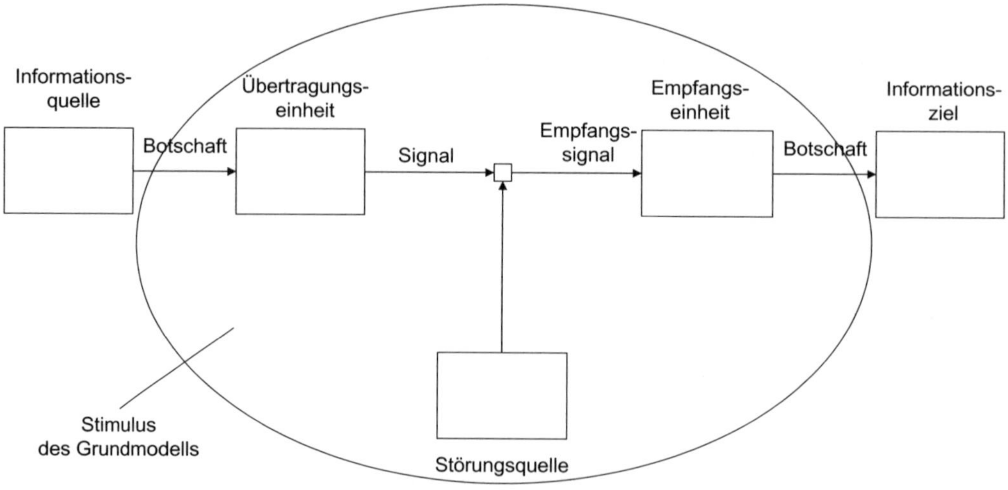

Abbildung 4.3: Kommunikationsmodell technischer Übertragungskanäle nach Shannon und Weaver 1949

Shannon untersucht den Übertragungskanal als Medium zur effizienten Kodierung von Zeichen zu Signalen und entwickelt daraus den Entropiebegriff der potentiellen Information der Informationsquelle. Information bedeutet dabei die Auswahlmöglichkeit konkreter Botschaften aus der statistischen Auftrittswahrscheinlichkeit von Botschaften einer Informationsquelle. Das Modell abstrahiert von inhaltlicher Bedeutung einer Botschaft, also von Information im semantisch-pragmatischen Sinn. Konsequenterweise abstrahiert das Modell auch von der Einbettung von Quelle und Senke in ihre Umgebung. Insbesondere abstrahiert es von der biologischen und soziologischen Einbettung der Kommunikationspartner.

4.9.2 Das bidirektionale Kommunikationsmodell mit Interpretation und soziokultureller Einbettung von Prakke (1968)

Prakke (1968, S. 101) löst sich von der technischen Fixierung des Shannon'schen Modells und hebt die inhaltliche Funktion von Kommunikation hervor. Dazu fügt er die folgenden Beobachtungen in ein Kommunikationsmodell ein:

- Reziprozität: Der Kommunikationskanal wird bidirektional genutzt.
- Feedback: Der Rezipient gibt dem Kommunikator Rückmeldungen.
- Symmetrie: Kommunikator und Rezipient können im Laufe der Kommunikation ihre Rolle wechseln. Die Rollen heißen deshalb gleichberechtigt „Kommunikanten“.
- Interpretation: Die Kommunikanten verfügen über semantisch-pragmatische Zeichensysteme, die im Allgemeinen nicht deckungsgleich sind.

- Soziokultureller Hintergrund: Die Kommunikanten und ihr Kommunikationsprozess sind in einen soziokulturellen Hintergrund eingebettet, auf den sich ihre Zeichen, Aussagen und Handlungen beziehen.
- Der Kanal überträgt Inhalte, die sich in der Massenkommunikation redaktionspraktisch als Information, Unterhaltung und Kommentar strukturieren lassen.

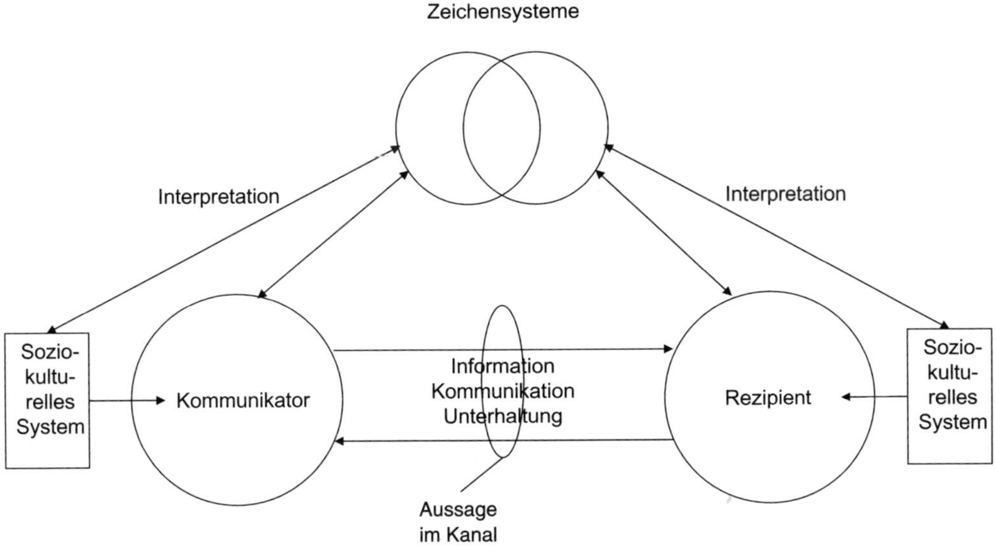

Abbildung 4.4: Kommunikationsmodell mit Rückkanal, Interpretation und Einbettung in einen soziokulturellen Hintergrund nach (Prakke 1968).

4.9.3 Das reflexive Kommunikationsmodell von Merten (1977)

Merten verfeinert Prakkes Kommunikationsmodell um einige weitere Komponenten, mit denen er insbesondere die vielfachen Bezüge der Kommunikanten in den Kommunikationsprozessen hervorhebt:

- Reflexivität: Das ist über die bidirektionale Symmetrie des Kommunikationsprozesses hinaus die vielschichtige Bezüglichkeit der Kommunikation der Kommunikanten aufeinander, auf vorherige und folgende Kommunikation sowie auf ihren Erfahrungs- und Handlungshintergrund.
- Feedback auf verschiedenen Ebenen
- Bewusstseinsprozesse der Kommunikanten
- Erwartungsstrukturen der Kommunikanten
- Interpretation als Selektion

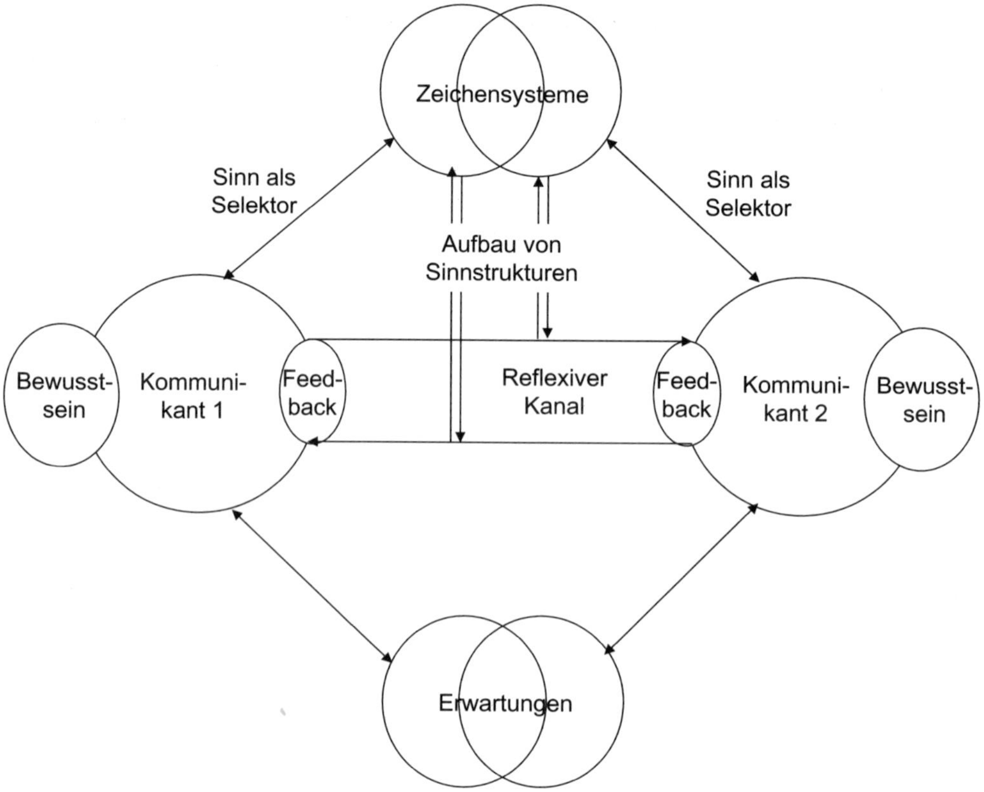

Abbildung 4.5: Reflexionsmodell nach (Merten 1977, S. 134).

In (Merten 1999, 4.2.2, S. 61 ff.) kritisiert Merten allerdings jede Form von graphischer Modellbildung, indem diese ein statisches Abbild eines grundsätzlich dynamischen Prozesses darstelle und damit das Wesentliche an Kommunikation unterschlage, nämlich die Vielschichtigkeit der Kommunikationsabläufe. Meines Erachtens überfordert diese Kritik den Sinn von Modellbildung und unterschätzt sie gleichzeitig. Denn die zahlreichen Unschärfen, die er der Modellbildung vorwirft, sind ja geradezu ein Vorzug des Modells, nämlich am Anfang vertiefender Analyse zu stehen. Insofern nicht zufällig stellt Merten an den Anfang seiner Kritik eine Serie graphischer „statischer" Modelle. Der wissenschaftliche Gewinn dieser Kritik liegt mithin darin, dass er damit die vielfache dynamische Reflexivität in das Bewusstsein der Wissenschaft gehoben hat.

4.9.4 Die Lasswell-Formel der Massenkommunikation (1961)

Deutlich älter als die Verfeinerungen des Shannon'schen Modells technischer Übertragungskanäle in die Richtung der biologisch-soziologisch-kulturellen Aspekte von Kommunikation ist die so genannte Lasswell-Formel der Massenkommunikation:

Who says *what* in *which channel* to *whom* with *which effect*? (Lasswell 1961, S. 117)

Die Formel ist ein Modell mit sprachlichen, nicht mit graphischen Mitteln. Sie stellt einen Merksatz dar, der sowohl den Blick auf wesentliche Episoden der Massenkommunikation richtet als auch eine Struktur zur Erforschung der Massenkommunikation vorgibt. In einer sehr hübschen „Synopsis analytischer Wortmodelle“ vergleicht Merten die Schlüssel-W-Wörter dieser Formel mit älteren Merksätzen von Aristoteles (384-322 v.Chr.), Quintilian (35-86 n.Chr.), Victorinus (um 400 n.Chr.) und Waples (1942) und ordnet sie den aktuellen Forschungsgebieten der Kommunikationswissenschaft zu (Merten 1999, 4.3, S. 73). Dabei fällt auf, dass der Situations- und Motivationsanalyse kein Wort des Lasswell'schen Merksatzes entspricht. Ansonsten stehen die Merkwörter für die Analyse folgender Gebiete: *who* – Kommunikator, *what* – Inhalt, *which channel* – Medien, *to whom* – Rezipient/Publikum, *which effect* – Wirkung.

Die Lasswell-Formel hebt die einzelnen Forschungsgebiete der Massenkommunikation hervor. Die zugehörigen und vielfach reflexiven Prozesse drückt sie naturgemäß nicht aus.

4.9.5 Das Rückkopplungsmodell der Massenkommunikation nach Westley und McLean (1957)

Das Zusammenspiel der Akteure in der Massenkommunikation fassen Westley und McLean in ihrem Rückkopplungsmodell zusammen (Westley/McLean 1957, S. 35; nach Bentele/Beck 1994, 5.3, S. 37).

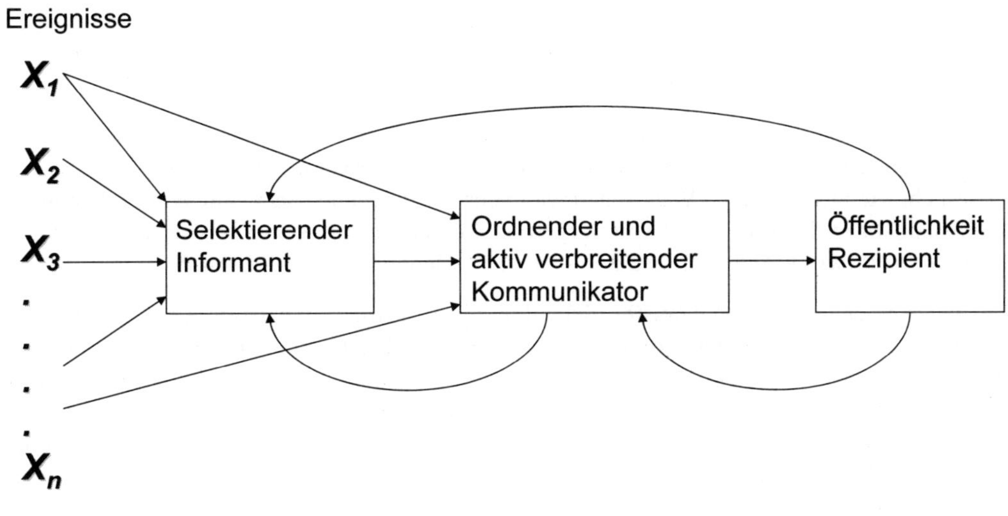

Abbildung 4.6: Rückkopplungsmodell der Massenkommunikation nach (Westley/McLean 1957).

Auf den ersten Blick erkennt man die Steuerung der Massenkommunikation durch äußere Ereignisse, die von selektierenden Informanten (etwa Reporter) an verbreitende Kommunikatoren (etwa Zeitungen) weitergegeben werden. Diese liefern sie als aufbereitete Aussage in aktiv verbreiteten Medien an das Publikum aus. Auf den zweiten Blick erkennt man jedoch auch die rückgekoppelten Einflüsse des reagierenden Publikums auf die Massenmedien, und sowohl des Publikums als auch der Kommunikatoren auf die liefernden Informanten. Nicht in diesem Modell berücksichtigt ist ein erst in jüngerer Zeit identifiziertes Phänomen, dass die äußeren Ereignisse selbst durch die Massenmedien beeinflusst werden. Beispiele dafür sind die Nutzung der Massenmedien zur politischen Kommunikation terroristischer Anschläge und die sich selbst inszenierenden Stars der Glamour-Szene. Die Rolle der Medien in Kriegen und Krisen untersucht zum Beispiel (Löffelholz 2001).

4.10 Transfer, Konstruktion und Handlung

Die bisher vorgestellten Modelle betonten den *Transfer*, die Übertragung von Information von einem Kommunikator auf einen Rezipienten. Anders als bei einem physischen Gut verliert der Kommunikator beim Transfer eine Information nicht an den Rezipienten. Ein simpler Kopiervorgang wie beim Transfer eines digitalen Datensatzes reicht ebenfalls nicht aus, um den „Wissenszuwachs", allgemeiner die Kommunikationswirkung, auf Seiten des Rezipienten zu erklären. Hier greift ein weiteres Denkmodell, das *Konstruktivismus* genannt wird als Metapher dafür, dass der Rezipient aus dem Angebot des Kommunikators eine Auswahl vornimmt (*Selektion*, nach Luhmann 1987) und dann mit diesem „kognitiven Angebot" seine eigene Wirklichkeit aus Gedanken und Informationen konstruiert (Schmidt 1987 und 1991). Maturana beschreibt diesen Vorgang als *Selbstorganisation* (Autopoiese) der Kommunikation: Rezipienten erzeugen innerhalb der Kommunikation Information innerhalb des eigenen kommunikativen Bereichs (Maturana 1985).

Die Auseinandersetzung der Konstruktivisten mit den klassischen Kommunikationstheorien darüber, ob Konstruktion und Selektion ohne Transfer überhaupt sinnvoll sind, braucht uns hier nicht zu interessieren. Wir folgen vielmehr Bentele und Beck mit der Feststellung, „*Kommunikation* kann […] sinnvoll aufgefasst werden nur als *komplexes Miteinander von Informationstransfer, Selektion und Konstruktion*" (Bentele/Beck 1994, 4.4, S. 31).

Die Gegenüberstellung von Transfer, Selektion und Konstruktion entspricht einer Gewichtsverteilung im grundlegenden Stimulus-Response-Modell: Der Transfer betont den aktiven Kommunikator und belässt den Rezipienten passiv. Selektion und Konstruktion belassen den Kommunikator passiv und betonen den aktiven Rezipienten. Insofern ergänzen sich die beiden Sichtweisen und tragen zur Vervollständigung des Gesamtverständnisses über Kommunikation bei. Die dritte Komponente, der aktive Stimulus, wird unter dem wichtigen Begriff des Mediums behandelt.

Das *Miteinander* von Kommunikator und Rezipient wird am ehesten durch handlungsorientierte Ansätze erfasst. Kommunikation als gemeinsames Handeln war bereits eine Beobachtung von Wittgenstein in seinen Philosophischen Untersuchungen (Wittgenstein im Nachlass, 1953), indem er das Sprechen als Spiel beschrieb nach Regeln, die nicht innerhalb des Spiels, sondern durch Metakommunikation (in einem anderen Spiel) reflektiert werden.

Daraus haben Austin (1962), Grice (1968) und andere die Sprechakttheorie entwickelt, in der die Intentionalität und Reflexivität in Bezug auf den anderen Kommunikationspartner eine hervorragende Rolle spielen. Einfache Sprechakte werden grundsätzlich strukturiert in eine „illokutionäre Kraft“ (der Grundtypus des Aktes) und ihren „propositionalen Inhalt“. Zum Beispiel ist in dem Satz „Komm sofort nach Hause“ die illokutionäre Kraft ein Befehl, und der propositionale Inhalt „sofort nach Hause zu kommen“. Die Intention der Kommunikation ist Anlass zu einer Typisierung von Sprechakten durch die so genannten illokutionären Kräfte, von denen es nur fünf Grundtypen („illokutionäre Zwecke“) gibt: Behauptungen, Versprechen, Anweisungen, Erklärungen, Gefühls- und Meinungsäußerungen. Die „illokutionäre Kraft“ wird über den Grundtypus „Zweck“ hinaus durch weitere Komponenten, wie Stärke des Ausdrucks, logische und reale Verknüpfungen und psychologische Bedingungen vervollständigt. Die Wirkung von Sprechakten („perlokutionäre Wirkung“) wird von der Sprechakttheorie ausdrücklich von der Analyse der Sprache ausgenommen. Genaueres siehe ausführlich bei (Searle et al. 1980, 1989; Grimm 1991, S. 26 ff.; Abschnitt 3.8 in diesem Buch).

Sprachliches Handeln kann man aber vollständig nicht ohne gesellschaftlichen Bezug verstehen. Fundamental dazu sind die Arbeiten von Habermas über das „kommunikative Handeln“, so bereits der Titel der Veröffentlichungen (Habermas 1981). Kommunikatives Handeln ist dabei immer soziales Handeln, eben ein „gemeinsames Tun“ im größeren Kontext der Gesellschaft (vgl. die vielschichtige Reflexivität bei Merten 1977). Habermas unterscheidet drei Formen von Handlungen: das instrumentelle, kommunikative und strategische Handeln.

Bentele und Beck diskutieren diese drei Kommunikationsformen anhand des Beispiels eines Beerensammlers im Wald (Bentele/Beck 1994, 4.2, S. 28). Dieser handelt instrumentell in Bezug auf das Ziel, Beeren zu erhalten, kommunikativ insofern er dieses mit anderen in koordinierter Weise gemeinsam tut, und strategisch, indem er sein Vorgehen optimiert. Dass es dabei zu kommunikativen Missverständnissen kommen kann, etwa durch schlechte Koordination beim gemeinsamen Sammeln oder durch die Fehlbeobachtung eines Jägers, der den Sammler für ein Tier hält, demonstriert, dass es nicht selbstverständlich ist, dass Kommunikation in jedem Fall gelingt.

4.11 Zusammenfassung

Kommunikation ist gemeinsames Handeln und Austausch von Information. Die Kommunikationswissenschaft untersucht die Bedingungen für Kommunikation, ihre Prozesse und ihre Wirkung. Ihre historischen Wurzeln sind vielfach: vor allem Publizistikwissenschaft, Soziologie, Politologie, Psychologie und Literaturwissenschaft. Zunehmend sind auch Ökonomie, Produktion und die Anwendungen neuer Medien Gegenstand kommunikationswissenschaftlicher Forschung, zu der Volks- und Betriebswirtschaft, die Medienproduktion und die Informatik Beiträge leisten. Humankommunikation ist gekennzeichnet durch Absicht von Wirkung, Wechselseitigkeit von Sendung und Empfang, Vielfachheit der inhaltlichen Bezüge und gemeinsames Verständnis. Wesentlich ist die Unterscheidung zwischen Massenkommunikation („Massenmedien“) und interpersoneller Kommunikation („von Mensch zu Mensch“). Charakteristische Merkmale der Massenkommunikation sind Unidirektionalität (Redaktion und Publikum), Öffentlichkeit, Distribution (aktive weite Verbreitung) und Dispersion (Unverbundenheit des Publikums). Neue technische Entwicklungen, vor allem durch das Internet und die Mobiltelefonie, schaffen Ansätze zu Konvergenzen zwischen den beiden Kommunikationsformen, etwa durch Online-Redaktionen mit angeschlossenen Chat-Netzen, E-Mail-Listen und Publikumsforen.

Verschiedene Modelle beschreiben unterschiedliche Aspekte im Zusammenspiel der Kommunikanten, ihrer Medien und Botschaften. In diesem Kapitel wurden folgende Modelle vorgestellt: Shannon (technische Übertragung), Prakke (bidirektionaler Austausch mit soziokultureller Einbettung), Merten (Reflexivität), Lasswell (*Who says what in which channel to whom with which effect*), Westley/McLean (Rückkopplung in der Massenkommunikation). Zur Ergänzung fügt der Konstruktivismus Erkenntnisse über den Informationsgewinn auf Seiten des Empfängers hinzu. Insofern ist Kommunikation ein komplexes Miteinander von Informationstransfer, Selektion und Konstruktion (Bentele/Beck 1994). Die Betonung von Kommunikation als absichtsvolles Handeln ist Ausgangspunkt der Sprechakttheorie, die in Kapitel 3 dieses Buches behandelt wird.

Im Interesse der digitalen Kommunikation liegen die Beziehungen von Rede und Gegenrede (Protokolle, Kap. 8), von Ausdrucksform und Bedeutung, von Verstehen und Wirken sowie ihre informatische Unterstützung durch Computernetze.

4.12 Lektüre zur Vertiefung

Zur Orientierung eignet sich das Schlüsselwerk für die Kommunikationswissenschaft von (Holtz-Bacha/Kutsch 2002), welches ungefähr zweihundert wegweisende Werke aus der Kommunikationswissenschaft steckbriefartig vorstellt. Wegen seiner Vollständigkeit und guten Lesbarkeit empfehle ich besonders das Lehrbuch zur Einführung in die Kommunikationswissenschaft von (Merten 1999). Einen breiten Überblick verschaffen ebenfalls (Maletzke 1998) und (Burkart 2002). Knapper sind (Bentele/Beck 1994) und (Puerer 2001), die sich beide gut für den Einstieg und einen raschen Überblick über die Kommunikationswissenschaft eignen.

4.13 Übungsaufgaben

1. (a) Welches sind die historischen Wurzeln der Kommunikationswissenschaft? (b) Welches ist der Gegenstand der Kommunikationswissenschaft? (Abschnitte 4.1 und 4.3)
2. (a) Welche Organisationsform der Übertragung ist für die Massenkommunikation typisch, und welche für die Individualkommunikation? (b) Welche Kommunikationsmerkmale haben Massen- und Individualkommunikation gemeinsam? (c) Welches sind charakteristische Merkmale der Massenkommunikation, die sie von der Individualkommunikation abheben? (Abschnitt 4.2)
3. (a) Welches sind charakteristische Eigenschaften eines Modells von Wirklichkeit? (b) Was ist der Zweck eines Modells für die Wissenschaft (und was nicht)? (Abschnitt 4.4)
4. Erläutern Sie das grundlegende Stimulus-Response-Modell für Kommunikation. (Abschnitt 4.5)
5. Unterscheiden Sie grundlegende Kommunikationsarten nach Merten und Pürer. (Abschnitt 4.6)
6. Beschreiben Sie grundlegende Merkmale von menschlicher Kommunikation. (Abschnitt 4.7)
7. (a) Verfeinern Sie das grundlegende Stimulus-Response-Modell um den abstrakten Begriff des Mediums. (Abschnitt 4.8)
   (b) Verfeinern Sie das grundlegende Stimulus-Response-Modell um ein technisches Übertragungsmedium nach Shannon. (Abschnitt 4.9)
   (c) Verfeinern Sie das grundlegende Stimulus-Response-Modell um eine Interpretationskomponente, einen Rückkanal sowie eine soziokulturelle Einbettung der Kommunikanten nach Prakke. (Abschnitt 4.9)
   (d) Verfeinern Sie das grundlegende Stimulus-Response-Modell um die Rückkopplungseffekte bei der Massenkommunikation nach Wesley/McLean. (Abschnitt 4.9)
8. Stellen Sie die beiden Aspekte Konstruktion (Konstruktivismus) und Transfer (Transfermodelle) für die Beschreibung von Kommunikation einander gegenüber. (Abschnitt 4.10)

5 Telekooperationsmodell

5.1 Der Begriff Telekooperation

Telekooperation ist eine Metapher für die Kommunikation zwischen Menschen, die technische Kommunikationsmittel einsetzen und sich nicht persönlich gegenüberstehen. (s.o. Abschnitt 3.1). Die Metapher hebt zwei Aspekte hervor: zum einen die Entfernung – *Tele* – der Kommunikationspartner, zum anderen die gemeinsame Handlung – Kooperation. Der griechische Wortstamm zu *Tele* ist τελοσ und bedeutet „das Ziel". Gemeint ist zwar das entfernte Wurfziel, aber im Zusammenhang mit Kooperation bekommt es eine tiefere Bedeutung und rechtfertigt die Verwendung des Begriffs Telekooperation umso mehr.

Kooperation wird als geregeltes, auf das Erreichen eines gemeinsamen Ziels hin gerichtetes Zusammenwirken von Personen verstanden. Telekooperation wird dann als eine besondere Form von Kooperation aufgefasst, die Kooperation in den Fällen ermöglicht, in denen die Kooperationspartner zeitlich und räumlich getrennt sind. Zur Überbrückung von Zeit und Raum nutzen die Menschen Kommunikationsnetze wie das Internet, GSM und UTMS und setzen über diese das Web, E-Mail, mobile Telefonie und Multimediaanwendungen ein.

Für die Beschreibung von Telekooperationen ist es wichtig, den spezifizierbaren vom nicht spezifizierbaren Teil zu trennen. Der spezifizierbare Teil ist im Prinzip durch Programme und Computer automatisierbar. Der nicht spezifizierbare Teil wird von den Menschen, die die Programme nutzen, ausgeführt. Die Grenze zwischen dem automatischen und menschlichen Anteil wird durch eine Mensch-Maschine-Schnittstelle repräsentiert. Von solchen Schnittstellen wird „Nutzerfreundlichkeit" verlangt, das bedeutet, dass sie von Ingenieuren so gestaltet werden, dass sie von den Menschen leicht beherrscht werden können.

Zur Erfüllung vorgeschriebener Aufgaben kann man immer einen Teil der Arbeitsschritte vorab spezifizieren, während man den nicht vorhersehbaren Teil der freien Entscheidung der ausführenden Menschen überlässt. Vorbild für eine Kooperation wird im Folgenden der Vertragsabschluss sein. Der Vertragsabschluss besteht aus einem festgelegten Rahmen und einem frei gestaltbaren Anteil. In besonderen Fällen wird für die formellen Schritte sogar ein notarielles Protokoll vorgeschrieben. Die inhaltliche Ausgestaltung liegt immer in der Hand der Vertragsparteien.

Der formal spezifizierbare Anteil von Handlungen wird im Telekooperationsmodell in so genannten *Rollen* festgeschrieben. Zum Beispiel sind die Rollen der Partner eines Immobilienkaufs gesetzlich in Regeln gefasst, deren Einhaltung ein Notar überwacht. Der nicht spezifizierte Anteil der Handlungen wird *Personen* zugeordnet, die aufgrund ihrer *Kompetenz* autonom und im Rahmen der *Rollen* Entscheidungen treffen. *Akteure* sind *Personen* in *Rollen*.

Kooperationen sind zielgerichtete gemeinsame Handlungen. Während *Rollen* formale *Ziele* enthalten und Kooperationspartner dieses *Ziel* nur gemeinsam erreichen dürfen, sind die inhaltlichen Bedeutungen der *Ziele*, die so genannten *Zwecke*, nicht spezifiziert. Es kann durchaus passieren, dass ein Teil der Kooperationspartner den *Zweck* der Kooperation erfüllt sieht, während der andere ihn als verfehlt ansieht. Im Allgemeinen verfolgen Kooperationspartner mit demselben formalen *Kooperationsziel* verschiedene *Zwecke*. Zwar verlangt der Vertragsabschluss das gemeinsame *Ziel* eines allseits unterschriebenen Vertrags in allen Händen, aber ein Vertrag kann inhaltlich für die einen Partner günstig sein und für die anderen ungünstig.

5.2 Die Bestandteile des Modells

5.2.1 Modellwelt für Personen in Kooperationsrollen

Das Modell besteht aus folgenden Elementen:

> Personen, Rollen, Akteure, Aktivitäten, Ziele, Lebenszeit, Kompetenz, Zweck; Kooperation, Erfolgskopplung, Kooperationsziel.

Sie werden im Folgenden vorgestellt. Dabei werden die Elemente des Modells durch Kursivdruck hervorgehoben.

5.2.2 Person

Eine *Person* im Modell ist eine natürliche oder juristische Person der realen Welt. Sie verfügt über *Kompetenz*, die den gesamten Hintergrund der Person einschließlich Bewusstsein, Gedächtnis, Interessenlage und pragmatischem Sprachenverständnis sowie Rechte und Betriebsmittel repräsentiert.

Eine *Person* lebt permanent und unabhängig davon, ob sie in *Rollen* aktiv ist oder nicht.

5.2.3 Rolle

Eine *Rolle* ist ein spezifiziertes Handlungsmuster. Eine *Rollen*spezifikation enthält

1. die *akteurs*spezifische *Kompetenz*, die eine *Person* braucht, um in der *Rolle* aktiv sein zu können;
2. den *ziel*orientierten Handlungsablauf mit den folgende Angaben:
   - genau ein wohldefinierter Eintrittspunkt;
   - eine Folge von Handlungen, die bedingungsgesteuerte, nicht-deterministische Handlungsalternativen enthalten kann;
   - genau zwei Mengen von wohldefinierten Austrittspunkten, die eindeutig mit dem Erreichen bzw. Nicht-Erreichen des *Ziels* assoziiert sind; die *Ziel*menge darf nicht leer sein.

Anmerkung: Eine nicht-deterministische Handlungsalternative ist durch einen Verzweigungspunkt mit verschiedenen Fortsetzungen gekennzeichnet. Die Rolle spezifiziert alle an einem Verzweigungspunkt möglichen Fortsetzungen, sie legt aber nicht fest, welche ihrer Fortsetzungsmöglichkeiten in einer konkreten Aktivität gewählt werden wird. Es gibt zwei Typen von nicht-deterministischen Verzweigungspunkten. Der eine liegt an der Personenschnittstelle: eine steuernde Person greift ein und entscheidet, wie es weitergehen soll; zum Beispiel die Wahl zwischen verschiedenen Geldbeträgen an einem Geldauszahlungsautomaten. Der andere liegt an der Nachrichtenschnittstelle: eine aktive Rolle sendet eine Nachricht aus und macht ihr weiteres Verhalten von einer Antwort von außen abhängig. In diesem Sinne ist die Wahl der weiteren Handlung durch die *Rolle* nicht determiniert, sondern wird erst im Laufe der *Aktivität* einer *Rolle* „von außen" getroffen.

Eine *Rolle* existiert als Spezifikat permanent und unabhängig davon, ob jemand in ihr aktiv ist.

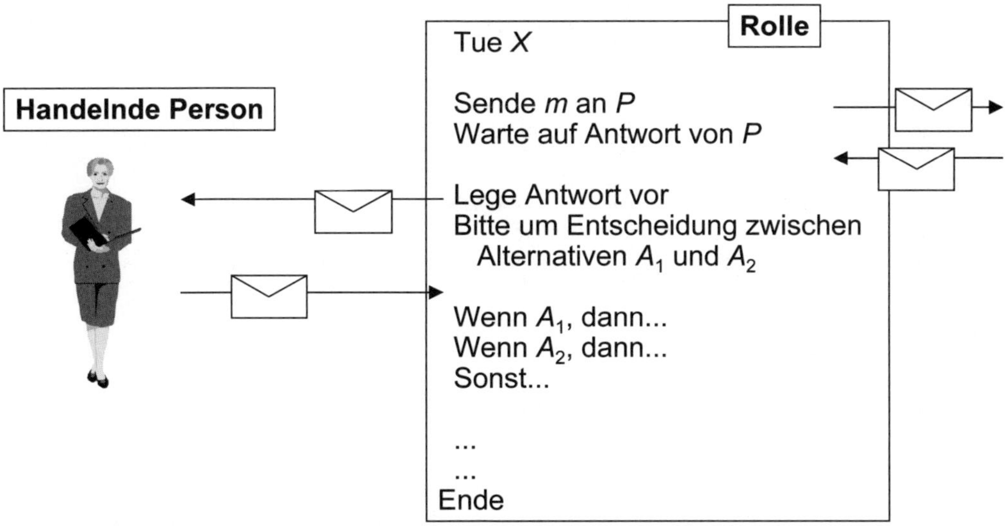

Abbildung 5.1: Rolle mit nicht-deterministischen Verzweigungspunkten

5.2.4 Akteur, Aktivität

Ein *Akteur* ist eine *Person* in einer *Rolle*. Eine *Aktivität* ist der Ablauf des zu einer Rolle gehörigen Handlungsmusters. *Akteur* und *Aktivität* sind verschiedene Aspekte desselben *Rollen*spiels. Eine *Person*, die an dem definierten Eintrittspunkt in eine *Rolle* eintritt, beginnt damit eine *Aktivität*, die mit dem Austritt der *Person* aus der *Rolle* an einem definierten Austrittspunkt endet.

Ein *Akteur* löst die nicht-deterministischen Handlungsalternativen auf, indem er selbstständig (an der Personenschnittstelle) oder nach Auswertung externer Nachrichten (an der Nachrichtenschnittstelle) über die zu wählende Fortsetzung an den nicht-deterministischen Verzweigungspunkten entscheidet.

Akteur und *Aktivität* existieren zeitlich begrenzt durch den *Rollen*eintritt und -austritt der handelnden *Person*.

Ein *Akteur* repräsentiert genau eine *Person*. Hingegen kann eine *Person* gleichzeitig in mehreren *Rollen* aktiv sein, wodurch ein Verträglichkeits- und ein Koordinationsproblem auftritt. Dieselbe *Rolle* kann auch von verschiedenen *Personen* und von derselben *Person* zu verschiedenen Zeiten gespielt werden, wodurch verschiedene und in der Regel unverbundene *Akteure* entstehen.

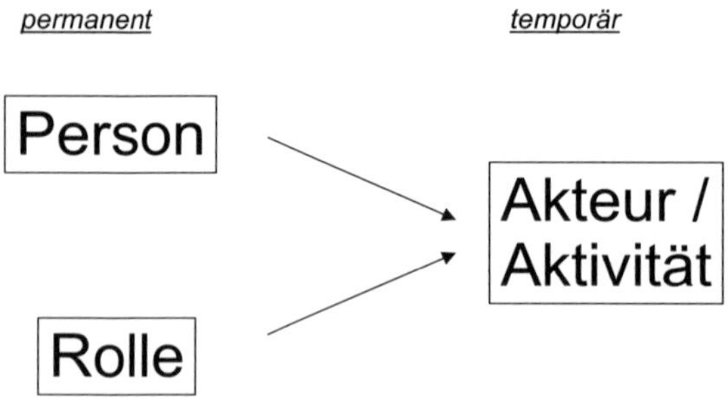

Abbildung 5.2: Person – Rolle – Akteur – Aktivität.
Person P handelt zum Zeitpunkt t in der Rolle R
als Akteur A: $A=A(P,R,t)$ oder $A=A(P,R)_t$

5.2.5 Ziel

Das *Ziel* ist ein Bestandteil einer *Rolle* und damit als Teil der *Rolle* spezifiziert.

Jede *Rolle* hat genau zwei Mengen von wohldefinierten Austrittspunkten, die eindeutig mit dem Erreichen bzw. Nicht-Erreichen des Kooperations*ziels* assoziiert sind. Es gibt mindestens einen Austrittspunkt, der mit dem Erreichen des *Ziels* assoziiert ist. Die Menge der Austrittspunkte, die mit dem Nicht-Erreichen des *Ziels* assoziiert sind, ist möglicherweise leer, wenn es sich um *Rollen* handelt, bei deren Eintritt eine Verpflichtung zum Rollenerfolg verbunden ist. In der Regel ist das *Ziel* mit einer erwünschten Veränderung der *Kompetenz* der handelnden *Person* verbunden, z.B. der Erwerb einer Zugangsberechtigung. Im einfachsten Fall hat eine *Rolle* ein *Ziel* und einen weiteren Austrittspunkt für das Nicht-Erreichen des *Ziels*.

5.2.6 Lebenszeit

Es gibt drei grundsätzlich verschiedene *Lebenszeiten*: Erstens die langfristige *Lebenszeit* einer Kooperationswelt mit den in ihr spezifizierten *Rollen*. Zweitens die langfristigen *Lebenszeiten* von *Personen*, die in die Kooperationswelt eintreten und so in diesem Kontext handlungsfähig werden, aber auch aus ihnen wieder ausscheiden können. Drittens die kurzfristigen *Lebenszeiten* von *Aktivitäten* bzw. *Akteuren*, die durch Eintritt und Austritt einer *Person* in die zugehörigen *Rollen* begrenzt sind.

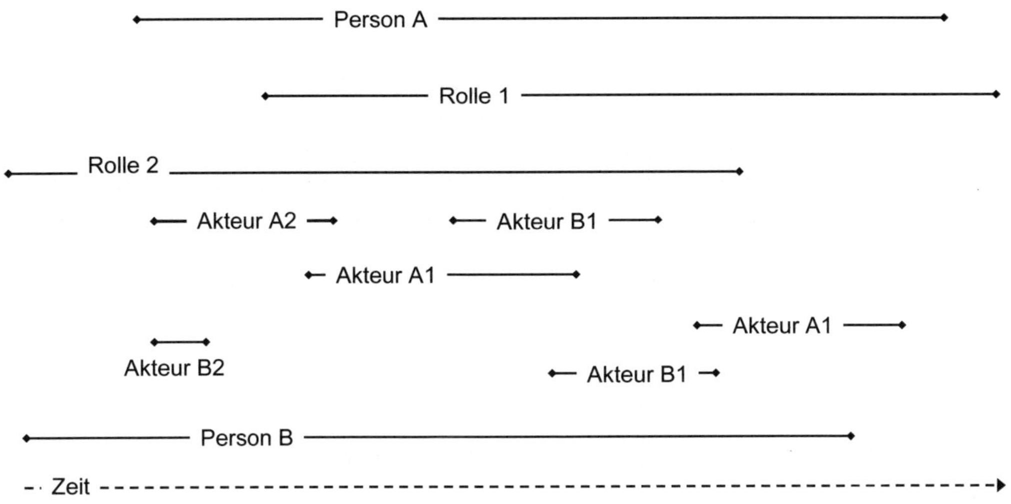

Abbildung 5.3: Lebenszeiten von Rollen, Personen, Akteuren

5.2.7 Kompetenz und Akteurskompetenz

Die *Kompetenz* ist Bestandteil einer realen *Person* in ihrer realen Welt. Sie enthält alle Fähigkeiten einer *Person*, die Welt zu verstehen und in ihr verantwortlich zu handeln. Dazu gehören mindestens Interesse, Gedächtnis, Wissen, Betriebsmittel, Privilegien, Ausweise, semantisch-pragmatisches Verständnis, Entscheidungsfähigkeit und Verantwortung. Die *Kompetenz* einer *Person* ist nicht spezifiziert. Sehr wohl aber spezifiziert eine *Rolle* ihre rollenspezifische *Akteurskompetenz*: diese besteht aus allen Anteilen einer *Kompetenz*, die eine *Person* haben muss, um diese Rolle spielen zu können.

Zur *Akteurskompetenz* gehören z.B. Privilegien zur Benutzung von Dienstleistungen (Führerschein, Fahrkarte, Zugangs- und Zugriffsberechtigungen usw.) und eigene Betriebsmittel wie Speicherbereiche. Für automatisierte *Akteure*, z.B. Computerprogramme, behandelt das Realisierungsproblem (s.u.) die Frage, wie eine *Person*, die in eine *Rolle* eintritt, dem damit startenden *Akteur* die akteursspezifischen Kompetenzattribute überträgt und wie die zugehörige Betriebsumgebung diese prüft. Die Attribute einer akteursspezifischen *Kompetenz* werden sozusagen von der verantwortlichen *Person* an den *Akteur* delegiert. Die Verantwortung selbst allerdings, die zur persönlichen *Kompetenz* gehört, ist grundsätzlich nicht delegierbar.

Eine *Person* „erbt“ nicht etwa die *Kompetenz* zur Ausübung einer *Aktivität* von einer *Rolle*, sondern umgekehrt: sie bringt sie in die *Rolle* ein. Der Erwerb einer *Kompetenz* ist eine eigene *Kooperation* (s.u. Abschnitt 5.3.5).

5.2.8 Zweck

Der *Zweck* einer Handlung (etwa einer *Kooperation*, s.u.) ist der Sinn, den eine *Person* mit dem *Ziel* der zugehörigen *Rolle* verbindet. Der Sinn einer Handlung liegt außerhalb der *Rollen*spezifikation. Er erschließt sich über das pragmatisch-semantische Verstehen der *Person*. Es ist Aufgabe der handelnden *Person*, die empfangenen Nachrichten *zweck*orientiert auszuwerten und mit dem Ergebnis ihre *Kompetenz* zu erweitern. Das Erreichen eines formalen Kooperations*ziels* bedeutet nicht notwendig das Erreichen eines befriedigenden individuellen *Zweckes*, zum Beispiel beim Abschluss eines ungünstigen Vertrages oder beim Verlieren eines Spieles.

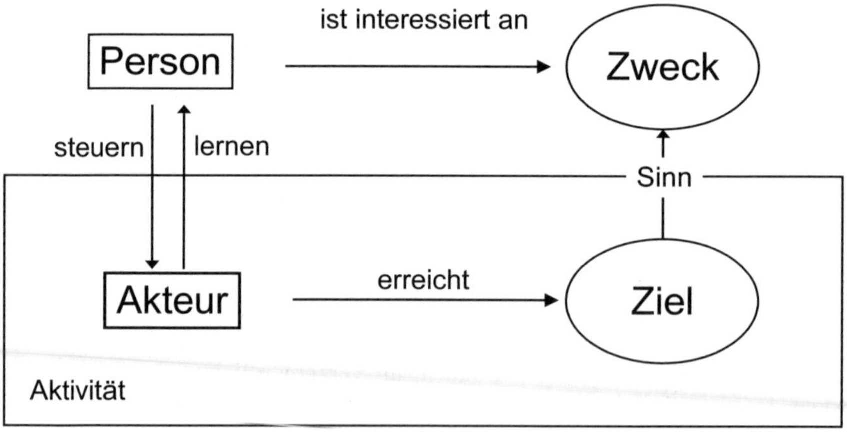

Abbildung 5.4: Wechselspiel Rollenziel - Handlungszweck

5.2.9 Kooperation, Erfolgskopplung und Kooperationsziel

Zwei oder mehr *Rollen*, deren nicht-deterministische Handlungsalternativen einander bedingen, heißen „voneinander abhängig". In der Praxis sind ihre nicht-deterministischen Verzweigungspunkte durch den Austausch von Nachrichten miteinander verbunden. Erwartet wird, dass in einer konkreten *Aktivität* der Inhalt einer eingehenden Nachricht über die fortzusetzende Handlungsalternative entscheidet. Zwei oder mehr *Aktivitäten*, deren *Rollen* voneinander in der Weise abhängen, dass ihre nicht-deterministischen Verzweigungspunkte durch einen Nachrichtenkanal miteinander verbunden sind, nennt man „kommunizierende *Aktivitäten*".

Kommunizierende *Aktivitäten* nennt man eine *Kooperation*, wenn ihre *Ziele* über eine *Erfolgskopplung* miteinander verknüpft sind. Die *Erfolgskopplung* ist eine Eigenschaft der Menge aller *Rollen* einer *Kooperation*. Sie ist erfüllt, wenn alle *Rollen* so spezifiziert sind, dass ein *Akteur* in ihr genau dann sein *Ziel* erreicht, wenn jeder zugehörige *Kooperationspartner* ebenfalls sein *Ziel* erreicht.

Eine typische *Kooperation* ist die Aushandlung eines Vertrags mit dem gemeinsamen *Ziel*, dass alle Partner denselben unterschriebenen Vertrag in der Hand halten. Eine andere typische *Kooperation* ist das Spiel mit dem gemeinsamen *Ziel*, dass alle das Spielende gemeinsam erreichen und sein formales Ergebnis gemeinsam anerkennen unabhängig davon, ob sie gewonnen oder verloren haben.

In diesem Sinne ist ein gemeinsames *Kooperationsziel* als die Menge der *Ziele* aller an einer Kooperation beteiligter *Rollen* wohl definiert. Denn am Ende einer Kooperation ist entweder jeder beteiligte *Akteur* an seinem *Ziel* angelangt oder keiner. Damit kommt die *Kooperation* insgesamt entweder ganz am *Ziel* an oder gar nicht.

Das Kooperationsprinzip verlangt die *Erfolgskopplung* der *Ziele*, nicht der *Zwecke*. Das *Ziel* eines Vertragsschlusses ist erreicht, wenn alle denselben Vertrag in der Hand halten. Aber möglicherweise ist der Vertrag für die einen günstig und für die anderen ungünstig, befriedigt also nicht die *Zwecke* aller Vertragspartner. Alle Spieler erreichen das Ende eines Spieles und erkennen sein Ergebnis an, damit ist das gemeinsame *Ziel* erreicht. Aber die einen gewinnen und die anderen verlieren, so dass nur ein Teil der Spieler seinen *Zweck* erreicht hat, nämlich zu gewinnen.

Kooperationsrollen sind immer so zu konzipieren, dass bei ordnungsgemäßem Durchlauf die *Erfolgskopplung* greift. Wenn ein *Akteur* in einer *Kooperationsrolle* sein *Ziel* erreicht hat und danach den Partner daran hindert, dessen *Ziel* zu erreichen, ist das als Angriff auf das *Kooperationsziel* zu werten. Dagegen müssen Sicherheitsmechanismen implementiert sein, zum Beispiel in Form nicht-abstreitbarer Nachweise der bisherigen Kooperationsschritte. Die digitale Signatur ist hierfür ein geeignetes Beweismittel, analog zur Vertragsunterschrift in der physischen Kommunikation. Ein anderes Beweismittel ist die Kommunikation über eine neutrale dritte Partei, analog zum Notar im physischen Leben.

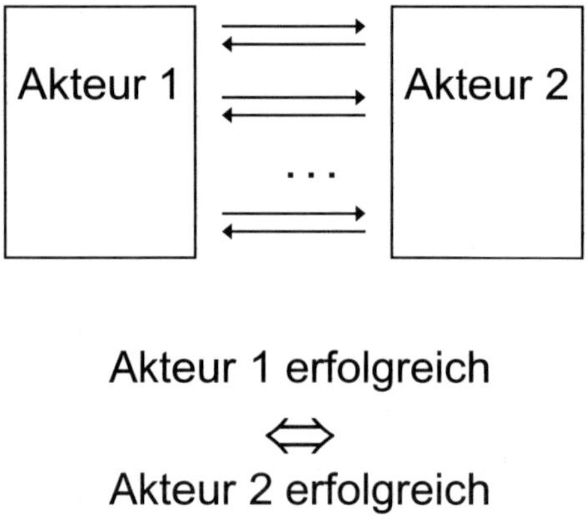

Abbildung 5.5: Kooperation zweier Akteure

Den einfachsten Fall einer *Kooperation* bilden zwei *Kooperationsakteure*, von denen der eine dem anderen ein Angebot unterbreitet, das dieser ablehnt oder annimmt. Die Ablehnung muss für beide *Akteure* als Verfehlen des *Zieles* interpretiert werden. Die Annahme muss für beide *Akteure* als Erreichen des *Ziels* interpretiert werden. Eine Stufe komplexer ist die *Kooperation*, in dem der Empfänger des Angebots statt der Ablehnung einen modifizierten Gegenvorschlag für das Angebot abgeben kann, den nunmehr der erste Anbieter ablehnen oder übernehmen kann. Wiederum müssen Ablehnung und Annahme von beiden Partnern übereinstimmend interpretiert werden. Beide Partner können jeweils ein Angebot bzw. einen Gegenvorschlag abgeben und jeweils das Angebot der anderen Seite ablehnen oder annehmen. Allein die Annahme von Angebot oder Gegenvorschlag führt zum Erreichen des gemeinsamen *Kooperationsziels*, alle anderen Entscheidungen lassen beide Partner das *Kooperationsziel* – allerdings auf geordnete Weise – verfehlen. Das zugehörige Protokoll wird unten in Abschnitt 8.8.1 unter dem Thema „Drei-Schritte Basisprotokoll für E-Commerce" ausführlich behandelt.

5.2.10 Beispiele von Kooperationen

Die folgenden drei Beispiele für eine Kooperation geben Aufschluss über die zentralen Begriffe des Kooperationsmodells:

	Spiel	**Vertragsschluss**	**Verkauf Ware gegen Geld**
Kommunikation	Spielzug	Aushandlungsphase	Aushandeln von Preis und Ware
Partner	Mitspieler	Vertragspartner	Verkäufer und Käufer
Rollenskript	Spielregeln	Vereinbarte Vorgehensweise, ggf. durch notarielles Protokoll	Handelsrecht, Privatrecht, BGB
Ziel	Gemeinsames Ende und Ergebnis	Unterschriebenes und identisches Vertragsdokument in allen Händen	Verkäufer hat Geld und Käufer hat Ware
Zweck	Sieg	Ökonomischer Vorteil	Gewinn
Interessenskonflikt	Die einen gewinnen, die anderen verlieren	Der eigene Vorteil geht möglicherweise zu Lasten der Partner	Ein gutes Geschäft für den einen kann ein schlechtes Geschäft für den anderen sein
Konfliktfreie Lösung	(a) Spiele ohne Verlierer; (b) „Teilnahme ist wichtiger als Sieg“	(a) Fairness; (b) „Win-win“	Fairer Preis

Abbildung 5.6 : Spiel, Vertrag und Verkauf im Telekooperationsmodell

5.3 Verschiedene Konstellationen von Personen in Rollen

5.3.1 Verträglichkeit einer Person in mehreren Rollen

Dadurch, dass eine *Person* mehrere *Rollen* spielen kann, kann es zu Konflikten kommen. Zum Beispiel kann ein Fußballspieler nicht gleichzeitig Schiedsrichter in demselben Spiel sein. Verträglichkeitsprobleme sind jeweils im Anwendungszusammenhang zu lösen: Welche *Rollen* schließen sich gegenseitig aus in der Weise, dass nicht eine *Person* gleichzeitig in ihnen tätig sein kann? Positiv formuliert: Welche *Rollen*kombinationen sind gleichzeitig von einer *Person* aktivierbar?

5.3.2 Konsistenz mehrerer Aktivitäten

Eine *Person* stellt in verschiedenen *Rollen* oder in derselben *Rolle* zu verschiedenen Zeiten zwar verschiedene *Akteure* dar, aber sie bleibt dahinter doch immer dieselbe *Person* mit derselben Verantwortung. Eine Konsistenz unter diesen *Akteuren*, soweit sie erforderlich ist, wird hier durch die *Person* vermittelt.

In manchen Anwendungszusammenhängen ist es erforderlich, dass *Personen*, die nicht direkt miteinander kooperieren, ihre jeweiligen *Aktivitäten* dennoch miteinander verknüpfen. Zum Beispiel schaffen sich verschiedene Banken, die an andere Personen Kredite vergeben, in der „Schufa" ein „gemeinsames Gedächtnis". Zunächst wird dieses Problem der Konsistenz verschiedener *Kooperationen* durch die *Kompetenz* der handelnden *Personen* gelöst. Durch weitergehende Anwendungsspezifikation ist dafür auch, je nach Anwendungszusammenhang, eine Gruppenunterstützung im Sinne von *Computer Supported Cooperative Work* (*CSCW*) denkbar.

5.3.3 Koordination mehrerer Rollen

Eine *Person*, die gleichzeitig in mehreren *Rollen* aktiv ist, muss diese so steuern, dass sie unter Ausnutzung der Lerninhalte aus den *Aktivitäten* möglichst viele *Aktivitäten* zum Erfolg führt und dabei die Erfolgs*zwecke* optimiert. Je nach Handlungs*zweck* können dabei die einzelnen *Aktivitäten* unterschiedlich wichtig für die handelnde *Person* sein. Dabei muss die koordinierende *Person* insbesondere entscheiden, welche Aktionen nebenläufig zueinander sind und welche Aktionen in welcher Weise sequentialisiert durchlaufen werden müssen.

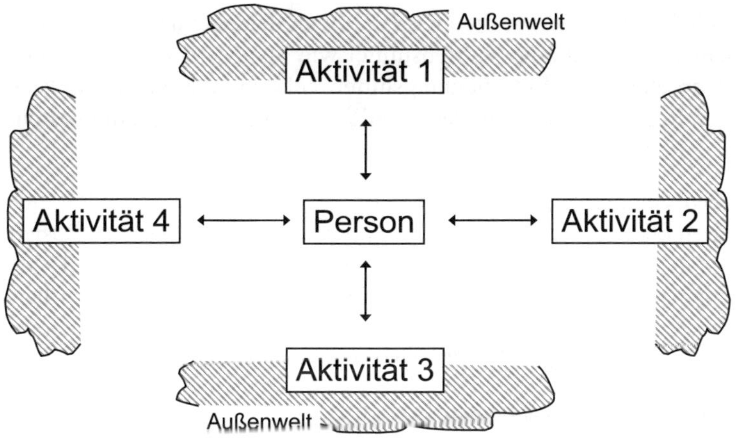

Abbildung 5.7: Koordination von vier Rollen

Ein Beispiel für die *Koordination* mehrerer Rollen durch eine Person ist ein Verkaufsgeschäft mit Fachberatung, wenn der Verkäufer den Kunden nicht an einen Fachberater weiterleitet, sondern sich erst selbst kundig macht und dann die Verkaufsberatung weiterführt. Ein anderes alltägliches Beispiel ist die Vermittlung eines Kredits durch einen Auto- oder Immobilienverkäufer.

5.3.4 Autorisierung von Personen

Eine *Person* wird zum *Akteur*, indem sie in eine *Rolle* eintritt. Der *Akteur* besteht aus zwei Teilen, dem automatischen Anteil, den das *Rollen*programm steuert und dem *persönlichen* Anteil, der an den nicht-deterministischen Verzweigungspunkten der Mensch-Maschine-Schnittstelle Entscheidungen über die Fortsetzung der *Aktivität* trifft. Die Betriebsumgebung des *Rollen*programms muss sicherstellen, dass nur solche *Personen* in die *Rolle* eintreten, die dazu berechtigt sind. Das Autorisierungsproblem ist ein Problem des Zugriffs einer *Person* auf den automatischen Anteil des *Akteurs*. Die Zugriffsberechtigung auf einen *Akteur* ist als Teil der *akteursspezifischen Kompetenz* definiert.

5.3.5 Übertragung und Realisierung der Akteurskompetenz

In der *Akteurskompetenz* einer *Rolle* ist festgelegt, welche *Kompetenz* eine *Person* mitbringen muss, um in dieser *Rolle* aktiv zu sein. Die Betriebsumgebung prüft vor Eintritt der *Person* in die *Rolle*, ob die betreffende *Person* dazu autorisiert ist, d.h. ob sie die erforderliche Zugangsberechtigung zur *Rolle* hat. Das bedeutet, dass *Personen Kompetenzen* für ihre *Aktivität* in *Rollen* mitbringen. In einer *Aktivität* „realisieren“ Personen dadurch die *Akteurskompetenz*, dass sie ihre persönliche *Kompetenz* einbringen.

Es gibt Anteile einer persönlichen *Kompetenz*, die eine *Person* an den automatischen Anteil eines *Akteurs* delegieren kann. Dazu gehören Betriebsmittel wie Speicherbereiche und Datenbankzugriffe. Dazu können aber auch Entscheidungshilfen gehören, die ein *Akteur* sich mithilfe einer automatisierten Recherche aus externen Quellen besorgt und programmgesteuert auswertet.

Es gibt einige Ausprägungen der persönlichen *Kompetenz*, die eine *Person* grundsätzlich nicht an einen *Akteur* delegieren kann: dazu gehören ihr ökonomische Interesse, ihre Besitz- und Eigentumsverhältnisse an Betriebsmitteln, einen nicht zu beseitigenden Anteil von Langzeitgedächtnis und pragmatischem Verständnis, der den Kontext von *Aktivitäten* herstellt, und vor allem die *persönliche* (sic!) Verantwortung. Für jeden *Akteur*, auch wenn er voll automatisiert ist, gibt es eine verantwortliche *Person*.

Woher nun bekommen *Personen Kompetenzen*? Der Erwerb einer *Kompetenz* ist eine eigene *Kooperation*.

Beispielsweise muss eine *Person* einen Führerschein besitzen, um in der *Rolle* eines Autofahrers zu agieren. Wenn sie keinen Führerschein hat, dann kann sie diesen in der *Kooperation* eines Fahrschulunterrichts erwerben. Ein technischeres Beispiel: Um in der *Rolle* eines Administrators Login-Zugänge für Nutzer zu vergeben, muss ein Mitarbeiter als *Person* das Recht dazu haben. Er hat es zum Beispiel durch einen Arbeitsauftrag übertragen bekommen. Das Recht weist er durch Angabe eines Administrator-Kennwortes (oder sicherer: durch Einsatz einer Administrator-Chipkarte) nach.

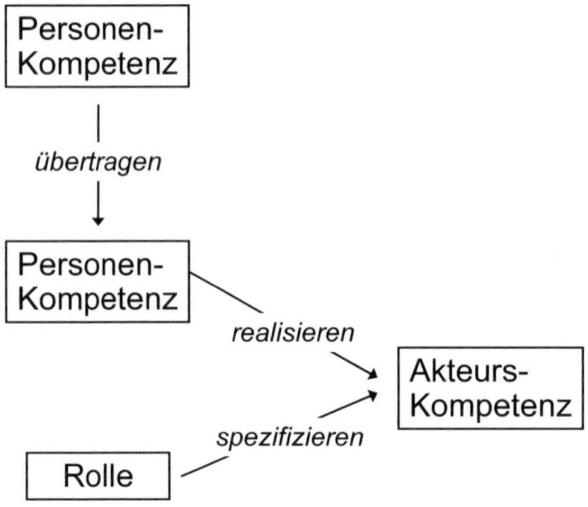

Abbildung 5.8: Übertragung einer Kompetenz von einer Person auf eine andere und anschließende Realisierung der Kompetenz in einer Aktivität

Über *Kooperationen* können *Kompetenzen* von einer *Person* auf eine andere „übertragen“ werden. Das ist zum Beispiel der Fall, wenn eine Firma als juristische *Person* einem Mitarbeiter als natürlicher *Person* die Privilegien einer Abteilungsleitung überträgt. Kompetenz kann auch in einer Telekooperation zwischen *Personen* übertragen werden Die übertragene *Kompetenz* dient der empfangenden *Person* dazu, künftig in einer neuen *Rolle* aktiv zu sein.

5.4 Akteur als automatischer Stellvertreter

Das Modell beschreibt auch solche Fälle, in denen zu einer *Rolle* ein automatischer *Akteur* implementiert ist, der als Stellvertreter einer *Person* in dieser *Rolle* aktiviert werden kann. Beispiele: Autopilot, *Mailtool* in der Rolle des Empfängers und Senders von Briefen (nicht des Briefschreibers!) und jedes Benutzerprogramm. In diesem Fall sind handelnde *Person* und stellvertretend agierender *Akteur* getrennt. Die Ergebnisse einer *Aktivität* werden in Form von Nachrichten vom *Akteur* an die *Person* übertragen, und Steueranweisungen werden in Form von Nachrichten von der *Person* an den *Akteur* übertragen. Die Grenze zwischen *Person* und *Akteur* trennt Interesse, Verstehen, Permanenz und Verantwortung auf Seiten der *Person* von formalem *Ziel*, Syntax, temporärer *Lebensdauer* auf Seiten des *Akteurs*.

Die Grenze zwischen einer Person und eines für sie agierenden Akteurs ist eine Mensch-Maschine-Schnittstelle, die als Eingabe- und Ausgabegerät oder als Nachrichtenkanal implementiert sein kann. Über diese Schnittstelle kommunizieren nicht gleichwertige Partner im Sinne der *peer entities* des 7-Schichtenmodells von OSI (1984), sondern im Dienstverhältnis von Auftraggeber und Auftragnehmer. Die Verantwortung für die Ergebnisse der *Aktivität* liegt beim Auftraggeber und die Verantwortung für die Korrektheit der Implementierung liegt beim Hersteller des Automaten.

In der Interaktion zwischen einer Person mit einem automatischen Stellvertreter sind insbesondere drei Sicherheitsprobleme zu lösen.

Erstens besteht ein Autorisierungsproblem berechtigter *Personen*. Die Betriebsumgebung des *Akteurs* muss sicherstellen, dass nur solche *Personen* in der *Rolle* akzeptiert werden, die dazu berechtigt sind. Das Autorisierungsproblem ist ein Problem des Zugriffs einer *Person* auf den automatischen *Akteur*.

Zweitens kommt es zu einem Realisierungsproblem der *Akteurskompetenz*. Wie überträgt die aufrufende *Person* denjenigen Anteil ihrer *Kompetenz*, der zur Ausübung der *Rolle* notwendig ist, auf den *Akteur*? Wie stellt die Betriebsumgebung des *Akteurs* fest, dass die übertragenen *Kompetenz*attribute korrekt und ausreichend sind? Das Autorisierungsproblem kann durch einen Teil des Realisierungsproblem der *Akteurskompetenz* gelöst werden, indem ein Privileg der *Person* gerade die Aktivierung des *Akteurs* erlaubt; beim Übertragen aller notwendigen Privilegien, die ein Teil der persönlichen *Kompetenz* sind, verifiziert die Betriebsumgebung des *Akteurs* das Aktivierungsprivileg.

Drittens gibt es ein *Übertragungsproblem* von persönlichen *Kompetenzen*. Wie überträgt zum Beispiel eine Firma einem Mitarbeiter eine *Kompetenz*, etwa eine Abteilungsleitung? Das geschieht als *Kooperation* zwischen den *Personen*. Zwar ist in der *Rolle* die zu übertragene *Kompetenz* als *Akteurskompetenz* spezifiziert, aber die Übertragung geschieht zwischen den *Personen*, so dass die Verantwortung eines *Akteurs* immer bei der handelnden *Person* liegt. S.o. Abschnitt 5.3.5 zur „Übertragung von *Kompetenzen*".

5.5 Hierarchie von Akteuren und Hierarchie von Rollen

Es gibt zwei verschiedenen Hierarchien, die nicht verwechselt werden dürfen. Die eine Hierarchie bezieht sich auf *Rollen* und entspricht der Hierarchie von Objektklassen im Paradigma der objektorientierten Programmierung, vgl. etwa (Saake/Sattler 2004, S. 275 ff.). Die andere Hierarchie bezieht sich auf *Akteure* und beschreibt die Delegation von Aufgaben.

Die Hierarchie von Ober- und Unter*rollen* setzt Rollen als zu spezifizierende Objekte zueinander in Beziehung. Objekte sind in Klassen gleichartiger Attribute und Ausführungsmethoden zusammengefasst. Unterklassen besitzen dieselben Attribute und Ausführungsmethoden, und noch andere dazu, durch die ihre Objekte gegenüber Objekten der Oberklasse spezialisiert sind. Diese Hierarchie erlaubt es, *Rollen* im Kontext einer Anwendungsspezifikation auf übersichtliche Weise zu klassifizieren. Eine solche Hierarchie könnte man über die in einer *Rolle* enthaltenen Regeln definieren. Unter*rollen* erben Regeln von ihren übergeordneten *Rollen*. Unter*rollen* enthalten also mehr Regeln als ihre Ober*rollen*. Vereinigungen, direkte Summen und Durchschnitte von *Rollen* sind auf eine mit der *Rollen*hierarchie verträglichen Weise definierbar.

Die andere Hierarchie ist eine Hierarchie von *Akteuren*. Zwei *Akteure* stehen in einem hierarchischen Verhältnis zueinander, wenn aus Sicht des untergeordneten *Akteurs* der übergeordnete *Akteur* die verantwortliche *Person* darstellt, indem dieser nämlich an den Verzweigungspunkten die Entscheidungen trifft. In der umgekehrten Richtung betrachtet: Der untergeordnete *Akteur* erfüllt eine Teilaufgabe des übergeordneten *Akteurs*. Das *Ziel* der untergeordneten *Aktivität* ist ein Teilziel der übergeordneten *Aktivität*. Der *Zweck* des Teil*ziels* ist durch seine Einbettung in die übergeordnete *Aktivität* definiert.

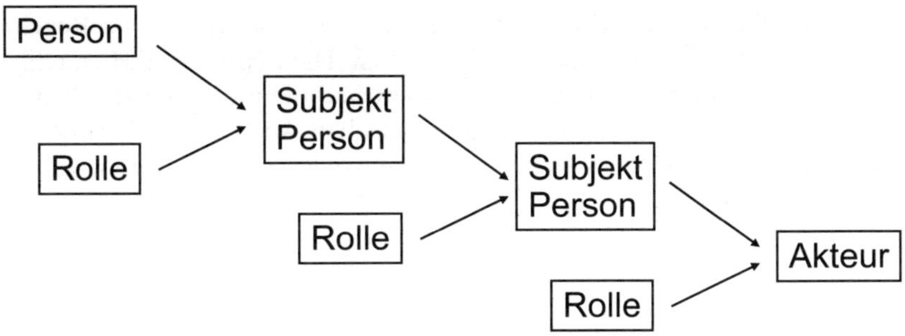

Abbildung 5.9: *Hierarchie von Akteuren. Von unten nach oben: Spezifikationserweiterung. Von oben nach unten: Delegation von Aufgaben*

Von oben nach unten betrachtet, beschreibt diese Hierarchie von *Akteuren* die Delegation von Aufgaben. Der übergeordnete *Akteur* stößt nämlich die untergeordnete *Aktivität* an und führt sie nach den Regeln der zugehörigen *Rolle* aus. Von unten nach oben betrachtet, beschreibt diese Hierarchie die Erweiterung von Spezifikationen. Der übergeordnete *Akteur* entscheidet nämlich zwischen den Alternativen, die in der *Rolle* des untergeordneten *Akteurs* spezifiziert sind, auf eine Weise, die aus Sicht des untergeordneten *Akteurs* nicht vorhersehbar ist. Aus Sicht des untergeordneten *Akteurs* sind solche Entscheidungen nicht spezifiziert, sondern in die *Kompetenz* der verantwortlichen *Person* gelegt. Im Rahmen der *Rolle* des übergeordneten *Akteurs* ist die Entscheidung aber gerade spezifiziert. Wenn also eine bisher nicht spezifizierte Entscheidung aufgrund neuer Kenntnisse oder durch Abgrenzung des Anwendungsumfeldes in einer neuen *Rolle* spezifiziert wird, dann wird die verantwortliche *Person* in dieser Entscheidung unterstützt, indem er hier von einem neuen *Akteur*, der dem bisherigen *Akteur* übergeordnet ist, vertreten wird. Das ist gerade die Erweiterung der Spezifikation um einen bisher nicht spezifizierten Anteil.

Ein übergeordneter *Akteur* repräsentiert gegenüber allen ihm untergeordneten *Akteuren* die verantwortliche Person. Er muss auch die akteursspezifische *Kompetenz* dem untergeordneten *Akteur* überreichen. Hinter dem obersten *Akteur* in einer solchen Hierarchie steht immer eine reale *Person*, die verantwortlich für alle ihre *Akteure* und Unter*akteure* ist. Ein Beispiel für derart hierarchisierte *Aktivitäten* ist der Transfer von Nachrichten (übergeordneter *Akteur*), der die Benutzung eines Transportsystems (untergeordneter *Akteur*) erfordert. Allgemeiner bilden die Funktionsschichten des OSI-Referenzmodells für Kommunikation (OSI 1984) eine Hierarchie von *Rollen* im Sinne der Delegation von Aufgaben zwischen *Akteuren*.

Um diese Hierarchie auch sprachlich einfach ausdrücken zu können, wird eine *Person* immer dann als *Subjekt* bezeichnet, wenn es nicht wichtig ist, ob es sich wirklich um eine *Person* oder um einen übergeordneten *Akteur* handelt. Man schreibt dann auch einfach: $A=(S,R,t)$ und $S=P|A$, d.h. ein *Akteur* A ist immer die temporäre Verschmelzung eines *Subjektes* S mit einer *Rolle* R, wobei das *Subjekt* S entweder ein übergeordneter *Akteur* A oder eine *Person* P ist. Diese rekursive Definition endet, wenn $S=P$ ist, und das ist dann die eine *Person*, die an der Spitze der Hierarchie für ihren obersten *Akteur* und alle ihm untergeordneten *Akteure* verantwortlich ist.

Zusammengefasst: Die statische Hierarchie von *Rollen* ist über die Vererbung von Regeln definiert und dient der übersichtlichen Spezifikation von Rollen. Die dynamische Hierarchie von *Akteuren* ist über die Delegation von Aufgaben definiert und dient der übersichtlichen Verteilung von Aufgaben und der Erweiterung von automatischen Anteilen einer Aufgabe. Die beiden Hierarchien sind vollkommen verschieden voneinander und können in keiner Weise aufeinander bezogen werden.

5.6 Andere Rollenmodelle

Rollen werden in der Sozialwissenschaft in erster Linie in bezug auf Verhaltensweisen untersucht. Bekannte Modelle sind

- das strukturfunktionalistische Bündel von Verhaltensweisen, die aus bestimmten Normen von Bezugsgruppen an Inhaber bestimmter sozialer Positionen herangetragen werden („Orientierungsmuster" bei Talcott Parsons, v.a. Harvard, 1902-1979; statischer „Status" und dynamische „Rolle" in der Chicagoer Schule: Ralph Linton)
- der symbolische Interaktionismus von situationsübergreifenden, erlernten, in relevanten Situationen aktualisierten Verhaltensfiguren, die in der Gesellschaft bekannt und anerkannt sind (Ervin Goffman 1969)
- der Homo Sociologicus, der jeder sozialen Situation eine soziale Rolle als Bündel von Erwartungen zuweist, die sich in einer gegebenen Gesellschaft an das Verhalten der Träger von Positionen knüpfen (Ralph Dahrendorf 1958/1977) ,

Siehe etwa im Soziologie-Lexikon von (Reinhold 2000, S. 541 ff.) oder vertiefend von Furth über „Soziale Rolle, Institution und Freiheit" in Kerber/Schmieder 1991.

Zur Modellierung von Rollen sind in der Informatik eine Reihe nützlicher Instrumente beschrieben. Siehe dazu etwa (Grimm 1994, S. 86). In der Informatik werden Rollen heute hauptsächlich mit Zugriffsberechtigungen assoziiert. Die so genannten rollenbasierten Zugriffsmethoden werden oft mit der Abkürzung *RBAC – Role Based Access Control* bezeichnet. Dazu ausführlich etwa bei Ferraiolo et al. (2001) in ihrem Standardisierungsvorschlag für den amerikanischen NIST. Eine schöne Übersicht findet sich bei (Bishop 2004, Abschnitt 7.4, S. 92-94).

5.7 Zusammenfassung

Kooperation ist ein geregeltes, auf das Erreichen eines gemeinsamen Ziels hin gerichtetes Zusammenwirken von Personen. Telekooperation ist Kooperation mit Unterstützung von Computernetzen zur Überbrückung von Zeit und Raum. Wichtigste technische Basis der Telekooperation bilden das Internet und die Mobiltelefonie.

Das Telekooperationsmodell ordnet eigenverantwortliches menschliches Handeln Personen und ihre automatische Unterstützung Rollen zu. Personen treten als Akteure in Rollen ein und führen darin temporär Aktivitäten aus. Kooperationsrollen haben ein wohldefiniertes gemeinsames Ziel. Die Erfolgskopplung schreibt vor, dass die Rollen so zu spezifizieren sind, dass bei rollengemäßem Verhalten entweder jeder oder kein beteiligte Akteur sein Ziel erreicht. Kooperationsziele sind wohldefiniert und nicht strittig. Die mit den formalen Zielen assoziierten semantischen Zwecke dagegen können sehr wohl unterschiedlich und sogar gegensätzlich sein. Zum Beispiel ist in einem Spiel das gemeinsame Ende wohldefiniert, aber wer gewinnt und wer nicht, ist sowohl offen als auch in der Regel umkämpft.

Personen können zu verschiedenen Zeiten in verschiedenen Rollen aktiv sein (Konsistenzproblem). In gewissen Kooperationen können Personen auch mehrere Aktivitäten gleichzeitig ausführen und diese koordinieren. Personen sind zur Ausübung einer Rolle autorisiert, indem sie ihre Kompetenz dazu in die Rolle einbringen. Der Erwerb einer Kompetenz ist in der Regel Ziel einer speziellen Kooperation zur Übertragung der Akteurskompetenz. Akteure können durch automatische Stellvertreter (teilweise) weiter automatisiert werden. In einer Hierarchie von Akteuren bleibt aber die letzte Verantwortung immer in der Hand einer Person.

Zum Studium weiterer Rollenmodelle aus der Sozialwissenschaft und aus der Informatik wird auf weiterführende Literatur verwiesen.

5.8 Lektüre zur Vertiefung

Das Telekooperationsmodell mit Personen, Rollen und Akteuren ist erstmals beschrieben in (Grimm 1991 und 1994). Es wird dort für die Sicherheitsanalyse von Internet-basierten Kooperationssystemen verwendet. Zum sozialwissenschaftlichen Rollenbegriff vermitteln das Soziologie-Lexikon von (Reinhold 2000) sowie der Überblicksartikel von (Furth 1991) einen guten Zugang. Zur Modellierung von Rollen in der Informatik empfehle ich den Artikel von (Ferraiolo 2001), der grundlegend für *RBAC – Role Based Access Control* ist sowie die knappe Übersicht über *RBAC* in (Bishop 2004, 7.4, S. 92-94).

5.9 Übungsaufgaben

1. Erläutern Sie die Begriffe Person, Rolle, Akteur und Aktivität im Telekooperationsmodell. Ordnen Sie sie einander zu (Skizze). (Abschnitte 5.2.2-4)
2. (a) Erläutern Sie den Begriff Kompetenz im Rahmen des Telekooperationsmodells. (b) Wie erwirbt ein Akteur die für seine Rolle erforderliche Kompetenz? (c) Wie erwirbt eine Person eine Kompetenz? (Abschnitte 5.2.7, 5.3.5)

3. Definieren Sie die „Erfolgskopplung“ einer Kooperation gemäß dem Telekooperationsmodell. Erläutern Sie die Erfolgskopplung am Beispiel eines Spiels, eines Vertragsschlusses und eines Verkaufs von Ware gegen Geld. (Abschnitte 5.2.9-10)
4. Modellieren Sie das Spiel als Kooperation, indem Sie die folgenden Modellelemente benennen: Kommunikation, Kooperationspartner, Rollenskript, Ziel, Zwecke, Interessenskonflikt? Beantworten Sie dieselben Fragen für einen Vertragsschluss und für einen Verkauf einer Ware gegen Geld. Ordnen Sie die Antworten in einer Tabelle an, deren drei Spalten „Spiel“, „Vertrag“ und „Verkauf“ darstellen, und deren Zeilen die Elemente des Modells wiedergeben. (Abschnitt 5.2.10)
5. Auf welche Weise wird im Telekooperationsmodell die Autorisierung von Personen, in Rollen einzutreten, beschrieben und überwacht? (Abschnitt 5.3.4)
6. Skizzieren Sie die Kooperation zwischen einem Bankkunden mit seiner Chipkarte und einem Geldauszahlungsautomaten als automatisiertem Stellvertreter der Bank. Füllen Sie dabei die zentralen Elemente des Telekooperationsmodells. (Abschnitt 5.4)
7. Wieweit ist ein Akteur als Rolle spezifizierbar? Erklären Sie die (endliche) Rekursion der Rollenbildung als teilweise Spezifikation persönlichen Verhaltens. (Abschnitte 5.4, 5.5)

6 Das mathematische Modell der Übertragungskanäle von Shannon

6.1 Gegenstand

Shannon (1948) und Shannon/Weaver (1949) behandeln in ihrer „Mathematischen Theorie der Kommunikation“ ein konstruktives Ingenieurs-Problem zur effizienten Übertragung von Zeichen über diskrete und kontinuierliche Kanäle mit und ohne Störung. Durch einen Bezug zum Informationsbegriff provozieren sie die Kommunikationswissenschaft zu einer Überinterpretation der Erklärungskraft dieser Theorie für den semantisch-pragmatischen Aspekt der Information.

Shannons Theorie behandelt drei Dinge:

1. Sie entwickelt mathematische Definitionen für fundamentale Begriffe der Übertragung von Zeichen. Darunter sind diskrete und kontinuierliche Übertragung, Kanalkapazität, Sende- und Empfangsrate, Störgeräuschrate, Korrekturrate, Redundanz der Kodierung, effiziente Kodierung, Kompression. Dafür werden Wörter verwendet wie Auswahl, Unsicherheit, Entropie und Information.
2. Sie leitet aus statistischen Eigenschaften der Datenströme mathematische Regeln für die effiziente Kodierung der Rohdaten für ihre Übertragung ab.
3. Sie zeigt, dass die Redundanz der Kodierung das Maß für die verlustfreie Kompressionsfähigkeit der Kodierung bzw. für die Robustheit gegenüber Störsignalen bildet. Sie interpretiert umgekehrt die Redundanzfreiheit der Kodierung als Maß für die Freiheit der Auswahl unter möglichen Zeichen (Choice) und für die Unsicherheit des Empfangs möglicher Zeichen (Uncertainty). Die Grundlage dazu bilden Wahrscheinlichkeitsverteilungen für das Auftreten von Zeichen (Entropy).

6.2 Hintergrund und Wirkung

Der Mathematiker Claude Elwood Shannon (1916-2001) hat im Jahre 1948 als Mitarbeiter der Bell Telephone Laboratories in New Jersey eine „mathematische Theorie der Kommunikation“ formuliert (Shannon 1948). Dieser Aufsatz erschien ein Jahr später zusammen mit einer Erläuterung des damaligen Direktors der Natural Science Foundation Warren Weaver, ebenfalls Mathematiker, in einem Buch unter fast demselben Titel: Aus „eine Theorie...“ wurde „*die* Theorie...“ (Shannon, Weaver 1949). Die Theorie erregte vom ersten Tag an bis heute großes Aufsehen in der wissenschaftlichen Öffentlichkeit, auch außerhalb der Mathematik und Informatik, besonders in der Kommunikationswissenschaft und Philosophie (erstmals Schramm 1954, in jüngerer Zeit z.B. Wagenknecht 1995, Capurro 2001). Sie wird heute sozusagen als ein „kanonischer Text einer Theorie der Information“ (Capurro 2001) angesehen und fehlt in keinem Lehrbuch über Kommunikationstheorien, etwa knapp und treffend in (Noelle-Neumann/Schulz/Wilke 2004), ausführlich in (Kloock/Spahr 2000, mit einigen Mängeln), und kritisch, aber nur modellmäßig in (Bentele/Beck 1994) und (Merten 1999).

Die von Shannon vorgelegte Theorie entwickelt Regeln für effizientes Kodieren diskreter und analoger Signale auf Übertragungskanälen mit und ohne Störung. Sie beweist mit mathematischen Mitteln, dass diese Regeln optimal sind: Aufgrund statistischer Analysen des Input- und Outputstroms können effiziente Kodierungsregeln für die Symbole und Signale spezifiziert werden, die aus physikalisch-mathematischen Gründen nicht verbessert werden können. In diesem Sinne ist Shannons Kommunikationstheorie abgeschlossen. Das allein ist eine wissenschaftliche Leistung ersten Ranges. Aber Shannons Beitrag reicht noch weiter.

Der Aufsatz ist brillant geschrieben, sowohl mathematisch als auch sprachlich. Er enthält Beispiele und graphische Erläuterungen. Die abstrakten Aussagen werden interpretiert und sowohl auf diskrete Übertragung von Morse-Telegraf und Fernschreiber (5-Bit-Code, ohne Einschränkung auf ASCII-8-Code erweiterbar) als auch auf analoge Radio- und Fernsehsignale angewendet. Dennoch ist dieser Aufsatz keine leichte Lektüre, er beruht auf glasharter Mathematik. Ich bezweifle, dass alle, die Shannon zitieren, ihn auch wirklich verstanden oder überhaupt gelesen haben. Denn neben seinen nicht misszuverstehenden ingenieurwissenschaftlichen Erkenntnissen auf dem Gebiet der Kodierung von Symbolen und Signalen unterliegt die philosophische Interpretation seiner Theorie manchem Missverständnis (nicht so Merten, der genau diese Beobachtung anstellt, Merten 1999, S. 74 und 151).

Es gibt zwei immer wiederkehrende Missverständnisse. Das eine beruht auf der Verknüpfung des Informationsbegriffs mit dem der Unsicherheit. Shannon meint mit der Unsicherheit die des Empfängers der zu erwartenden Botschaft:

> Can we find a measure of how much choice is involved in the selection of the event or of how uncertain we are of the outcome?
>
> (Shannon 1948, Abschnitt 6, Choice, Uncertainty and Entropy)

Dagegen beziehen manche Autoren die Unsicherheit auf die Wirkung einer Nachricht selbst, so etwa Capurro: „Information als Synonym von Ungewissheit“ und „Eine Botschaft bringt dem Empfänger etwas Neues oder Überraschendes, verursacht dadurch Ungewissheit“ in (Capurro 2001, S.2 u. 5).

Das andere Missverständnis liegt darin, dass Shannon niemals einzelnen Symbolen oder Nachrichten, sondern nur dem Informationskanal insgesamt einen Entropiewert zuweist, und zwar aufgrund der statistischen Eigenschaften aller in ihm möglichen Nachrichten. An keiner Stelle des originalen Papiers definieren Shannon/Weaver ein numerisches Informationsmaß für eine einzelne Botschaft, siehe etwa ausführlich (Shannon/Weaver 1949, S.14) und noch einmal

> The concept of information [...] deals not with a single message but rather with the statistical character of a whole ensemble of messages.
>
> (Weaver in Shannon/Weaver 1949, Abschnitt 3.2, S. 27)

Manche Interpreten nehmen dagegen fälschlicherweise an, einzelne Nachrichten trügen einen Entropiewert und damit einen Informationswert (z.B. Wagenknecht 1995; Kümmel wiederholt in Kloock/Spahr 2001, S. 216, 225; wikipedia.de 2004 gravierend unter dem Stichwort „Entropie“). Das ist nicht der Fall. Das wäre in Bezug auf den semantischen und pragmatischen Aspekt von Information unsinnig, und es ist sogar in Bezug auf den syntaktischen Aspekt nach Shannon inhaltsleer. Ein solches numerisches Maß hätte keinen weiteren Nutzen für die Kodierungstheorie, aus diesem Grunde hütet Shannon sich davor. Obwohl für einen bestimmten Informationskanal der Empfang des Buchstabens „e“ eine höhere Wahrscheinlichkeit hat als der des Buchstabens „x“, wie das etwa in der deutschen Sprache der Fall ist, unterscheiden sie sich nach Shannon nicht in ihrem Informationswert, der sich allein auf die Entropie aller möglichen Datenströme einschließlich dessen bezieht, dem sie beide entstammen; in diesem Beispiel also auf die gesamte deutsche Sprache.

Im Sinne von Bentele und Bystina (1978, S. 96 ff.) drückt die Entropie die „potentielle Information“ der Informationsquelle aus, aber nicht (niemals) die „aktuelle Information“, die eine individuelle Botschaft bei einem Empfänger erzeugt.

Für Überinterpretation bis hin zu Missverständnissen haben Shannon und Weaver durch den Hinweis, eine Theorie der Information geschaffen zu haben, vielleicht selbst gesorgt. Zwar lassen die Autoren keinen Zweifel daran, dass die von Shannon vorgelegte Theorie den Informationsbegriff auf die „blinde“ Auswahlfreiheit unter mehreren möglichen Ereignissen beschränkt. Shannon ist sich dieses Unterschiedes bewusst und grenzt sich gleich am Anfang klar ab:

> The fundamental problem of communication is that of reproducing at one point either exactly or approximately a message selected at another point. Frequently the messages have *meaning*; that is they refer to or are correlated according to some system with certain physical or conceptual entities. These semantic aspects of communication are irrelevant to the engineering problem. The significant aspect is that the actual message is one selected from a set of possible messages. The system must be designed to operate for each possible selection, not just the one which will actually be chosen since this is unknown at the time of design.
>
> (Shannon 1948, Introduction)

Fundamental sind die Aussagen: „These semantic aspects of communication are irrelevant to the engineering problem", und: "The system must be designed to operate for each possible selection", mit anderen Worten, Shannon löst ein ingenieurspraktisches Problem zum Design eines Übertragungsapparates. So beschreibt es Weaver in (Shannon/Weaver 1949, Abschnitte 1.2 und 1.3, S. 4 ff.), wo er die drei semiotischen Ebenen Syntax, Semantik und Pragmatik voneinander unterscheidet und die Theorie von Shannon ausdrücklich auf die syntaktische Ebene beschränkt:

> The mathematical theory of the engineering aspects of communication [...] admittedly applies in the first instance only to problem A, namely, the technical problem of accuracy and of transference of various types of signals from sender to receiver.
>
> Weaver in (Shannon/Weaver 1949, Abschnitt 1.3, S. 6); aber man beachte die Provokation "in the first instance"!

Das hätte die Welt außerhalb der Ingenieurslaboratorien kaum bewegt. Sie bewegt, dass Shannon und Weaver aufgrund ihrer Erkenntnisse eine provokative Interpretation des Phänomens der Information wagen. Und diese ragt in die Semantik von Sprache hinein. Unter „Information" verstehen der Philosoph und der Kommunikationswissenschaftler mehr als ein Maß der Redundanz seiner syntaktischen Kodierung. Information ist für sie ein semantischer Begriff und spricht die Bedeutung der übertragenen Symbole und Signale an, die im jeweiligen Handlungskontext der kommunizierenden Personen pragmatische Wirkung erzielt.

Und genau diese Provokation unternimmt Weaver in (Shannon/Weaver 1949, Abschnitt 3, S. 24 ff.), indem er die Forschung dazu anregt, Shannon's Theorie auf die semiotischen Ebenen der Semantik und Pragmatik auszudehnen. Shannon selbst enthält sich dieser Provokation zwar explizit, aber er impliziert sie doch mit seiner Wortwahl „Entropie" statt „Optimale Kodierungsrate", „Equivocation" statt „Korrekturrate" und „Information" statt „Botschaft" oder „Zeichenfolge".

Gleichwohl halte ich die Provokation für fruchtbar, da sie uns zwingt, die Grenze zwischen der syntaktischen und semantischen Natur von Sprache zu studieren. Meines Erachtens ist folgende Beschreibung des semantischen Informationsbegriffs zulässig:

> Eine *Botschaft* ist eine Zeichenfolge, die für Sender und Empfänger eine (im Allgemeinen nicht deckungsgleiche) semantische Bedeutung hat.
>
> Eine *Information im semantisch-pragmatischen Sinn* ist eine Botschaft, die das Wissen des Empfängers erhöht.

Diese Beschreibung enthält eine Reihe vager Bestimmungen. Ein „Mehr" und „Weniger" von „Wissen" ist schwer oder gar nicht numerisch fassbar, außer mit Mitteln von Tests und Laborversuchen, die notwendig einen relativen pragmatischen Kontext einbeziehen müssen. Zwar scheint intuitiv ein Zusammenhang zwischen „Unsicherheit über den Empfang der Botschaft" und ein „Mehren von Wissen" zu bestehen, der sogar noch durch eine *notwendige* Beziehung verstärkt wird: *Wenn* eine Botschaft keine Information im syntaktischer Hinsicht enthält (weil der Informationskanal determiniert ist), *dann* hat der Empfänger „nichts Neues" erfahren und kann daher auch sein Wissen nicht aufgrund der Botschaft erhöhen. Das gilt aber selbst in dieser Schlussrichtung nur für den vollständig determinierten Informationskanal (Entropie exakt null) und er gilt überhaupt nicht in umgekehrter Schlussrichtung. Daher gibt Shannon's Theorie nicht mehr als diese intuitive Analogie her.

Auf die Begriffe Information und Kommunikation im sozialwissenschaftlichen Sinne gehen (Bentele/Beck 1994) ein. Zum Informationsbegriff in der Politikwissenschaft siehe (Vowe 2004).

Es folgt eine Darstellung der wichtigsten Elemente der Shannon'schen Theorie.

6.3 Das Grundmodell und die Grundbegriffe

Shannon stellt sich die Aufgabe, eine Theorie der Übertragung analoger und diskreter Signale zu entwerfen, die praktisch dazu dient, effiziente Übertragungssysteme zu konstruieren. Dafür setzt er auf statistische Eigenschaften der Signale, die sinnvollerweise nur dann zum Tragen kommen, wenn die Signale nicht vorab bestimmt sind. Auf diese Art der „Unsicherheit" bezieht Shannon den Begriff „Information", nämlich auf die rechnerische Auswahlmöglichkeit von Nachrichtenströmen aus einer Menge vorgegebener Zeichensätze bzw. Frequenzbereiche.

> Can we define a quantity which will measure, in some sense, how much information is "produced" by such a process, or better, at what rate information is produced? [...] Can we find a measure of how much "choice" is involved in the selection of the event or of how uncertain we are of the outcome?
>
> (Shannon 1948, Abschnitt 6, Choice, Uncertainty and Entropy)

„Units of Information" in dem gefundenen Maß sind dabei rein syntaktisch die Zeichen eines Alphabets („The resulting units of information will be called natural units", Shannon 1948, Introduction).

- Die „Units of Information" der natürliche Sprache sind die Buchstaben und Satzzeichen, je nach Ausprägung 32 (Teletype), 128 (7-Bit-ASCII) oder 256 (ASCII) Zeichen.
- Die „Units of Information" der reellen Zahlen in Dezimalbruchdarstellung sind die Ziffern 0-9 und das Komma.
- Die „Units of Information" der Computer sind „Binary Digits", sogenannte Bits. Sie gelten als „kleinste Informationseinheiten", weil sie nur die Auswahl (sic!) zwischen zwei verschiedenen Zuständen zulassen. Bei weniger als zwei Zuständen, nämlich nur einem Zustand, gibt es keine Auswahlmöglichkeit mehr und daher auch keine Information.

Diese „Informationseinheiten" haben nichts mit der inhaltlichen Bedeutung der aus ihnen zusammengesetzten Wörter und Sätze zu tun. Einen Bezug zur Semantik von Information schließt Shannon ausdrücklich und mit Recht aus:

> Frequently the messages have *meaning* [...]. These semantic aspects of communication are irrelevant to the engineering problem.
>
> (Shannon 1948, Introduction)

Also ein „Engineering Problem", ein Konstruktionsproblem für Übertragungssysteme ist das Ziel der Theorie. Und in der Tat wird jeder Begriff so definiert, dass er für das Konstruktionsproblem verwertbar ist. Das zu Grunde liegende Kommunikationsmodell ist von der Kommunikationswissenschaft übernommen und für die Erklärung rückbezüglicher, pragmatischer und semantischer Aspekte der Kommunikation erweitert worden (etwa Merten 1977 u. 1999, Bentele/Beck 1994).

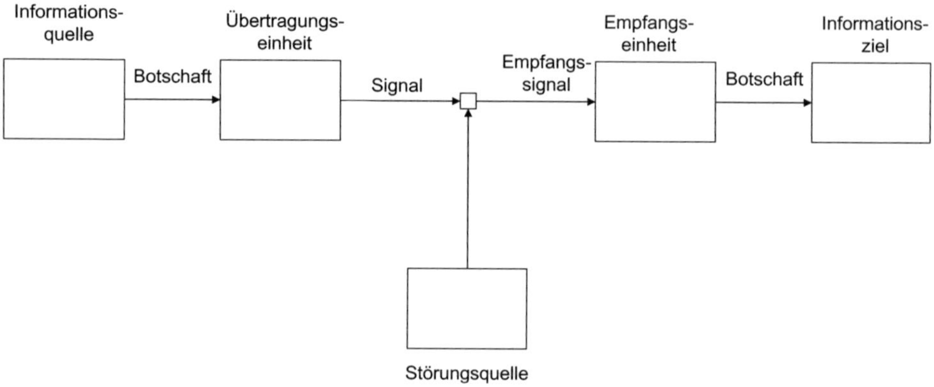

Abbildung 6.1: Schematisches Diagramm eines allgemeinen Kommunikationssystems im Sinne von Shannon (Shannon 1948, Introduction).

Die Informationsquelle produziert Signale in analoger oder diskreter Form.

- Beispiele für analoge Signale: Radio, Fernsehen, und Mobilfunk senden elektromagnetische Wellen in Frequenzbereichen (weit) unterhalb des sichtbaren Lichts. Analoges Telefon sendet Schwachstrom. Klingeln, Hupen, Musikinstrumente und die menschliche Stimme senden Schallwellen.
- Beispiele für diskrete Signale: ISDN-Telefon sendet Schwachstrom in Portionen von 64 Bits pro Sekunde. Leuchttürme senden Lichtsignale in Sequenzen von Lang- und Kurzportionen (auf dem Medium analoger Lichtwellen). Geschriebene Sprache besteht aus einzelnen Buchstaben und Satzzeichen. Das Internet überträgt Bits. E-Mails und Webseiten bestehen aus ASCII-Zeichen, das sind 8-Bit-Sequenzen, sogenannte Bytes.

Die Übertragung analoger Signale kann mathematisch-technisch auf die Übertragung diskreter Signale zurückgeführt werden. Beide Übertragungsformen können mit Hilfe von Transformationsfunktionen ineinander überführt werden (s.u. Fourier und Nyquist). Für die digitale Kommunikation ist die diskrete Datenübertragung der wichtigere Fall, da diese der Datenverarbeitung in Computern und der Kommunikation im Internet zu Grunde liegt.

Die Übertragungseinheit („Transmitter“) wandelt die Signale der Quelle in solche Signale um, die das Übertragungsmedium transportieren kann. Beim Telefon beispielsweise produziert der Sprecher als Informationsquelle stimmliche Laute, die das Telefongerät des Sprechers als Übertragungseinheit in analoge elektrische Impulse transformiert. Beim Internet transformiert der lokale Protokollautomat eines Computers in der Rolle der Übertragungseinheit den Datensatz einer E-Mail in die Bits und Bytes des Übertragungsprotokolls, die das Internet als Medium transportieren kann.

Auf Seiten des Empfängers „decodiert“ die Empfangseinheit („Receiver“) die Signale des Übertragungsmediums in solche Signale, die das Informationsziel weiterverarbeiten kann. Im Beispiel des Telefons ist die Empfangseinheit das Telefongerät mit dem Lautsprecher des Hörers und das Informationsziel ist der hörende Gesprächspartner, der die Signale seines Hörers als akustische Signale über sein Ohr aufnimmt. Im E-Mail-System des Internets ist die Empfangseinheit der Protokollautomat des empfangenden E-Mail-Service, und das Informationsziel ist die Mailbox des adressierten Nutzers.

Das Übertragungsmedium transportiert die Signale vom Sender zum Empfänger. Es kann einfach und direkt sein, wie im Gespräch von Angesicht zu Angesicht, bei dem der luftgefüllte und sichtbare Zwischenraum das Medium darstellt. Oder das Übertragungsmedium kann durch eine komplexe Organisation realisiert sein, wie bei der Telefonie oder im Internet, bei der das Übertragungsmedium jeweils ein hochorganisiertes Netz aus Apparaten, Leitungen und Personen ist.

6.4 Zusammenhang zwischen analogen und diskreten Signalen (Fourier und Nyquist)

6.4.1 Fourier

Bereits im frühen 19. Jahrhundert hat Fourier gezeigt, dass sich alle „vernünftigen“ kontinuierlichen Funktionen $g(t)$ als Summe von Sinus- und Kosinus-Funktionen schreiben lassen, die ihrerseits durch die diskreten Parameter Amplitude und Frequenz bestimmt sind:

$$(1) \qquad g(t) = \frac{1}{2}c + \sum_{n=1}^{\infty} a_n \sin(2\pi nft) + \sum_{n=1}^{\infty} b_n \cos(2\pi nft)$$

Der Wert $g(t)$ wird als Ausschlag der Welle zum Zeitpunkt t interpretiert.

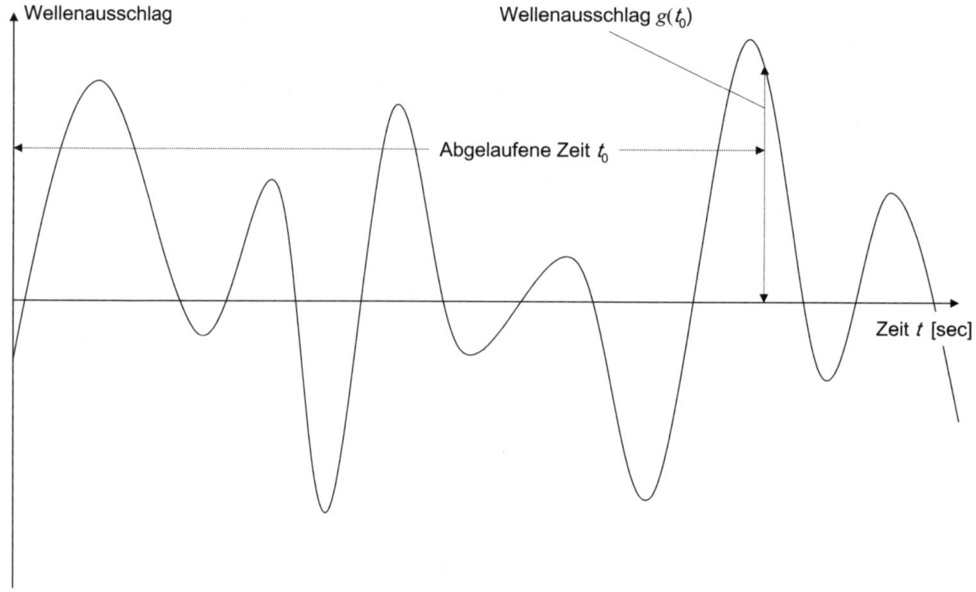

Abbildung 6.2: Graph einer Wellenfunktion „Zeit t → Ausschlag g(t)"

f ist die Grundfrequenz (Anzahl Schwingungen pro Sekunde) aller Terme; a_n und b_n sind die Amplituden (maximale Ausschläge) der n-ten Terme $a_n \sin(2\pi nft)$ bzw. $b_n \cos(2\pi nft)$. Die Dauer T einer Schwingung und ihre Frequenz sind über die Gleichung $f=1/T$ miteinander verbunden. Bei Kenntnis der Periode T und der Funktion $g(t)$ lassen sich die Parameter der Fourierterme bestimmen durch

$$a_n = \frac{2}{T}\int_0^T g(t)\, sin(2\pi nft)\, dt$$

(2) $$b_n = \frac{2}{T}\int_0^T g(t)\, cos(2\pi nft)\, dt$$

$$c = \frac{2}{T}\int_0^T g(t) dt$$

Umgekehrt kann jede kontinuierliche Funktion bei Kenntnis der Werte c, a_1, b_1, a_2, b_2,… aus der Fouriergleichung (1) rekonstruiert werden. D.h. jede kontinuierliche Funktion ist als Menge diskreter Werte bestimmbar. Bei einer festgelegten Obergrenze W für Frequenzen (Tiefpassfilter) ist $a_n=b_n=0$ für alle $n>W/f$ und daher die Menge der Fourierparameter endlich. Aber auch ohne eine absolute Frequenzobergrenze kommt man mit endlich vielen Fourierparametern aus, indem man mit endlichen vielen Fouriertermen bereits eine gute Approximation von $g(t)$ erreicht.

Genauer siehe etwa bei Tanenbaum (2003, „The Physical Layer").

6.4.2 Nyquist und Shannon

Die Fourierparameter einer Funktion, die ein analoges Signal beschreibt, stellen alle Informationen dar, die das Signal in sich trägt, denn mit ihnen ist das Signal vollständig bestimmt. Die Fourierparameter stellen damit eine diskretisierte Datenübertragung dar, die dem Wellensignal entnommen werden. Bei einer Frequenzobergrenze ist diese Menge endlich. Jetzt ist die Frage, wie einer periodischen Funktion, die ein analoges Signal ausdrückt, die Fourierparameter entnommen werden können, mit anderen Worten, wie viele diskrete Informationen ein analoges Signal transportiert. Durch Nyquist (1924, 1928) und in von Shannon erweiterter Form kennen wir die maximale Übertragungsrate:

Wenn ein analoges ungestörtes Signal durch einen Tiefpassfilter auf maximale Frequenz W beschränkt ist, dann kann das Signal theoretisch durch genau $2W$ Abtastungen pro Sekunde vollständig rekonstruiert werden (in der Praxis muss man etwas häufiger abtasten). Mehr Abtastungen liefern keine zusätzliche Information, da höhere Werte der Fourierreihe durch den Frequenzfilter verloren sind. Dieses ist zugleich die maximale Übertragungsrate des analogen Signals. Das gilt für zwei verschiedene Levels (immer dasselbe Maximum und die Null). Wenn das analoge Signal L verschiedene Levels hat (L-1 verschiedene Maxima plus die Null), dann werden entsprechend $2WL$ diskrete Werte pro Sekunde übertragen. Umgerechnet auf eine binäre Darstellung der Werte lautet die Nyquist-Formel

(3) Nyquist: maximale Datenrate für einen analogen ungestörten Kanal ist
$2W \cdot \log_2 L$ Bit/sec

Der Logarithmus zur Basis 2 von L besagt lediglich, wie viele Bits notwendig sind, um die ganze Zahl L in binärer Form darzustellen. Ein Beispiel: Ein geräuschloses Signal mit seiner Frequenz von 3.000 Hz (Schwingungen pro Sekunde) und nur einem Amplitudenlevel (L=2) kann höchstens $2 \cdot 3.000 \cdot \log_2(2) = 6.000$ Bits/Sekunde übertragen.

In der Praxis muss man etwas häufiger abtasten, weil die Tiefpassfilter Zeit zum Abtasten brauchen, während der das zu messende Signal weiterläuft. Für digitale Musikaufnahmen bis zu einer Tonhöhe von 20 kHz (obere menschliche Hörgrenze) tastet man das analoge Musiksignal daher mit einer Rate von 44.1 kHz ab und hat gegenüber der theoretisch erforderlichen 40 kHz eine Reserve von etwas über 4 kHz.

Shannon hat diesen Satz für einen analogen Kanal mit Störrauschen verallgemeinert (Shannon 1948, Abschnitt 26): Wenn ein analoges Signal gestört ist, dann kann es die Übertragungsrate eines ungestörten Signals nicht erreichen. Gleichwohl liefern die Amplituden der analogen Übertragung („Lautstärke" bei Schallwellen) eine Bandbreite von diskreten Werten. Shannon hat dafür eine Obergrenze angegeben. Wenn ein analoges Signal mit durchschnittlicher Sendeleistung von höchstens S durch ein Störsignal mit durchschnittlicher Leistung N überlagert wird und durch einen Tiefpassfilter auf maximale Frequenz W beschränkt ist, dann gilt

(4) Shannon: maximale Datenrate für einen analogen gestörten Kanal ist
$W \cdot \log_2(1 + S/N)$ Bit/sec

Hierbei ist S/N die „Lautstärke“ des Signals über dem Störgeräusch („signal-to-noise ratio“), die industriell in der Regel nicht direkt, sondern in der Form $10 \cdot \log_{10}(S/N)$ in *Decibel dB* angegeben wird. Näheres hierzu siehe bei Tanenbaum (2003, „The Physical Layer“), wo auch folgendes erhellendes Beispiel steht:

Im klassischen analogen Telefonsystem mit einer Frequenz von 3.000 Hz (Schwingungen pro Sekunde) beträgt die durchschnittliche Übertragungslautstärke etwa 60 dB, das entspricht der „signal-to-noise ratio“ S/N= 1.000.000, da $\log_{10}(10^6)=6$. Deshalb kann man über das analoge Telefon niemals mehr als $3.000 \cdot \log_2(1 + S/N) = 3.000 \cdot \log_2(1.000.001) \approx 3.000 \cdot 20 =$ 60.000 Bit/Sekunde verlustfrei (!) übertragen, unabhängig davon, wie viele oder wie wenige verschiedene Maxima das Signal annimmt und wie oft das Signal abgetastet wird. Da das ein Ergebnis mathematischer und informationstechnischer Regeln ist, kann man Gegenbeispiele dazu wie Perpetuum-Mobile-Apparate behandeln: sie sind nicht möglich. Allerdings weist Tanenbaum mit Recht darauf hin, dass auch diese Rate nur eine Obergrenze darstellt, die in der Praxis kaum erreicht wird. Bekanntlich schaffen Modems für das Analog-Telefon bequem 56 KBit/s.

6.5 Der diskrete Kanal ohne Störung

6.5.1 Kanalkapazität

Unter der Übertragung diskreter Signale versteht man einen dynamischen Prozess, bei dem ein Sender in regelmäßigen oder unregelmäßigen Zeitabständen Signale aussendet, die der Empfänger im ungestörten Fall genauso aufnimmt. Alle für den Ingenieur interessanten Beispiele wie der altmodische Morse-Telegraf oder der Fernschreiber, aber auch das moderne E-Mail und das Web (Buchstaben, Satz- und Kontrollzeichen aus dem ASCII-Vorrat) arbeiten mit einem endlichen Zeichenvorrat, den man „Alphabet“ nennt. Die Elemente des Alphabets nennt man Zeichen oder Symbole. Ein diskreter Kanal ist gekennzeichnet durch das Alphabet, dessen Zeichen er übertragen kann, und durch die Kapazität, in welcher Geschwindigkeit er Zeichen übertragen kann:

- Alphabet = Endliche Menge von Zeichen (auch Symbole genannt), die ein Kanal übertragen kann
- |Alphabet| = Länge des Alphabets = Anzahl der *verschiedenen* Zeichen, die der Kanal zur Übertragung akzeptiert
- Übertragungsrate = Anzahl übertragener Zeichen pro Sekunde. Sie wird in Symbole/s oder im Falle der binären Übertragung, in Bit/s angebeben
- Kapazität = Maximale Übertragungsrate eines Übertragungsmediums, zum Beispiel bei ISDN-Telefonie 64.000 Bit/s

Falls ein Zeichen binär kodiert ist wie bei ASCII, dann kann die Angabe Symbole/s in Bit/s umgerechnet werden über die Anzahl Bits, die für die Darstellung eines Symbols gebraucht wird. Da jedes ASCII-Zeichen in 8 Bits dargestellt wird, entspricht eine Übertragungsrate von n ASCII-Zeichen pro Sekunde einer binären Übertragungsrate von $8n$ Bit/s. Jedes der 256 *verschiedenen* ASCII-Symbole wird durch jeweils $\log_2(256) = 8$ Bits ausgedrückt. So kommt es in (Shannon 1948, Abschnitt 1) zur Formel

$$(5) \qquad C = \lim_{T \to \infty} \frac{\log_2 N(T)}{T} \text{ Bit/s}$$

wobei $N(T)$ diejenige Anzahl *möglicher* Zeichen ist (bei jedem tatsächlich übertragenen ASCII-Zeichen wären insgesamt 256 Zeichen möglich gewesen), die pro Zeitintervall T übertragen werden könnten. $N(T)$ ist also gleich $|\text{ASCII-Zeichensatz}|^{n(T)}$, wo $n(T)$ die Anzahl der tatsächlich übertragenen Zeichen pro T sind. Shannon argumentiert (Abschnitt 1), dass die so definierte Kapazität in allen interessanten Fällen endlich ist und im Falle eines regelmäßigen Zeichenstroms in die einfache Formel (Anzahl Symbole/Sekunde)·(Anzahl Bits/Symbol) übergeht:

$\log_2(N)=\log_2 (|\text{ASCII-Zeichensatz}|^n)=n\cdot\log_2(|\text{ASCII-Zeichensatz}|)=n\cdot\log_2(256)= 8n$

6.5.2 Kleiner Exkurs über den Logarithmus

$\log_{10}(n)$ ist der Logarithmus von der Zahl n zur Basis 10 und gibt die Anzahl Dezimalziffern an, die erforderlich ist, um die Zahl n darstellen zu können. Log_{10}(1 bis 9) liegt zwischen 0 und 1, also kann man die Zahlen 0-9 mit einer einzigen Ziffer darstellen, Log_{10}(10 bis 99) liegt zwischen 1 und 2, also kann man alle Zahlen 10-99 sicher mit zwei Dezimalziffern darstellen, usw.

$\log_2(n)$ ist der Logarithmus von der Zahl n zur Basis 2 und gibt die Anzahl Binärziffern (nur 0 und 1) an, die erforderlich ist, um die Zahl n binär darstellen zu können. $\text{Log}_2(1)=0$, denn ein einziger möglicher Zustand braucht keine Darstellung. $\text{Log}_2(2)=1$, denn mit einem Bit 0 oder 1 kann man zwei verschiedene Zustände darstellen. $\text{Log}_2(4)=2$, denn mit 2 Bits kann man vier verschiedene Zustände darstellen, nämlich durch 00, 01, 10 und 11. Und so weiter. Die Zwischenwerte zwischen „glatten“ Logarithmuswerten werden entsprechend interpoliert, also gilt zum Beispiel $0=\log_2(1)<\log_2(2)=1<\log_2(3)<\log_2(4)=2<\log_2(5)<\log_2(6)<\log_2(7) <\log_2(8)=4<\log_2(9)$ … usw. Man kann das so interpretieren: zur Darstellung von n verschiedenen Zeichen sucht man sich die nächst höhere Zweierpotenz $2^m \geq n$ und kann dann sicher sein, dass man mit $\log_2(2^m)=m$ Bits auskommt. Wenn n selbst schon eine Zweierpotenz ist, dann schöpft man dabei alle Binärkombinationen aus, andernfalls bleiben einige Binärkombinationen unberücksichtigt.

$\ln = \log_e$ ist der „natürliche Logarithmus zur Basis e“ und spielt für die Kommunikationstheorie keine Rolle. Er wird hier deswegen nicht weiter behandelt.

Die Logarithmusfunktion $\log_a(x)$ und die Exponentialfunktion a^x zur selben Basis a sind immer invers zueinander: Für alle x gilt $\log_a(a^x)=x$. Für alle $x>0$ gilt zusätzlich $a^{\log a(x)}=x$. Insbesondere gelten $\log_a(1)=0$ und $a^0=1$.

6.5.3 Wahrscheinlichkeitssteuerung des Übertragungsprozesses

Die Buchstaben in geschriebenen natürlichen Sprachen haben eine für ihre Sprache typische Häufigkeit. In der deutschen und englischen Sprache etwa ist der Buchstabe *e* am Häufigsten, *n* am Zweithäufigsten, während *j* und *q* relativ selten vorkommen.

Die Effizienz der Kodierung und die sich daraus ergebende Auslastung eines Kanals mit der höchst möglichen Übertragungsrate von Zeichen pro Sekunde orientiert sich an dem Gedanken, dass man einen möglichst knappen Bitvorrat wählt und den derart auf die zu übertragenden Zeichen verteilt, dass selten genutzte Zeichen eine aufwändigere Kodierung erhalten und häufiger genutzte Zeichen eine knappere. So verfährt etwa das Morsealphabet, das für das häufige *e* einen einfachen Punkt, für das ebenfalls häufige *n* einen Strichpunkt **—.** und für das seltene *q* die aufwändige Kombination **— —.—** festlegt. Um aber zu allgemein gültigen Aussagen über die Effizienz und Kapazitätsauslastung zu kommen, muss die Wahrscheinlichkeitsverteilung der Zeichen in den Übertragungsströmen untersucht und auf sinnvolle Weise beschrieben werden. „Sinnvoll" heißt dabei, dass jede Definition für weitere Berechnungen verwertbar ist.

Dazu stellt Shannon zunächst fest, dass die Zeichenströme der diskreten Kanäle, die uns interessieren, stochastische Prozesse vom ergodischen Markoff'schen Typ sind und deshalb die einschlägigen mathematischen Sätze gelten. Was bedeutet das?

Stochastischer Prozess: Serie von Ereignissen, die durch eine Wahrscheinlichkeitsfunktion gesteuert werden, d.h. für die eine Wahrscheinlichkeitsaussage getroffen werden kann. Beispiele:

- die zufällige Aussendung von 0 und 1 mit 0,5-Wahrscheinlichkeit jedes Ereignisses;
- in Melodien von Volksmusik werden mittlere Töne häufiger als hohe und tiefe Töne gespielt;
- in Zeichenfolgen von Sätzen natürlicher Schriftsprachen ist die Wahrscheinlichkeit des Auftretens jedes Buchstabens durch die relative Buchstabenhäufigkeit gegeben;
- Vollkommen vorher bestimmte Ereignisse sieht man nicht als stochastischen Prozess an.

Wenn an einer Stelle des Prozesses die Ereignisse $S_1, S_2, \ldots, S_n$ möglich sind (z.B. an einer Satzstelle die Buchstaben A-Z oder a-z oder ein Satzzeichen), dann bezeichnet man die zugehörigen Wahrscheinlichkeiten mit $p(1), p(2), \ldots, p(n)$. Im Beispiel der deutschen Sprache wären etwa die Wahrscheinlichkeiten $p(\mathrm{e})\approx 0{,}15$, $p(\mathrm{n})\approx 0{,}09$ usw.

Buchstabe	Relative Häufigkeit	Position	Buchstabe	Relative Häufigkeit	Position
A	4,33	9.	N	8,83	2.
B	1,59	16.	O	1,77	15.
C	2,67	12.	P	0,50	22.
D	4,38	7.	Q	0,01	25.
E	14,70	1.	R	6,86	3.
F	1,36	19.	S	5,39	5.
G	2,66	13.	T	4,73	6.
H	4,35	8.	U	3,18	10.
I	6,37	4.	V	0,73	21.
J	0,16	23.	W	1,42	18.
K	0.96	20.	X	0,01	26.
L	2,93	11.	Y	0,02	24.
M	2,13	14.	Z	1,42	17.

(Fischer Lexikon Technik 2004)

Buchstaben nach Häufigkeit:
ENRISTDHAULCGMOBZWFKVPJYQX (Fischer Lexikon Technik 2004)
ENISRATDHULCGMOBWFKZPVJYXQ (Wikipedia.de, „Das lateinische Alphabet“)
ENRISDUTAGHLOBMFZKCWVJPQXY (Vesin de Romanini, 1840)

Abbildung 6.3: *Wahrscheinlichkeitsverteilung der Buchstaben in der deutschen Sprache (Wikipedia 2004 und Fischer Lexikon, Technik, Bd.4).*

Buchstabe	Relative Häufigkeit	Position	Buchstabe	Relative Häufigkeit	Position
A	6,73	7.	N	7,18	5.
B	1,13	20.	O	8,28	3.
C	3,02	11.	P	2,16	17.
D	2,94	12.	Q	0,06	25.
E	11,37	1.	R	7,15	6.
F	2,79	13.	S	6,61	8.
G	1,58	19.	T	9,65	2.
H	3,06	10.	U	2,60	14.
I	7,82	4.	V	0,98	21.
J	0,15	24.	W	1,67	18.
K	0,17	23.	X	0,36	22.
L	3,94	9.	Y	2,29	15.
M	2,18	16.	Z	0,04	26.

(Eigene Zählung 2004)

Buchstaben nach Häufigkeit:
ETOINRASLHCDFUYMPWGBVXKJQZ (eigene Zählung 2004)
ETAOINSHRDLUCMFWYPVBGKQJXZ (Mergenthaler 1884)

Abbildung 6.4: *Wahrscheinlichkeitsverteilung der Buchstaben in der englischen Sprache (eigene Auszählung 2004 und Mergenthaler 1884).*

Markoff'scher Prozess: Ein stochastischer Prozess ist vom Markoff'schen Typ, wenn die Wahrscheinlichkeit eines Ereignisses von vorherigen Ereignissen abhängt. Beispiele:

- die zufällige Aussendung von 0 und 1 mit 0,5-Wahrscheinlichkeit jedes Ereignisses ist *kein* Markoff'scher Prozess, da jedes Ereignis unabhängig vom vorherigen Ereignis immer die Wahrscheinlichkeit 0,5 hat; Roulette und Lotto dürfen ausdrücklich keine Markoff'schen Prozesse sein, d.h. selbst wenn die Kugel beim Roulette zehnmal auf Rot gefallen ist, so ist die Wahrscheinlichkeit, dass sie beim nächsten Wurf auf Schwarz fällt, wieder nur 0,5 (sogar etwas weniger wegen der Möglichkeit des Zero).
- Melodien von Volksmusik sind Markoff'sche Prozesse, indem bestimmte Folgen von aufeinander folgenden Tönen oder Intervallen (Sekunden, Terzen, Quarten usw.) bevorzugt werden;
- Zeichenfolgen von Sätzen natürlicher Sprachen sind Markoff'sche Prozesse, da bestimmte Buchstabenfolgen in Zweierkombinationen (Digramme), Dreierkombinationen (Trigramme), usw. bevorzugt werden. Beispielsweise kommt die Buchstabenfolge „di" in der deutschen Sprache häufiger vor als die Buchstabenfolge „qu", während „xx" fast niemals vorkommt.

Die Abhängigkeit des Auftretens eines Ereignisses S_j an einer Stelle des Übertragungsstroms von einem davor liegenden Ereignis S_i kann in zweierlei Hinsicht gemessen werden. Zum einen bezeichnet man die Wahrscheinlichkeit, dass die Ereignisse S_i und S_j hintereinander eintreten, mit $p(ij)$ oder ausführlicher als $p(S_iS_j)$. Die Wahrscheinlichkeit dagegen, dass S_j eintritt, nachdem feststeht, dass unmittelbar vorher S_i eingetreten war, schreibt man als $p_i(j)$ oder auch als $p(i \Rightarrow j)$. Zum Beispiel bezeichnet man die relative Häufigkeit der Digramme „an", „qu" und „xx" in der deutschen Schriftsprache mit p(an), p(qu) bzw. p(xx). Die Wahrscheinlichkeit dagegen, dass ein n auftritt, nachdem a bereits sicher aufgetreten ist (bzw. u, wenn q bereits aufgetreten ist, bzw. x, wenn x bereits aufgetreten ist), bezeichnet man mit $p_a(n)$, $p_q(u)$, $p_x(x)$ oder mit $p(a \Rightarrow n)$, $p(q \Rightarrow u)$, $p(x \Rightarrow x)$. Diese beiden Wahrscheinlichkeiten sind durchaus verschieden! Zum Beispiel ist „qu" ein nicht besonders häufiges Digramm der deutschen Schriftsprache, aber wenn „q" bereits aufgetreten ist, dann ist die Wahrscheinlichkeit, dass nun ein „u" kommt, fast 100 Prozent. Allgemein gilt

$$(6) \quad p(ij)=p(i)p_i(j)$$

Ergodischer Prozess: Ein stochastischer Prozess ist ergodisch, wenn die Wahrscheinlichkeitsverteilung der einzelnen Ereignisse bei zunehmender Länge der Ereignisfolgen stabile Grenzwerte annimmt. Es ist eine Art „Regel der großen Zahl": je größer eine Ereignissequenz, desto näher an die Grenzwerte kommen die darin gemessenen relativen Häufigkeiten der Ereignisse. Beispiele:

- Melodien von Volksmusik sind ergodische Markoff'sche Prozesse, da die typischen Tonfolgen in längeren Teilstücken immer dominanter werden.
- Zeichenfolgen von Sätzen natürlicher Sprachen sind ergodische Markoff'sche Prozesse; je länger ein Beispieltext gewählt wird, desto näher kommen die konkret ausgezählten relativen Häufigkeiten von Buchstaben, Digrammen und Trigrammen usw. an stabile Werte, die die Wahrscheinlichkeiten repräsentieren. Das ist unabhängig vom Texttyp, so lan-

ge man in der natürlich geschriebenen Sprachumgebung bleibt. Ernst Jandls Klangedichte führen zu anderen Häufigkeiten.

- Texte, in denen häufig die Sprache gewechselt wird, sind zwar Markoff'sche Prozesse, aber nicht ergodisch. Bei jedem Sprachwechsel beginnt eine neue Wahrscheinlichkeitsverteilung.

Shannon untersucht *diskrete Kanäle als stochastische Prozesse vom ergodischen Markoff'schen Typ*. Damit erfasst er alle interessanten Fälle der Praxis, wie die Datenübertragung von natürlicher Sprache und die Übertragungsprotokolle des Internets mit ihren Inhalts- und Steuerzeichen.

6.5.4 Effiziente Kodierung

Das Ziel einer effizienten Kodierung richtet Shannon in seinem grundlegenden Abschnitt 6 über „Choice, Uncertainty and Entropy" an der Wahrscheinlichkeit des Auftretens einzelner Symbole aus. Dabei beobachtet Shannon zwei gegenläufige Tendenzen, die miteinander in Einklang zu bringen sind.

- Erstens die Trennschärfe von Zeichen mit Hilfe reichhaltigen Codes: Um alle Symbole eines Alphabets trennscharf voneinander zu bezeichnen, muss jedes Symbol ein eigenes Bitmuster haben. Dafür braucht man genügend viele Bits pro Symbol. Zum Beispiel, um 100 verschiedene Symbole zu kodieren, kommt man mit 7 Bits pro Symbol ganz gut aus (28 Kombinationen blieben dabei unberücksichtigt), aber auch eine Bitlänge von 8, 9 oder 10 (und mehr) Bits wäre gut geeignet, und hätte sogar den Vorteil, dass für zukünftige Erweiterungen des Zeichensatzes noch viel Platz wäre. Dabei würden nämlich viele Kombinationen unberücksichtigt bleiben, d.h. man hätte ziemlich viel Redundanz im Code.
- Zweitens die Einsparung von Code zur effizienten Nutzung des Übertragungskanals: Je weniger Bits man für ein Zeichen braucht, desto mehr Zeichen kann man auf einem Kanal übertragen, wenn man realistischer Weise davon ausgeht, dass alle Übertragungskanäle endliche Kapazitäten haben. Wenn also zum Beispiel ein Kanal maximal 60.000 Bits pro Sekunde übertragen kann, dann würde er bei einer Kodierung mit 7-Bits/Zeichen 8.571 Zeichen pro Sekunde übertragen, aber bei einer großzügigeren Kodierung von 8, 9 oder 10 Bits/Zeichen nur 7.500, 6.666 bzw. 6.000 Zeichen pro Sekunde. Wollte man zur Erhöhung der Übertragungsrate von Zeichen zu ihrer Kodierung nur noch 6 Bits/Zeichen verwenden, dann erreichte man zwar tatsächlich 10.000 Zeichen/Sekunde, aber es könnten nicht mehr alle Zeichen trennscharf voneinander unterschieden werden: mehrere Zeichen müssten denselben 6-Bits-Code miteinander teilen. Ein berühmtes Beispiel für die Verknappung von Code auf Kosten der Trennschärfe ist der „MPEG Audio Layer 3"-Kompressionscode für Audio-Signale, bekannt als MP3 (MPEG 1992/1994).

Shannons Ziel ist es, das Optimum dieser beiden Tendenzen zu bestimmen: Präzise Trennschärfe *und* maximale Auslastung der Übertragungskapazität. Einen Code, der diese beiden Eigenschaften erfüllt, nennt man einen *effizienten Code*.

Der Ansatzpunkt zur Bestimmung der effizienten Kodierung ist die Wahrscheinlichkeit des Auftretens der Zeichen. Shannon geht bei der Begriffsbestimmung in zwei Schritten vor.

1. Zunächst definiert er eine Wahrscheinlichkeitsfunktion eines *einzelnen Ereignisses* aus der Menge der an dieser Stelle möglichen Ereignisse. Ein einzelnes Ereignis ist zum Beispiel das einmalige Aussenden eines Buchstabens, der aus einem Alphabet von sechsundzwanzig Buchstaben ausgewählt wird. Diese Wahrscheinlichkeitsfunktion nennt er „Entropie eines Ereignisses" (Shannon 1948, Abschnitt 6).
2. Danach definiert Shannon die Wahrscheinlichkeitsverteilung einer *Folge von Ereignissen* als eine nach den Wahrscheinlichkeiten der bisher erreichten Zustände gewichteten Summe der Entropien der dann jeweils folgenden Einzelereignisse. Die Ereignisfolge nennt Shannon eine „Informationsquelle" und nennt ihre Wahrscheinlichkeitsverteilung die „Entropie der Informationsquelle" (Abschnitt 7).

Aus der Entropie einer Informationsquelle leitet Shannon die effiziente Kodierung zur maximalen Auslastung einer Kanalkapazität ab (Abschnitt 9) und veranschaulicht sein Vorgehen mit Beispielen (Abschnitt 10).

Warum nun gerade der Begriff Entropie gewählt wurde, der ja aus der Physik als Maß der Unordnung und als Richtungsgeber der Zeit bekannt ist, hängt mit der Form der Entropieformel und der Rolle der Wahrscheinlichkeit zusammen. In Folge dieser Analogie kommt es dann noch zu einigen anderen philosophischen Spekulationen, die aber nicht mehr Teil der Shannon'schen Theorie sind. Die Shannon'sche Entropie gibt in Bits/Symbol an, wie viele Bits ein Zeichen im Durchschnitt kostet, wenn der Zeichensatz passgenau für diese Informationsquelle effizient kodiert ist: das ist die minimale Bitlänge, die idealer Weise für diesen Zeichensatz pro Zeichen durchschnittlich zu erreichen ist.

6.5.5 Wahlmöglichkeit, Unsicherheit und Entropie

Die effiziente Kodierung hängt direkt von der Wahrscheinlichkeit des Auftretens eines Zeichens aus einer Menge möglicher Zeichen ab: Je häufiger ein Zeichen auftritt, desto weniger Bits sollte es kosten. Die Wahrscheinlichkeit eines Auftretens kann interpretiert werden als die Wahlfreiheit des (unbefangenen) Senders und ebenso als die Unsicherheit des Empfängers über das zu erwartende Ereignis.

Beispiel zum Verständnis der Wahlfreiheit des Senders: Wegen des ergodischen Charakters der deutschen Schriftsprache wird ein (unbefangener) Sprecher eines deutschen Satzes sich den Wahrscheinlichkeiten der Buchstaben im Satz annähern, und zwar umso mehr, je mehr er spricht. Er kann sozusagen gar nicht anders, indem er als „Informationsquelle" die deutsche Sprache verwendet. Dass einzelne Sätze eine andere Häufigkeit enthalten können und dass sogar ein bewusster Sprecher absichtlich unwahrscheinliche Buchstabenfolgen spricht, etwa Karl Valentins „Wrdlbrmpf", bleibt dabei unberücksichtigt, denn es würde in einem Meer von natürlichen Sätzen statistisch irrelevant bleiben. Es handelt sich also um die effiziente Kodierung einer Informationsquelle insgesamt, eines Sendesystems, und nicht einzelner Botschaften!

Auf der Seite des Empfängers kann die Wahrscheinlichkeit des Auftretens eines Zeichens als die Unsicherheit darüber interpretiert werden, welches Zeichen wirklich kommt. Die Wahrscheinlichkeit liefert ein Maß dieser Unsicherheit, wie man das ja aus allen anderen Anwendungen der Wahrscheinlichkeitsrechnung gewohnt ist.

Beispiel für die Unsicherheit des Empfängers: Der Hörer eines deutschen Satzes erwartet als erstes Ereignis einen Buchstaben, und indem er die Wahrscheinlichkeiten der Buchstabenhäufigkeiten kennt, kann er diesem unsicheren Ereignis einen Wahrscheinlichkeitswert zuordnen: „Dass jetzt ein „e“ kommt, hat die Wahrscheinlichkeit 0,15, dass ein „n“ kommt, hat die Wahrscheinlichkeit 0,09 usw.“

In diesem Sinne ist die Wahrscheinlichkeit des Auftretens eines Ereignisses ein Maß für die Wahlfreiheit (des Senders) und der Unsicherheit (des Empfängers). Das ist strikt zu unterscheiden von der semantische Freiheit des Sprechers zu sagen, was er will, und den emotionalen Unsicherheiten des Hörers über eventuell bang erwartete Nachrichten.

Jetzt ist die entscheidende Frage, an der Shannon sein Genie zeigt, wie denn nun dieses Wahrscheinlichkeitsmaß für die Wahlfreiheit und Unsicherheit (was dasselbe Maß ist) genau formuliert werden soll, mathematisch gesprochen: welche Maßformel $H(p_1,...p_n)$ für die Wahlfreiheit (bzw. Unsicherheit) über die Ereignisse $S_1,...S_n$ denn nun dazu geeignet ist, eine effiziente Kodierung zu bestimmen.

Interessanteweise argumentiert Shannon intuitiv in der Gedankenwelt der Wahlfreiheit und Unsicherheit und nicht mit Blick auf das zu erzielende Ergebnis. Dadurch bekommt sein Ergebnis eine philosophische Tiefe, die zeigt, wie die effiziente Kodierung mit der Wahrscheinlichkeitsverteilung *tatsächlich* zusammenhängt. Er argumentiert so:

Eine Formel $H(p_1,...p_n)$, die die Wahlfreiheit des Senders und, in gleicher Weise, die Unsicherheit des Empfängers eines Ereignisses (etwa eines gesendeten und gelesenen Buchstabens) beschreibt, hängt von der Wahrscheinlichkeitsverteilung $p_1,...p_n$ für das Eintreten eines der Ereignisse $S_1,...S_n$ ab und sollte dabei drei Eigenschaften haben:

1. Sie sollte stetig von den Argumenten $p_1,...p_n$ abhängen, d.h. kleine Veränderungen der p_i sollten auch nur kleine Veränderungen des Maßes H bewirken und keine Sprünge.
2. Wenn alle Ereignisse gleich wahrscheinlich sind, dann sollte das Maß H monoton von der Anzahl der Ereignisse abhängen: je mehr Ereignisse, desto höhere Wahlfreiheit bzw. Unsicherheit.
3. Wenn eine Untermenge möglicher Ereignisse eine gemeinsame akkumulierte Wahrscheinlichkeit des Eintretens gegenüber allen anderen Ereignissen hat, und wenn zusätzlich innerhalb der Untermenge die Einzelwahrscheinlichkeiten gemessen werden können, dann sollte das zugehörige Wahlfreiheits- bzw. Unsicherheitsmaß H die nach den Einzelwahrscheinlichkeiten gewichtete Summe der einzelnen H-Werte sein. Beispiel: Wenn unter drei Buchstaben A, B und C die Eintrittswahrscheinlichkeit für A 1/2 ist und damit das Auftreten von „B oder C“ die Restwahrscheinlichkeit 1/2 hat, und wenn sich zusätzlich die Wahrscheinlichkeiten für B oder C unter der Voraussetzung, dass es nicht A ist, zu 2/3 für B und 1/3 für C ergeben, dann verteilen sich die Eintrittswahrscheinlichkeiten auf die einzelnen Buchstaben wie folgt: A zu 1/2, B zu 1/3 und C zu 1/6. Die Forderung

an H lautet dann so: $H(\frac{1}{2},\frac{1}{3},\frac{1}{6}) = \frac{1}{2}H(\frac{1}{2},\frac{1}{2}) + \frac{1}{2}H(\frac{2}{3},\frac{1}{3})$ (Beispiel aus Shannon 1948, Abschnitt 6).

Für diese drei Forderungen gibt es nur eine einzige mathematische Formel, und die lautet

(7) $$H(p_1,\dots,p_n) = -K\sum_{i=1}^{n} p_i \log p_i$$

(Shannon 1948, Abschnitt 6, Theorem 2)

wobei K eine beliebige Konstante ungleich 0 darstellt. Da diese keine Aussagekraft hat, normiert sie Shannon gleich zu 1. Das Minuszeichen soll den Leser nicht erschrecken, es sorgt lediglich dafür, dass der Wert von H immer positiv ist: da nämlich alle $p_i \leq 1$ sind, sind alle $\log p_i \leq 0$, so dass das Minuszeichen die Gesamtsumme wieder positiv dreht.

Diese Formel elektrisiert den physikalisch vorgebildeten Leser, der darin eine Ähnlichkeit zur Boltzmann'sche Entropieformel für die Wahrscheinlichkeitsverteilung W der Gasmoleküle in einem abgeschlossenen Gasbehälter wiederentdeckt:

$\Delta S = -k \ln W$ (Boltzmann-Formel für die Entropie von Gasen)

k ist dabei eine durch Experimente festgestellte Naturkonstante, die so genannte „Boltzmann-Konstante". S ist die Entropie und stellt eine Zustandsgröße in Abhängigkeit von Volumen und Temperatur des Gases dar. ΔS ist demnach die Differenz der Entropien des Gases in zwei Zuständen. Diese Entropieformel gilt bekanntlich allgemein für alle geschlossenen Systeme: „Die Entropie eines Zustandes ist proportional dem natürlichen Logarithmus seiner Wahrscheinlichkeit". Im Verbund mit dem 2. Hauptsatze der Thermodynamik, der besagt, dass ohne Zuführung von äußerer Energie, also in geschlossenen Systemen, die Entropie zunimmt, besagt die Boltzmann-Formel, dass Systeme von selbst vom unwahrscheinlichen Zustand in einen wahrscheinlicheren Zustand übergehen, niemals umgekehrt. Daran knüpfen sich verschiedene Spekulationen, etwa über die Richtung von Zeit und den Wärmetod des Weltalls. Diese Spekulationen sind hier nicht von Belang. Diese Zusammenhänge stehen in jedem Lehrbuch der Physik, ich habe sie zum Beispiel in einem Lehrbuch meiner Schulzeit (Kuhn 1976) noch einmal nachgelesen.

Wichtig für die Informationstheorie von Shannon ist die Assoziation der physikalischen Entropie mit dem Mangel an detaillierter Information über die innere Struktur des Systems, die über die Wahrscheinlichkeitssaussage kompensiert wird. Diese „Unsicherheit der Information", die sich im physikalischen Entropiebegriff verbirgt, zusammen mit der äußeren Ähnlichkeit der Formeln, waren Anlass für Shannon, das Maß der „Wahlfreiheit" und „Unsicherheit" einer ergodischen Informationsquelle „Entropie" zu nennen. Zu diesem Zweck wählt er aus pragmatischen Gründen den Logarithmus zur Basis 2 (der ja bekanntlich für die Anzahl erforderlicher Bits zur binären Darstellung des Arguments steht), und den frei wählbaren Koeffizienten K normiert er zu 1.

(8) Definition (Shannon): $H(p_1,...,p_n) = -\sum_{i=1}^{n} p_i \log_2 p_i$ bezeichnet die *Entropie einer Wahrscheinlichkeitsverteilung* $p_1,\ldots,p_n$ für ein einzelnes Ereignis aus einer Menge möglicher Ereignisse $S_1,\ldots,S_n$. Wenn dieses Ereignis durch eine Zufallsvariable x beschrieben wird (zum Beispiel „ein Buchstabe“), dann schreibt man für H auch $H(x)$ (zum Beispiel H(Buchstabe an k-ter Position eines Satzes)). H wird in „Bits“ angegeben.

Achtung: Bisher ist nur die Entropie der Möglichkeit eines einzelnen Ereignisses definiert worden und noch nicht einer Folge von möglichen Ereignissen. Das folgt im nächsten Abschnitt über Informationsquellen.

Shannon erläutert die Formel anhand eines einfachen Beispieles: ein Ereignis bestehe aus zwei möglichen Antworten „Ja“ oder „Nein“, wobei für das Auftreten von „Ja“ die Wahrscheinlichkeit p angenommen wird und für das Auftreten von „Nein“ die Restwahrscheinlichkeit 1-p. In diesem Fall ist H eine Funktion einer Variablen p des Einheitsintervalls auf das Einheitsintervall, H:[0,1]→[0,1], mit $H(p)$=$p\log_2(p)$-$(1$-$p)\log_2(1$-$p)$ und kann in einem zweidimensionalen Graphen dargestellt werden.

p=0 bedeutet, dass „Ja“ nicht eintreten kann und dass „Nein“ sicher eintritt. Die Wahlmöglichkeit des Senders und entsprechend die Erwartungsunsicherheit des Empfängers sind in diesem Fall null. Falls im anderen Extrem „Ja“ die Wahrscheinlichkeit p=1 hat und „Nein“ die Restwahrscheinlichkeit 1-1=0, dann trifft „Ja“ sicher ein und „Nein“ ist ausgeschlossen. Wiederum hat der Sender keine Wahl und der Empfänger ist sicher darin, was er empfängt. Folglich ist in beiden Fällen die Entropie Null, was die Formel bestätigt: $H(1,0) = -1\cdot\log_2 1$-$0\cdot\log_2 0 = 0$ und ebenso $H(0,1)$=$-0\cdot\log_2 0$-$1\cdot\log_2 1 = 0$. (Anmerkung über „$0\cdot\log 0$“: gewiss ist „$\log 0$“ nicht definiert, da $\lim_{x\to 0}\log x = \to -\infty$ ist, aber die log-Funktion wächst bei Annäherung des Argumentes an Null langsamer gegen -∞ als die lineare Funktion x gegen 0, daher ist $\lim_{x\to 0}(x\log x) = 0$).

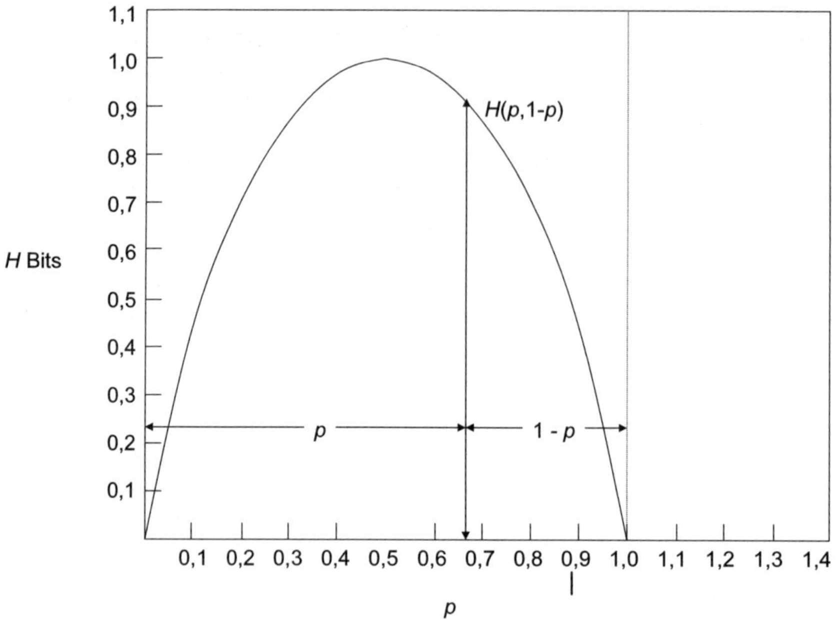

Abbildung 6.5: Entropie eines Ereignisses mit zwei Möglichkeiten, die mit den Wahrscheinlichkeiten p bzw. 1-p eintreten. (Shannon 1948, Abschnitt 6)

p=1/2 bedeutet, dass „Ja“ und „Nein“ beide gleich wahrscheinlich sind. In diesem Fall nimmt die Entropie ein Maximum bei $-1/2 \cdot \log_2(1/2) - 1/2 \cdot \log_2(1/2) = 1/2 \cdot \log_2(2) + 1/2 \cdot \log_2(2) = 1/2 \cdot 1 + 1/2 \cdot 1 = 1$ an. Auch das entspricht der Intuition, dass in diesem Falle der Gleichwahrscheinlichkeit der Sender ein Maximum an Auswahlfreiheit und der Empfänger ein Maximum an Unsicherheit hat.

Diese drei diskutierten Spezialfälle gelten übrigens allgemein auch für mehrdimensionale Ereignisse: Wenn alle $p_1,\ldots,p_n$ bis auf ein p_k Null sind, dann ist dieses eine p_k=1 sicher. Wie man leicht sieht, gilt dann H=0, da alle Summanden $p_i \log_2(p_i)$ null sind, denn alle p_i bis auf das eine k sind null, während bei diesem der Log-Wert null ist: $p_k \log_2(p_k) = 1 \cdot \log_2(1) = 1 \cdot 0 = 0$. Das ist konsequent, weil das Eintreten dieses einen k-ten Ereignisses sicher ist. Wenn dagegen alle p_i gleichmäßig verteilt den Wert $1/n$ annehmen, dann sollte die Entropie einen positiven Maximalwert annehmen, da die Auswahl vollkommen frei und entsprechend die Empfangserwartung maximal unsicher ist, und in der Tat nimmt H hier das Maximum $\log_2(n)$ an: $H(1/n,\ldots,1/n) = n \cdot (1/n \cdot \log_2(n)) = \log_2(n)$.

6.5.6 Entropie einer Informationsquelle

Um nun zu einer Folge von Ereignissen übergehen zu können, definiert Shannon (noch in Abschnitt 6) die *bedingten Entropien* von zwei aufeinander folgenden Ereignissen, die im

Allgemeinen voneinander abhängen, zum Beispiel erst der Buchstabe q, dann der Buchstabe u. Wir unterstellen für beide Ereignisse dasselbe Alphabet (d.h. jedes Mal können dieselben Buchstaben auftreten) und nutzen die Wahrscheinlichkeiten für das einzelne Auftreten eines Zeichens und die beiden Wahrscheinlichkeiten für das Hintereinanderauftreten zweier Zeichen. $p(i)$ bezeichnet die Wahrscheinlichkeit des Ereignisses S_i. $p(ij)$ ist die Wahrscheinlichkeit für das Digramm S_iS_j und $p_i(j)$ ist die Wahrscheinlichkeit dafür, dass S_j auftritt, nachdem feststeht, dass S_i schon aufgetreten ist. Es gilt immer $p(ij)=p(i)p_i(j)$.

Die Entropie des Ereignisses eines Digramms ist nach Definition (8) die gewichtete Summe der Wahrscheinlichkeiten der Digramme, also

(9) $$H(x,y) = -\sum_{i,j} p(i,j) \cdot \log_2 p(i,j)$$

Aus elementaren Zusammenhängen der bedingten Wahrscheinlichkeiten $p_i(j)$ mit den absoluten Wahrscheinlichkeiten $p(i)$ ergibt sich, dass die Entropie der Folge zweier Ereignisse nicht höher als die Summe der Einzelentropien der Ereignisse sein kann:

(10) $H(x,y) \leq H(x) + H(y)$mit Gleichheit genau dann, wenn die Ereignisse unabhängig sind, d.h. wenn alle $p(j) = p(i \Rightarrow j)$.

Dieses Ergebnis bestätigt wiederum die gelungene Begriffswahl von H, da es die Entropie (Wahlfreiheit, Unsicherheit) intuitiv zum Ausdruck bringt: Abhängigkeiten der Ereignisse x und y erniedrigen ihre Auswahlfreiheit gegenüber der unabhängigen Wahl der Ereignisse. Die *bedingte Entropie* eines Ereignisses y nach einem Ereignis x, $H_x(y)$, definiert Shannon entsprechend als den Durchschnitt der Entropien von y für jeden Wert von x, gewichtet nach der Wahrscheinlichkeit, dass dieses spezielle x eintritt:

(11) Definition: $H_x(y) = -\sum_{i,j} p_i \cdot (p_i(j) \cdot \log_2 p_i(j))$ ist die *bedingte Entropie* eines Ereignisses y in Abhängigkeit des davor eintretenden Ereignisses x.

Wegen der Beziehung (6) $p_i \cdot p_i(j)=p(i,j)$, und dem Distributivgesetz ergibt das

(11') $H_x(y) = -\sum_{i,j} p(i,j) \cdot \log_2 p_i(j)$ für die bedingte Entropie.

Aus den Formeln leitet man unmittelbar ab, dass die bedingte Entropie von y die Differenz zwischen der Digramm-Entropie für (x,y) und der Entropie des ersten Ereignisses x aus dem Digramm ist:

(12) $H(x,y) = H(x)+ H_x(y)$, sowie $H(x,y) = H(y)+ H_y(x)$

Aus (10) und (12) ergibt sich die intuitiv nachvollziehbare Ungleichung

(13) $H(y) \geq H_x(y)$

die besagt, dass die Kenntnis eines Ereignisses x die Entropie (Unsicherheit) des folgenden Ereignisses erniedrigt, da ja die Wahrscheinlichkeitsbeziehung zwischen x und y einen gewissen Rückschluss auf das Ereignis y zulässt, es sei denn, dass die beiden Ereignisse x und y unabhängig voneinander sind, in dem Falle sind die Entropien gleich:

(14) $H(y) = H_x(y)$ genau dann, wenn x und y unabhängige Ereignisse sind, d.h. wenn alle $p(j) = p(i \Rightarrow j)$.

Eine *Informationsquelle* ist definiert als ergodischer Markoff'scher Prozess aus Ereignissen. Jedes stattgefundene Ereignis – z.B. nachdem ein Buchstabe ausgesendet wurde – hinterlässt das System – die Informationsquelle – in einem Zustand S_i, der dadurch gekennzeichnet ist, dass i Ereignisse stattgefunden haben – die Buchstabenfolge $a_1,\ldots,a_i$ ausgesendet wurde – und das System dadurch in die Zustände S_1, …, S_i überführt hatte. Nun ist das System in Zustand S_i und erwartet ein weiteres Ereignis – das Aussenden des nächsten Buchstabens. Das *Folge*ereignis ist nun ein einzelnes Ereignis und hat eine Entropie, die im Zustand S_i mit H_i bezeichnet wird. Sie ist nach Definition (8) die Summe der $p\log(p)$ aus der Wahrscheinlichkeitsverteilung des erwarteten Ereignisses – des Folgebuchstabens. Da aber das System in einem bestimmten Zustand ist – bestimmte Buchstaben bereits ausgesendet wurden –, handelt es sich bei den Wahrscheinlichkeiten um *bedingte* Wahrscheinlichkeiten in Abhängigkeit des bestehenden Zustands, die wir mit $p_i(j)$ bezeichnen. Das Folgeereignis im Zustand S_i hat also die Entropie $H_i = \sum_j p_i(j)\log_2 p_i(j)$, wobei mit j über alle möglichen Ereignisse an dieser Stelle (alle möglichen Buchstaben, die als *nächstes* gesendet werden können) summiert wird. Der Zustand S_i hat seinerseits eine Wahrscheinlichkeit, dass er entstanden ist, die mit P_i bezeichnet wird. Im Beispiel der Informationsquelle ist $P_i = p(a_1,\ldots,a_i)$ die Auftrittswahrscheinlichkeit der bisher gesendeten Buchstabenfolge $a_1,\ldots,a_i$.

Definition: Die *Entropie der Informationsquelle* ist definiert als die Summe der Entropien der Einzelereignisse H_i nach allen möglichen Zuständen S_i, gewichtet nach der Wahrscheinlichkeit P_i des Auftretens des Zustandes S_i an der i-ten Stelle:

(15) $$H = \sum_i P_i H_i = -\sum_{i,j} P_i p_i(j)\log_2 p_i(j)$$

Falls die Folgeereignisse voneinander unabhängig sind, gilt $p_i(j)=p(j)$ und deshalb wie bei der Entropie eines einzelnen Ereignisses $H=-\sum_j p(j)\log_2 p(j)$ (s. Definition 8 oben), denn dann ist

$$\sum_{i,j} P_i p_i(j) log_2\, p_i(j) = \sum_{i,j} P_i p(j) log_2\, p(j)$$
$$= (\sum_i P_i)(\sum_j p(j) log_2\, p(j)) = \sum_j p(j) log_2\, p(j)$$

weil ja $\Sigma_i P_i=1$, d.h. die Wahrscheinlichkeiten aller möglichen gegenwärtigen Zustände zusammen immer 1 ergeben. In diesem Fall der voneinander unabhängigen Folgeereignisse ist übrigens die Entropie einer Nachrichtenquelle ungefähr gleich dem Logarithmus der umgekehrten Auftrittswahrscheinlichkeit p einer typischen langen Botschaft (Zeichenfolge), geteilt durch die Länge N der Botschaft, und zwar je länger und typischer, desto eher: $(1/N)\cdot\log_2(1/p)\rightarrow H$. (Shannon 1948, Abschnitt 7 über die Entropie einer Informationsquelle).

Die Entropie einer Informationsquelle bemisst sich in „Bits pro Symbol" und gibt, wie wir sehen werden, die durchschnittliche Bitlänge eines Symbols an, wenn alle Symbole in Bezug auf diese Informationsquelle möglichst effizient, d.h. trennscharf und ohne übrig bleibende Bitkombinationen so kodiert sind, dass seltenere Zeichen längere und häufigere Zeichen kürzere Bitkombinationen lang sind. Die Entropie gibt mithin die minimale Bitlänge an, die idealer Weise für diesen Zeichensatz pro Zeichen durchschnittlich zu erreichen ist.

Die Entropie einer Informationsquelle kann man selbstverständlich auch als zeitlichen Prozess beschreiben und in „Bits pro Sekunde" angeben. Diese „dynamische Entropie" bezeichnet Shanonn mit H' und definiert sie als

(16) $$H' = \sum_i f_i H_i \text{ Bit/s}$$

wobei f_i die Frequenz des Ereigniswechsels vom i-ten auf das i+1-te Ereignis ist. Die beiden Entropieformate hängen über die durchschnittliche Übertragungsrate einer Informationsquelle von m Symbolen pro Sekunde zusammen:

(17) $$H' = mH \text{ Bit/s}$$

Wie misst man nun die Entropie einer Informationsquelle, die doch verschieden lange Zeichenketten produzieren kann? Hier kommt der ergodische Charakter der Informationsquelle zum Tragen: je länger eine Botschaft, desto „typischer" ihr statistisches Verhalten. Shannon zeigt folgende Konvergenzen für Folgen von Zeichenketten (Shannon 1948, Abschnitt 7):

Einer Botschaft (Zeichenfoge) B der Länge N kann man eine Auftrittswahrscheinlichkeit $p(B)$ zuordnen. Dann konvergiert die Folge $G_N := -\frac{1}{N}\sum_{|B|=N} p(B)\log p(B)$ mit wachsenden N

monoton fallend gegen den Entropiewert H der Informationsquelle, aus der die B stammen: $\lim_{N \to \infty} G_N = H$.

Eine noch bessere Konvergenz wird erzielt, wenn man für die Wahrscheinlichkeitswerte der Botschaften die bedingten Wahrscheinlichkeiten nachfolgender Symbole berücksichtigt. Wenn man mit $p(B,S_j)$ die Wahrscheinlichkeit der Botschaft B gefolgt von dem Zeichen S_j bezeichnet und mit $p_B(S_j) = p(B,S_j)/p(B)$ die bedingte Wahrscheinlichkeit von S_j, wenn davor sicher B aufgetreten ist, dann konvergiert die Folge der Zahlen $F_N := -\sum_{j,|B|=N} p(B,S_j) \log p_B(S_j)$ ebenfalls monoton fallend gegen H, und zwar schneller als G_N: $\lim_{N \to \infty} F_N = H$. Außerdem gilt: $H \leq F_N \leq G_N$ für alle N.

An dieser Stelle sei noch einmal in aller Deutlichkeit darauf hingewiesen, dass eine individuelle Botschaft (Zeichenfolge) B zwar eine Auftrittswahrscheinlichkeit $p(B)$, aber keine Entropie H hat. Entropien kommen nur der Informationsquelle insgesamt zu.

6.5.7 Effizienz der Kodierung und Hauptsatz

Ein Zeichensatz erzielt bei völliger Gleichverteilung der Auftrittswahrscheinlichkeit seiner Zeichen eine maximale Entropie. Das Verhältnis der tatsächlichen (womöglich ungünstigen) zur völlig ausgeglichenen Wahrscheinlichkeitsverteilung einer Informationsquelle zeigt an, wie viel „Platz" zur Kompression des Codes bei Erhalt der Trennschärfe noch übrig ist. Diesen nennt man Redundanz:

(18) Definition: Die *relative Entropie einer Informationsquelle* ist der Quotient aus der tatsächlichen Entropie geteilt durch die maximale Entropie desselben Zeichensatzes bei angenommener Gleichverteilung der Zeichenwahrscheinlichkeiten.

(19) Definition: Die *Redundanz einer Informationsquelle* ist definiert als „Eins minus ihrer relativen Entropie".

Dass H in der Tat die „beste Kodierung" von Symbolen eines Zeichensatzes anzeigt, d.h. dass die „beste Kodierung" des Zeichensatzes im Durchschnitt H Bits pro Symbol kostet, beweist Shannon in seinem

(20) *Hauptsatz über den diskreten ungestörten Kanal*: Eine Informationsquelle mit Entropie H Bits/Symbol kann durch einen vorgegebenen Kanal mit Kapazität C Bits/Sekunde verlustfrei niemals schneller als mit der Übertragungsrate C/H Symbole/Sekunde übertragen werden. Die Übertragungsrate C/H kann durch geschickte Kodierung (Kompression zur Eliminierung der Redundanz) beliebig nahe erreicht werden. (Shannon 1948, Abschnitt 9, Theorem 9)

Der zweite Teil der Aussage wird konstruktiv bewiesen. Dazu dient beispielsweise das Fano'sche Kodierungsverfahren (Fano 1949): Man ordne die Zeichenfolgen einer festen Länge N nach sinkender Wahrscheinlichkeit. Diese geordnete Menge von Zeichenfolgen teile man in zwei Teilmengen derselben Wahrscheinlichkeit und gebe allen Folgen der oberen Teilmenge das Bit 0 als erstes Bit und allen Zeichenfolgen der unteren Teilmenge das Bit 1 als erstes Bit. Dann teile man jede der beiden Teilmengen wiederum in jeweils zwei Teilmengen der gleichen Wahrscheinlichkeit und gebe ihnen entsprechend als zweites Bit eine 0, wenn sie zum oberen Teil gehören und eine 1, wenn sie zum unteren Teil gehören. So fahre man fort, bis die Zeichenfolgen alle einzeln als Bitmuster kodiert sind (Shannon 1948, Ende von Abschnitt 9).

Shannon führt in Abschnitt 10 ein erhellendes Beispiel aus: Ein Zeichensatz aus vier Buchstaben *A*, *B*, *C* und *D* würde man unbefangen mit zwei Bits gleichmäßig kodieren durch

A	00
B	01
C	10
D	11

Ein Kanal mit 300 Bit/s (wie die alten Akustikkoppler der 1980-er Jahre) würde diese Zeichen zum Beispiel immer mit 150 Zeichen pro Sekunde übertragen. Nun nehmen wir aber mal an, dass eine Informationsquelle aus diesen vier Zeichen eine ungleichmäßige Wahrscheinlichkeitsverteilung bevorzugen würde, und zwar treten die Buchstaben *A*, *B*, *C* und *D* unabhängig voneinander mit der Wahrscheinlichkeit 1/2, 1/4, 1/8 bzw. 1/8 auf, dann ist die Entropie dieser Quelle

$H = -\frac{1}{2}\log\frac{1}{2} - \frac{1}{4}\log\frac{1}{4} - \frac{1}{8}\log\frac{1}{8} - \frac{1}{8}\log\frac{1}{8} = \frac{1}{2} + \frac{2}{4} + \frac{6}{8} = \frac{7}{4}$ Bits/Symbol. Die Fano'sche Methode liefert nun einen effizienteren Code, und zwar bekommt *A* das Bit 0; *B*, *C* und *D* beginnen mit Bit 1; *B* bekommt als zweites Bit 0; *C* und *D* bekommen als zweites Bit 1; *C* bekommt als drittes Bit 0 und *D* bekommt als drittes Bit 1:

A	0
B	10
C	110
D	111

Die durchschnittliche Bitzahl pro Symbol bei einer durchschnittlichen Übertragung ist nicht etwa (1+2+3+3)/4=9/4, sondern hängt ja vom wahrscheinlichen Auftreten der Zeichen ab, sie ist also (1/2·1 Bit + 1/4·2 Bits + 2/8·3 Bits) = (1/2+1/2+3/4) Bits = 7/4 Bits, das ist genau der Entropiewert. Damit überträgt unser 300 Bit/s-Kanal im Durchschnitt C/H = 300/(7/4) = 171,4 Zeichen/s, und das ist eine Steigerung gegenüber 150 um 21,4/171,4 also um ein Achtel. Und das ist auch genau der Redundanzwert dieser Informationsquelle: Die maximale Entropie des Beispieles $\{A,B,C,D\}$ oben wäre -4·(1/4·log(1/4))=log(4)=2. Die tatsächliche Entropie ist 7/4. Die relative Entropie ist damit (7/4)/2=7/8 und die Redundanz damit 1-(7/8)=1/8.

Die Einsparquote im Rahmen der Redundanz ist übrigens unabhängig von der Kanalkapazität und gilt bei einer Kapazität von 300 B/s genauso wie für 1 MB/s oder 1 GB/s.

Man kann die Redundanz eines Codes auch durch eine geeignete Kompression des vorhandenen Zeichensatzes erreichen. In Folge von Shannons eigenem Beispiel in Abschnitt 10 kann man das Alphabet $\{A,B,C,D\}$ aus dem Beispiel oben auf ein anderes Alphabet $\{A',B',C',D'\}$ komprimieren, indem man nun rückwärts jeweils Bit-Digramme wie folgt zuordnet:

00	*A'*
01	*B'*
10	*C'*
11	*D'*

Zum Beispiel würde nun eine originale 4-Zeichen-Botschaft *ABBA*, die im „Fano-Code" als 0 10 10 0 übertragen wird, im neuen Code als *B'B'A'*, also nur in drei Zeichen und mithin schneller übertragen werden. Die tatsächliche Kompressionsrate ist mit 1/8 allerdings etwas geringer als 1/4, daher klappt das nicht mit jeder 4-Zeichen-Folge. Aber im Durchschnitt spart man doch bei je 8 Zeichen eines ein. Soweit der konstruktive Teil von Shannons Hauptsatz.

Der absolute Teil besagt, dass man selbst mit einer noch so ausgeklügelten Kodierung diese Kompression nicht mehr verlustfrei überbieten kann. Die maximale Übertragungsrate für eine Informationsquelle mit Entropie H Bits/Symbol über einen Kanal mit Kapazität C Bit/s beträgt C/H Zeichen pro Sekunde, was unmittelbar einleuchtet, denn jedes Zeichen „kostet" im Durchschnitt H Bits. In dem Beispiel oben haben wir also durch effizientere Kodierung bzw. Kompression bereits die maximale Übertragungsrate in Zeichen/Sekunde erreicht.

Die Entropien H Bits/Symbol und H' Bits/Sekunde hängen über die Formel (17) $H'=mH$ Bit/s zusammen, wobei m die Anzahl Zeichen pro Sekunde ist, die die Informationsquelle über den Kanal überträgt. Der Hauptsatz für ungestörte diskrete Kanäle (20) besagt nun, dass $\max(m)=C/H$ die bestmögliche Übertragungsrate für alle Informationsquellen über diesen Kanal ist, also gilt

$$(21) \qquad \max(H') = C \text{ Bit/s}$$

wobei das Maximum über alle Informationsquellen und alle denkbaren Kodierungen für diesen Kanal gebildet wird. Dieser Zusammenhang wird für die Definition der Kapazität eines diskreten gestörten Kanals ausgenutzt, s.u. Formel (25).

Die Sensation durch die Erfindung des MP3-Audiocodes (Brandenburg et al. 1989 und 1994, MPEG 1992/1994) bestand ja darin, dass man Musik in guter digitaler Qualität über das Telefon übertragen konnte, was auf den ersten Blick wie eine Durchbrechung der Shannon'schen „Naturgesetze" im Range eines Perpetuum Mobile erscheint. In Wirklichkeit wird diese „Überbietung der Shannon'schen Grenze" durch die Aufgabe der Trennschärfe, also mit dem Verlust von Zeichen erreicht. Der Hauptsatz stellt die Grenze nur für verlustfreie Übertragung fest. Die Kunst der MP3-Erfinder bestand gerade darin, den Verlust so zu organisieren, dass der Hörer ihn nicht empfindet, und das erforderte neben dem Studium von Kodierungsregeln ein biologisches und wahrnehmungspsychologisches Verständnis des menschlichen Ohres.

Abschließend sei noch auf die Redundanz natürlicher Schriftsprachen hingewiesen. Shannon beobachtet, dass Kreuzworträtsel ohne Lücken problemlos möglich sind, wenn eine Sprache redundanzfrei ist, weil dann jede Buchstabenfolge ein sinnvolles Wort ergäbe. Je mehr Redundanz in einer Sprache ist, desto schwerer ist die Konstruktion eines Kreuzworträtsels, weil es dann immer wenige sinnvolle Buchstabenfolgen gibt. Die deutsche Sprache hat etwa 50% Redundanz, *wi mn drch Wglssn vn viln Bchstbn as enm Tx fststlln knn*. Man kann sich fragen, wieso natürliche Sprachen eigentlich eine so hohe Redundanz herausgebildet haben. Der Grund liegt in der Robustheit, die die Datenübertragung durch Kompensation von Geräuschstörungen mit Redundanz erreicht. Das behandelt Shannon in einem eigenen Kapitel über diskrete Kanäle mit Störung.

6.6 Der diskrete Kanal mit Störung

6.6.1 Störung, Korrektur und Übertragungsrate

Wenn ein Übertragungskanal gestört ist, dann kommen nicht mehr alle Sendesymbole x in ihrer originalen Form an. Der Sender weiß also nicht sicher, was aus seinem Input x wird, und der Empfänger weiß nicht mehr sicher, ob sein Output y mit dem Input übereinstimmt. Während bei einem ungestörten Kanal die Eingangs- und Ausgangsentropien gleich waren, $H(x)=H(y)$, so gilt das für den gestörten Kanal nicht mehr: Es besteht eine Störwahrscheinlichkeit, die sich aus Sicht des Senders in einem bedingten Entropiewert des Outputs in Abhängigkeit vom Input, $H_x(y)$, ausdrücken lässt. Auf Empfängerseite besteht die Störwahrscheinlichkeit in der unsicheren Abhängigkeit des Inputs vom Output, $H_y(x)$. Diese beiden bedingten Entropien sind im ungestörten Kanal null, d.h. Input und Output sind gleich und determinieren sich damit gegenseitig vollkommen. Im gestörten Kanal gilt dagegen allgemeiner

$$(22) \quad H(x,y) = H(x) + H_x(y) = H(y) + H_y(x)$$

$H_x(y)$ kann man als Entropie des Störgeräusches interpretieren, und $H_y(x)$ als erforderliche Korrekturrate des fehlerhaften Outputs. Alle diese Werte können pro Symbol und pro Sekunde angegeben werden. Zum Vergleich mit der Kanalkapazität werden im Folgenden die Entropien in Bits/Sekunde betrachtet.

Die Korrekturrate $H_y(x)$ nennt Shannon *Equivocation*, das heißt „Mehrdeutigkeit (engl., aus lat. „Gleichlaut“). Ich finde den Begriff „Korrekturrate“ für $H_y(x)$ zur Kompensation der „Störung“ $H_x(y)$ konstruktiver, denn sie gibt an, wie viele Bits pro Sekunde am Empfangsteil hinzugefügt werden müssen, um dort die Botschaft aus dem Input wiederherzustellen.

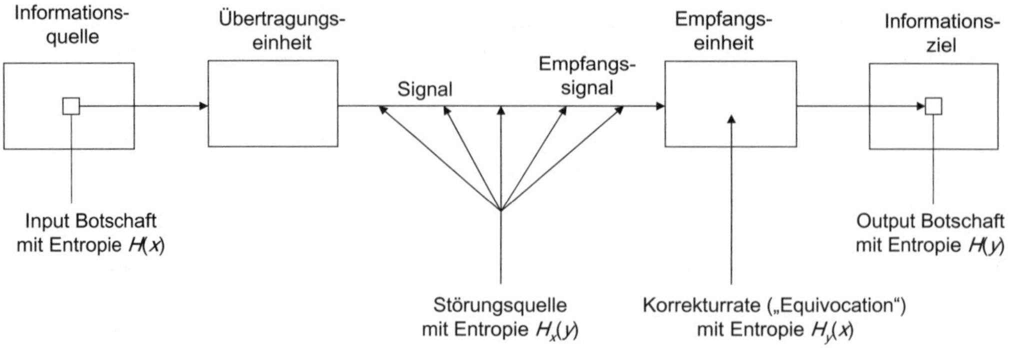

Abbildung 6.6: Stör- und Korrekturrate („Equivocation") eines diskreten gestörten Kanals.

Shannon entscheidet sich dafür als Übertragungsmaß der Information einer Informationsquelle über einen diskreten Kanal mit Störung die Sendeentropie $H(x)$ als Ausgangspunkt für den Input zu nehmen, von dem die *Empfangs*unsicherheit $H_y(x)$ abgezogen werden muss (Shannon 1948, Abschnitt 12).

(23) Definition: Die *Übertragungsrate einer Informationsquelle* ist definiert als $R := H(x) - H_y(x)$ Bit/s

Das kann man so interpretieren: Der Kanal überträgt nur soviel an „echter Information" als er im Input aufnimmt minus dessen, was der Empfänger von sich aus hinzufügen muss, um das Originalsignal wieder herzustellen. Nach (22) ist das äquivalent zu

(24) $R = H(y) - H_x(y)$ Bit/s

Die Übertragungsrate besagt in dieser Formulierung, dass soviel an „echter Information" übertragen wird, wie das Outputsignal hergibt minus der Störung, die das Outputsignal enthält. Beide Versionen (23) und (24) sind gleichwertig und intuitiv nachvollziehbar.

Exkurs in die Verschlüsselungstheorie (Kryptologie): In einer späteren Arbeit über „Secrecy Systems" (1949) bemerkt Shannon einen fundamentalen Zusammenhang zwischen Störung und Verschlüsselung. Die Verschlüsselung kann als Störung des stochastischen Prozesses der Informationsquelle interpretiert werden. Während die Störung $H_x(y)$ bei der Übertragung unerwünscht ist und beim Empfang mit einer Korrektur $H_y(x)$ ausgeglichen werden muss, ist die Verschlüsselung $H_x(y)$ erwünscht. Sie muss beim Empfang durch eine Entschlüsselung $H_y(x)$ wieder aufgehoben werden. Je stärker die „Störung" der Verschlüsselung, desto besser: In Bezug auf den Kryptoanalytiker, der den Datenstrom der verschlüsselten Nachricht nach statistischen Gesichtspunkten auswertet, um Anhaltspunkte für den Klartext zu erhalten, ist die Verschlüsselung statistisch „perfekt", wenn aus Kenntnis des Kryptogramms $H(y)$ im Output kein Rückschluss auf den Klartext $H(x)$ im Input möglich ist, wenn also Input x und Output y statistisch völlig unabhängig sind. In diesem Fall sind nach Formel (10) $H(x,y)=H(x)+H(y)$ sowie nach (14) $H_x(y)=H(y)$ und $H_y(x)=H(x)$. Letzteres besagt sehr anschaulich: Zu einem gegebenen Kryptogramm y passt jeder Klartext x mit derselben Wahrscheinlichkeit wie die freie Auswahl eines Klartextes x, mit anderen Worten: aus Kenntnis des Kryptogramms y kann man statistisch keine Rückschlüsse auf einen zugehörigen Klartext x ziehen.

6.6.2 Beispiel einer Störung

Das Genie von Shannon zeigt sich wiederum in der gelungenen Begriffswahl für das Maß der Stör- und Übertragungsrate. Denn naiv würde man vielleicht den Prozentsatz der umkippenden Bits als Störmaß annehmen. Aber wenn 50% der Bits im Durchschnitt umfallen, dann kann man sich eigentlich auf *kein einziges* Bit im Output mehr verlassen, d.h. der Informationswert liegt dann bereits bei 0% und die Störrate sollte 100% betragen. Genau das leistet Shannon's „Equivocation" alias „Korrekturrate". Dazu ein Beispiel (Shannon 1949, Abschnitt 12):

Ein diskreter Kanal, bei dem aufgrund einer dauernden Störung 1% der Bits umfallen, hat folgende Wahrscheinlichkeitsverteilung seiner Zeichen, wobei wir hier jedes Bit als eigenes Zeichen ansehen: Der Empfang (y) einer Null lässt mit Wahrscheinlichkeit 0,99 auf das Senden (x) einer Null schließen und mit Wahrscheinlichkeit 0,01 auf das Senden einer Eins. Für den Empfang einer Eins gelten dieselben Wahrscheinlichkeiten analog; in Formeln: Für $p_y(x)$: $p_0(0)=0{,}99$, $p_0(1)=0{,}01$, $p_1(0)=0{,}01$, $p_1(1)=0{,}99$. Wenn man für die Informationsquelle in unserem Beispiel weiterhin annimmt, dass sie alle Zeichen (hier: Bits) mit gleicher Wahrscheinlichkeit aussendet, dann tritt die Eins bzw. die Null jeweils mit Wahrscheinlichkeit 0,5 auf, d.h. sowohl für $p(x)$ als auch für $p(y)$ gilt $p(0)=p(1)=0{,}5$. Für die Störrate $H_y(x)$ gilt nach Definition (11):

$$\begin{aligned} H_y(x) = & -[0{,}5\cdot(0{,}99\cdot\log_2(0{,}99)+0{,}01\cdot\log_2(0{,}01)) \\ & + 0{,}5\cdot(0{,}01\cdot\log_2(0{,}01)+0{,}99\cdot\log_2(0{,}99))] \\ = & \ 0{,}5\cdot 0{,}081+0{,}5\cdot 0{,}081 = 0{,}081 \end{aligned}$$

Die Inputrate $H(x)$ hat wegen der Gleichverteilung den Maximalwert $\log_2(2)=1$. Insgesamt ist die erforderliche Korrekturrate 8,1%, die Übertragungsrate also $R=H(x)-H_y(x)=1-0{,}081=0{,}919$ entsprechend 91,9%.

Wenn statt 1% im Schnitt sogar 10% der Bits umfallen, dann ist die erforderliche Korrekturrate $H_y(x)=-0{,}9\cdot\log_2(0{,}9)-0{,}1\cdot\log_2(0{,}1)=0{,}470=47\%$, und als Übertragungsrate bleibt $R=53\%$. Bei 30% umfallender Bits liegt die zu korrigierende Fehlerrate $H_y(x)=-0{,}7\cdot\log_2(0{,}7)-0{,}3\cdot\log_2(0{,}3)=0{,}88=88\%$ bereits erheblich über der Informationsrate von R=12%.

Und wenn sogar 50% der Bits umfallen, beträgt die erforderliche Korrekturrate $H_y(x)=-0{,}5\cdot\log_2(0{,}5)-0{,}5\cdot\log_2(0{,}5)=1=100\%$, und als Übertragungsrate bleibt null übrig, wie erwartet. Interessanterweise steigt die Übertragungsrate mit wachsender Umfallrate der Bits jenseits der 50% wieder an, da dann aus den empfangenen Bits mit höherer Wahrscheinlichkeit auf die gesendeten Bits, nämlich auf den jeweils anderen Wert, geschlossen werden kann. Man kann sich sozusagen wieder mehr darauf verlassen, dass eine Eins gesendet wurde, wenn eine Null empfangen wird und umgekehrt. Auch das ist intuitiv nachvollziehbar und bestätigt Shannons geglückte Begriffswahl.

6.6.3 Effizienz der Kodierung und Hauptsatz

Der Hauptsatz für den diskreten Kanal *ohne* Störung in der Formulierung von (21) besagt, dass die maximale Entropie in Bit/s über alle Informationsquellen gerade die Kanalkapazität ist: max(H)=C. In Verallgemeinerung dieses Sachverhalts definiert Shannon die Kanalkapazität eines diskreten Kanals *mit* Störung als die maximale Übertragungsrate $R=H(x)–H_y(x)$ über alle Informationsquellen für diesen Kanal (Shannon 1948, Abschnitt 12):

(25) Definition: Die *Kapazität C eines diskreten Kanals* ist definiert als
$C := \max(H(x) - H_y(x))$
$= \max(H(y) - H_x(y))$
mit dem Maximum über alle Informationsquellen für diesen Kanal.

Wenn der Kanal ungestört ist, dann gelten $H_y(x)=H_x(y)=0$ sowie $H(x)=H(y)=H$, so dass sich die Definition (25) auf den Hauptsatz (20, 21) für den ungestörten Kanal reduziert. Diese Definition gibt die Aufgabe vor, wie die Kapazität konkreter Übertragungskanäle zu berechnen ist: nämlich als Optimierungsaufgabe, für die gegebene Formel der Übertragungsrate $R=H(x)$-$H_y(x)$ das Maximum zu bilden, indem man die geeignete Informationsquelle und ihre maximale Entropie findet.

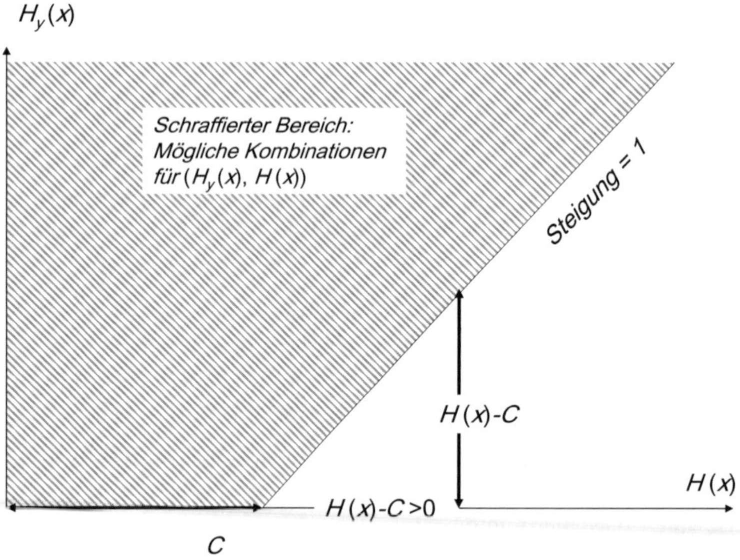

Abbildung 6.7: Zu Hauptsatz (26): Mögliche Kombination aus Input-Entropie H(x) und Korrekturrate Hy(x) bei einem diskreten gestörten Kanal. Nach Shannon 1948, Abschnitt13, Abb. 9.

Der von Shannon entwickelte „Fundamentalsatz für diskrete gestörte Kanäle" gibt nun an, wie viel Korrektur man mindestens in den Informationsstrom einfügen muss, um einen fehlerfreien Output zu erzeugen (Shannon 1948, Abschnitt 13, Theorem 11).

(26) *Hauptsatz über den diskreten gestörten Kanal*: Eine Informationsquelle mit Input-Entropie H Bit/s kann durch einen vorgegebenen Kanal mit Kapazität C Bit/s fehlerfrei übertragen werden, wenn $H \leq C$, denn dann ist genügend Platz vorhanden, um die Informationsquelle effizient zu kodieren und ohne Korrekturrate ($H_y(x)=0$) fehlerfrei zu übertragen. Wenn dagegen $H>C$, d.h. wenn die Information mehr Platz braucht als der Kanal an Kapazität hergibt, dann kann man die Informationsquelle so effizient kodieren, dass man mit einer Korrekturrate $H_y(x) \geq H-C$ auskommt, aber niemals mit weniger.

Der Hauptsatz bezeichnet exakt die Grenze für mögliche Kombinationen aus der Input-Entropie $H(x)$ und der Korrekturrate $H_y(x)$ bei einem diskreten gestörten Kanal, bei denen eine störungsfreie Übertragung ohne zusätzlichen Übertragungskanal möglich ist, sofern die Kodierung geschickt genug gewählt wird, genügend Redundanz in den Quellcode einzufügen, s. Abb. 6.7.

Der Beweis des Hauptsatzes ist nicht konstruktiv und daher unanschaulich. Anders als im störfreien Fall mit der Fano-Methode (s.o.) gibt es hier auch keine generelle Methode zur Entwicklung eines effizienten Codes bei Störung. Etwas aufwändigere Beispiele rechnet Shannon in (Shannon 1948, Abschnitte 15-17) durch.

6.6.4 Interpretation des Hauptsatzes

Die Korrekturrate („Equivocation") $H_y(x)$ ist derjenige Informationsstrom in Bit/s, den der Empfänger in den Empfangsstrom mit der Entropie $H(y)$ einfügen muss, um das originale Signal wieder herzustellen, das der Empfänger nicht erhalten hatte, da die Störung der Quellenentropie $H(x)$ den Informationsanteil mit der Störentropie $H_x(y)$ weggenommen hatte. Wenn ein Kanal genügend Kapazität hat, $C \geq H$, dann kann die Korrektur noch innerhalb des Inputstroms eingefügt werden, und zwar in Form von Redundanz, der in den Code eingeht. Wie das funktioniert, demonstrieren beispielsweise der *Hamming Code* und der *CRC – Cyclic Redundancy Code*, etwa bei (Tanenbaum 2003, Abschnitt 3.2 über „Error Detection and Correction").

Wenn der Kanal nicht genügend Platz hat, $H>C$, dann muss die Korrekturinformation auf andere Weise zugeführt werden, etwa über einen zusätzlichen Kanal, der mindestens über die Bandbreite $H-C$ verfügen muss.

Redundanz kann Störung kompensieren. Redundanz kann also für die Robustheit der Übertragung gegenüber Störung sorgen. Das ist der Grund für die etwa 50% Redundanz der natürlichen Sprachen, da die Kapazitäten der Übertragungskanäle beliebig groß sind: Papier und Tinte stehen praktisch unbegrenzt zur Verfügung, so dass ein geschriebener Text von einem flüchtigen Leser bequem verstanden werden kann, auch wenn er dabei vieles überliest.

Und bei der gesprochenen Sprache ist es effizienter, langsam zu sprechen und dabei die Korrekturrate des Hörers in Anspruch zu nehmen als auf ständige Rückfragen hin zu wiederholen. Es kann vorkommen, dass eine Umgebung so laut ist, dass man sich trotz Rufens nur noch unklar verständigen kann. In diesem Fall ist die Kanalkapazität zu klein zur störungsfreien Übertragung. Zusätzliche Kapazität kann dadurch geschaffen werden, dass der Rufer ein Blatt Papier hochhält mit den wichtigsten Wörtern, die er mitteilen wollte. Dieser enthält demnach Korrekturinformation, die durch den normalen Kanal, das gesprochene Wort, nicht übertragen werden kann.

6.7 Analoge Informationsquellen mit Störung

Analoge Signale werden durch stetige Funktionen beschrieben, die nach Fourier (s.o.) als Summen von Sinus- und Cosinus-Schwingungen, also als periodische Funktionen aufgefasst werden können. In den Frequenz- und Maxima-Werten der einzelnen Fourierterme enthalten die analogen Signale diskrete Werte. Über Frequenz- und Amplitudenmodulationen können analoge Signalquellen als diskrete Informationsquellen genutzt werden. Das ist mit den modernen Übertragungsmedien wie Lichtwellen, digitales Radio, digitales Fernsehen über Antenne, ISDN oder T-DSL heute der Regelfall.

Viele Ergebnisse der diskreten Kanäle übertragen sich auf analoge Kanäle. Darüber hinaus gibt es einige spezielle Phänomene analoger Informationsquellen. Shannon stellt in (Shannon 1948, Teile III-V) keine allgemeine Theorie wie für den diskreten Fall vor, sondern entwickelt einige Ergebnisse für wichtige Spezialfälle analoger Informationsquellen, etwa für Signale mit Frequenzobergrenzen. Da es sich dabei eher um Probleme der analogen Medientechnik als der digitalen Kommunikation handelt, wird dieser Aspekt der Shannon'schen Kodierungstheorie hier nicht weiter vertieft (s. aber die Ausführungen in Grimm 2004).

6.8 Zusammenfassung

Shannons Theorie behandelt drei Dinge:

1. Sie entwickelt mathematische Definitionen für fundamentale Begriffe der Übertragung von Zeichen. Darunter sind diskrete und kontinuierliche Übertragung, Kanalkapazität, Sende- und Empfangsrate, Störgeräuschrate, Korrekturrate, Redundanz der Kodierung, effiziente Kodierung, Kompression. Dafür werden Wörter verwendet wie Auswahl, Unsicherheit, Entropie und Information.
2. Sie leitet aus statistischen Eigenschaften der Datenströme mathematische Regeln für die effiziente Kodierung der Rohdaten für ihre Übertragung ab.
3. Sie zeigt, dass die Redundanz der Kodierung das Maß für die verlustfreie Kompressionsfähigkeit der Kodierung bzw. für die Robustheit gegenüber Störsignalen bildet. Sie interpretiert umgekehrt die Redundanzfreiheit der Kodierung als Maß für die Freiheit der

Auswahl unter möglichen Zeichen (Choice) und für die Unsicherheit des Empfangs möglicher Zeichen (Uncertainty). Die Grundlage dazu bilden Wahrscheinlichkeitsverteilungen für das Auftreten von Zeichen (Entropy).

Die Theorie kulminiert in zwei „Hauptsätzen" über die maximale Kodierungseffizienz in Übertragungskanälen mit digitaler Übertragung: Satz (20) in Abschnitt 6.5.7 über ungestörte diskrete Kanäle und Satz (26) in Abschnitt 6.6.3 über gestörte diskrete Kanäle. Shannon's Resultate über die maximale Kodierungseffizienz in gestörten analogen Übertragungskanälen mit begrenzter Sendeleistung sind in diesem Kapitel nicht behandelt worden (s. Abschnitt 6.7).

6.9 Lektüre zur Vertiefung

An erster Stelle sind hier die beiden Originalarbeiten von Shannon in (Shannon 1948) und Weaver in (Shannon/Weaver 1949) zu empfehlen. Der Anteil von Shannon im Buch von (Shannon/Weaver 1949) ist identisch mit seiner Originalarbeit von 1948. Mindestens der Artikel von Weaver ist auch für nicht technisch vorgebildete Leser gut verständlich. Eine Erläuterung des (in diesem Kapitel nicht behandelten) analogen Teils der Theorie findet sich in (Grimm 2004).

Kurze Zusammenfassungen der Theorie von Shannon gibt es in allen universellen Lexika zum Stichwort „Shannon" und „Kodierung", etwa in www.wikpedia.de (nicht ganz fehlerfrei). Je nach Schwerpunkt mehr oder weniger ausführlich wird sie in allen Werke der Nachrichtentechnik, insbesondere über Kanalkodierung, behandelt sowie der Kommunikationswissenschaft, insbesondere über den Informationsbegriff.

Die Theorie von Shannon ist in erster Linie eine Theorie der Kanalkodierung und wird als solche in allen Standardwerken der Nachrichtentechnik behandelt. Ein Beispiel dafür ist (Pehl 2001). Natürlich wirkt die Theorie von Shannon auch auf den Informationsbegriff, das wird etwa bei (Völz 1991) ausgeführt. Im Kontext der Kommunikationswissenschaft gibt es viele Beiträge, die die Aussagekraft der Theorie der Übertragungskanäle von Shannon überschätzen. Eine kurze und im Wesentlichen fehlerfreie Darstellung findet sich in einem Beitrag von Wilke in dem Fischer Lexikon Publizistik von (Noelle-Neumann/Schulz/Wilke 2004).

6.10 Übungsaufgaben

1. Welchen Gegenstand hat die Shannon'sche Kommunikationstheorie? (Abschnitt 6.1)
2. Welche der semiotischen Ebenen behandelt die Shannon'sche Kommunikationstheorie, welche werden nicht behandelt? (Abschnitt 6.2)

3. Welche maximale Datenrate kann ein ungestörter analoger Kanal mit zwei Levels (eine Amplitude und Null) erreichen, dessen maximale Frequenz 3 kHz ist? (Abschnitt 6.4.2)
4. Um Musik digital in CD-Qualität abzuspeichern, wird das analoge Signal in einer bestimmten Frequenz abgetastet und die gemessenen Audiowerte mit 16 Bits pro Wiedergabekanal aufgenommen. (a) In welcher Frequenz muss das Signal mindestens abgetastet werden, wenn alle Tonhöhen bis 20 kHZ (obere menschliche Hörgrenze) erfasst werden sollen und eine Reserve von 4 kHZ gewahrt sein soll? (b) In welcher Datenrate (Megabits/s bzw. Kilobytes/s) wird das digitale CD-Signal übertragen, wenn für jeden Abtastwert zur stereophonen Wiedergabe zweimal 16 Bits aufgenommen wurden? (Abschnitt 6.4.2, Nyquist Abtasttheorem)
5. Im klassischen analogen Telefonsystem mit einer Frequenz von 3 kHz beträgt die durchschnittliche Übertragungslautstärke etwa 60 dB, das entspricht der „Signal-To-Noise-Ratio“ S/N=1.000.000, da $\log_{10}(10^6)=6$. (Zur Erinnerung 1dB = $10 \cdot \log_{10}(S/N)$.)
(a) Mit Hilfe welcher Shannon'schen Formel wird die maximale Datenrate in Bit/s über diesen Kanal bestimmt? (b) Wie hoch ist die maximale Datenrate in diesem Kanal? (c) Wie viele Dezibel und welche zugehörige „Signal-to-Noise-Ratio“ würden für den Kanal durchschnittlich ausreichen, wenn man mit der halben Datenrate zufrieden wäre? (d) Alternativ, für dieselbe durchschnittliche Lautstärke 60 dB, welche Frequenz würde für den Kanal ausreichen, um die halbe Datenrate zu erreichen? (Abschnitt 6.4.2, Shannon Abtasttheorem)
6. Wie viele verschiedene Zeichen kann man mit einer Kombination aus 8 Bits kodieren? (Abschnitt 6.5.2)
7. Nennen Sie aus dem Bereich natürlicher Schriftsprachen ein Beispiel für einen ergodischen Markoff'schen Prozess sowie einen Markoff'schen Prozess, der nicht ergodisch ist. (Abschnitt 6.5.3)
8. Definieren Sie die „Entropie eines Ereignisses“, das als „A“ oder „B“ (erweiterte Aufgabe: als „A“ oder „B“ oder „C“) auftreten kann. Welche Wahrscheinlichkeitsverteilung führt zur minimalen Entropie, und welche zur maximalen Entropie? Welches sind die Werte der minimalen und maximalen Entropie? (Abschnitt 6.5.5)
9. Eine Informationsquelle sendet sechs Zeichen A, B, C, D, E und F mit folgender Auftrittswahrscheinlichkeit aus: A 10%, B 5%, C 40%, D 20%, E 5%, F 20%. Dabei sei jedes Sendeereignis vom vorherigen unabhängig. (a) Berechnen Sie Entropie, relative Entropie und Redundanz dieser Informationsquelle (nutzen Sie dabei die Werte $\log_2(10)=3{,}32$ und $\log_2(6)=2{,}58$). (b) Kodieren Sie die Symbole nach der Methode von Fano (es gibt dabei mehrere Möglichkeiten, die gleichwertig sind). Berechnen Sie die zugehörige durchschnittliche Bitlänge pro Symbol. (c) Wieso bleibt die durchschnittliche Bitlänge aus (b) etwas über dem Idealwert der Entropie aus (a)? (Abschnitte 6.5.5-6.5.7)
10. Berechnen Sie die Korrektur- und Übertragungsrate einer Informationsquelle, die die Symbole A und B sendet, wobei in 8% des Datenstroms A und B aufgrund einer Störung vertauscht werden. Die Wahrscheinlichkeiten des Auftretens eines A oder B seien gleich (nutzen Sie dabei die Werte $\log_2(10)=3{,}32$, $\log_2(92)=6{,}52$). (Abschnitte 6.6.1-6.6.2)

7 Das OSI-Referenzmodell

7.1 Gegenstand

Menschen nutzen Computernetzwerke, um über Raum und Zeit hinweg miteinander zu kommunizieren. Auch Maschinen können miteinander kommunizieren, indem Funktionen einer Maschine ihrem Programm folgend die Funktionen einer anderen Maschine steuern, etwa bei der automatischen Fernüberwachung von Produktionsanlagen oder bei signalgesteuerten Alarm- und Schutzvorrichtungen. Auch bei der Vermittlung menschlicher Kommunikation kommunizieren Maschinen miteinander. Denn der Transport digitaler Daten durchs Netz wird von Vermittlungsautomaten besorgt, deren Aufgabe es ist, Daten von Punkt A des Netzes zu einem spezifizierten Punkt B eines Netzes zu übertragen, unabhängig davon, was diese Daten für ihren Sender und Empfänger bedeuten. Das Versenden einer E-Mail, der Abruf einer Web-Seite, die Übertragung einer Datei werden von einer komplexen Menge von Funktionen gesteuert, damit an allen Enden genau das eingeht und ankommt, was von den kommunizierenden Instanzen in Auftrag gegeben und verstanden wird.

Die Aufgabe der Kommunikationstechnik und der Kommunikationsinformatik ist es, diese Kommunikationsleistung zu erbringen. Sie ist so komplex, dass es uneffizient wäre, jedes Kommunikationsprogramm mit der gesamten Aufgabe zu belasten. Daher haben Informatiker in den 1960er Jahren angefangen, die Aufgabe der Kommunikationstechnik zu strukturieren und gemäß einer effizienten Arbeitsteilung auf verschiedene Rechner und wiederverwendbare Programme zu verteilen.

Eine grundsätzliche Designentscheidung, die von der gesamten Fachwelt akzeptiert ist, besteht darin, die Kommunikationsaufgaben hierarchisch in übereinander liegenden Funktions„schichten“ zu strukturieren. Die aktiven Instanzen einer Schicht nehmen die Funktionen der unmittelbar darunter liegenden Schicht als Dienstleistung in Anspruch und bieten ihrerseits ihre Funktionen den Instanzen der darüber liegenden Schicht als Dienstleistung an.

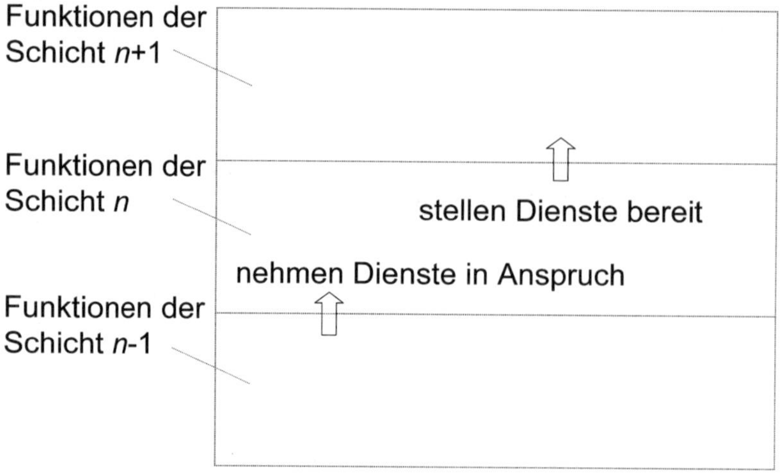

Abbildung 7.1: Funktionsschicht

Die physikalisch-elektrische Steuerung der Ein-Ausgabebuchsen und der zwischen ihnen liegenden Leitungen bilden die unterste Schicht (1). Sie realisieren als Dienstleistung den Versand und Empfang von Bitströmen zwischen zwei Punkten als nächst höherer Schicht (2). Die adressgesteuerte Verteilung in einem Netz von Sendern und Empfängern liegt darüber in Schicht (3), indem diese nach jeder konkreten Adressauflösung den Dienst der Punkt-zu-Punkt-Übertragung (2) in Anspruch nimmt. Auf der Basis der Datenverteilung im Netz wirkt der so genannte Transportdienst, der Netzpakete zu Anwendungsdaten zusammensetzt und an die Sitzungssteuerung der Anwendung (4) weiterleitet. Die Anwendungen selbst (z.B. elektronischer Nachrichtendienst, World Wide Web, Filetransfer, Chatting usw.) nutzen die Anschlussdienste zur Sitzungssteuerung (5) und Darstellung (Kodierung) der Anwendungsdaten (6) und bilden die oberste Schicht der Kommunikationshierarchie (7). Allerdings liegt darüber als weitere Funktionsschicht die Menge der Interpretations- und Weiterverarbeitungsfunktionen, die in den klassischen Modellen ignoriert wird: die Interpretationsfunktionen lesen die Anwendungsdaten, z.B. elektronische Nachrichten, über Tastaturen ein, verwalten sie in Speichern und geben sie auf Bildschirmen oder Druckern aus. Über diesen schließlich kommen Weiterverarbeitungsfunktionen bis hin zum semantisch-pragmatisch urteilenden Menschen mit seiner Verantwortungskompetenz.

Die Struktur der Aufgabenverteilung ist Gegenstand der Kommunikationsmodelle, von denen sich in der Literatur zwei durchgesetzt haben. Das allgemeinere ist das so genannte 7-Schichtenmodell von OSI (Open Systems Interconnection, ISO 1984/2004). Das speziellere ist das Internet-Modell (RFC 1122 1989), das sich in der Praxis so sehr erfolgreich durchgesetzt hat.

Abbildung 7.2: Funktionsschichten mit Interpretation und Weiterverarbeitung und ihrer Einbettung in lokale Netze

7.2 Funktionsschichten

7.2.1 Komplexität der Kommunikationsfunktionen

Damit eine elektronische Nachricht über das Internet von einem Sender, sagen wir, auf dem Campus der Technischen Universität Ilmenau zu einem Empfänger der (fiktiven) Firma Global Services in Perth/Australien gelangt, ist eine Reihe verschiedener Dienste und Funktionen erforderlich. Die Aufgabe ist derart komplex, dass mehrere Dienste gebraucht werden, die weltweit miteinander kooperieren. Die Aufgabe der effizienten Gestaltung der Funktionen ist Aufgabe der Kommunikationsinformatik. Effizienz schließt das wirkungsvolle Funktionieren sowie die einfache Wartung (Verbesserung, Erweiterung, Ergänzung) bei geringem Kostenaufwand ein.

Auf Seiten des Senders setzen lokale Programme Tastendrucke in elektronische Signale um, die im lokalen Gerät zu Symbolen, Sätzen und schließlich multimedialen Dateien transformiert werden. Ein besonderes Programm formatiert aus den Eingaben einen Brief mit Angaben über Absender, Empfänger, Datum, Betrefffeld, Anrede, Signatur, usw. Insbesondere die Adressangaben müssen so formatiert sein, dass alle Stellen der Welt, die die Adressen auswerten müssen, diese in einheitlicher Weise verstehen. Bei E-Mails sind das die bekannten „Klammeraffen"adressen, zum Beispiel *ruediger.grimm@tu-ilmenau.de*. Schließlich veranlasst ein abschließender Knopfdruck der *Return*taste, dass die solcher Art gestaltete Nachricht elektronische Impulse an der Ausgangsbuchse des lokalen Gerätes erzeugt, an der ein genormter Draht oder ein Sendegerät im *Wireless LAN* die Impulse an ein weiteres Gerät, einen so genannten *Router*, überträgt.

Der *Router* ist selbst ein programmgesteuerter Computer mit der einzigen Aufgabe, aufgrund der Adressinformationen der ihm in seine Eingangsbuchsen übertragenen Adresspakete zu entscheiden, an welchen seiner zahlreichen Ausgangsbuchsen er die Pakete weiter übertragen soll. Seine Ausgangsbuchsen sind physisch per Draht oder drahtloser Sendeeinrichtung mit weiteren *Routern* verknüpft. Jeder Computer, der als Endgerät im Netz angeschlossen ist, hat seinerseits eine *Router*funktion in sich, allerdings in der Regel mit nur einer Verbindung zum nächsten *Router*, von dem an dann Verzweigungen möglich sind. Auf diese Weise bilden alle *Router* der Welt ein Netz von Übertragungskanälen für Datenpakete. Ihre Adressen sind als so genannte IP-Adressen formatiert, das sind in der gängigen „älteren" Version V4 vierstellige Zahlen zwischen 0 und 255, die auf Subnetze und Einzelgeräte im Netz verweisen, z.B. 141.24.112.77 für die Adresse meines Laptops im Campusnetz der TU Ilmenau.

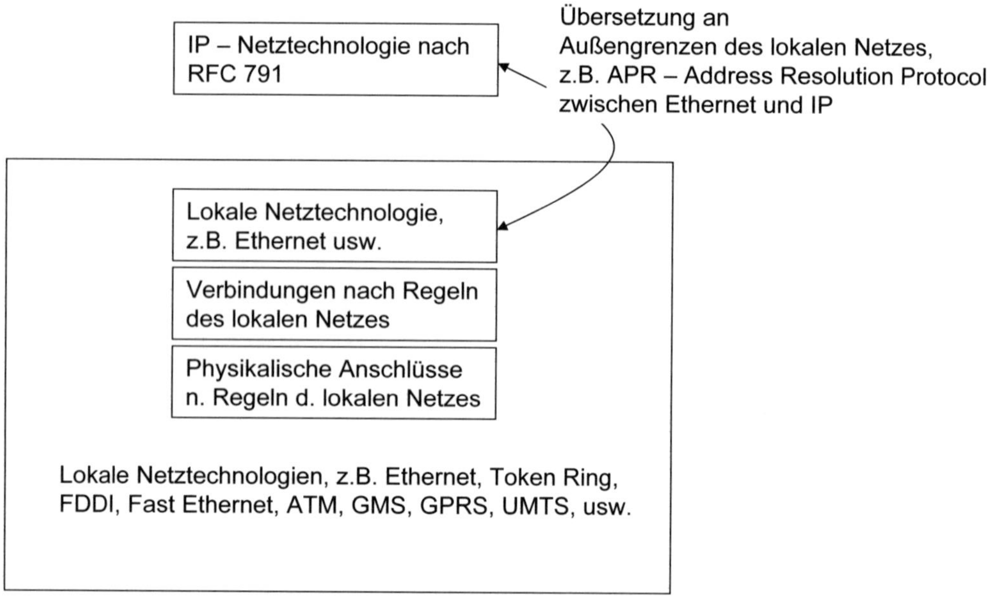

Abbildung 7.3: Innen LAN-Technologie, außen IP-Technologie.

An dieser Stelle habe ich mir eine Vereinfachung erlaubt. In Wirklichkeit sind die lokalen Netze, in denen verschiedene Computer einer Organisation zu jeweils zentral verwalteten Subnetzen zusammengeschlossen sind, nicht alle nach derselben Technologie aufgebaut. Es gibt viele verschiedene lokale Netztechnologien, darunter ALOHA, GSM (bekannt für die Mobilfunktechnik Europas ab etwa 1990), GPRS (bekannt durch die Ortung von Navigationssystemen in Autos), Ethernet, Token Bus, Token Ring, Fast Ethernet, FDDI, und andere (Tanenbaum 2003, Kap. 4, The Medium Access Sublayer). Diese Subnetze sind nicht wechselseitig kompatibel, sondern sie enthalten alle eine Ein- und Ausgangsschnittstelle nach einem gemeinsamen Kompromissstandard, dem Internetstandard RFC 791 (1981) (ausführlich in Tanenbaum 2003, Abschnitt 5.5, The Network Layer in the Internet). Das ist genau das, was *Internet* im engeren Sinne bedeutet: eine einheitliche Ein- und Ausgabeschnittstelle für Datenpakete für alle lokalen Netze, ein „Inter-Netz", ein „Netz von Netzen". Daher sieht jedes lokale Netz von außen so aus als sei es intern wie ein RFC 791-Internet organisiert. Wie es tatsächlich organisiert ist, spielt von außen aufgrund der einheitlichen Schnittstelle keine Rolle. In diesem Sinne ist unsere Vereinfachung gerechtfertigt.

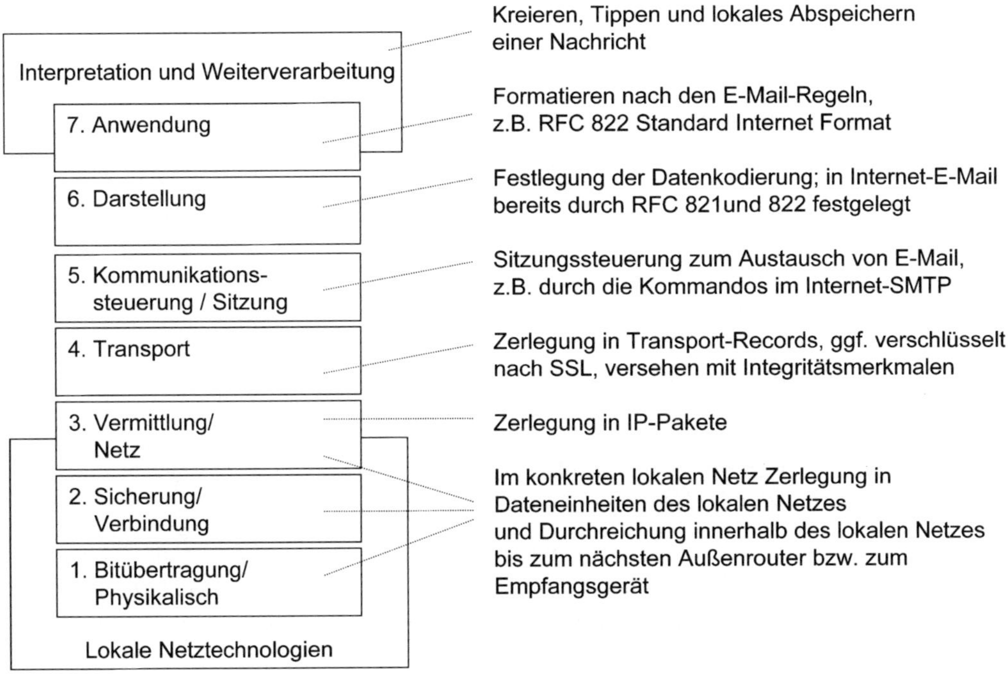

Abbildung 7.4: Beispielhafte Versendung einer elektronischen Nachricht

Bei richtig organisierter Adressorganisation im globalen Netz erreicht das Datenpaket aus Ilmenau über all die Subnetze, die von Internetprovidern, lokalen Netzbetreibern oder Telefongesellschaften betrieben werden, schließlich das Empfangsgerät in Perth. Dort sammelt ein einlesendes Programm alle Datenpakete an der Eingangsbuchse auf, ordnet sie gemäß Formathinweisen zu Anwendungsdaten zusammen, in unserem Beispiel also zu einer elektronischen Nachricht, welche von lokalen Ausgabeprogrammen auf den Drucker oder Bildschirm ausgegeben oder an einen anderen weiter verarbeitenden Prozess weitergegeben wird.

In dieser beispielhaften Schilderung sind wir bereits durch die Funktionen der verschiedenen Schichten hindurchgegangen. Auf ganz analoge Weise werden Web-Anfragen und als Antwort die Webpages (HTTP), Dateitransfers (FTP) und Chatting (IPC) sowie alle anderen Anwendungen des Internet durch die verschiedenen Funktionsschichten hindurchgereicht. Verschiedene Rechner haben verschiedene Schichten, je nach ihrer Aufgabe, realisiert. Die Endgeräte beherrschen sämtliche Schichten, da sie ja einen ganzen Anwendungsdatensatz ins Netz schicken müssen. Die weiter leitenden *Router* dagegen brauchen nur die Netzverteilungsfunktionen zu kennen, egal, ob es sich um Nachrichten, Web-Pages oder Chat-Records handelt.

7.2.2 Historie

Die Idee der hierarchischen Funktionsschichten wurde im Kontext der Standardisierungsgremien der internationalen Telefongesellschaften ITU (früher CCITT) und von ISO entwickelt und in einem Standard unter dem Namen *OSI – Open Systems Interconnection* (ISO 1984/2004) zusammengefasst. Dieser Basis-Standard ist als theoretisches Referenzmodell weltweit akzeptiert. Strittig hingegen war über die gesamte Entwicklungszeit des Internet (1960-2000) die Frage, wie die einzelnen Schichten zu bestücken seien. In dieser Auseinandersetzung kommt die wirtschaftliche Rolle der Telefongesellschaften zum Tragen. Als nationale Monopolisten waren sie die verantwortlichen Träger der Datenkommunikation von Endgerät zu Endgerät der Bürger. Die Telefonbuchsen in den Wohnungen, ja sogar die Telefone selbst, gehörten den Telefongesellschaften, die in nahezu allen Ländern noch von der öffentlichen Hand, von Post- und Telefonministerien kontrolliert wurden. Die Telefongesellschaften waren Staatsbetriebe, sowohl im kapitalistischen Westen als auch im sozialistischen Osten, und nicht anders in der dritten Welt.

Ab dem zweiten Weltkrieg (nach 1945) wurden in den meisten Ländern zentral für große Verbünde Computerzentren aufgebaut, zum Beispiel das „Deutsche Rechenzentrum“ in Darmstadt ab 1964 für die Hochschulen und Forschungseinrichtungen in Westdeutschland. Eine Geschichte der Informatik, darunter auch der Computerzentren und Kommunikationsnetze findet sich etwa bei (Naumann 2001).

Unabhängige organisationseigene Rechenzentren entstanden in großer Zahl ab den 1970er Jahren in allen größeren und mittleren Firmen sowie in allen Universitäten und Forschungseinrichtungen. Dadurch verlor das Deutsche Rechenzentrum in Darmstadt seine Aufgabe als Versorger externer Anwender und wurde in die 1974 gegründete Großforschungseinrichtung GMD – Gesellschaft für Mathematik und Datenverarbeitung integriert. Das DFN – Deutsches Forschungsnetz e.V. (http://www.dfn.de) wurde 1984 unter der Initiative und Förderung des Bundeswissenschaftsministeriums als Interessensvertretung der öffentlichen und privaten Forschungseinrichtungen gegründet.

Parallel dazu begann der Wachstumsboom der PCs mit dem IBM-PC und dem darin realisierten Microsoft Betriebssystem DOS etwa seit 1983, rasch beflügelt durch alternative Entwicklungen wie der Apple II und McIntosh (ab 1988). Die lokalen Rechenzentren und die PCs befanden sich von Anfang an im Besitz der Nutzer, nicht der Telefongesellschaften. Deshalb war klar, dass die Telefongesellschaften den Anspruch auf Kontrolle der Endgeräte wie bei den Telefonen nicht aufrecht erhalten würden. Sehr wohl aber blieb der Anspruch der Telefongesellschaften auf die Kontrolle des Datenflusses bis in die Anschlussbuchsen der Rechenzentren und privaten Wohnungen erhalten, vor allem in Europa.

Daraus leiteten die Telefongesellschaften und das von ihnen eingerichtete Standardisierungsgremium CCITT (heute ITU – International Telecommunication Union, http://www.itu.int /home/index.html) ab, dass der Pakettransport von Anschlussbuchse zu Anschlussbuchse im Stil der etablierten Leitungsvermittlung in ihrer Verantwortung liegen müsse, dazu gehörten vor allem die Gewährleistung von Qualität und Sicherheit. Deshalb standardisierte die ITU die Telekommunikation so, dass die Netzpakete die gesamten Sicherheits- und Qualitätsfeatures haben und machten aus der Paketverteilung eine schwergewichtige, funktionsreiche Schicht. Oberhalb dieser Schicht würde dann die Transportvermittlung in die Anwendungen hinein, die in der Verantwortung der Endnutzer liegt, leichtgewichtig sein und lediglich die hinausgehenden Anwendungsdaten in Netzpakete zerlegen und die eingehenden Netzpakete zu Anwendungsdaten zusammenfügen. So wurde das elektronische Nachrichtensystem von der ITU und im Gefolge davon der ISO als Message Handling X.400 (ITU/CCITT 1988) standardisiert.

Im Gegensatz dazu verlagerte das dezentral organisierte ARPANET ab 1977 auf der Basis des von John Postel (1943-1998) entwickelten und von Vint Cerf (*1943) in Standford, USA, implementierten Internet-Modells die Qualitäts- und Integritätssicherung der Kommunikation in die Endanwendungen. Die Verteilung von Datenpaketen wurde unabhängig davon, zu welchen Endgeräten und zu welcher Anwendung darin sie gehörten, als ungesicherter Dienst in Kooperation aller Router organisiert. Jeder Rechner, der über eine Kommunikationsleitung zu einem bestehenden Router und das entsprechende (leichtgewichtige!) Verteilungsprogramm verfügte, konnte mitmachen und sich in das Netz einhängen. Es gab keine zentrale Kontrolle. Qualität wurde vom Netz nicht garantiert. Ob und in welcher Vollständigkeit und Reihenfolge Datenpakete ankommen und wie man die wiederholte Sendung fehlerhafter oder ausbleibender Pakete organisiert, war allein Sache der Endstationen, d.h. der Transportprogramme in den Endgeräten, die die Verbindung zwischen Netz und Endanwendung herstellen. So ist das „Simple Mail Transport Protocol" (SMTP, RFC 821 und 822, 1982) standardisiert.

Wie wir heute wissen, hat sich das Internetmodell durchgesetzt. Im Zuge der Dezentralisierung und Privatisierung der nationalen Telekommunikationsaufgaben ab den 1990er Jahren ging die Vermittlung der Datenpakete im gesamten Netz über in die Hände dezentral organisierter privater Organisationen. Die Qualitätssicherung wurde aus der Paketvermittlung herausgenommen und ist nun Teil des Transportdienstes in den Endgeräten und damit in der Verantwortung der Netzanwender, nicht des Netzes. Damit ist viel Komplexität aus dem Netz herausgenommen worden und dezentralisiert in die Hände der Nutzer gegeben.

7.2.3 Bausteine einer Schicht

Die Aufgabe einer Schicht (*layer*) besteht darin, der darüber liegenden Schicht einen Dienst (*service*) zu erbringen. Sie tut es durch eigene programmierte Eigenleistung (*local functionality*) und indem sie Dienste der darunter liegenden Schicht in Anspruch nimmt. Eine aktive Einheit auf einer Maschine (*entity*) tauscht mit ihrem Partner derselben Schicht der anderen Seite (*peer entity*) schichtenspezifischen Daten aus und nutzt dabei die Dienste der darunter liegenden Schichten. Die Regeln des Austauschs heißen Protokoll (*protocol*). Die Schnittstelle zu den über- und untergeordneten Schichten heißen Dienstschnittstellen (*service interface*), die Stellen, an denen eine Einheit einer übergeordneten Schicht den Dienst in Anspruch nimmt, heißt Dienst-Zugangspunkt (*service access point*).

Jede Schicht besteht immer aus diesen drei wohl zu unterscheidenden Bereichen:

1. Dienstleistung (*service*)
2. Schnittstelle der Dienste (*interface*)
3. Protokoll (*protocol*)

1. Die Dienstleitung einer Schicht (*n*) umfasst sämtliche Prozesse, die ausgeführt werden, um die Aufträge des lokalen (*n*+1)-Dienstes an seinem Zugangspunkt zu erfüllen. Dazu gehört in erster Linie die Entgegennahme bzw. Ablieferung von Kommunikationsdaten. Zu diesem Zweck bedient sich eine Schicht aus zwei Quellen: aus der lokal bei sich implementierten Funktionalität und aus der Dienstleistung darunter liegender Schichten, die die Schicht (*n*) an einem entsprechenden Zugangspunkt zum Dienst (*n*-1) in Auftrag gibt und erfüllt bekommt.

2. Die Schnittstelle zwischen einer (*n*)-Schicht und der über ihr liegenden (*n*+1)-Schicht ist gegeben durch die Kommunikationsform am Zugangspunkt zum (*n*)-Dienst. Dazu gehören die entsprechenden Funktionsaufrufe mit ihren Ein- und Ausgabeparametern. Abstrakt werden sie mit Hilfe so genannter Dienstprimitive beschrieben, s.u. Abschnitt 7.2.5.

3. Das (*n*)-Schichtenprotokoll ist das Regelwerk zum Austausch von Inhaltsdaten gemäß Steuerinformationen der Schicht (*n*) der lokalen Maschine mit einer Einheit derselben Schicht (*n*) auf einer entfernten Maschine. Kurz: ein Protokoll ist die Methode des Datentransfers zwischen zwei voneinander entfernten Einheiten einer Schicht. Es besteht aus der Spezifikation der erlaubten Protokolldaten und der Abfolge der Kommunikationsschritte, s.u. Kapitel 8.

In Abbildung 7.5 sind diese Bereiche in einem graphischen Modell dargestellt.

An der Schnittstelle zur Schicht (*n*), dem so genannten (*n*)-Dienst-Zugangspunkt, übergibt die nächst höhere (*n*+1)-Schicht die Daten, die auf die andere Seite gelangen sollen, zusammen mit zusätzlichen Steuerinformationen, etwa Länge der Daten und Qualitätsparametern, an die Schicht (*n*) zur Erledigung. Adressinformationen stecken sowohl in den Steuerinformationen als auch in den Inhaltsdaten, aber jeweils für die verschiedenen Schichten: Zu den Inhaltsdaten (nicht den Steuerungsdaten) gehört die Adresse, an welche Einheit die Daten auf der anderen Seite in der Schicht (n+1), abgeliefert werden sollen, also die Adresse des Auftraggebers. Zu den Steuerungsdaten dagegen gehört die Adresse, an welche Einheit die Daten auf der anderen Seite in der Schicht (n) abgeliefert werden sollen.

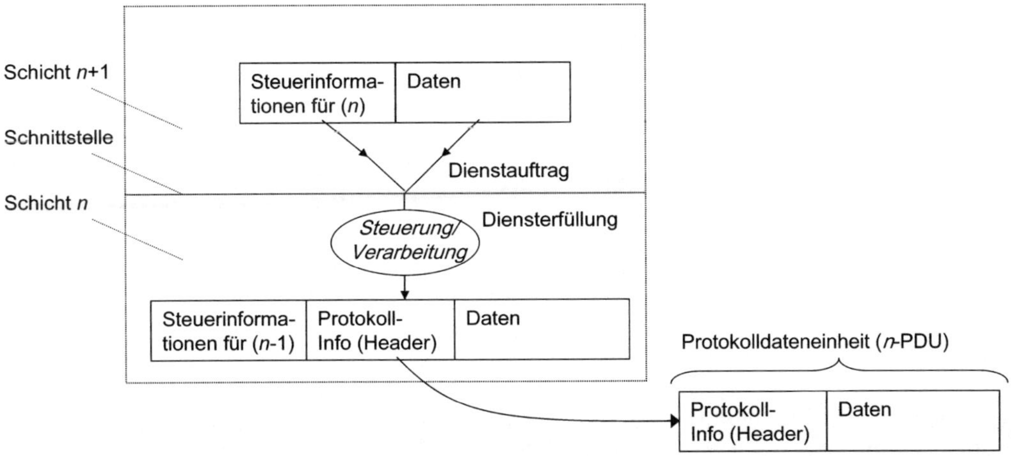

Abbildung 7.5: Dienstleistung, Schnittstelle und Protokolldateneinheit einer (n)-Funktionsschicht bei Sendung von schichtenspezifischen Daten

Beispiel Telefon: Schicht (n+1) seien die telefonierenden Menschen, Schicht (n) seien die Telefonapparate, die über die Schichten (n-1) miteinander vernetzt sind. Die Schnittstelle zwischen diesen beiden Schichten ist die Mensch-Maschine-Schnittstelle des Telefonapparats: das sind der Telefonhörer mit Mikrofon und Lautsprecher sowie die Tastatur mit den Ziffern 0-9 und anderen Steuerungstasten, darunter die Verbindungsunterbrechung, die früher durch die bewegliche Gabel realisiert war.

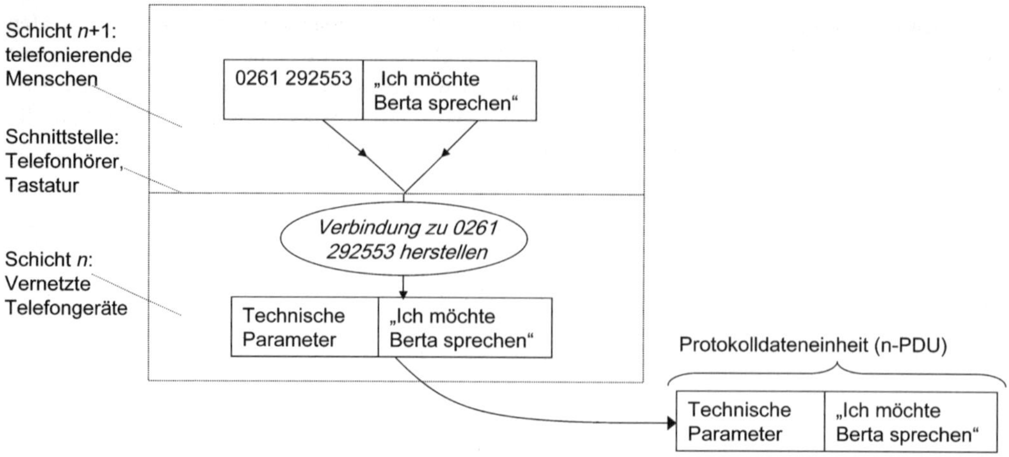

Abbildung 7.6: Oberste Kommunikationsschichten in der klassischen Telefonie

Sagen wir, Anton in Ilmenau möchte Berta in Koblenz anrufen. Der (n)-Service-Zugangspunkt von Anton ist sein Telefon in Ilmenau, der (n)-Service-Zugangspunkt von Berta ist ihr Telefon in Koblenz. Anton tritt an sein Telefon, hebt den Hörer ab (oder drückt die grüne Öffnungstaste) und wählt als Steuerungsdatum die Telefonnummer von Berta, welche die (n)-Schicht nutzt, um über das Telefonnetz Bertas Telefon anzusteuern und zum Klingeln zu bringen. Die Telefone sind nun so gesteuert, dass sie zunächst auf die Verbindung warten und dann alle Töne und Klänge ohne Rücksicht auf ihre Bedeutung möglichst originalgetreu als Inhaltsdaten über diese Leitungsverbindung schicken. Wenn jemand an Bertas Telefon geht, ist die Verbindung hergestellt. Nun geht der erste Inhaltsdatensatz über die Leitung, in der Regel meldet sich die abnehmende Person und sagt, zum Beispiel, „hallo“ oder auch „hier spricht Clemens“. Anton schickt als ersten Inhaltsdatensatz die von ihm gewünschte (n+1)-Adresse hinüber: „Ich würde gerne Berta sprechen“. Nun sorgt die (n+1)-Schicht auf der anderen Seite, dass die richtige Einheit in der (n+1)-Schicht, in unserem Beispiel also die Person Berta, mit dem (n)-Service-Zugangspunkt verknüpft wird, d.h. Clemens ruft Berta herbei und drückt ihr den Telefonhörer in die Hand. Sie meldet sich mit „hier ist Berta“, und nun beginnt das eigentliche Gespräch. Das Gespräch kann weitere Kontrollinformationen der (n+1)-Schicht enthalten, z.B. „lass uns mal aufhören zu telefonieren“. Es kann auch Steuerinformationen der (n)-Schicht enthalten, z.B. Unterbrechungssignale, wenn Berta den Hörer auf die Gabel wirft oder ein Operator ins Gespräch eingreift, wie man das vom Münztelefon in den USA her gewohnt ist.

7.2.4 Verbindungsorientierte und verbindungslose Netzdienste

Eine wesentliche Charakteristik von Kommunikationsdiensten in elektronischen Netzen ist ihre Art, wie sie Verbindungen zwischen den Kommunikationsdaten realisieren. Es gibt verbindungsorientierte Dienste, die für eine gesamte Dauer einer Kommunikation Verbindungen vorhalten, und es gibt verbindungslose Dienste, bei denen nur für die Versendung eines anfallenden Datensatzes eine Verbindung aufgebaut, genutzt und wieder abgebaut wird.

Das klassische Telefon ist verbindungsorientiert, das heißt: das Netz reserviert den Gesprächspartnern eine Leitung, die für die ganze Dauer der Kommunikation in gleichbleibender Bandbreite und Qualität erhalten bleibt. Sie kann (außer vom Dienstverwalter und von den Telefonierenden selbst) von niemandem unterbrochen werden. Sie bleibt unabhängig davon erhalten, ob die Leitung genutzt oder nicht genutzt wird, d.h. ob nun gesprochen oder geschwiegen wird. Typisches Abrechnungsmodell für verbindungsorientierte Dienste ist die Zeitgebühr, etwa auf Minuten und Sekunden genau berechnet.

Das Internet dagegen ist verbindungslos, das heißt: der Transportdienst zerlegt jeden Inhaltsdatensatz, zum Beispiel eine E-Mail, in netztaugliche kleine Pakete und schickt diese einzeln (mit Reihenfolgenummern und Anwendungszuordnung) über das Netz. Ansonsten nimmt der Transportdienst das Netz nicht in Anspruch. Eine Verbindung dauert genau so lang, wie ein transferierter Datensatz. Es gibt keine reservierten Verbindungen, bei Schweigen beider Seiten gibt es gar keine Verbindung. Zwei Datenpakete desselben Anwendungsdatensatzes können ohne Weiteres über ganz verschiednen Pfade versendet werden. Der Transportdienst „belastet" also das Netz nur in exakt dem Umfang, in dem er Daten versendet oder empfängt. Typisches Abrechnungsmodell für verbindungslose Dienste ist die Volumengebühr, etwa pro volle Megabytes berechnet.

7.2.5 Dienstprimitive

Während Protokolle Kommunikationsregeln zwischen entfernten Partnern sind, werden Dienste innerhalb derselben Partnerinstanz von einer untergeordneten an eine übergeordnete Schicht erbracht. Dienste werden mit Hilfe von Regeln dargestellt, die festlegen, welche Datenformate zwischen Auftraggeber (obere Schicht) und Dienstanbieter (darunter liegende Schicht) erbracht werden und welche Leistung vom Dienstanbieter zu erwarten ist. Dienste werden einerseits durch lokale Funktionen innerhalb einer Maschine erbracht. Andererseits können sie entfernt (über entsprechende Protokolle vermittelt) beauftragt und erfüllt werden. Die Summe der Dienste einer Schicht stellt die Schnittstelle zur darüber liegenden Schicht dar.

Dienste werden mit Hilfe so genannter Dienstprimitive beschrieben. Im konkreten Fall werden die Dienstprimitive durch Funktionsaufrufe und die zu übergebenden Parameter implementiert. Die Funktionsaufrufe sind im lokalen Fall lokale Unterprogramme, sie können aber im entfernten Fall auch über Nachrichtenversand realisiert werden.

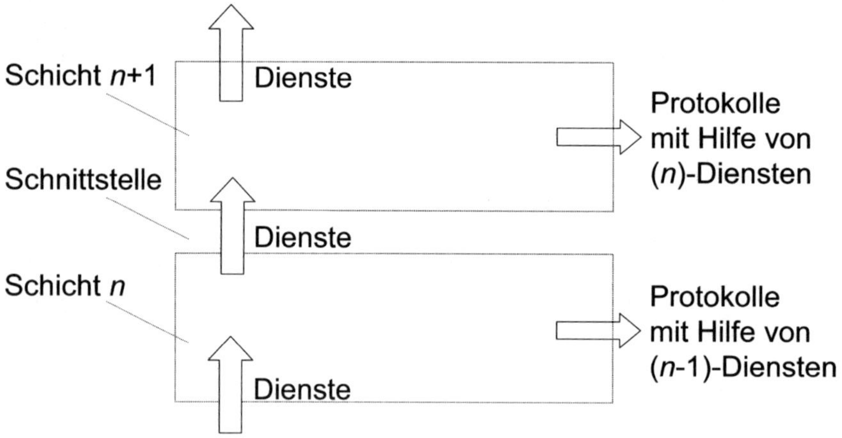

Abbildung 7.7: Dienste und Protokolle

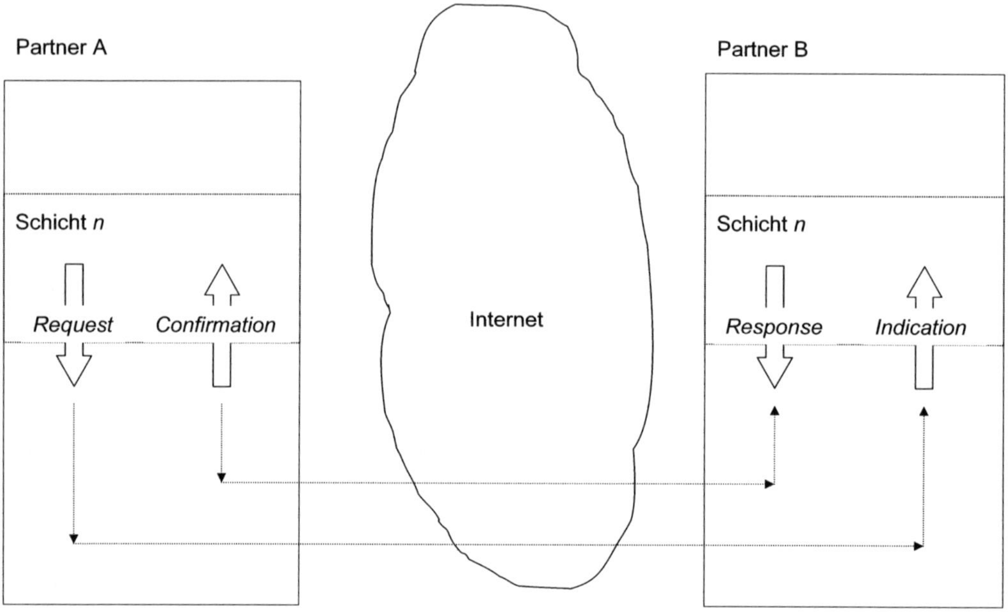

Abbildung 7.8: Dienstprimitive

Es gibt vier Klassen von Dienstprimitiven. Jeder Dienst wird mit Hilfe von zwei oder vier Dienstprimitiven ausgeführt. Bei Diensten, deren Auftrag nicht bestätigt wird, werden nur die beiden Primitive „Anfrage" (*request*) und „Ankündigung" (*indication*) genutzt. Bei Diensten, deren Auftrag bestätigt wird, werden zusätzlich die beiden Primitive „Antwort" (*response*) und „Bestätigung" (*confirmation*) genutzt.

Request ist die Klasse aller Dienstaufträge, die eine Instanz der Schicht (*n*) am Zugangspunkt (d.h. durch geeigneten Funktionsaufruf mit den richtigen Parametern) an die Schicht (*n*-1) abgeben kann. *Indication* ist die Klasse aller Meldungen der Schicht (*n*-1) am Zugangspunkt an die Schicht (*n*) über ein eintretendes Ereignis, zum Beispiel die Ablieferung von Daten von einer *Peer Entity* einer entfernten (*n*)-Schicht. Eine *Indication* kann zum Beispiel durch Aktivierung eincs dort wartenden „hörenden" Prozesses aus der (*n*)-Schicht realisiert sein oder als *Return* eines wartenden Unterprogramms mit den entsprechenden *Return*-Parametern oder auch als Abspeicherung einer Nachricht zur späteren Inspektion der höheren (*n*)-Schicht.

Response ist die Klasse aller Dienstaufträge, die eine Instanz der Schicht (*n*) als Reaktion auf eine vorher erhaltende *Indication* an die Schicht (*n*-1) abgeben kann, in der sie die Übermittlung der zugehörigen Antwortdaten beauftragt. *Confirmation* ist die Klasse aller Meldungen der Schicht (*n*-1) an die Schicht (*n*) über das Eintreffen eines *Response* als Ergebnis des vorher in Auftrag genommenen *Request*. Eine *Confirmation* kann wie eine *Indication* auf verschiedene Weisen realisiert sein. Besonders naheliegend ist hier ein *Return* des wartenden Unterprogramms, mit dem der *Request* beauftragt worden war, und zwar mit den *Response*-Daten als *Return*-Parameter.

Um diese vier Klassen von Dienstprimitiven zu verstehen, soll ein einfaches Beispiel durchgespielt werden, und zwar die einseitige Versendung von Daten zwischen zwei Partneranwendungen (Schicht 7) auf verschiedenen, voneinander über das Internet verbundenen Maschinen. Dazu durchlaufen sie drei Dienstphasen: Zunächst bauen sie eine Verbindung (*Connection*) auf, dann gehen sie in die Datenaustauschphase (*Data*) über, zum Schluss bauen sie die Verbindung wieder ab. Das Beispiel ist in modifizierter Form dem Abschnitt über „Service Primitives" bei (Tanenbaum 2003) entnommen.

Der Verbindungsaufbau sei ein bestätigter Dienst, der Datenaustausch und der Verbindungsabbau dagegen seien unbestätigt. Dann sind die die Phasen durch folgende Dienstprimitive geprägt:

1. CONNECT.request: Wunsch zu einem Verbindungsaufbau;
   Parameter: Adressen der rufenden („wer bin ich") und der gerufenen Seite („mit wem will ich sprechen"), Art des Datenaustauschs, Kennung (ID) der einzurichtenden Verbindung
2. CONNECT.indication Ankündigung eines Verbindungsaufbauwunsches von außen;
   Parameter: Adresse der rufenden Seite, Art des Datenaustauschs, Verbindungs-ID

3. CONNECT.response: Mitteilung, ob Verbindungswunsch akzeptiert oder abgelehnt wird;
   Parameter: Adressen der gerufenen Seite („wer antwortet") und der rufenden Seite („wem antworte ich"), Ablehnungsgrund oder Annahme ggf. mit modifizierter Art des Datenaustauschs, Verbindungs-ID
4. CONNECT.confirm: Mitteilung des CONNECT.response;
   Parameter: Adresse der gerufenen Seite („wer antwortet"), Ablehnungsgrund oder Annahme ggf. mit modifizierter Art des Datenaustauschs, Verbindungs-ID
5. DATA.request: Datenversand;
   Parameter: Verbindungs-ID, Adresse des Datenempfängers, zu versendende Daten gemäß verabredeter Austauschart
6. DATA.indication: Ankündigung eintreffender Daten
   Parameter: Verbindungs-ID, gesendete Daten

- … Mehrfache Wiederholung „5. DATA.request/6. DATA.indication" bis zu einem DISCONNECT.request von einer der beiden Seiten

7. DISCONNECT.request: Wunsch zum Verbindungsabbau;
   Parameter: Verbindungs-ID, Adresse der Gegenseite
8. DISCONNECT.indication: Mitteilung des Verbindungsabbauwunsches;
   Parameter: Verbindungs-ID

Nach Verbindungsaufbau kennen beide Seiten die Adresse des Partners und können sie der Verbindung und allen während dieser Verbindung versendeten Daten zuordnen. Deshalb braucht beim Empfang von Daten oder des Verbindungsabbaus die Adresse der rufenden Seite nicht mehr mitgeteilt zuwerden. Dennoch muss beim Versand von Daten die Adresse der gerufenen Seite als Parameter an die (n-1)-Schicht übergeben werden, für den Fall, dass diese die Verbindung nicht kennt und daher irgendwoher wissen muss, wohin die Daten gesendet werden sollen.

Der Verbindungsaufbau muss bestätigt werden, da eine gerufene Seite die Gelegenheit zur Ablehnung haben muss, wenn sie nicht in der Lage ist, in eine Datenphase einzusteigen. Der Datenversand braucht nicht bestätigt zu werden, weil ein Datenempfänger andere Mittel der Abwehr hat: er kann unerwünschte Daten entweder einfach ignorieren oder sie zu einer späteren Annahme zwischenspeichern oder er kann einen Verbindungsabbau einleiten. Der Verbindungsabbau kann sinnvoller Weise nicht abgelehnt werden, denn das erforderte die Kooperation der Gegenseite, die nicht erwartet werden kann. Möglicherweise ist der Partner nach Abgabe des *DISCONNECT.request* bereits unansprechbar geworden, zum Beispiel weil sein System überfordert oder das Kommunikationsnetz zusammengebrochen ist. Wenn aber ein Verbindungsabbauwunsch nur angenommen, aber nicht abgelehnt werden kann, dann braucht er nicht bestätigt zu werden.

Eine nützliche Übung zum Verständnis dieses einfachen abstrakten Datenversands ist die Ausführung des Beispiels eines Telefongesprächs auf einen Anrufbeantworter: Anton aus Ilmenau ruft Berta in Koblenz an, bekommt aber nur ihren Anrufbeantworter in die Leitung. Er spricht darauf seinen Namen und die Ankunftszeit seines Zuges zum Wochenendbesuch am Koblenzer Hauptbahnhof und legt dann wieder auf (vgl. Abschnitt 7.2.3, Abb. 7.6 oben).

7.3 Die 7 Schichten des OSI-Referenzmodells

7.3.1 Schicht 1: Die Physikalische Schicht

In offizieller OSI-Sprache heißt diese Schicht „Bitübertragungsschicht", englisch „Physical Layer". Die Physikalische Schicht ist die unterste Schicht, deren Funktionen alle Kommunikation in realen Leitungen und Zwischenspeichern realisieren. In Schicht 1 sind die Aufgaben zur mechanischen, elektrischen und optischen Datenübertragungstechnik untergebracht. Zu ihrer Erfüllung werden die mechanischen (Stecker, Buchsen usw.), elektrischen (Pegel, Pulsform, usw.) und die optischen (Wellenfrequenzen und -amplituden) Eigenschaften aller Übertragungsmedien (Kupferkabel, Glasfaser, Funkstrecken, usw.) beschrieben. Es ist offensichtlich, dass für eine überregionale Vernetzung eine standardisierte Festlegung der physikalischen Eigenschaften erforderlich ist.

7.3.2 Schicht 2: Die Sicherungsschicht (Data Link)

Die Sicherungsschicht wird auch Verbindungssicherungsschicht oder Prozedurebene, englisch „Data Link Layer" genannt. Ihre Funktionen sorgen für eine möglichst fehlerfreie Übertragung von Bits und Bytes zwischen einem Sender und einem Empfänger. Die Sicherung besteht in zwei Hauptaufgaben: Fehlerkorrektur (oder Fehlererkennung) und Flusskontrolle. Beide Aufgaben werden dadurch erfüllt, dass Bits in großen Blöcken (englisch *frames*) versendet werden, die mit Prüf- und Reihenfolgebits angereichert werden.

Verfälschte oder verlorengegangene Blöcke können vom Empfänger als solche erkannt werden, wenn die Prüfsumme nicht zum Block passt. Es gibt Verfahren, in denen die Prüfsummen derart viel Information liefern, dass der Empfänger den verfälschten Block von sich aus reparieren kann (*error recovery*). Einfacher (und effektiver) ist es dagegen, wenn der Empfänger einen Fehler zwar erkennen, aber nicht beheben kann, und wenn er den Datenblock im Fehlerfall durch Quittungs- und Wiederholungsmechanismen erneut anfordert (*error detection and resend of data*).

Die Flusskontrolle schützt einen Empfänger davor, mit Datenblöcken überschüttet zu werden, die er nicht verarbeiten kann, weil der Sender zu schnell sendet. Der Empfänger steuert die Geschwindigkeit des Datenempfangs wie folgt: er quittiert den Empfang jedes Datenblocks anhand seiner Folgenummer, und der Sender darf nur eine vorher vereinbarte Anzahl von Datenblöcken senden, ohne eine Quittung für die davor liegenden zu haben. Im einfachsten Fall wechseln sich Sendung und Quittungssignal eins-zu-eins ab („*stop-and-wait*"). Allgemein erlaubt der Empfänger dem Sender eine gewisse Zahl *n* von Blöcken unquittiert zu senden, *n* nennt man die „Fenstergröße" der Flusskontrolle. Eine ausführliche Diskussion eines *Stop-and-wait*-Protokolls zur Flusskontrolle findet sich in Kapitel 8 dieses Buches.

7.3.3 Schicht 3: Die Vermittlungsschicht (Network)

Die Vermittlungsebene wird analog zum englischen Sprachgebrauch „Network Layer" oft auch Netzschicht oder – unschöner – Netzwerkschicht genannt. Die Netzschicht sorgt bei verbindungsorientierten Diensten für die Herstellung von Datenverbindungen und bei verbindungslosen (so genannten paketorientierten) Diensten für den Weiterversand von Datenpaketen zwischen Maschinen, die in einem Netz von Datenleitungen miteinander verbunden sind. Anders als bei der Punkt-zu-Punkt-Verbindung in Schicht 2 spielen hier also Maschinenadressen eine wichtige Rolle.

Wichtigste Aufgabe der Netzschicht ist die Wegesuche (*Routing*): aufgrund einer internen Routingtabelle analysiert ein Netz-Router die in einem Datenpaket einkodierte Empfängeradresse, die weltweit eindeutig auf eine Maschine im Netz hinweist, und schickt das Paket an den nächsten Router auf dem Wege zum Ziel. Dieses „Hopping" von Router zu Router wird auch „Store-and-Forward" genannt. Es erfordert natürlich ein abgestimmtes Verfahren zwischen den Routern, damit Kreisläufe und Sackgassen erkannt und beseitigt werden können.

Da das weltweite Kommunikationsnetz aus mehreren lokalen Teilnetzen unterschiedlicher Technologien besteht und nach dem OSI-Konzept auch bestehen darf, gehören in diese Schicht auch die Umsetzungsfunktionen, die für eine Weiterleitung zwischen den Teilnetzen notwendig sind. Im Internet ist diese Teilfunktionalität als „Medium Access Sublayer" ausgelagert.

7.3.4 Schicht 4: Die Transportschicht (Transport)

Die Transportschicht, englisch „Transport Layer", verknüpft die Datenpakete der Netzschicht mit den Anwendungsprogrammen der Anwendungsschicht und stellt so eine Ende-zu-Ende-Kontrolle zwischen den Endanwendungen her. Die Hauptaufgabe der Transportschicht ist auf Sendeseite die Segmentierung von Datenpaketen zur Stauvermeidung (*congestion control*) sowie auf Empfangsseite die geordnete Zusammenfügung der verschiedenen Segmente, die in der Netzschicht möglicherweise ganz verschiedene Wege genommen haben und in ungeordneter Reihenfolge eingetroffen sind. Die Transportschicht schirmt die speziellen Eigenschaften des Kommunikationsnetzes von den Anwendungen ab. Fünf verschiedene Dienstklassen unterschiedlicher Güte sind in Schicht 4 definiert, darunter der einfache Basisdienst und komplexere Fehlersicherungs- und Fehlerbehebungsverfahren.

In einem Zusatzprotokoll zwischen der Transport- und Anwendungsschicht (SSL – Secure Socket Layer) ist auch die kryptographische Absicherung der Segmente gegen unerlaubtes Mitlauschen und Verändern möglich. Konzeptuell kann SSL der Transportschicht als Ende-zu-Ende Absicherung der Datenströme zugerechnet werden. Alternativ kann SSL auch der Darstellungsschicht der Anwendung zugeordnet werden. In diesem Sinne sagt man, dass SSL „zwischen" Transport und Anwendung liegt.

7.3.5 Schicht 5: Die Kommunikationssteuerungsschicht (Session)

Die Kommunikationssteuerungsschicht wird häufig analog zum Englischen „Session Layer" als Sitzungsschicht bezeichnet. Eine Anwendungs*sitzung* umfasst zum Beispiel die Übermittlung von E-Mails zwischen zwei Mail-Servern oder die Anfrage und Lieferung einer Webseite. Diese Schicht enthält einerseits Aushandlungsfunktionen und andererseits die Steuerung der Sitzung selbst. Zur Aushandlung gehören Verabredungen darüber, ob gleichzeitig gesendet und empfangen werden darf (*duplex*), ob auf mehreren Kanälen parallel gesendet werden darf (*multi channel*), ob Bestätigungen für empfangene Daten auszutauschen sind (*confirmation*) und welche Wiederanlaufmechanismen nach Zusammenbrüchen (*recovery*) genutzt werden können. Zu der Steuerung gehört der Austausch von Steuerinformationen, die festlegen, wer sendet und wer empfängt, und der Austausch von Steuerinformationen (so genannte *Token*), die mögliche Wiederaufsetzpunkte nach Zusammenbrüchen markieren.

In den modernen Internet-Anwendungen ist die Kommunikationssteuerung integraler Bestandteil der Anwendungsprotokolle. Beispielsweise enthält das Simple Mail Transfer Protocol nach RFC 821 explizite Steuerwörter, eine Sitzung zu eröffnen, das Senderecht zu übergeben, die Begrüßungsphase von der Datenphase zu trennen und eine Sitzung zu beenden.

7.3.6 Schicht 6: Die Darstellungsschicht (Presentation)

Die Darstellungsschicht, englisch „Presentation Layer", bietet Aushandlungsfunktionen zur Festlegung darüber, wie die Anwendungsdaten (zum Beispiel E-Mail) für den kommunikativen Transport im Netz kodiert („dargestellt") sein sollen. Mögliche Darstellungsformen sind für beliebige Anwendungen zum Beispiel ASN.1 und XML, speziell für das World Wide Web HTML bzw. die *Request-* und *Response-*Formate des HTTP in reinem ASCII, und speziell für E-Mail das Simple Mailformat nach RFC 822. Aushandlungen finden in den modernen Internetanwendungen nicht statt, sondern die Darstellungsformen sind in den Anwendungsprotokollen festgelegt: zum Beispiel für das Web in HTTP und für E-Mail im SMTP nach RFC 821. Außerdem führen die Funktionen der Darstellungsschicht die Umwandlung der systemabhängigen, lokalen Darstellung der Daten in eine systemunabhängige Form für den Transport aus. Das geschieht natürlich auch in den modernen Internet-Anwendungen, allerdings sind dort diese Funktionen fest in die Anwendungsfunktionen integriert.

7.3.7 Schicht 7: Die Anwendungsschicht (Application)

Die Anwendungsschicht, englisch „Application Layer“, ist die oberste der sieben hierarchischen Schichten, auch wenn oberhalb von ihr noch die lokale Weiterverarbeitung und Interpretation der Anwendungen anzusiedeln sind. Diese liegen dann aber außerhalb des OSI-Referenzmodells. Zu den bekanntesten Anwendungen, die der Schicht 7 zuzurechnen sind, gehören heute das E-Mail- und News-System, das World Wide Web, der Filetransfer, das Remote Login, das Chatting, zahlreiche Spiele, kooperative Lernsysteme und elektronische Konferenzen. Die Liste ist offen für neue Anwendungen, die eingeführt werden können, ohne den laufenden Betrieb der anderen Anwendungen zu stören.

7.3.8 Graphische Darstellung

Die sieben hierarchischen Schichten lassen sich wie folgt graphisch darstellen:

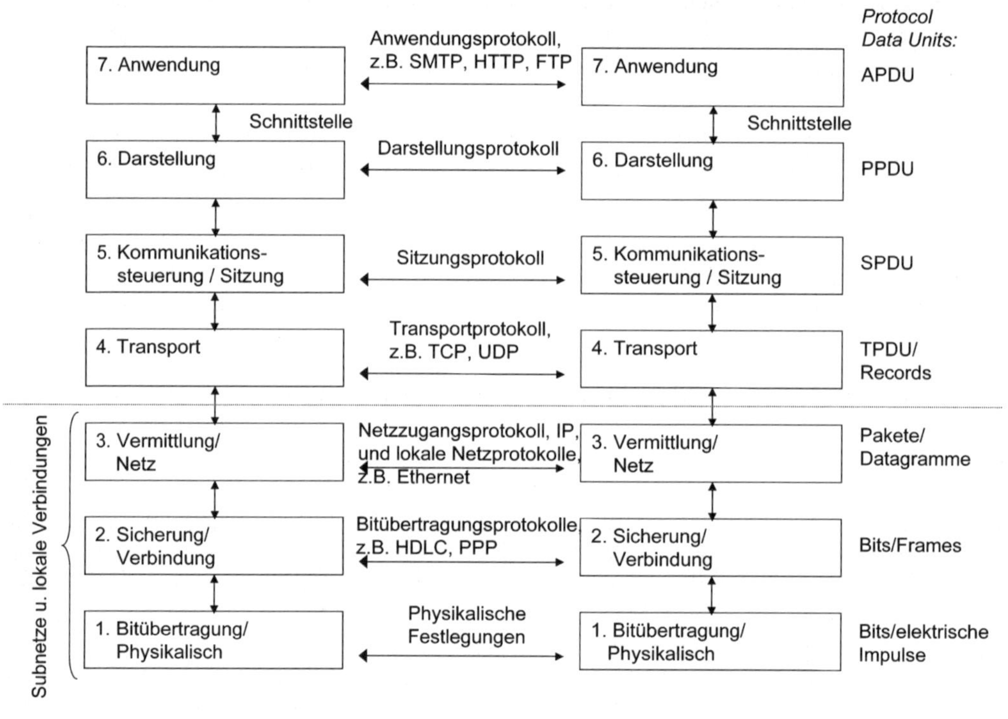

Abbildung 7.9: Graphische Darstellung des OSI-Referenzmodells

Erläuterung der Abkürzungen:

SMTP =	Simple Message Transfer Protocol,
HTTP =	Hyper Text Transfer Protocol,
FTP =	File Transfer Protocol;
TCP =	Transmission Control Protocol,
UDP =	User Datagram Protocol;
IP =	Internet Protocol;
HDLC=	High-Level Datalink Control,
PPP =	Point-to-Point Protocol;
APDU=	Application Protocol Data Unit (in der Praxis SMTP, HTTP, usw.);
PPDU =	Presentation Data Protocol Unit (spielt in der Praxis keine Rolle mehr);
SPDU =	Session Protocol Data Unit (spielt in der Praxis keine Rolle mehr);
TPDU =	Transport Protocol Data Unit (in der Praxis TCP oder UDP).

Die gestrichelte Linie markiert die Grenze zwischen der realen Vernetzung und den Kommunikationsfunktionen in den Endgeräten, die mit Hilfe der Netzfunktionen miteinander kommunizieren.

Die Netzschicht ist über lokale Netztechnologie, z.B. Ethernet oder FDDI Token Rings, realisiert. Zum Anschluss an das Internet verfügt jede lokale Netztechnologie über eine Schnittstelle zum IP (Internet Protokoll nach RFC 791). In diese Protokollformate übersetzt das lokale Netz seine Daten in dem Moment, wo sie seine Umgebung verlassen, und umgekehrt: eingehende IP-Protokolle von außen übersetzen lokale Netze in interne Netzprotokolle. Ein Beispiel dafür ist das Adressauflösungsprotokoll ARP (Address Resolution Protocol) des Ethernet, mit dem im Ethernet lokale Router ihre internen Ethernet- und IP-Adressen verwalten und so die einen in die anderen übersetzen können (Tanenbaum 2003, The Network Layer in the Internet).

In der Verbindungsschicht von Punkt zu Punkt kommen Bitübertragungsprotokolle zum Tragen. HDLC und PPP übertragen Bits in beliebig großen Blöcken, so genannten Frames (Mindestgröße 48 Bits, keine Obergrenze), die mit zusätzlichen Steuerungsbits zur Fluss- und Fehlerkontrolle ausgestattet sind (Tanenbaum 2003, The Data Link Layer).

7.4 Das Internet TCP/IP-Referenzmodell

7.4.1 Die vier Schichten des Internet TCP/IP-Referenzmodells

Das Internet ist ähnlich wie das OSI-Referenzmodell in funktionale Schichten aufgeteilt. Allerdings kommt es mit vier statt sieben Schichten aus, indem die drei oberen OSI-Schichten im Internet zu einer Anwendungsschicht zusammengefasst sind. Eine Differenzierung dagegen hat das Internet-Referenzmodell auf der Netzebene vorgenommen, die es aufteilt in die integrierende Schicht des Internet-Protokolls (*IP*), zu dem alle lokalen Netztechnologien eine Schnittstelle unterhalten sowie die sogenannte Netzzugangsschicht zu den jeweiligen lokalen Netzen (*Medium Access Sublayer*). Unterhalb der Netzzugangsschicht überlässt das Internet die gesamte Arbeit den lokalen Netztechnologien und unterscheidet daher in der Netzschicht nicht mehr zwischen Netz, Verbindung und physikalischen Festlegungen.

Netzzugangsschicht: Die Netzzugangsschicht ist im TCP/IP-Referenzmodell ausgewiesen, aber nicht durch ein einheitliches Protokoll realisiert. Sie wird ausgefüllt von verschiedenen Techniken zur Datenübertragung innerhalb lokaler Netze, und letztlich von Punkt zu Punkt in diesen Netzen. Beispiele dafür sind Ethernet, Token Ring, FDDI, und neuerdings auch Mobiltelefonnetze wie GSM und UMTS sowie das Positionssystem über Satellit GPRS. Das Internet-Protokoll (IP, Netzschicht) hat die Aufgabe, verschiedene Subnetze zusammenzuschließen. Daher haben alle konkreten lokalen Netztechnologien in der Netzzugangsschicht Schnittstellen zum IP.

Netzschicht: Die Netz- oder Internetschicht ist für die Weitervermittlung von Paketen und die Wegewahl (Routing) zuständig. Die Aufgabe dieser Schicht ist es, für jedes empfangene Paket das nächste Zwischenziel zu ermitteln und dorthin weiterzuleiten. Kern dieser Schicht ist das Internet Protocol (IP), das einen unzuverlässigen, verbindungslosen Paketauslieferungsdienst bereitstellt. Das heißt, Pakete werden immer zum nächsten Router auf dem Wege zum Ziel geschickt, aber die Router überprüfen nicht, in welcher Form und Reihenfolge und ob sie überhaupt ankommen. Ausgeführt wird die Funktionalität des IP durch die lokalen Netztechnologien in der darunter liegenden Netzzugangsschicht.

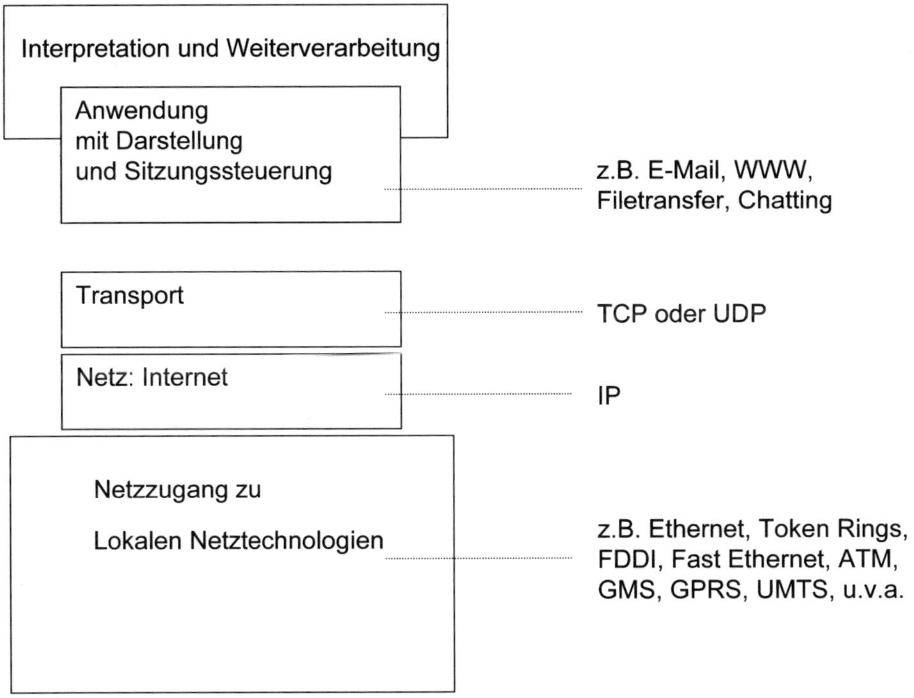

Abbildung 7.10: Graphische Darstellung des Internet TCP/IP-Referenzmodells

Transportschicht: Die Transportschicht verknüpft die Datenpakete mit ihren Anwendungen und stellt dadurch Ende-zu-Ende-Verbindungen zwischen den Anwendungen her. Das verbindende Element zu der Anwendung ist die Port-Nummer, die jeder Internet-Anwendung global standardisiert zugeordnet ist. Das Transportprotokoll fügt die Port-Nummer im Auftrag der sie aufrufenden Anwendung in die Transportrecords ein, damit die empfangende Transportinstanz weiß, welcher Anwendung sie einen Transportrecord zuzuordnen hat. In der Transportschicht sind zwei Protokolle realisiert: das TCP und das UDP. Das schwergewichtige Transmission Control Protocol (TCP) stellt sichere Verbindungen zwischen jeweils zwei Netzwerkteilnehmern her, es hebt die Unsicherheit des IP auf, indem es die Ankunft der unverfälschten Datenpakete überwacht und diese in der richtigen Weise zu den Transportrecords zusammensetzt. Das leichtgewichtige User Datagram Protocol (UDP) reicht die IP-Datenpakete ungesichert an die Anwendungen durch.

Anwendungsschicht: Die Anwendungsschicht umfasst alle Protokolle, die Kommunikationsanwendungen lokal unterstützen. Dazu gehören E-Mail (SMTP nach RFC 821), File Transfer (FTP), das World-Wide Web (HTTP) und Chatting (IPC). Über die Schnittstellen der Anwendungsprotokolle zum Transportsystem des Internets können die lokalen Kommunikationsanwendungen Daten mit ihren Anwendungspartnern auf entfernten Maschinen austauschen.

7.4.2 Vergleich zwischen OSI und Internet

OSI und das Internet sind auf zweierlei Weise miteinander zu vergleichen: erstens in Bezug auf die realisierten *Protokolle* und zweitens in Bezug auf die abstrakten *Referenzmodelle*, die den Protokollen einen Platz in der Dienstehierarchie zuordnen.

In Bezug auf die *Protokolle* muss hervorgehoben werden, dass von der ursprünglich sehr reichhaltigen Implementierungsbasis von OSI fast nichts übrig geblieben ist. Das Datex-P-Protokoll, das von OSI als wichtigste Realisierung der Netzschicht ausersehen war, hat die Rolle der integrierenden Netzschicht an das Internet Protokoll (RFC 791) verloren. Datex-P ist heute dagegen nur eines von vielen lokalen Netztechnologien. Von den Anwendungsprotokollen hat mit einer Ausnahme keines im Markt richtig Fuß gefasst. Message Handling X.400 ist durch das Internet Simple Mail verdrängt, FTAM durch den Internet File Transfer, Virtual Terminal durch Telnet, und ein Web-Protokoll hatte es in OSI ohnehin nie gegeben. Die eine Ausnahme aus der OSI-Welt, die überlebt hat, ist das *Directory*-Protokoll X.500 (ITU/CCITT 1993), vornehmlich in seiner Leichtgewichtversion LDAP (Lightweight Directory Access Protocol, s. Howes et al. 2003). Mit „Directories" bezeichnet man Informationsserver über Namen, Adressen und Schlüsselzertifikate. Der Unterstandard X.509 über die Zertifizierung öffentlicher Schlüssel hat sogar eine sehr wichtige Rolle in der Sicherung von Internet-Protokollen und ihren Anwendungen erhalten: er ist sowohl in SSL als auch in den Signaturen des Web und der E-Mail-Systeme fest etabliert. In Bezug auf Directories und Schlüsselzertifizierung hatte die RFC-Gemeinde des Internet niemals eigene Initiativen entwickelt und dann schließlich dankbar auf die OSI-Spezifikationen X.500/X.509 zurückgegriffen.

Was aber aus der OSI-Welt sehr wohl überlebt hat, das ist das OSI-*Referenzmodell*. Es wird in der strengen Aufteilung der Schichten in ihre drei Bereiche (1. Dienste, 2. Schnittstellen und Zugangspunkte, 3. Protokolle) dem Internet-Konzept als überlegen anerkannt. Das Konzept der Schichten in seiner strengen Klarheit ist bis heute vorbildlich zur Strukturierung komplexer Kommunikationstechnologie.

Diese entspricht dem modernen Programmierparadigma der Objektorientierung, bei dem ebenfalls die funktionale Realisierung von Objekten innerhalb der Objekte verborgen ist, während die Nutzung der Objekte durch Methodenschnittstellen nach außen dokumentiert und sichtbar ist. Der internen Realisierung von Objekten entspricht bei OSI die lokale Schichtenfunktionalität verknüpft mit ihren Protokollen. Den Methodenparametern entsprechen die Schichtenschnittstellen, und den Methoden selbst entspricht das Dienstangebot der Schichten.

Die vier Schichten des Internet TCP/IP-Referenzmodells entsprechen in vereinfachter Weise den sieben Schichten des OSI-Referenzmodells. Die drei oberen OSI-Schichten sind im Wesentlichen zu einer Internet-Anwendungsschicht zusammengewachsen. Darstellungsprotokolle hat es nie richtig gegeben, sondern die Darstellungsformate werden von den Anwendungen festgelegt, bei E-Mail etwa im RFC 822. Die Sitzungssteuerung ist im Internet ein integraler Bestandteil des Anwendungsprotokolls, bei E-Mail etwa innerhalb des Protokolls SMTP nach RFC 821. Beide Referenzmodelle verfügen über die Aufteilung in eine Transport- und eine Netzschicht. Das Netz sorgt für die Verteilung der Datenpakete, unabhängig davon, zu welchen Anwendungen sie gehören. Die Transportschicht verknüpft die Datenpakete mit ihren Anwendungen und sichert sie dabei ab. Die Netzschicht hat sich im Internet aufgeteilt in das integrierende Internet-Protokoll (IP) der Netzschicht (*Network Layer*) und in die Übergangsschnittstellen zu den lokalen Netzen (Netzzugangsschicht, *Medium Access Sublayer*). Man kann die Schichten der beiden Referenzmodelle wie in Abbildung 7.11 dargestellt zuordnen.

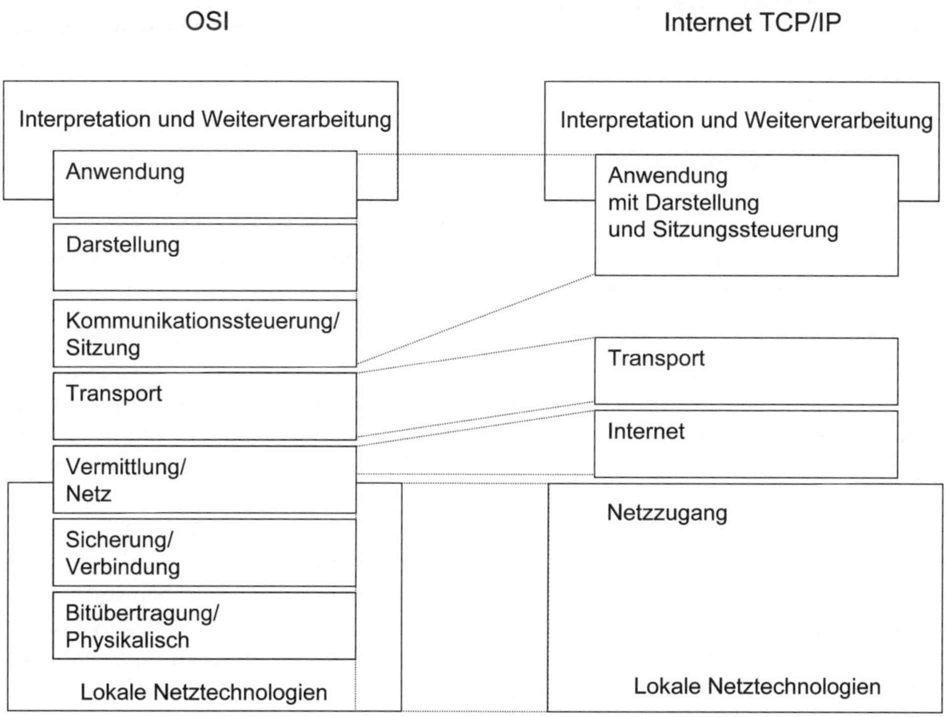

Abbildung 7.11: Graphische Gegenüberstellung der Referenzmodelle von OSI und von Internet TCP/IP

7.5 Zusammenfassung

Die technische Unterstützung von Kommunikation über Zeit und Raum mit Hilfe elektronischer Medien ist eine derart komplexe Aufgabe, dass sie in verschiedene Aufgabenbereiche strukturiert wird. Üblicherweise sind die Aufgabenbereiche heute in so genannten Schichten hierarchisch angeordnet. Zu ihrer Darstellung ist jede Schicht in drei grundlegende Bereiche aufgeteilt: (1) Dienstleistung (*service*), (2) Schnittstelle der Dienste (*interface*) an einem Dienstzugangspunkt (*service access point*) und (3) Protokoll (*protocol*).

Dienste werden innerhalb derselben Partnerinstanz in einer Maschine von einer untergeordneten an eine übergeordnete Schicht erbracht. Dienste werden mit Hilfe von Regeln dargestellt, die festlegen, welche Datenformate zwischen Auftraggeber (obere Schicht) und Dienstanbieter (darunter liegende Schicht) erbracht werden und welche Leistung vom Dienstanbieter zu erwarten ist. Schnittstellen zwischen Schichten sind Methoden des Dienstaufrufs und seiner Erfüllung. Dienstzugangspunkte können auf ganz verschiedene Weise realisiert sein. Er kann ein physischer Ort sein, etwa ein Telefon, ein Briefkasten oder das Eintreten eines Mobiltelefons in einen Netzbereich; er kann in anderen Zusammenhängen ein Unterprogramm sein, das mit den entsprechenden Parametern aufgerufen werden muss; oder er kann ein Speicherbereich sein, an dem Daten hinterlegt und abgeholt werden können. Protokolle sind Kommunikationsregeln zwischen entfernten Partnern derselben Schicht (*peer entities*). Protokolle werden mit Hilfe von Regeln ausgedrückt, die festlegen, welche Datenformate die Partner in welcher Schrittfolge austauschen.

Das OSI-Referenzmodell wurde von der internationalen Standardisierungsorganisation ISO in Kooperation mit dem internationalen Verband der Telekommunikationsorganisationen ITU 1984 verabschiedet. Es enthält die folgenden sieben Schichten: (1) Physikalische Schicht zur Festlegung der physikalischen Eigenschaften von Verbindungen und Anschlüssen; (2) Verbindungsschicht für gesicherte Ende-zu-Ende-Verbindungen; (3) Netzschicht zur Verteilung von Datenpaketen (verbindungslos) oder zur Herstellung von Verbindungen (verbindungsorientiert) in einem Netz von adressierbaren Geräten; (4) Transportschicht zur Verknüpfung von Datenpaketen mit ihren Anwendungen; (5) Sitzungsschicht zur Festlegung von Sendeparametern, Sende- und Empfangsrollen und Wiederanlaufmechanismen nach Unterbrechungen; (6) Darstellungsschicht für die Datenkonversion zwischen Anwendung und Transport; und schließlich (7) Anwendungsschicht für die eigentlichen Anwendungen wie E-Mail, News oder das World Wide Web.

Das Internet TCP/IP-Referenzmodell kommt mit vier statt sieben Schichten aus, indem die drei oberen OSI-Schichten im Internet zu einer Anwendungsschicht zusammengefasst sind. Auf der Netzebene dagegen ist es aufgeteilt in die integrierende Schicht des Internet-Protokolls (*IP*), zu dem alle lokalen Netztechnologien eine Schnittstelle unterhalten sowie die sogenannte Netzzugangsschicht zu den jeweiligen lokalen Netzen (*Medium Access Sublayer*). Unterhalb der Netzzugangsschicht überlässt das Internet die gesamte Arbeit den lokalen Netztechnologien und unterscheidet daher in der Netzschicht nicht mehr zwischen Netz, Verbindung und physikalischen Festlegungen.

7.6 Lektüre zur Vertiefung

Die Referenzmodelle von OSI und dem Internet sind beide im Original gut (wenn auch etwas trocken) zu lesen. Das 7-Schichtenmodell von OSI (Open Systems Interconnection) findet sich in (ISO 1984/2004) und ist ausführlich erläutert zum Beispiel in (CISCO 2002), (Tanenbaum 2003) und in Wikipedia (http://de.wikipedia.org/wiki/OSI-Referenzmodell). Das Internet-Modell ist original in (RFC 1122 1989) formuliert und wird bei (Tanenbaum 2003) und in Wikipedia (http://de.wikipedia.org/wiki/TCP/IP-Referenzmodell) diskutiert. Speziell zum Verständnis der Protokolle TCP und IP hilft ein offizieller Lehrtext (*Tutorial*) unter (RFC1180 1991), aber auch hier sind die Originale in (RFC791 und RFC793 1981) gut lesbar.

Die einfachste und wichtigste Internet-Anwendung ist Electronic Mail, dessen Protokoll und Format ebenfalls im Original zur Lektüre empfohlen sind (RFC 821 und RFC822 1982). Electronic Mail ist neben den anderen Anwendungen SNMP (Netzmanagement), Usenet News und World Wide Web auch sehr anschaulich bei (Tanenbaum 2003) beschrieben.

Die Geschichte des Internets ist bis heute nicht ausreichend analysiert und aufgeschrieben worden. Insbesondere die wechselseitigen Bezüge zwischen der Technikinnovation (dezentrale Paketnetze, PCs, Mobiltelefonie, Portables, W-LAN usw.), dem ökonomischen Niedergang der Telekommunikationsmonopole sowie den Kommunikationsansprüchen der Menschen ist ein interessantes Forschungsgebiet. Die Verschiebung der technischen Komplexität aus den Netzen hinaus in die Endgeräte, mithin von der zentralen Dienstleistung in die dezentrale Verantwortung der Nutzer, wurde erstmals von (Saltzer/Reed/Clark 1981) hervorgehoben und von (Lemley/Lessig 2001, pp. 6-9) zusammenfassend zitiert. Darüber hinaus gibt es zur Technikgeschichte reichhaltige Literatur, besonders über die Computertechnik empfiehlt sich etwa (Naumann 2001).

7.7 Übungsaufgaben

1. Zur Historie der Komplexitätsverteilung im Kommunikationsnetz (Abschnitt 7.2.1 und 7.2.2): (a) Schildern Sie die unterschiedliche Verteilung der Aufgaben in der Transport- und Netzschicht einerseits im ursprünglichen OSI-Modell (Europa), andererseits im Internet-Modell (USA). (b) Welches Modell hat sich durchgesetzt? Welche Rolle spielten dabei die nationalen Telekommunikationsmonopole?
2. Aus welchen drei grundlegenden Bausteinen besteht eine Kommunikationsschicht nach dem OSI-Referenzmodell? Erläutern Sie jeden der drei Bausteine kurz (Abschnitt 7.2.3).
3. Füllen Sie die Begriffe *Dienst*, *Dienstzugangspunkt*, *Dienstschnittstelle* und *Protokoll* mit dem Beispiel eines Briefschreibers (Schicht $n+1$) aus, der einen Brief schreibt, diesen in einen Umschlag steckt, den Umschlag frankiert, zum Postkasten trägt und dort einwirft. Auf der Gegenseite findet der Empfänger den Brief im Briefkasten, nimmt ihn heraus, entnimmt ihn dem Umschlag und liest ihn. Die Dienst erbringende Schicht (n) sei dabei

auf Sendeseite realisiert durch die Entleerung des Briefkastens und auf Empfangsseite durch die Briefträger (Abschnitt 7.2.3).

4. Für welchen der folgenden Dienste schlagen Sie aus Kostengründen einen verbindungsorientierten oder einen verbindungslosen Dienst vor? Begründen Sie Ihren Vorschlag. (a) Telefongespräch, (b) Surfen im Web, (c) Video-Streaming-on-Demand, (d) Mobiltelefonie. (Abschnitt 7.2.4)
5. Über Dienstprimitive (Abschnitt 7.2.5): Ein einfacher einseitiger Datenaustausch zwischen zwei Partneranwendungen (Schicht 7) auf verschiedenen, voneinander über das Internet verbundenen Maschinen, kann mit Hilfe dreier Dienste, CONNECT, DATA und DISCONNECT modelliert werden. Erweitern Sie dieses Beispiel zu einem zweiseitigen Versand von Daten, indem Sie einen (bestätigten oder unbestätigten?) Dienst einführen, bei dem Sender und Empfänger die Rolle wechseln, und benennen Sie die zugehörigen Dienstprimitive. (b) Warum kann dieser neue Dienst auf Bestätigung verzichten? Wie kann eine Seite nämlich reagieren, wenn sie die Senderolle nicht übernehmen will?
6. Über Dienstprimitive (Abschnitt 7.2.5): Führen Sie die Dienstprimitive der Dienste CONNECT, DATA und DISCONNECT eines einfachen abstrakten Datenversands mit dem konkreten Beispiel eines Telefongesprächs auf einen Anrufbeantworter aus: Anton aus Ilmenau ruft Berta in Koblenz an, bekommt aber nur ihren Anrufbeantworter in die Leitung. Er spricht darauf seinen Namen und die Ankunftszeit seines Zuges zum Wochenendbesuch am Koblenzer Hauptbahnhof und legt dann wieder auf.
7. Stellen Sie das OSI-Referenzmodell graphisch dar. (Abschnitt 7.3)
8. Stellen Sie das Internet TCP/IP-Modell graphisch dar und füllen Sie die einzelnen Schichten mit konkreten Protokollen aus. (Abschnitt 7.4.1)
9. Ordnen Sie in einer graphischen Darstellung die Schichten der beiden Modelle von OSI und Internet TCP/IP einander zu. (Abschnitt 7.4.2)

8 Protokolle

8.1 Der Gegenstand

Der Begriff „Protokoll“ entstammt der Rechts- und Kanzleisprache, in der er nach dem Duden-Herkunftswörterbuch zwei Bedeutungen hat: erstens eine förmliche Niederschrift, ein Tagungs-, Sitzungs- oder Verhandlungsbericht; zweitens die Gesamtheit der im diplomatischen Verkehr geübten Formen. Die Etymologie des Wortes verweist auf das Altgriechische *πρωτο κολλα* (*proto kolla*, erster Leim) als „vorn angeleimtes“ Deckblatt mit chronologischen Angaben über Entstehung und Verfasser des Papyrus.

In diesen beiden Bedeutungen hat sich der Begriff auch in der Umgangssprache etabliert. Zum einen ist ein Protokoll eine Verhaltensregel, zum anderen ist ein Protokoll eine Niederschrift eines Ereignisses. Die Verhaltensregel bezieht sich auf zukünftiges Verhalten. Die Niederschrift ist eine Merkfunktion vergangener Ereignisse.

Für die digitale Kommunikation wichtig ist die Bedeutung eines Protokolls als Verhaltensregel. Verhaltensregeln sind im Alltag gang und gäbe. Sie sind uns in Fleisch und Blut übergegangen, so dass wir erst dann wieder über sie nachdenken, wenn wir in ungewohnte Umgebungen geraten, etwa auf Reisen in fremden Kulturen. Wir sind es zum Beispiel gewohnt, uns in folgenden Situationen „protokollarisch richtig“ zu verhalten:

1. Eröffnung, Leitung und Schließung von Sitzungen; Festlegung der Rollenverteilung der Leitung, Teilnehmer und Gäste;
2. Telefongespräch, Begrüßung, Steuerungsinformationen (zum Beispiel „Anklopfen“), Verabschiedung;
3. Kaufvorgang, zum Beispiel „erst die Ware, dann das Geld“ oder umgekehrt;

Sehr viel formaler sind Situationen „protokollarisch“ geregelt, in denen von einer Verabredung die Sicherheit von Menschen abhängt. Besonders einleuchtend ist das Beispiel

4. Freigabe einer eingleisigen Bahnstrecke für den Betrieb in zwei Richtungen.

Protokolle für die technische Unterstützung digitaler Kommunikation sind sehr genau geregelt, denn sie bestimmen die Implementierung der Funktionen technischer Geräte. Das OSI-Referenzmodell hat hier eine grundlegende Struktur dafür geschaffen, wie die technischen Kommunikationsfunktionen zwischen zwei (entfernten) Partnern zu strukturieren sind

(s. Kapitel 7 in diesem Buch). Das Protokoll ist die Methode des Datentransfers zwischen zwei voneinander entfernten Einheiten einer Schicht. Es besteht aus der Spezifikation der erlaubten Protokolldatentypen und der Abfolge der Kommunikationsschritte. Die Ablaufreihenfolge wird in diesem Kapitel vertieft, für die Datentypen werden im folgenden Kapitel 9 über Datenformate Methoden der Spezifikation von Kommunikationsdaten, darunter XML, vorgestellt.

Dieses Kapitel behandelt drei Fragen:

Zunächst wird der Begriff des Protokolls anhand von Kommunikationsregeln im täglichen Leben diskutiert und auf die Anforderungen an die technische Unterstützung in der digitalen Kommunikation hin geschärft (Abschnitt 8.2). Dann werden vier formale Beschreibungsmethoden von digitalen Kommunikationsprotokollen zum Zweck der Spezifikation, Implementierung und Verifikation ihrer Korrektheit vorgestellt: das Nachrichtenschema, endliche Zustandsautomaten, formale Sprachen und Petri-Netze (Abschnitt 8.3). Schließlich wird das formale Regelwerk anhand fünf konkreter Beispiele aus der Kommunikationsinformatik Schritt für Schritt vorgestellt und veranschaulicht (Abschnitte 8.4-8.8).

Das Beispiel einer eingleisigen, von zwei Seiten zu befahrenden Schienenstrecke dient der Einführung des anschaulichen Nachrichtenschemas für die Protokolldarstellung (Abschnitt 8.4). Die drei Beispiele einer gesicherten Datenübertragung, des E-Mail-Austauschs und der Übertragung einer Webseite (Abschnitt 8.5-7) sind Bestandteile des 7-Schichten-Referenzmodells nach OSI (s.o. Kapitel 7) und gehören zum Innenleben des Internet. Das Beispiel der Angebotsphase im E-Commerce (Abschnitt 8.8) steht für die digitale Kommunikation mit Hilfe des Internets oberhalb der sieben Schichten des OSI-Referenzmodells. Es zeigt die Notwendigkeit klarer Kommunikationsregeln für die technisch gestützte digitale Kommunikation mit Hilfe des Internets auf.

8.2 Begriffsbildung

8.2.1 Gesellschaftliches Protokoll

Für die digitale Kommunikation sind Protokolle Regelwerke für richtiges Verhalten in vorgegebenen formalen Situationen. Um den Begriff eines Protokolls zu verstehen, werden wir ihn zunächst für das gesellschaftliche Auftreten beschreiben.

> **Definition von gesellschaftlichem Protokoll:** Unter einem Protokoll für korrektes Verhalten versteht man ein Regelwerk zum Verhalten in formalen, öffentlichen und repräsentativen Auftritten. Es bezieht sich vor allem auf alle Formen des diplomatischen Verkehrs, wird aber gelegentlich auch für andere Veranstaltungen mit wirtschaftlichen, politischen und gesellschaftlichen Amts- und Würdenträgern verwendet.

Das Regelwerk ist auf die Zukunft gerichtet. Die Teilnehmer lernen das Protokoll, damit sie sich daran halten können. Protokolle legen

1. eine Ablaufreihenfolge
2. und darin vorkommende Verhaltens- und Aussagetypen

fest. In einigen wenigen Fällen werden Formulierungen im Einzelnen festgelegt, zum Beispiel zur Begrüßung, Verabschiedung oder Unterbrechung. Im Allgemeinen aber wird für die Aussagen nicht der Inhalt, sondern nur ein Rahmen festgelegt: gewisse Dinge können gesagt werden, müssen gesagt werden oder dürfen nicht gesagt werden, aber was dann im Einzelfall gesagt wird, ist offen und wird erst von den Akteuren im Rahmen ihrer Rollen ausgefüllt.

Zur Abgrenzung davon wird hier kurz die andere Bedeutung des Begriffs „Protokoll" als Niederschrift des Ablaufs eines Ereignisses besprochen. Die Niederschrift ist zunächst vergangenheitsbezogen: sie hält in schriftlicher Form mehr oder weniger ausführlich den Ablauf eines Ereignisses fest, und zwar ausdrücklich mit Inhalten. Sie ist aber auch zukunftsbezogen, denn sie hat eine Merkfunktion für die Fortsetzung des Ereignisses, damit man sich zukünftig verbindlich auf den bisherigen Verlauf beziehen kann. Ein solches Protokoll soll den Ablauf in neutraler Form und nicht die Meinung des Protokollführers wiedergeben. Ein Protokoll im Sinne einer Niederschrift wird im Internet in den *Server Log-Files* geführt, in denen so genannte *Clickstream Data* von *Clients* festgehalten werden. Das wird hier nicht weiter vertieft, siehe dazu etwa (Rossnagel et al. 2003, dort besonders S. 60 ff.)

In beiden Bedeutungen des Protokollbegriffs, sowohl als Verhaltensregel als auch als Niederschrift, werden *Abläufe* festgehalten. Die beiden Bedeutungen unterscheiden sich aber darin, dass eine Niederschrift *vergangene* Abfolgen *inhaltlich* festhält, während eine Verhaltensetikette *zukünftiges* Verhalten in *Formaten* und nur ausnahmsweise in einzelnen Formulierungen festhält. Allerdings enthält auch eine Niederschrift offene Formulierungen wie zum Beispiel „es wurde kontrovers diskutiert", aber in jedem wichtigen Punkt wird die Formulierung bis ins Einzelne festgelegt. Oft ist das ein schwieriger Prozess der Einigung auf eine Protokoll-Niederschrift.

8.2.2 Digitales Protokoll

Im OSI-Referenzmodell ist der Begriff eines Protokolls exakt festgelegt. Analog zum Begriff eines gesellschaftlichen Protokolls legt das digitale Protokoll die Methode des Datentransfers zwischen zwei voneinander entfernten Einheiten einer Schicht fest. Es besteht – wie bei dem gesellschaftlichen Protokoll – aus der Spezifikation der erlaubten Daten*typen* (nur ausnahmsweise einzelner Dateninhalte) und der Abfolge der Kommunikationsschritte.

> **Definition von digitalem Protokoll:** Unter einem digitalen Protokoll versteht man ein (n)-Schichtenprotokoll im Sinne des OSI-Referenzmodells: das ist ein Regelwerk zum Austausch von Inhaltsdaten gemäß Steuerinformationen der Schicht (n) der lokalen Maschine mit einer Einheit derselben Schicht (n) auf einer entfernten Maschine (*peer entity*).

Für ein digitales Protokoll wird formal festgelegt, wer wem was in welcher Abfolge senden bzw. empfangen darf. Das wird in den formalen Spezifikationen immer in zwei Teilen dargestellt:

1. eine Ablaufreihenfolge der Kommunikationsschritte („wer wem in welcher Abfolge")
2. und darin vorkommende Verhaltens- und Aussagetypen („was").

Digitale Protokolle sind die formalen Festlegungen von Rollen in einer Telekooperation im Sinne des Telekooperationsmodells (s.o. Kapitel 5 in diesem Buch). Die Rolle entspricht der Dienstleistung in Schicht (n), die den Dienst der darunter liegenden (n-1)-Schicht als untergeordnete Rolle in Anspruch nimmt.

Ein Protokollautomat ist wie jeder andere implementierte digitale Prozess algorithmisch gesteuert. In Kapitel 2 dieses Buches über Algorithmen haben wir festgestellt, dass zur Semantik von Algorithmen ihre Terminierung und Eindeutigkeit gehören (Abschnitte 2.2.3–2.2.5). Das ist bei Protokollautomaten genauso.

Die Kooperationsrolle eines Protokollautomaten ist *determiniert*: bei Eingabe derselben Daten in derselben parametrisierten Umgebung (etwa Datum, Teilnehmer, Vorgeschichte) verhält sich der Automat zuverlässig gleich.

Aber die Rolle ist *nicht deterministisch*, das heißt, sie wird von außen durch die Eingabe von Kommunikationsdaten und Umgebungsparametern gesteuert. Die Kooperationsrolle eines Protokollautomaten hat an zwei Stellen nicht-deterministische Verzweigungspunkte: zum einen an der Auftragsschnittstelle zur übergeordneten (n+1)-Schicht (Warten auf *Request* bzw. *Response*, s.o. Kap. 7), zum anderen an der Dienstschnittstelle zur untergeordneten (n-1)-Schicht, gesteuert von den Daten der anderen Seite (Entgegennahme von *Indication* bzw. *Confirm*, s.o. Kap. 7). Anschaulich gedeutet, wartet ein Protokollautomat einerseits darauf, was die eigene Seite senden will, bereitet es auf und sendet es zur anderen Seite; andererseits wartet er darauf, was die andere Seite zurücksendet, bereitet es auf und reicht es der eigenen Seite zur Weiterverarbeitung hoch.

Kooperationsrollen sind grundsätzlich durch das gemeinsame Ziel einer Telekooperation *terminiert*. Protokollautomaten, die nicht terminieren, sind fehlerhaft. Sie enthalten zur Vermeidung solcher Situationen, in denen man sagt, sie haben „sich aufgehängt", sowohl *Timeout*-Funktionen zum Wiederanlauf entweder am Anfang oder an einem anderen wohl definierten Wiederaufsetzpunkt (vgl. die 5. Sitzungsschicht im Abschnitt 7.3.5 dieses Buches) als auch Eingriffsmöglichkeiten eines Administrators zum geordneten Wiederanlauf. Sehr wohl aber können Protokollautomaten in einer Endlosschleife automatisiert bleiben, deren Warteposition allerdings den Anfangs- und Endpunkt einer Kooperation darstellt. Eine solche Warteposition stellt also die erfolgreiche Terminierung eines zuvor abgelaufenen Kooperationsprotokolls dar. Ein Beispiel für die ununterbrochene Tätigkeit sind die Router im Internet-Protokoll IP, die darauf warten, eingehende Datenpakete zu erhalten, um sie adressgesteuert an verschiedene Router weiter zu leiten. Dasselbe gilt für E-Mail-Server, die eingehende E-Mails an andere Server weiterleiten oder an ihre lokalen Mailboxen aushändigen.

8.3 Protokollspezifikationen

8.3.1 Aufgabe und Ziel

Es ist die Aufgabe von Protokollen, genau vorzuschreiben, wie Automaten zur Versendung und Entgegennahme von Kommunikationsdaten funktionieren. Da sie Automaten sind, müssen sie sich in jeder Situation in einem wohl definierten Zustand befinden, für den weitere Arbeitsschritte vorgesehen sind. Protokolle müssen demnach so genau spezifiziert sein, dass erstens ihre zugehörigen Automaten gemäß der Spezifikation implementiert werden können und dass zweitens die Nutzer der Automaten, die zugehörigen Funktionen der übergeordneten (n+1)-Schicht, die Automaten zuverlässig nutzen können. Es ist somit die Aufgabe von Protokollspezifikationen

1. den Protokollablauf für Nutzer verständlich darzustellen (Verständnis und Handhabbarkeit),
2. den Protokollablauf für Programmierer so verständlich darzustellen, dass sie ihn implementieren und warten können (Implementierung und Wartung),
3. den Protokollablauf so zu beschreiben, dass die Beschreibung gegenüber einer Aufgabenspezifikation formal verifiziert werden kann (Verifikation).

Es haben sich dafür mehrere Methoden etabliert, die unterschiedliche Zwecke erfüllen. Am Anschaulichsten, aber am wenigsten formal, ist das so genannte graphische Nachrichtenschema, bei dem der Datentransfer zwischen zwei Kommunikationspartnern durch hin- und hergehende Pfeile in einem zeitlichen Ablaufschema dargestellt sind (Abb. 8.1 a). Die drei formalen Methoden der Zustandsautomaten, der formalen Sprachen und der Petri-Netze sind gleichmächtig, wenn man auf die Endlichkeit der Zustände bei den Zustandsautomaten und der Stellen bei den Petri-Netzen verzichtet. Endliche Zustandsautomaten können ansonsten „etwas weniger“ als Petri-Netze. Für unsere Zwecke reichen endliche Zustandsautomaten und endliche Petri-Netze aus. Die drei Methoden der formalen Beschreibung eignen sich jedenfalls für verschiedene Situationen unterschiedlich gut.

Endliche Zustandsautomaten (FSM – *Finite State Machines*) werden graphisch durch Kreise und sie verbindende Pfeile dargestellt. Kreise repräsentieren Zustände des Gesamtsystems, zum Beispiel das Warten auf ein Ereignis oder das Abgesendet-haben einer Nachricht. Die sie verbindenden Pfeile stellen die Zustandsübergänge dar (Abb. 8.1 b). Dieses Verfahren ist mathematisch sehr präzise. Es ist formal äquivalent zur Darstellung von Protokollen mit Hilfe formaler Sprachen. Diese bestehen aus Buchstabenfolgen vorgegebener Symbolmengen (Alphabete). Jeder Buchstabe entspricht einem Zustandsübergang eines endlichen Zustandsautomaten, so dass ein Wort einer Kette von Zustandsänderungen und damit einem Protokollablauf entspricht (Abb. 8.1 c).

Graphische Petri-Netze wiederum sind einerseits sehr anschaulich, werden aber für komplexe Situationen rasch unübersichtlich. In Petri-Netzen werden ähnlich wie endliche Zustandsautomaten Zustände und Zustandsübergänge graphisch sichtbar gemacht, wobei aber in

Petri-Netzen die Zustandsübergänge („Transitionen“) als Rechtecke zwischen Zuständen platziert sind und mehrere Zustände und Zustandsübergänge miteinander verbunden sein können. Der Protokollablauf entspricht in Petri-Netzen dem Durchlaufen von Marken durch die Zustände des Schaltschemas, wobei genau diejenigen Transitionen „schalten“, deren Eingangszustände Marken tragen. Das Ergebnis eines Schaltvorgangs ist die Entnahme der Marken aus den Eingangszuständen und die Ausgabe von Marken an allen Ausgangszuständen einer geschalteten Transition (Abb. 8.1 d).

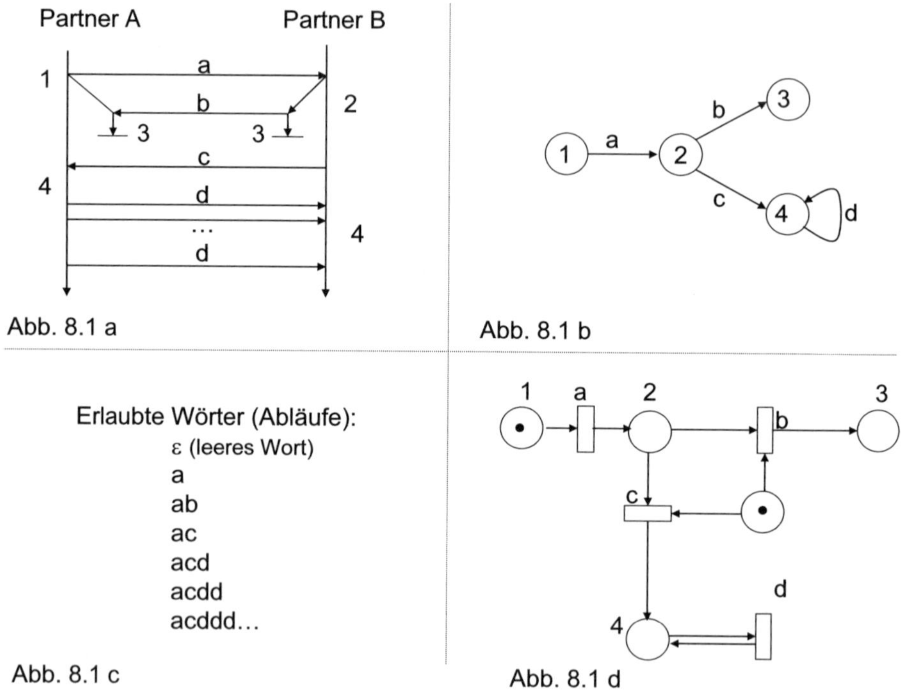

Abbildung 8.1: *Spezifikationsmethoden für Protokolle.*
8.1 a: Nachrichtenschema, 8.1 b: Endlicher Zustandsautomat, 8.1 c: formale Sprache, 8.1 d: Petri-Netz. Nachrichten vom Typ a = *Begrüßung,* b = *Ablehnung,* c = *Empfangsbereitschaft,* d = *zu übertragende Nachricht. Zustände 1 = Anfangszustand, 2 = Bitte um Nachrichtenübertragung, 3 = Ablehnung, 4 = Nachrichtenübertragung.*

Abbildung 8.1 modelliert die Übertragung von Nachrichten von einem Nachrichtenserver *A* an einen Nachrichtenserver *B*. Dazu eröffnet *A* die Sitzung mit einer Begrüßungsnachricht vom Typ *a* („hallo, ich möchte Dir Nachrichten übertragen“), die *B* entweder ablehnt (Typ *b*: „ich bin nicht empfangsbereit“) oder akzeptiert (Typ *c*: „ok, ich bin empfangsbereit“). Wenn *B* nicht empfangsbereit ist, ist das Protokoll beendet (Endzustand 3). Wenn *B* empfangsbereit ist, überträgt *A* nach und nach alle Nachrichten (Typ *d*), die bei *A* für *B* vorliegen (Übertragungszustand 4).

Nicht dargestellt in diesen Spezifikationen ist die Terminierung des Protokolls durch eine Endenachricht von *A* an *B*: „ab jetzt keine Nachricht mehr – Ende der Übertragung". Außerdem fehlt die Berücksichtigung einer sehr realistischen Fehlersituation, nämlich eines Leitungszusammenbruchs inmitten einer Kommunikation, nach dem das System nicht in der Luft hängen bleiben darf, sondern in einen geordneten Endzustand übergehen sollte.

Eine inhaltliche Erweiterung wäre ein Rollenwechsel zwischen Sender und Empfänger: *A* schickt die Steuerungsnachricht „jetzt sende Du, was Du für mich hast", mit anschließender Nachrichtenübertragung von *B* an *A* und Endenachricht bzw. erneutem Rollenwechsel. Alle diese Verbesserungen und Erweiterungen seien den Lesern als nützliche Übung empfohlen.

8.3.2 Nachrichtenschema

Das Nachrichtenschema ist fast selbst erklärend. Die kommunizierenden Partner sind nebeneinander gestellt und kommunizieren entlang zweier parallel nach unten geführter synchroner Zeitachsen durch Nachrichtenaustausch miteinander. Eine Nachricht von einer Seite zur anderen ist durch einen waagerechten Pfeil in Senderichtung zwischen den passenden Punkten der Zeitachse dargestellt. Manchmal lässt man Sendepfeile auch leicht geneigt nach unten abfallen, wenn man hervorheben möchte, dass der Nachrichtenversand Zeit kostet. Nichtdeterministische Verzweigungspunkte sind durch die Verzweigung einer Zeitachse dargestellt, von denen im konkreten Durchlauf genau ein Zweig durchlaufen wird. Das Ende eines Protokolls wird durch einen kleinen Unterbrechungsstrich oder einen Kreis als Endzustand in der Zeitachse markiert.

Abbildung 8.1 a oben enthält die wesentlichen Elemente eines Nachrichtenschemas. Gleich nach Absenden der Nachricht vom Typ *a* steht Partner *A* vor einer nicht-deterministischen Verzweigung: entweder er bekommt eine Ablehnung *b*, dann ist das Protokoll beendet oder er bekommt eine Aufforderung *c* weiter zu senden, dann setzt sich das Protokoll fort. Die Zeitschiene nach unten teilt sich daher in zwei Zweige, von denen einer (Empfang der Ablehnung *b*) im Zustand 3 endet, was durch den kleinen waagerechten Querstrich dargestellt ist. Der andere (Empfang der Annahme *c*) führt in die senkrecht weiter nach unten verlaufende Zeitschiene in Zustand 4. Parallel dazu teilt sich auch die Zeitschiene für den empfangenden Partner *B* in Zustand 2 in zwei Zweige: *B* entscheidet sich dazu, abzulehnen oder anzunehmen: Ablehnungsnachricht *b* führt in den Zustand 3 mit dem Ende der Zeitschiene; Annahmenachricht *c* führt in den Zustand 4 mit Fortsetzung.

Beide Partner haben einen gemeinsamen Fortsetzungszustand 4, aber er bedeutet für jeden von beiden etwas Verschiedenes: Partner *A* sendet fortgesetzt Nachrichten, Partner *B* empfängt fortgesetzt Nachrichten (Typ *d*). Wie gesagt, in der in Abbildung 8.1 dargestellten Form terminiert das Protokoll nicht. Dazu fehlt eine abschließende Nachricht vom Typ „Ende der Nachrichtenübertragung", die jede der beiden Seiten absenden können soll (Übung).

Das Nachrichtenschema ist im Allgemeinen sehr anschaulich. Es dient dem Verständnis des menschlichen Lesers und bietet eine anschauliche Unterstützung zur Diskussion verschiedener Situationen im Protokollablauf. Es hat aber zwei Nachteile. Erstens ist es nicht präzise genug für eine eindeutige Implementierung oder gar für eine formale Verifikation der Korrektheit. Zweitens ist es nur für einfache Kommunikationssituationen geeignet. Komplexe Verzweigungen für mehrere Ablaufvarianten, die sich wechselseitig bedingen, sind nicht darstellbar.

8.3.3 Formale Sprachen und Endliche Zustandsautomaten (FSM – *Finite State Machine*)

Das Modell eines Zustandsautomaten ist eine Kette von wohlunterschiedenen Zuständen des Kommunikationsablaufs. Jedes Ereignis wie das Absenden einer Nachricht, der Empfang einer Nachricht, eine Verbindungsunterbrechung, wird als Übergang von einem Zustand zu einem anderen interpretiert. Graphisch werden Zustände durch Kreise dargestellt und Zustandsübergänge durch Pfeile zwischen den Kreisen. Ein Kommunikationsablauf entspricht dem Durchlaufen des Systems entlang den Pfeilen von Zustand zu Zustand. Indem die Pfeile mit Symbolen beschriftet werden, entsteht durch eine Kette von Zustandsübergängen eine Kette von Buchstaben, die als Wörter einer formalen Sprache aufgefasst werden.

Wir beschränken uns in der Folge auf endliche Zustandsautomaten, bei dem es nur endlich viele Zustände und endlich viele Zustandsübergänge gibt.

Es folgt eine etwas strengere Beschreibung dieser Methode, aus der der Zusammenhang mit formalen Sprachen deutlich wird. Für das grundsätzliche Verständnis der digitalen Kommunikation kann der Rest dieses Abschnitts übersprungen werden.

Ein konkreter Kommunikationsablauf wird als Aktionsfolge innerhalb vieler verschiedener möglicher Kommunikationsabläufe aufgefasst. Kommunikationszustände werden als scharf voneinander getrennt („diskret") modelliert. In diesem Sinne ist das Gesamtssystem ein „diskretes" System. Eine Aktion ist ein Zustandsübergang, und mit Φ bezeichne ich im Folgenden die Menge der Symbole, die die Aktionen repräsentieren.

Das Verhalten L eines diskreten Systems lässt sich durch die Menge seiner möglichen Aktionsfolgen formal beschreiben. Es gilt also $L \subset \Phi^*$, wobei Φ die Menge aller überhaupt möglichen Aktionen des Systems ist und Φ^* die Menge aller endlichen Folgen von Elementen von Φ, einschließlich der mit ε bezeichneten leeren Folge, darstellt. Diese Terminologie stammt aus der Theorie der formalen Sprachen, wo man Φ das Alphabet, die Elemente von Φ Buchstaben, die Elemente von Φ^* Wörter und Teilmengen von Φ^* formale Sprachen nennt (Eilenberg 1974).

Wörter lassen sich zusammensetzen: sind u und v Wörter, dann ist uv ebenfalls ein Wort. Es entspricht der Hintereinanderausführung aller Aktionen (Buchstaben) in u und dann aller Aktionen (Buchstaben) in v. Ein Wort u heißt Präfix eines Wortes v, wenn es ein Wort x gibt, so dass $v = ux$. Die Menge aller Präfixe eines Wortes u bezeichnet man mit $pre(u)$. Formale Sprachen, welche Systemverhalten beschreiben, besitzen die Eigenschaft, dass für jedes Wort $u \in L$ auch $pre(u) \subset L$ gilt. Diese Eigenschaft heißt Präfixstabilität. Systemverhalten wird durch präfixstabile formale Sprachen beschrieben, denn mit jeder möglichen Aktionsfolge war realistischerweise auch jede zuvor abgebrochene Aktionsfolge möglich.

Formale Sprachen können durch Automaten, bestehend aus Zuständen (Kreisen) und Zustandsübergängen (gerichteten Kanten), dargestellt werden. Die Kanten sind mit Buchstaben beschriftet, welche Aktionen repräsentieren. Aktionen werden automatengerecht ausgeführt, indem den Pfeilen folgend die Wege durchlaufen werden. Die zugehörigen Buchstaben bilden ein Wort. Ein Automat akzeptiert ein Wort, indem er, ausgehend von einem ausgezeichneten Anfangszustand, die zu den Buchstaben gehörigen Aktionen abarbeitet und dabei einen Endzustand erreicht. Jeder Automat definiert auf diese Weise eine formale Sprache.

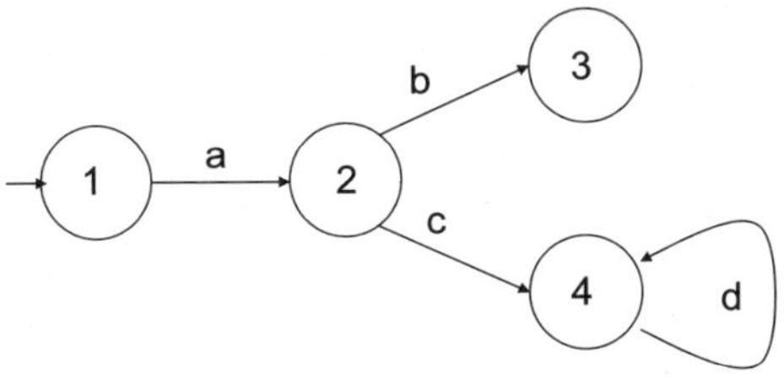

Abbildung 8.2: Automat, der die Sprache aller Wörter {ε, a, ab, ac, acd, acdd, acddd...} akzeptiert. Zustand 1 ist der Anfangszustand. Der Automat terminiert in Zustand 3, aber nicht von Zustand 4 aus. Um von Zustand 4 aus zu terminieren, müsste er um einen weiteren Endzustand 5 erweitert werden, in den er von Zustand 4 aus wechseln könnte.

Für den Zusammenhang zwischen Automaten und formalen Sprachen spielt die Menge der möglichen Fortsetzungen eines Wortes $x \in L$ in der Sprache L eine wichtige Rolle. Sie wird formal durch den *Linksquotienten* $x^{-1}(L) := \{y \in \Phi^*: xy \in L\}$ zum Ausdruck gebracht (Eilenberg 1974). Zum Beispiel ist in der Sprache $L = \{\varepsilon, a, ab, ac, acd, acdd, acddd, ...\}$ der Abbildung 2 die Menge der Fortsetzungen von *ac* (ebenso wie die von *acd*, *acdd*, usw.) gleich der Menge $\{d^n: n \geq 0\}$; es gilt also $(ac)^{-1}(L) = (acd)^{-1}(L) = \{d^n: n \geq 0\}$. Das Wort *ab* dagegen kann in L nur mit dem leeren Wort fortgesetzt werden: $(ab)^{-1}(L) = \{\varepsilon\}$. Solche Wörter nennt man maximal in L; $max(L)$ bezeichnet die Menge aller maximalen Wörter in einer Sprache L, also $max(L) = \{y \in L: y^{-1}(L) = \{\varepsilon\}\}$. In der Sprache L der Abbildung 2 ist $max(L) = \{ab\}$. Gäbe es eine Fortsetzung vom Zustand 4 in einen Endzustand 5, zu dem ein gerichteter Pfeil mit der Aktion f führen würde, so wären zusätzlich zu *ab* auch alle Wörter *acf*, *acdf*, *acd...df*, usw. maximal, d.h. dann wäre $max(L) = \{ab\} \cup \{acd^nf: n \geq 0\}$.

Im Automaten der Abbildung 8.2 entsprechen die Zustände in eindeutiger Weise den unterschiedlichen Linksquotienten der akzeptierten Sprache L; beispielsweise entspricht $\{d^n: n \geq 0\}$ dem Zustand 4. Mittels dieser Identifikation von Linksquotienten und Zuständen kann zu jeder formalen Sprache ein akzeptierender Automat konstruiert werden (Eilenberg 1974). Automaten und formale Sprachen entsprechen sich also.

Abbildungen $f\colon \Phi^* \to \Phi'^*$, welche mit der Hintereinanderschaltung von Wörtern verträglich sind, für die also $f(u)f(v)=f(uv)$ und $f(\varepsilon)=\varepsilon$ gilt, nennt man Sprachhomomorphismen. Sprachhomomorphismen mit der Eigenschaft $f(\Phi)\subset\Phi\cup\{\varepsilon\}$ nennt man alphabetisch, da sie einzelne Buchstaben auf einzelne Buchstaben oder auf das leere Wort abbilden. Mit alphabetischen Sprachhomomorphismen können Abstraktionen von Systemverhalten ausgedrückt werden, denn sie erlauben es, das Ausblenden ($f(a)=\varepsilon$) und die Zusammenlegung von Aktionen ($f(a)=f(b)$) zu beschreiben.

Besteht ein System aus mehreren Komponenten, die miteinander kommunizieren (verteiltes System), dann kann man es so modellieren, dass das Alphabet seiner Aktionen in disjunkte Teilmengen zerfällt. Im Falle von zwei Komponenten wird also sein Verhalten durch eine päfixstabile Sprache $L\subset(\Phi\cup\Gamma)^*$ beschrieben, wobei $\Phi\cap\Gamma=\varnothing$; die Aktionen der einen Komponente liegen in Φ und die der anderen in Γ. Aktionen sind eindeutig den sie ausführenden Komponenten zugeordnet. Mittels spezieller Homomorphismen (Projektionen genannt) π_Φ: $(\Phi\cup\Gamma)^*\to\Phi^*$ und π_Γ: $(\Phi\cup\Gamma)^*\to\Gamma^*$ lässt sich das lokale Verhalten $F\subset\Phi^*$ bzw. $G\subset\Gamma^*$ der einzelnen Systemkomponenten aus dem globalen Systemverhalten L extrahieren: $F=\pi_\Phi(L)$ und $G=\pi_\Gamma(L)$. Die Projektionen π_Φ und π_Γ sind dabei durch $\pi_\Phi(x)=x$ für $x\in\Phi$ und $\pi_\Phi(x)=\varepsilon$ für $x\in\Gamma$ sowie $\pi_\Gamma(x)=x$ für $x\in\Gamma$ und $\pi_\Gamma(x)=\varepsilon$ für $x\in\Phi$ definiert. In (Ochsenschläger/Repp/Rieke 2000) ist die Sprachoperation eines so genannten „Kooperationsproduktes" definiert, die es erlaubt, das globale Systemverhalten L mittels der lokalen Systemverhalten F und G darzustellen. In diese Operation fließen natürlich die Eigenschaften des benutzten Kommunikationssystems sowie das Kommunikationsverhalten der Komponenten mit ein.

Die Methode der formalen Sprachen und Kooperationsprodukte wird hier nicht weiter vertieft. In (Grimm/Ochsenschläger 2001) wurde sie für die formale Beschreibung von verbindlicher Kommunikation benutzt.

8.3.4 Petri-Netze

Petri-Netze haben auf den ersten Blick große Ähnlichkeit mit Zustandsautomaten. In endlicher Form können sie etwas mehr als endliche Zustandsautomaten. Wenn man auf die Endlichkeit verzichtet, dann sind sie in ihrer Ausdrucksmächtigkeit gleich, das heißt, man kann alle Systeme, die man mit Zustandsautomaten (und das heißt auch mit formalen Sprachen) spezifizieren kann, mit Petri-Netzen spezifizieren und umgekehrt.

Petri-Netze unterscheiden sich in der Darstellungsform aber in zweierlei Weise grundlegend von Zustandsautomaten. Erstens sind Zustände niemals direkt, sondern über eine explizite Transition, die den Zustandsübergang ausdrückt, miteinander verbunden. Pfeile führen immer von Zuständen zu Zustandsübergängen und umgekehrt. Zweitens kann ein Petri-Netz auch nebenläufig durchlaufen werden. Dazu werden in mehrere Anfangszustände virtuelle Marken gelegt, die nach einer gewissen Regel zu anderen Zuständen wechseln können. Der

Aktionsablauf entspricht in Petri-Netzen dem Durchlaufen von Marken durch die Zustände des Schaltschemas, wobei genau diejenigen Transitionen „schalten", deren Eingangszustände Marken tragen. Das Ergebnis eines Schaltvorgangs ist die Entnahme der Marken aus den Eingangszuständen und die Ausgabe von Marken an allen Ausgangszuständen einer geschalteten Transition (Abb. 8.3). Eine sehr schöne Beschreibung von Petri-Netzen mit vielen Beispielen und einer ausführlichen Darstellung der Theorie findet sich in (Baumgarten 1996).

Petri-Netze wurden durch Carl Adam Petri (*1926) in den 1960er Jahren definiert. Sie bilden eine mathematische Darstellungsform für verteilte diskrete Systeme und eigenen sich daher besonders gut für die formale Beschreibung von Kommunikationsprotokollen. Sie verallgemeinern wegen der Fähigkeit, nebenläufige Ereignisse darzustellen, die Automatentheorie.

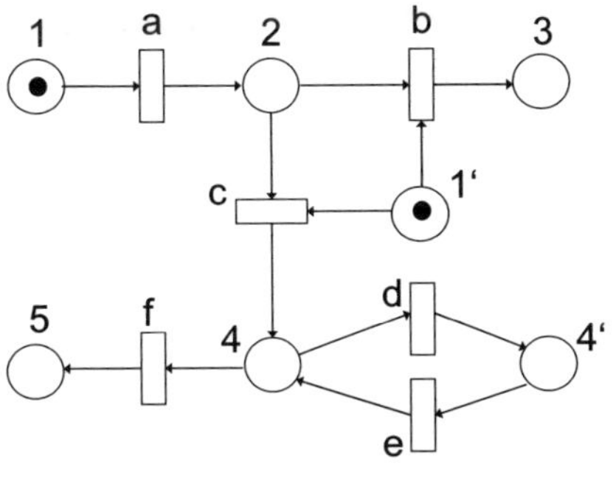

Abbildung 8.3: Petri-Netz zur Darstellung eines Nachrichtentransfers: Anfangszustände 1 und 1', Verbindungswunsch a-*2, Ablehnung und Endzustand* b-*3, Annahme* c-*4, Übertragungsphase 4*-d-*4'*-e-*4..., Ende* f-*5.*

Am Beispiel der Abbildung 8.3 kann man sich klarmachen, wie ein Petri-Netz funktioniert. Abbildung 8.3 beschreibt den Nachrichtentransfer zweier Nachrichtenserver. Kreise repräsentieren Zustände, Rechtecke Transitionen zwischen den Zuständen, und die Pfeile zeigen an, von welchem Zustand die Kommunikation über welche Transition in welchen anderen Zustand übergehen kann. Die Marken (dicker Punkt innerhalb eines Kreises) markieren den aktuellen Zustand, in dem sich das System im konkreten Protokollablauf befindet. Am Anfang liegen die Marken in den Zuständen 1 und 1', welche die Anfangszustände des sendenden (1) und empfangenden (1') Partners repräsentieren.

Über Transition *a* signalisiert ein Server (wir nennen ihn hier Partner *A*) im Zustand 1 dem anderen Server (Partner *B*) im Zustand 1' seinen Wunsch, Nachrichten zu senden: Transition *a* führt beide Partner in den Zustand 2, in dem *A* auf Antwort von *B* wartet. Nun ist die Marke von Zustand 1 in den Zustand 2 gewechselt, während die Marke in Zustand 1' liegen geblieben ist. In Zustand 2 ist das Kommunikationssystem nicht deterministisch: Hier kann sowohl Transition *b* als auch Transition *c* schalten, denn für beide Transaktionen sind alle Eingangszustände (2 und 1') mit Marken belegt. Aber es kann nur genau eine von beiden schalten. Schaltet nämlich die obere Transition *b*, dann werden den Positionen 2 und 1' die

Marken entnommen und eine neue Marke in Position 3 gelegt, welche einen Endzustand darstellt. Diese Schaltung entspricht der Ablehnung des Sendewunsches durch *B* und beendet die Kommunikation. Schaltet dagegen die mittlere Transition *c*, dann werden den Positionen 1' und 2 ebenfalls die Marken entnommen, und eine neue Marke liegt nun in Position 4. Diese Schaltung entspricht der Bereitschaft von *B*, Nachrichten zu empfangen.

In Zustand 4 ist das System wiederum nicht deterministisch. Partner *A* hat nun nämlich die Wahl, die Kommunikation über Transition *f* in den Endzustand 5 zu führen oder eine Nachricht an Partner *B* zu senden, indem Transition *d* in den Zustand 4' schaltet. In Stelle 4' kann nur Transition *e* zurück in den Zustand 4 schalten, das entspricht einer Bestätigung des Nachrichtenempfangs durch Partner *B* an Partner *A*. Zurück in Position 4 hat Partner *A* immer wieder die Wahl, eine neue Nachricht an *B* zu schicken oder die Kommunikation zu beenden.

Dieses Protokoll wird in einer bestimmten Situation nicht funktionieren, die in der Realität leider immer wieder auftritt: Wenn nämlich Partner *B* nicht reagiert oder Partner *A* die Reaktion von *B* nicht wahrnimmt, dann „hängt das Protokoll". Das gilt sowohl im Zustand 2 als auch im Zustand 4'. Das kann passieren, wenn *B* sich fehlerhaft oder böswillig protokollwidrig verhält, was nicht ausgeschlossen werden kann, wenn *A* und *B* zu verschiedenen Administrationsdomänen gehören. Dies kann aber auch passieren, wenn *B* zwar korrekt reagiert, aber die Leitung zwischen *A* und *B* zusammenbricht. Dann können *A* und *B* nicht einmal mehr unterscheiden, ob ihre eigene Nachricht oder die des anderen verloren gegangen ist. Für diesen Fall sind *Timeout*-Funktionen einzuführen. Es ist eine gute Übung, das Petri-Netz der Abbildung 8.3 entsprechend zu erweitern. Eine weitere nützliche Übung sind Erweiterungen des Petri-Netzes um einen Verbindungsabbauwunsch des empfangenden Partners *B* aus Zustand 4' heraus sowie um einen Rollenwechsel zwischen Senden und Empfangen.

8.4 Beispiel 1: Eingleisige Tunnelstrecke

Zur Einstimmung in konkrete Kommunikationsprotokolle (Abschnitte 8.4-8.7) beginnen wir mit einem anschaulichen Beispiel einer verbindlichen Absprache über Telefon. Die Absprache betrifft eine eingleisige Eisenbahnstrecke, die von beiden Seiten aus befahren werden kann. Abbildung 8.4 liefert das Nachrichtenschema einer eingleisigen Tunnelstrecke, die zweigleisige Fortsetzungen am Nord- und Südende des Berges verbindet. Natürlich darf nur ein Zug zur selben Zeit im Tunnel sein. Zu diesem Zweck telefonieren die Kontrollstellen Nord und Süd miteinander und verabreden, von welcher Seite der Tunnel befahren wird. Die jeweils andere Seite sperrt den Tunnel. Dargestellt ist nur die erste Hälfte des Protokolls, in der die Kontrollstelle Nord einen Zug durch den Tunnel von Norden nach Süden freigibt.

Das Nachrichtenschema ist so gestaltet, dass, solange der Zugang auf beiden Seiten gesperrt ist, jede Seite zu jeder Zeit die Kommunikation abbrechen kann, wodurch beide Seiten in ihre Ausgangszustände zurückfallen. Im Ausgangszustand ist der Zugang zum Tunnel auf beiden Seiten gesperrt. Erst wenn die Kontrollstelle Nord die Strecke für die Durchfahrt von

Norden nach Süden freigegeben hat (Zustand 1*a* im linken unteren Drittel), darf die Kontrollstelle Süd die Kommunikation nicht mehr abbrechen, sie muss den Zug abpassen und die Durchfahrt zurückmelden, woraufhin die Kontrollstelle Nord die Strecke wieder sperrt und beide in den Anfangszustand zurückkehren.

Anhand des Nachrichtenschemas kann man einige Sondersituationen bequem diskutieren. Beispielhaft wird im Folgenden die Anwendungssicherheit untersucht. Das Protokoll in Abbildung 8.4 ist insofern sicher als es zu keinem Zeitpunkt zu einer Freigabe der Strecke von beiden Seiten kommen kann, da der Zustand 1*a* (Strecke von Norden nach Süden frei) mit dem Zustand 2 (Strecke von Süden nach Norden gesperrt) korrespondiert und ansonsten beide Seiten gesperrt sind. Außerdem kann jede Seite zu jeder Zeit verhindern, dass die andere Seite die Strecke freigibt. Allerdings kann das Protokoll „hängen bleiben", wenn die Kommunikation zwischen den beiden Seiten unterbrochen wird. Daher muss jede ausbleibende Reaktion der anderen Seite nach einem gewissen *Timout*-Intervall als Kommunikationsende mit Sperren der Strecke interpretiert werden. Das ist im Nachrichtenschema nicht ausgeführt.

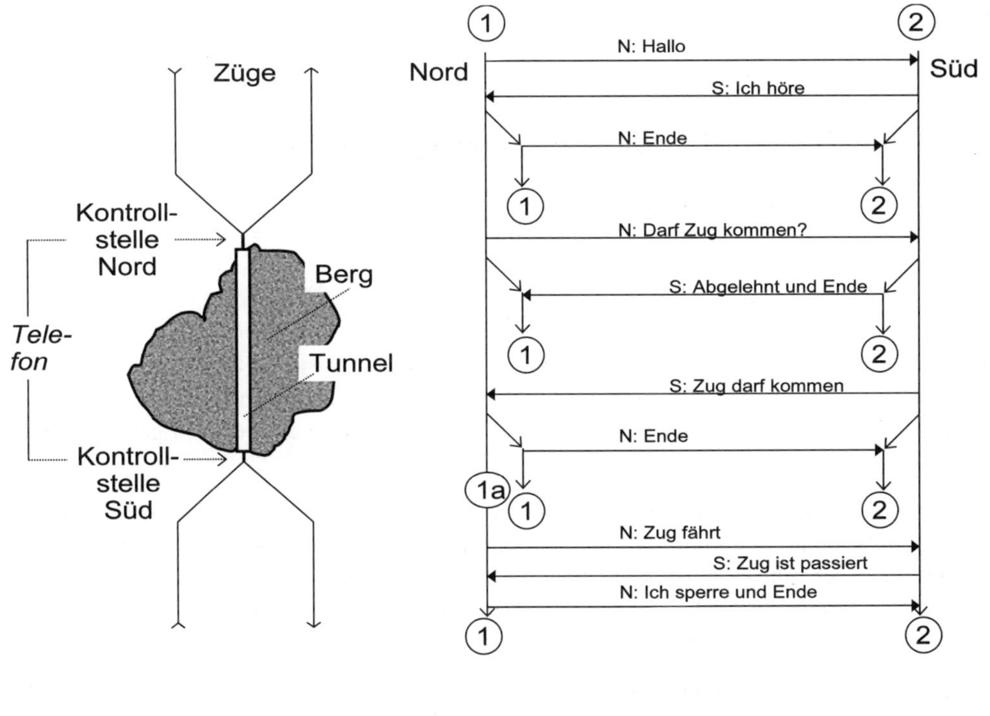

Abbildung 8.4: Nachrichtenschema zur Darstellung eines Protokolls für die Freischaltung einer eingleisigen, von zwei Seiten zu befahrenden Strecke.
Zustände: 1: Strecke Nord→Süd gesperrt, 2: Strecke Süd→Nord gesperrt, 1a: Strecke Nord→Süd frei, (nicht dargestellt 2a: Strecke Süd→Nord frei)

Achtung, an einer Stelle ist der Verlust einer Nachricht gefährlich: Wenn die Kontrollstelle Süd nach ihrer Erlaubnis „Zug darf kommen“ keine Nachricht von der Kontrollstelle Nord „Zug fährt“ erhält, dann muss sie damit rechnen, dass eine der beiden Nachrichten verloren gegangen ist. Falls ihre eigene Nachricht „Zug darf kommen“ verloren gegangen ist, wird die Kontrollstelle Nord den Zug nicht losschicken. Falls die Gegennachricht „Zug fährt“ verloren gegangen ist, wird die Kontrollstelle Nord den Zug in Gang setzen. Die Kontrollstelle Süd kann nicht entscheiden, welche der beiden Nachrichten verloren gegangen ist und ob der Zug nun kommen wird oder nicht. Aus Sicherheitsgründen muss die Kontrollstelle Süd daher damit rechnen, dass der Zug kommt, und sie muss die Strecke gesperrt halten, um nach Durchgang des Zuges die Nachricht „Zug ist passiert“ abzusenden. Wenn nichts passiert (*Timeout*-Intervall festlegen!), dann brauchen beide Seiten einen Wiederaufsetzpunkt, der für die Kontrollstelle Nord die Nachricht „Darf Zug kommen?“ und für die Kontrollstelle Süd die Nachricht „Zug darf kommen“ bzw., falls der Zug inzwischen passiert ist, „Zug ist passiert“, sein kann. Das ist in diesem Nachrichtenschema nicht mit modelliert worden, muss aber aus Sicherheitsgründen eingefügt werden. Das sei dem Leser zur Übung empfohlen.

Im Übrigen enthält eine Telefonleitung mit sprechenden Kontrolleuren genug Bandbreite, um über eine Metakommunikation Missverständnisse und einen Nachrichtenverlust zu beheben.

8.5 Beispiel 2: Gesicherter Datenversand der Verbindungsschicht

8.5.1 Verbindungsprotokolle

Verbindungsprotokolle gehören zur Verbindungsschicht 2 des OSI-Referenzmodells (s.o. Kapitel 7). Es ist ihre Aufgabe, Bitfolgen heil von einem Ende zum anderen einer Leitung zu bringen. Dabei dürfen die Bitfolgen nicht verfälscht werden, nicht verloren gehen, und der Sender darf nicht zu schnell für den Empfänger senden.

Die Funktionen der Schicht 1 realisieren die Leitung zwischen Sender und Empfänger physikalisch. In Schicht 2 wird die Sendelogik ausgeführt. Dabei gibt es nur die beiden Enden der Sendestrecke, es gibt keine Netze, keine Verzweigungen, und daher auch keine Absender- oder Empfängeradressen. Die Netzlogik wird in Schicht 3 realisiert, die als Auftraggeber der Verbindungsschicht fungiert.

Im Internet ist die Methode üblich, lange Bitfolgen in Pakete fester Länge, etwa 1 KBit (1024 Bits) oder 16 KBits, zu zerlegen und die Pakete nach und nach über die Leitung zu schicken. So ist zum Beispiel das HDLC (*High-level Data Link Control*, ausführlich bei Tanenbaum 2003, *Example Data Link Protocols*) organisiert, das die Grundmechanismen, die im folgenden vorgestellt werden, enthält.

Man geht davon aus, dass an beiden Enden der Leitungen eine Protokollmaschine agiert. Wir nennen sie Sender *S* und Empfänger *E*. Gemäß dem OSI-Referenzmodell erhält *S* seine Pakete von einem Prozess der übergeordneten (n+1)-Schicht, sagen wir einem Internet-Router, und pumpt sie in die Leitung. *E* saugt die Pakete auf der anderen Seite aus der Leitung und reicht sie einem Prozess aus seiner übergeordneten (n+1)-Schicht (z.B. auch ein Router) zur Weiterverarbeitung weiter. Die Aufgabe von *S* und *E* besteht lediglich darin, dafür zu sorgen, dass alle Datenpakete in der Weise ankommen, dass der Empfänger sie unverfälscht, vollständig und in korrekter Reihenfolge annehmen und weiterleiten kann.

Wir werden in diesem Abschnitt zwei Probleme behandeln: erstens die unterschiedliche Verarbeitungsgeschwindigkeit von Sender und Empfänger, zweitens die Fehleranfälligkeit des Leitungsprozesses. Verbindungsprotokolle haben diese beiden wesentlichen Aufgaben:

1. *Flusskontrolle*: Der Empfänger steuert die Fließgeschwindigkeit des Sendeprozesses;
2. *Fehlerkontrolle*: Empfänger erkennen fehlende, fehlerhafte und vertauschte Datenpakete und beheben die Fehler teilweise eigenständig und teilweise durch eine Wiederholung der Datensendung.

Zur Synchronisation der Fließgeschwindigkeit: Wenn ein Empfänger schneller arbeiten kann als ein Sender, dann ist das nicht tragisch. Der Empfänger kann in seiner „freien Zeit" anderes tun, zum Beispiel Auftraggeber oder andere Leitungen bedienen. Aber wenn der Sender schneller arbeitet als der Empfänger, wenn bildlich gesprochen schneller gesprochen als verstanden wird, dann geht die Sendung schief: der Empfänger wird „überflutet", er verliert Daten und bei seinem Auftraggeber kommt nicht mehr alles an. Zu diesem Zweck enthalten Verbindungsprotokolle eine so genannte Flusskontrolle, durch die der Empfänger die Geschwindigkeit des Sendeprozesses steuern kann.

Zur Fehlerbehandlung: In der realen Welt können auf der Leitung zwischen Sender und Empfänger Daten verloren, verfälscht oder in der Reihenfolge vertauscht werden. Typische Fehler sind elektromagnetische Impulse auf der Leitung, durch die ganze Bitserien „umfallen" (*burst errors*). Es ist die Aufgabe des Verbindungsprotokolls, Übertragungsfehler zu entdecken und zu beheben.

Wir gehen in den nächsten Abschnitten wie folgt vor: Zunächst beschreiben wir das Basisprotokoll „BP" für eine ideale Welt, in der die Leitungen keine Daten verlieren oder verfälschen und in der die Empfänger genauso schnell lesen können wie ihre Sender schreiben. „BP" ist entsprechend einfach: *S* schickt und schickt, und *E* empfängt und empfängt („BP" in Abschnitt 8.5.2). Danach führen wir *Stop-and-Wait* als einfachsten Flusskontrollmechanismus ein: dabei folgt auf jedes Datenpaket vom Typ *p* von *S* an *E* eine Bestätigungsmeldung *b* von *E* nach *S* („SW" in Abschnitt 8.5.3).

Zur Fehlerkontrolle setzen wir voraus, dass *E* fehlerhafte Datenpakete erkennen kann, zum Beispiel anhand mitgelieferter Prüfsummen: alle *n* Bits wird ein Prüfbit mitgeschickt, das die vorhandenen 1-en zu einer geraden Zahl ergänzt (s.o. Abschnitt 7.3.2 über die Sicherungsschicht 2). Weiter gehen wir davon aus, dass *E* keine Bestätigung schickt, wenn er ein Datenpaket als verfälscht erkennt oder (selbstverständlich) wenn er ein Datenpaket erst gar nicht erhalten hat. Dann gehen wir in zwei Schritten vor. Zunächst wiederholt *S* eine Paketsendung, wenn er nach Ablauf eines festgelegten *Timeout*-Intervalls keine Empfangsbestätigung von *E* erhalten hat („SW+TO" in Abschnitt 8.5.4). Allerdings kann dabei der Empfänger nicht erkennen, ob ein Datenpaket eine Wiederholung eines alten Pakets oder ein neues Paket ist, wenn die Pakete nicht durchnummeriert sind. Das wird durch eine alternierende Nummerierung 0 und 1 im *Alternate-Bit*-Protokoll behoben („AB" in Abschnitt 8.5.5). Effizienter sind allgemeine *Sliding Windows*-Protokolle (Abschnitt 8.5.6).

8.5.2 Basisprotokoll „BP"

Wir beginnen mit dem einfachst denkbaren Verbindungsprotokoll, das in einer idealen Welt funktioniert, in der die Leitungen keine Daten verlieren oder verfälschen und in der die Empfänger genauso schnell lesen können wie ihre Sender schreiben. Wir nennen es „Basisprotokoll", kurz „BP". Es ist sehr einfach: Der Sender *S* schickt ein Paket nach dem anderen ab und der Empfänger *E* empfängt sie alle nacheinander.

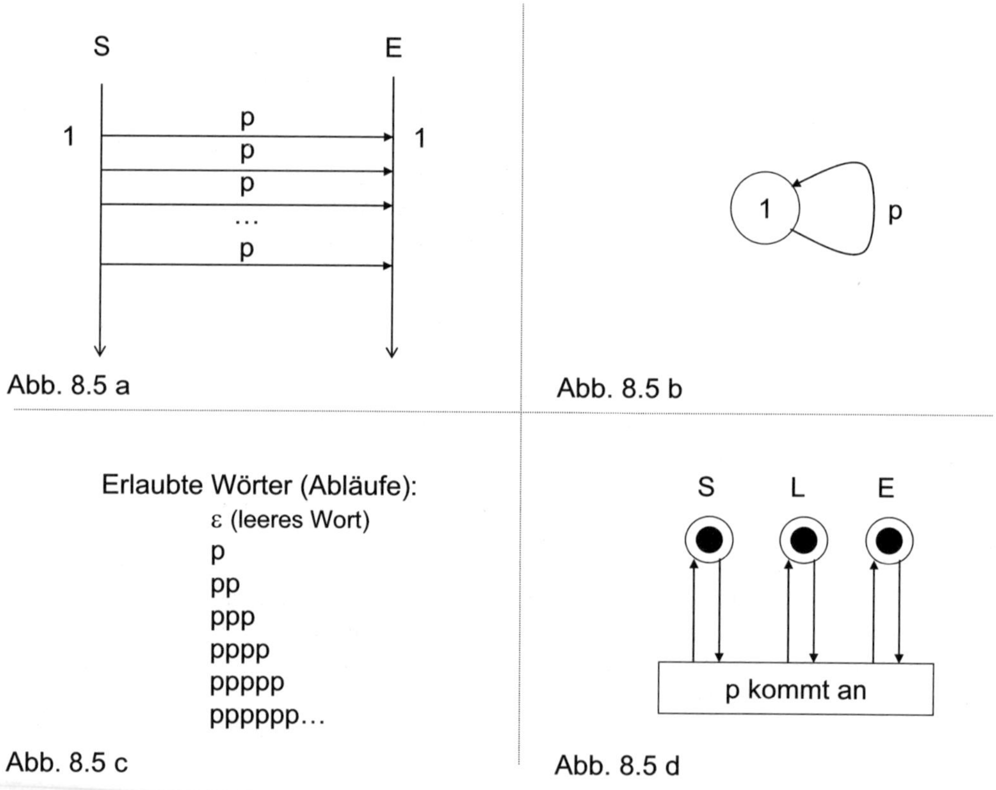

Abbildung 8.5: Verbindungsprotokoll – Basisprotokoll „BP" ohne Flusskontrolle und ohne Fehlerbehandlung
S: Sender, E: Empfänger, L: Leitung, p: Datenpaket, Zustand 1: S hat p geschickt und ist bereit, nächstes p zu schicken = E hat p empfangen und ist bereit, nächstes p zu empfangen = L transportiert p.

Die formalen Darstellungen des Basisprotokolls „BP“ ohne Fluss- und Fehlerkontrolle in Abbildung 8.5 sind wie folgt zu verstehen: Es gibt drei Teilnehmer: die beiden Partner *S* (Sender) und *E* (Empfänger) sowie den Leitungsprozess *L*. *S* sendet ein Datenpaket vom Typ *p* nach dem anderen an *E*, alle kommen ungestört und in richtiger Reihenfolge an und werden von *E* akzeptiert (Abb. 8.5 a). Jeder Teilnehmer hat nur einen Zustand: *S* hat *p* geschickt und ist bereit, nächstes *p* zu schicken; *E* hat *p* empfangen und ist bereit, nächstes *p* zu empfangen; *L* transportiert ein *p*. Zwischen Senden, Empfangen, und Leitungsbelegung braucht nicht unterschieden zu werden, da nach Voraussetzung jedes Paket, das abgesendet wird, auch unbeschädigt ankommt. Daher gibt es nur einen Zustandstyp, in den alle Teilnehmer nach jedem Paketdatenversand zurückversetzt werden (Abb. 8.5 b). Es kann immer nur dieses eine Ereignis *p* in wiederholter Form geben, die zugehörige formale Sprache ist $\{p^n: n \geq 0\}$ (Abb. 8.5 c).

In Abbildung 8.5 d ist „BP“ als Petri-Netz dargestellt. Petri-Netze eignen sich hervorragend dafür, jeden Teilnehmer (hier die beiden Partner *S* und *E* sowie den Leitungsprozess *L*) in einem eigenen Subnetz darzustellen und diese über gemeinsam genutzte Transaktionen zusammenzuführen. Jeder Teilnehmer von „BP“ hat genau einen Zustand, der gleichzeitig Anfangszustand und daher mit einer Marke belegt ist. Es gibt eine einzige Transaktion, die alle drei gemeinsam nutzen. Die Transition kann jederzeit schalten und bringt damit die sich ständig erfolgreich wiederholende Aktion zum Ausdruck, dass ein Paket abgesendet wird, auf der Leitung ist und empfangen wird. Dabei wandern die Marken immer wieder in ihre Ausgangsposition zurück.

8.5.3 Basisprotokoll mit *Stop-and-Wait*-Bestätigung „SW“

Wir geben hier die Vorstellung auf, dass der Empfänger immer genauso schnell empfangen und weiterverarbeiten kann, wie der Sender sendet. Sie entspricht in einer heterogenen Welt autonomer Netzanschlüsse nicht der Realität. Als einfachste Flusskontrolle führen wir hier einen so genannten *Stop-and-Wait*-Mechanismus ein, bei dem ein Sender ein Paket sendet und dann wartet, bis er eine Empfangsbestätigung erhält, bevor er das nächste Paket sendet. Entsprechend muss der Empfänger so programmiert sein, dass er auf jedes empfangene Paket mit einer Empfangsbestätigung zurück an den Sender reagiert. Die Sendeleitung wird hier „duplex“, das heißt in zwei Senderichtungen genutzt: Vom Sender an den Empfänger gehen Daten vom Typ *p* (Paket), vom Empfänger an den Sender geht die Bestätigung vom Typ *b*. Das zugehörige Protokoll benennen wir nach seinem *Stop-and-Wait*-Mechanismus kurz „SW“.

Die formalen Darstellungen des Basisprotokolls „SW“ mit *Stop-and-Wait* Bestätigungsmeldung in Abbildung 8.6 sind wie folgt zu verstehen: *S* sendet ein Datenpaket vom Typ *p* an *E* und wartet auf die Bestätigungsmeldung *b* von *E*. Nach Erhalt der Bestätigungsmeldung sendet *S* das nächste Datenpaket usw. (Abb. 8.6 a). Jeder Teilnehmer *S*, *E* und *L* hat nun zwei Zustände, die miteinander korrespondieren. Im Zustand 1 ist *S* bereit *p* zu schicken (es hatte nämlich zuvor ein *b* empfangen); im selben Zustand erwartet *E* das Datenpaket *p* (es hatte die vorherige Sendung mit *b* bestätigt); im selben Zustand erwartet *L* das Datenpaket *p*. In Zustand 2 ist die Sendung von *p* erfolgreich abgeschlossen: S hat *p* abgeschickt und erwartet *b*, *E* hat *p* bereits empfangen und ist bereit *b* zu schicken, und *L* erwartet ebenfalls *b* (Abb. 8.6 b). Der endliche Zustandsautomat des Protokolls vereinigt in jedem der beiden Zustände 1 und 2 die jeweils korrespondierenden Zustände aller drei Teilnehmer.

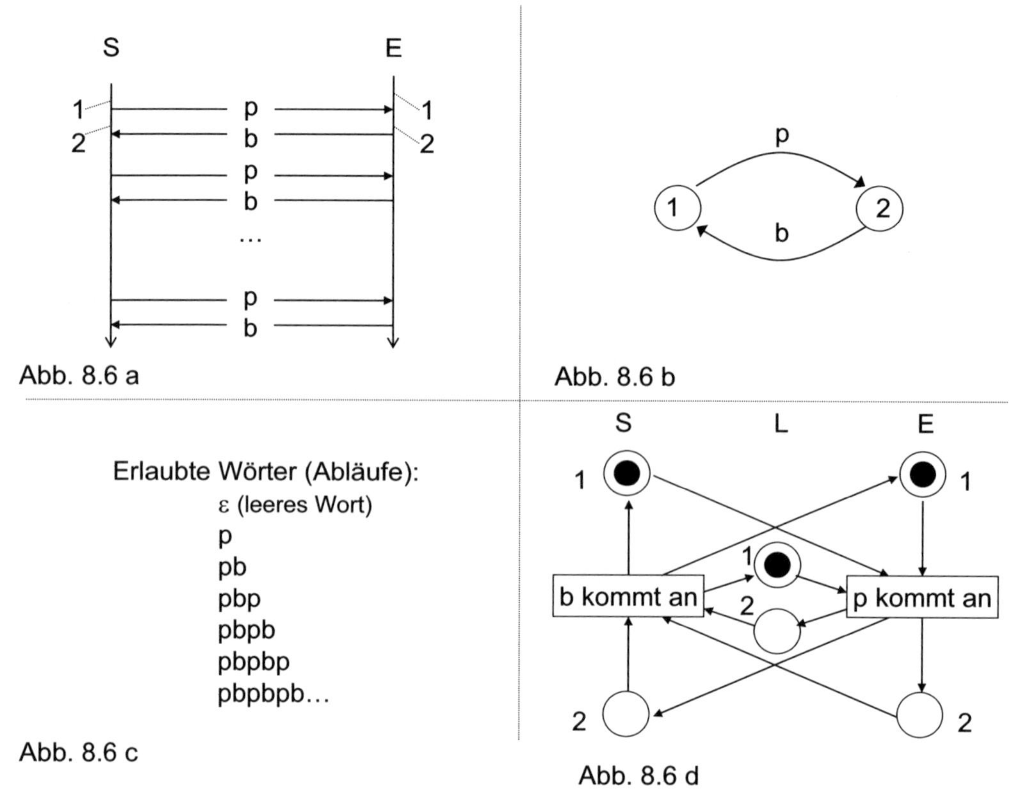

Abbildung 8.6: Verbindungsprotokoll mit Stop-and-Wait-Bestätigung „SW" ohne Fehlerbehandlung
S: Sender, E: Empfänger, L: Leitung, p: Datenpaket, b: Bestätigung;
Zustand 1: S ist bereit p zu schicken (hat zuvor b empfangen) = E erwartet p (hat zuvor b geschickt) = L erwartet p; Zustand 2: S hat p geschickt und erwartet b = E hat p empfangen und ist bereit b zu schicken = L erwartet b

Zwischen Senden, Empfangen und Leitungsbelegung braucht nicht unterschieden zu werden, da nach Voraussetzung jedes Paket, das abgesendet wird, auch unbeschädigt ankommt. Daher korrespondieren in Zustand 2 das Abschicken von *p* durch *S* mit dem Empfangen von *p* durch *E* und das Ausliefern von *p* durch *L*, welches als nächstes *b* erwartet. Die Ereignisfolge ist alternierend zwischen *p* und *b*, die zugehörige formale Sprache ist $\{(pb)^n x\text{: } n \geq 0, x = p$ oder leer$\}$ (Abb. 8.6 c).

In Abb. 8.6 d ist „SW“ als Petri-Netz dargestellt. Die beiden Partner *S* und *E* sowie der Leitungsprozess *L* sind in je einem eigenen Subnetz (jeweils vertikal links, Mitte, rechts) und ihr Zusammenwirken in Form gemeinsamer Nutzung der beiden Transaktionen dargestellt. Jeder Teilnehmer hat zwei Zustände (oben und unten), am Anfang sind die korrespondierenden Zustände 1 (oben) belegt: *S* ist bereit *p* zu schicken (denn zuvor war ein *b* angekommen), *L* und *E* erwarten das *p*. Die rechte Transition schaltet, da alle ihre Eingangszustände Marken tragen, das entspricht der fehlerfreien Situation, dass ein abgesandtes *p* in jedem Fall auch ankommt. Nach der Schaltung wandern alle drei Marken in die drei Zustände „2“ nach unten, die den Ausgang der rechten Transaktion bilden: *S* und *L* erwarten *b*, *E* ist bereit *b* zu schicken. Nun schaltet die linke Transaktion und die Marken kehren in ihre Anfangsposition der drei oberen Zustände „1“ zurück. Das abwechselnde Schalten der beiden Transaktionen und der Wechsel der Marken zwischen oben und unten drücken die Folge aus den alternierenden Ereignispaaren „Datenversand-Bestätigung“ exakt aus.

8.5.4 *Stop-and-Wait* mit einfachem *Timeout* des Sender „SW+TO“

Jetzt geben wir die idealistische Vorstellung auf, dass Daten, die abgesendet werden, auch immer heil ankommen. Was tun, wenn ein Datenpaket oder eine Bestätigung auf der Leitung verfälscht wird (wir setzen voraus, dass Empfänger Datenverfälschungen erkennen können) oder verloren geht? Auf den ersten Blick müsste es ausreichen, wenn der Sender einen *Timeout*-Mechanismus auf seiner Seite installiert und Datenpakete einfach noch einmal schickt, wenn er keine Bestätigung erhält. Diesen Mechanismus stellen wir als erstes vor und diskutieren dann, warum er nur sehr eingeschränkt funktioniert. Wir nennen das Protokoll nach seinen kombinierten *Stop-and-Wait-* und *Timeout*-Mechanismen „SW+TO“.

Die formalen Darstellungen des Basisprotokolls „SW+TO“ mit *Stop-and-Wait* Bestätigungsmeldung und einem *Timeout* für *S* in Abbildung 8.7 sind wie folgt zu verstehen: In Zustand 2, in dem *S* ein *p* abgesendet hat und auf *b* wartet, tritt genau eines von zwei Ereignissen ein: entweder *S* erhält vor Ablauf eines *Timeout*-Intervalls eine Bestätigung *b* und schaltet in Zustand 1 zurück oder das *Timeout*-Intervall läuft ab, *S* schickt das zuletzt geschickte *p* noch einmal und verbleibt in Zustand 2 (Abb. 8.7. a und b). Entsprechend wird die mögliche Ereignisfolge aus dem „SW“-Protokoll um Wiederholungen von *p* erweitert: die zugehörige formale Sprache ist $\{(p^m b)^n x\text{: } m \geq 1,\ n \geq 0,\ x = p^l \text{ mit } l \geq 0\}$ (Abb. 8.7 c). Wir werden unten sehen, dass das Protokoll in dieser Form seinen Zweck nicht erfüllt, deshalb wird hier auf eine Petri-Netzdarstellung verzichtet (aber es ist eine gute Übungsaufgabe). Sie wird für das vollständige Fehlerkontrollprotokoll in Abbildung 8.9 nachgeholt.

Ausdrücklich sei hier auf ein Kapazitätsproblem des Übertragungskanals hingewiesen, das von praktischer Bedeutung sein kann. Das *Timeout*-Intervall des Senders und Datenverluste im Kanal sind in verteilten Systemen nicht miteinander gekoppelt. Das *Timeout* schlägt beim Sender schematisch zu. Der Kanal „weiß“ aber nicht, dass der Sender dann ein Paket wiederholt sendet. Wenn also der Kanal seine Pakete an den Empfänger nicht los wird, weil der gerade unpässlich ist, dann kann er vom Sender – im Prinzip unbegrenzt – mit wiederholten

Paketen beschickt werden. Wenn seine Kapazitätsgrenze erreicht ist, blockiert der Kanal oder er verliert Daten. Das ist aber das geringere Problem.

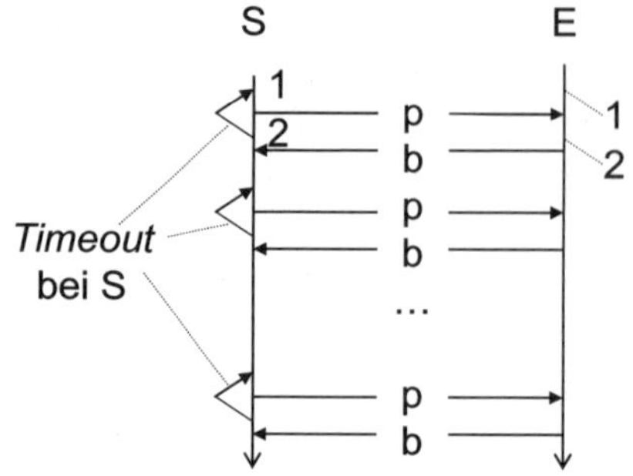

Abb. 8.7 a

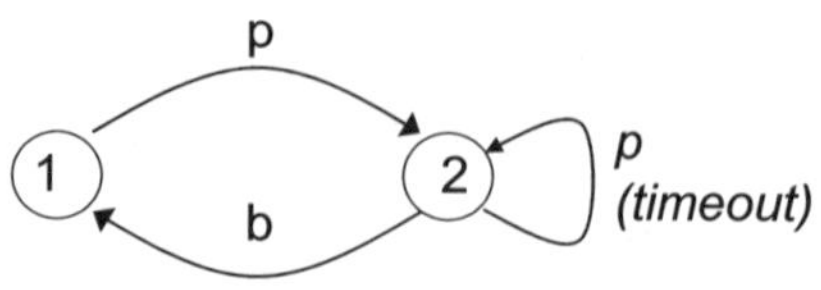

Abb. 8.7 b

Erlaubte Wörter (Abläufe):

ε (leeres Wort)
p
pp...p
pp...pb
pp...pbp
pp...pbpp...p
pp...pbpp...pb
pp...pbpp...pbp...

Abb. 8.7 c

(Achtung: für den Übertragungskanal ist unbegrenzte Nachrichtenhäufung ppp... ein Kapazitätsproblem)

Abbildung 8.7: Verbindungsprotokoll mit Stop-and-Wait-Bestätigung und einfachem Timeout „SW+TO".

Dass das Protokoll „SW+TO" mit einfachem *Timeout* in dieser Form seinen Zweck nicht erfüllt, hat einen anderen Grund, und zwar diesen: *S* kann im Fehlerfalle nicht erkennen, ob sein eigenes Paket verloren gegangen bzw. fehlerhaft ist oder ob die Bestätigungsmeldung von *E* verloren gegangen ist. In jedem Fall schickt *S* dasselbe *p* noch einmal. *E* wiederum kann im Falle, dass das vorherige *p* zwar angekommen, aber sein eigenes *b* an *S* verloren gegangen war, nicht erkennen, dass das erneut geschickte *p* eine Wiederholungssendung ist und würde es wie ein neues Paket annehmen und der Weiterverarbeitung zuleiten. Die auf Empfängerseite aufgebaute Datei wäre um dieses verdoppelte Paket vergrößert und damit verfälscht. So verfehlt das Protokoll sein Ziel.

Es gibt verschiedene Lösungen dieses Problems. Die nahe liegendste ist die, dass die Pakete durchnummeriert werden, so dass der Empfänger Duplikate erkennen kann. Eine entsprechende Erweiterung des *Stop-and-Wait*-Protokolls wird im folgenden Abschnitt 8.5.5 vorgestellt.

8.5.5 *Alternating-Bit*-Protokoll „AB“

Sender *S* versendet streng abwechselnd ein Paket *p*0 mit Folgenummer 0 und ein Paket *p*1 mit Folgenummer 1. Nach Versenden eines Pakets wartet *S* auf eine Bestätigung *b*0 oder *b*1 vom Empfänger, die ihm mitteilt, dass er das zugehörige Paket *p*0 bzw. *p*1 empfangen hat und nun bereit zum Empfang des nächsten ist. Die Bestätigung *b* trägt die Folgenummer 0 oder 1 des Pakets, das sie bestätigt. Erst nach Empfang einer passenden Bestätigung schickt *S* das nächste Paket. Das ist die einfachste Form der Fehlerkontrolle, die gut funktioniert. Wir nennen sie kurz „AB“ *für Alternating-Bit.*

Für das *Alternating-Bit*-Protokoll „AB“ ist der Sender *S* wie folgt organisiert: *S* hat einen Speicherpuffer mit genau zwei Fächern für je ein Paket: im *Merkfach* liegt das gerade versendete Paket (*p*0 oder *p*1), solange es noch nicht bestätigt ist, im *Sendefach* liegt das zu versendende nächste Paket (*p*1 oder *p*0), das *S* erst nach Erhalt der zum Merkfach gehörigen Bestätigung *b* (*b*0 zu *p*0 und *b*1 zu *b*1) sendet. Die Folgenummern im Merkfach und im Sendefach müssen sich unterscheiden, da *S* nur alternierend *p*0-*p*1-*p*0-... versendet. Daher der Name *alternating bit.*

Bei Empfang einer Bestätigung *b* prüft *S*, ob sie passt oder nicht:

Falls die Folgenummer von *b* ungleich der Folgenummer im Merkfach ist, erkennt *S*, dass offenbar eine verspätete Bestätigung eines vorherigen Paketes eingetroffen ist, während *S* inzwischen schon das nächste Paket, das bereits im Merkfach liegt, abgeschickt hatte. Das kann passieren, wenn *S* wegen eines *Timeouts* ein Paket mehrfach geschickt hatte. Deshalb ignoriert *S* diese Bestätigung einfach und wartet auf die nächste Bestätigung, die zur Paketnummer im Merkfach passt.

Falls aber die Folgenummer von *b* gleich der Folgenummer im Merkfach ist, erkennt *S*, dass sein zuletzt geschicktes Paket, das im Merkfach liegt, angekommen und hiermit bestätigt ist. Nun unternimmt *S* drei Schritte:

1. Merkfach löschen;
2. Paket aus Sendefach versenden, aus Sendefach löschen und im Merkfach speichern;
3. nächstes Paket vom Auftraggeber der (*n*+1)-Schicht entgegennehmen, mit einer neuen Folgenummer (0 oder 1, jeweils die andere als die im Merkfach) versehen und in das Sendefach legen.

Bei Auslaufen eines festgelegten *Timeout*-Intervalls, während dessen gar keine Bestätigung eingegangen ist, unternimmt *S* einen einzigen Schritt:

1. Paket aus Merkfach erneut versenden;
   - Sendefach in Ruhe lassen und kein neues Paket vom Auftraggeber der (*n*+1)-Schicht entgegennehmen.

Der Empfänger *E* hat einen Speicherpuffer mit nur einem *Empfangsfach*. Darin liegt immer das zuletzt empfangene und bestätigte Paket. Es enthält eine Folgenummer 0 oder 1, die *E* im Empfangsfach lesen kann. Bei Empfang eines Paketes vom Sender *S* unternimmt *E* drei Schritte:

1. Folgenummern des empfangenen Pakets und des Pakets im Empfangsfach vergleichen;
2. falls Folgenummern gleich: empfangenes Paket ignorieren („ich hab es bereits"), aber gleichwohl eine Bestätigung mit der Nummer des wiederholt empfangenen Pakets schicken („denn offenbar war meine vorherige Bestätigung verloren gegangen");
3. falls Folgenummern verschieden, Paket annehmen, ins Empfangsfach überschreiben, zur Weiterverarbeitung an lokalen Auftraggeber der übergeordneten (n+1)-Schicht weiterreichen und Bestätigung b mit der Nummer des neu empfangenen Pakets an S schicken.

Das Protokoll „AB" legt für die Kommunikationspartner folgende Zustände fest, s. Abbildung 8.8.

Für den Sender S:

S1: S hat $b1$ empfangen oder *Timeout* nach $p0$ und ist bereit, $p0$ aus Sendefach zu senden.
S2: S hat $p0$ versendet und erwartet $b0$. Ein $b1$ wird hier von S ignoriert.
S3: S hat $b0$ empfangen oder *Timeout* nach $p1$ und ist bereit, $p1$ aus Sendefach zu senden.
S4: S hat $p1$ versendet und erwartet $b1$. Ein $b0$ wird hier von S ignoriert.

Korrespondierend dazu hat Empfänger E die Zustände

E1: E hat $b1$ versendet und erwartet $p0$ (Empfangsfach enthält $p1$)
E2: E hat $p0$ empfangen und ist bereit, $b0$ zu versenden.
E2': E hat $p1$ empfangen, verwirft es aber, da $p0$ erwartet wird (Empfangsfach enthält $p1$), ist gleichwohl bereit, $b1$ erneut zu versenden.
E3: E hat $b0$ versendet und erwartet $p1$ (Empfangsfach enthält $p0$)
E4: E hat $p1$ empfangen und ist bereit, $b1$ zu versenden.
E4': E hat $p0$ empfangen, verwirft es aber, da $p1$ erwartet wird (Empfangsfach enthält $p0$), ist gleichwohl bereit, $b0$ erneut zu versenden.

Den Verlauf der beiden lokalen Protokollautomaten für Sender S und Empfänger E beschreiben die in Abbildung 8.8 dargestellten endlichen Zustandsautomaten. Diese sind über einen Übertragungskanal miteinander verbunden, welcher hier nicht als Zustandsautomat ausgeführt, sondern nur angedeutet ist.

Im Zustandsautomaten von S sind $p0$, $p1$ und *Timeout* aktiv von S herbeigeführte Ereignisse, $b0$ und $b1$ werden passiv erlebt. Die Verzweigungen in den Senderzuständen 2 und 4 sind Alternativen: *Timeout* schlägt nach einer gewissen Zeit zu, in der kein passendes b eintrifft; bei unpassendem b ($b1$ in Zustand 2 und $b0$ in Zustand 4) verbleibt S in seinem Zustand 2 bzw. 4. Im Zustandsautomaten von E werden umgekehrt $p0$ und $p1$ passiv erlebt, während $b0$ und $b1$ aktiv von E herbeigeführt werden. Die Verzweigungen in den Empfängerzuständen 1 und 3 sind Alternativen: falls eine nicht passende Folgenummer eintrifft, wird das zugehörige Paket ignoriert, gleichwohl eine passende Bestätigung b gesendet, da E davon ausgehen muss, dass seine vorherige Bestätigung nicht bei S angekommen war, denn sonst hätte bei S der *Timeout* nicht zugeschlagen mit der erneuten Versendung eines bereits versendeten (und angekommenen) Pakets.

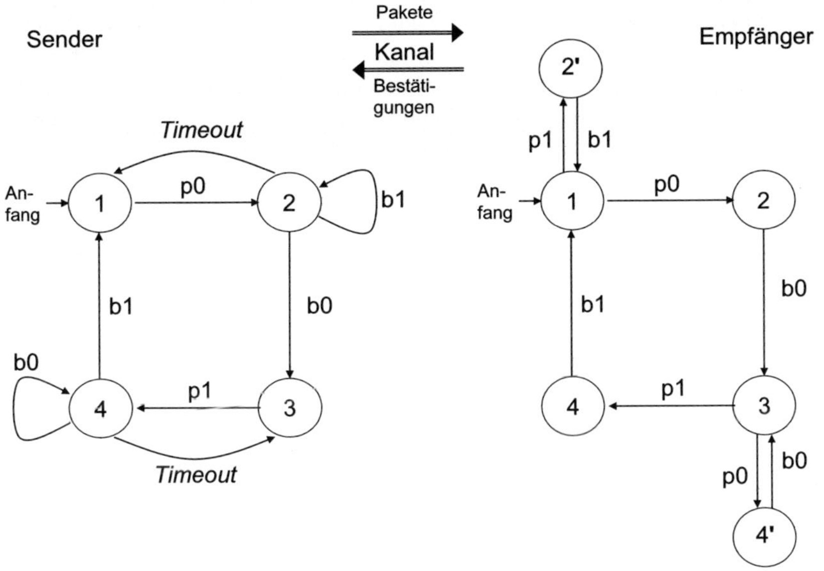

Abbildung 8.8: Die lokalen Protokollautomaten von S und E für das Alternating-Bit-Protokoll „AB“. In ihrer Mitte ist der Übertragungskanal angedeutet.

Die Zusammenfassung der beiden lokalen Zustandsautomaten der Partner in einen gemeinsamen Zustandsautomaten des Gesamtsystems ist eine anspruchsvolle Übungsaufgabe. Sie muss nämlich berücksichtigen, dass bei *S* in Zustand 2 bzw. 4 in drei verschiedenen Situationen ein *Timeout* zuschlagen kann: erstens wenn sein eigenes Paket verloren gegangen ist (*E* in Zustand 1 bzw. 3); zweitens wenn sein Paket angekommen ist, aber *E* noch keine Bestätigung abgeschickt hat (*E* in Zustand 2 bzw., 4); drittens wenn sein Paket angekommen ist und *E* bereits eine zugehörige Bestätigung geschickt hat, das aber noch nicht bei *S* angekommen ist (*E* in Zustand 3 bzw. 1).

Zum Abschluss sei in Abbildung 8.9 ein Petri-Netz des Gesamtsystems des Protokolls vorgestellt. Allerdings erlaube ich mir dabei eine erhebliche Vereinfachung: es gibt nur einen Bestätigungstyp *b*. d.h. die Bestätigungsnachricht enthält keine Bezugsnummer zum bestätigten Paket. Das geht nur unter der folgenden Voraussetzung gut: Das *Timeout*-Intervall des Senders darf nicht zu früh zuschlagen, genauer: es darf nicht zuschlagen, während eine Bestätigung des Empfängers auf dem Wege ist. Praktisch organisiert man ein solches *Timeout*-Intervall als die doppelte Sendezeit zwischen den beiden Partnern plus Verarbeitungszeit auf Seiten des Empfängers plus einer Reserve.

Falls nämlich das *Timeout*-Intervall bei *S* zuschlägt, während eine Bestätigung von *E* bereits auf dem Wege ist, dann wiederholt *S* ja seine Paketsendung, die *E* wiederum bestätigt, so dass nun zwei nicht unterscheidbare Bestätigungen *b* von *E* an *S* unterwegs sind. Sobald die erste der beiden Bestätigungen eintrifft, schickt *S* das nächste Paket *p+* los, und sobald die zweite eintrifft, das übernächste *p++*. Falls *p+* verloren geht, verwirft *E* das übernächste

Paket *p++*, falls es überhaupt ankommt, da es die falsche Folgenummer hat, aber bestätigt es. Daraufhin schickt *S* das über-übernächste *p+++*, das nun wieder in die 0-1-Nummerierung passt. Aber die beiden Pakete *p+* und *p++* bleiben verloren und das Protokoll verfehlt sein Ziel. Es ist eine nützliche Übungsaufgabe, diesen Fall im Petri-Netz in Abbildung 8.9 durchzuspielen und dabei die Stationen zu notieren, die dieser Verlauf nimmt.

Deshalb stellt das folgende Petri-Netz nicht das volle *Alternating-Bit*-Protokoll dar, sondern nur eine vereinfachte Version davon, die wir „AEB – *Alternating-Bit*-Protokoll mit einfacher Bestätigung" nennen. Es funktioniert nur unter der vereinfachenden Voraussetzung eines genügend langen *Timeout*-Intervalls beim Sender.

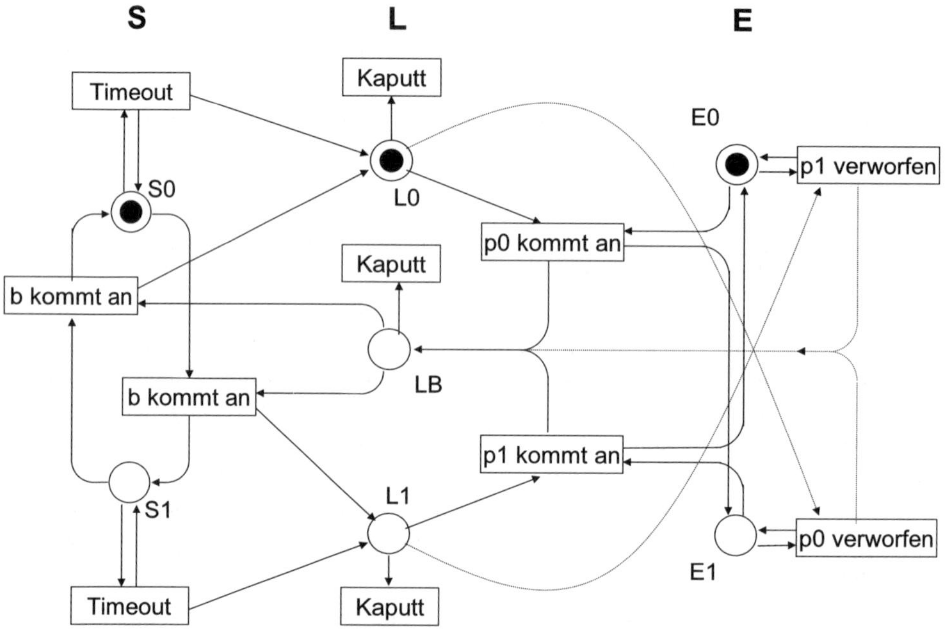

Abbildung 8.9: Petri-Netz des Alternating-Bit-Protokolls mit einfacher Bestätigung „AEB". Zwei Voraussetzungen zum Gelingen: erstens der Kanal überträgt reihenfolgegetreu; zweitens das Timeout-Intervall des Senders ist immer größer als die Zeit, die ein Paket hin und seine Bestätigung zurück braucht.

Die drei Teilnehmer des Protokolls haben je ein eigenes vertikal dargestelltes Subnetz: der Sender *S* links, der Leitungsprozess *L* in der Mitte und der Empfänger *E* rechts. Sender und Empfänger haben je zwei Zustände, der Leitungsprozess hat drei Zustände. Es bedeuten

S0 bzw. S1: *S* hat Paket *p*0 (bzw. *p*1) abgeschickt und erwartet Bestätigung *b*;
E0 bzw. E1: *E* erwartet Paket *p*0 bzw. *p*1, denn es hatte zuletzt Paket *p*1 bzw. *p*0 empfangen (Empfangsfach!) und dafür Bestätigung *b* an *S* gesendet;

L0 bzw. L1 bzw. LB: L hat das Paket *p*0 bzw. *p*1 bzw. die Bestätigung *b* erhalten.

Es gibt insgesamt elf Transaktionen, die mit ihrer Bedeutung beschriftet sind. Sie sprechen für sich. Insbesondere aber bedeuten

„Kaputt“: Das Paket bzw. die Bestätigung auf der Leitung ist fehlerhaft oder verloren gegangen;

„p0 verworfen“ bzw. „p1 verworfen“: *E* hat das Paket zwar empfangen, aber abgelehnt und verworfen, da es ein Paket mit der jeweils anderen Folgenummer erwartet (Vergleich mit Empfangsfach). Das entspricht der Situation, dass vorhergehend *b* verloren gegangen war, *S* deshalb fälschlicherweise angenommen hatte, dass sein zuletzt versendetes Paket nicht angekommen sei, und es deshalb noch einmal versendet hat.

Die gestrichelten Pfeile sind nur der Übersicht halber gestrichelt, sie sind gleichwertige Verbindungslinien. Sie werden nur dann genutzt, wenn eine Bestätigung auf der Leitung verlorengegangen ist („Kaputt“-Transaktionen bei *L*).

Im Anfangszustand liegen Marken in den oberen drei Zuständen. Das bedeutet: *S* hat das Paket *p*0 versendet, *p*0 ist auf der Leitung *L* und *E* erwartet *p*0. Nun kann folgendes passieren:

1. *p*0 kann verloren gehen (Schaltung von „Kaputt“ bei L0), dann hat *L* keine Marke mehr: die Leitung ist leer. Dann schaltet nach einem gewissen *Timeout*-Intervall die „Timeout“-Transition links oben bei S0 und legt wieder eine Marke nach L0. Das bedeute: *S* hat *p*0 erneut gesendet, bei *E* hat sich dabei nichts getan und wartet immer noch auf *p*0.
2. Alternativ zu 1. kann die Transition „*p*0 kommt an“ schalten: Die Marken von E0 und L0 wandern zu E1 und LB. Das bedeutet: *E* hat *p*0 erhalten, *b* auf die Leitung geschickt und erwartet nun *p*1; danach könnte *b* verloren gehen (3.) oder ankommen (4.);
3. Nach 2. könnte *b* auf der Leitung verloren gehen (Schaltung von „Kaputt“ bei LB), dann hat L wieder keine Marke mehr: die Leitung ist leer. Jetzt schaltet wiederum die „Timeout“-Transaktion bei S0. Das bedeutet: *S* sendet erneut *p*0, welches aber nun der gestrichelten Linie entlang hinunter zur Transition „*p*0 verworfen“ bei E1 führt, welche schaltet, woraufhin die Marke in E1 verbleibt und wiederum eine Marke nach LB gelegt wird. Damit ist die Situation nach 2. wieder hergestellt;
4. Alternativ zu 3. kann schließlich die rechte der beiden „*b* kommt an“-Transitionen bei *S* schalten. Dadurch wandern die Marken von S0 und LB zu S1 bzw. L1. Das bedeutet: *S* hat *b* erhalten, schickt das nächste Paket *p*1 und wartet auf die Bestätigung *b*.

Der aus 4. entstandene Zustand ist analog zum Anfangszustand, indem jetzt die Marken in S1, L1 und E1 statt in S0, L0 und E0 liegen. Da das Netz gegenüber oben und unten symmetrisch ist, schwingt das Markenspiel zur Ausgangssituation nach oben zurück, und immer so fort hin und her.

Schritte 2. und 4. entsprechen dem erfolgreichen, bestätigten Transfer des Pakets *p*0 von *S* nach *E*. Schritte 1. und 3. entsprechen dem Verlust von Daten auf der Leitung, der aber jedes Mal repariert wird, indem sie von selbst in die Schritte 2. bzw. 4. übergehen. Analog muss man sich Schritte 6. und 8. für den Transfer von *p*1 denken.

Das Petri-Netz in Abbildung 8.9 muss um eine 0-1-nummerierte Bestätigung erweitert werden, um gegen voreilig auslaufende *Timeout*-Intervalle beim Sender *S* sicher zu sein. Das ist eine herausfordernde Übungsaufgabe. Über die zusätzliche 0-1-Nummerierung der Bestätigungen hinaus muss außerdem vorausgesetzt werden, dass der Übertragungskanal reihenfolgegetreu ausliefert. Denn sonst kann es passieren, dass Bestätigungen in falscher Reihenfolge ankommen und falsch zugeordnet werden: Wenn zum Beispiel durch rasche *Timeouts* mehrere $p0$ auf den Weg gebracht werden, und dann erst das nächste $p1$, und wenn $b1$ eines der $b0$ überholt, würde das verspätete $b0$ als Bestätigung des übernächsten $p0$ angesehen werden, das noch gar nicht angekommen ist. Das vollständige Petri-Netz führt zum klassischen *Alternating-Bit*-Protokoll, wie es in (Ochsenschläger/Prinoth 1995) beschrieben, modelliert und verifiziert wird.

Das *Stop-and-Wait*-Verbindungsprotokoll mit seiner Erweiterung zum *Alternating-Bit*-Protokoll ist hier deshalb so ausführlich dargestellt worden, weil es das Grundmodell aller sicheren Verbindungsprotokolle ist. Es ist aber in dieser Form nicht besonders effizient, weil der Sender nach jedem Paket stehen bleiben und warten muss, bis sein Empfang bestätigt wird. Eine Erweiterung davon erlaubt dem Sender, schon mal auf Vorrat einige Pakete loszuschicken, bevor die ersten Bestätigungen ankommen. Wie viele er „auf Vorrat" verschicken darf, das legt eine so genannte „Fenstergröße" fest. Diese so genannten *Sliding-Window*-Protokolle werden im folgenden Abschnitt skizziert.

8.5.6 *Sliding Windows* für Fluss- und Fehlerkontrolle

Im *Alternating-Bit*-Protokoll werden die Datenpakete und ihre Bestätigungen abwechselnd mit 0 und 1 nummeriert. Das gibt diesem Protokoll den Namen *Alternating Bit*. Diese Methode kann man dahingehend ausweiten, dass es mehr als nur zwei Paketnummern gibt. Am Einfachsten bilden die Paketnummern fortlaufende natürliche Zahlen. Dann kann man es einrichten, dass der Sender nicht auf jede einzelne Bestätigung warten muss, bevor er das nächste Paket schickt. Der Datentransfer kann erheblich effizienter gestaltet werden, wenn der Sender eine vorher verabredete Anzahl von Datenpaketen („Fenstergröße") versendet, ohne die zugehörigen Bestätigungen (die er ja wegen der Paketnummern zuordnen kann) erhalten zu haben. Die Fenstergröße ist die Anzahl der Pakete, die der Sender vor Empfang der zugehörigen Bestätigungen versenden darf. Sie wird zwischen Sender und Empfänger vorab verabredet. Es genügt, die Nummern der Pakete und ihrer Bestätigungen auf höchstens „Fenstergröße+1" zu begrenzen und dann wieder von vorne zu zählen; und weil Zähler nur endliche Kapazität haben, muss man das sogar tun.

Dann muss der Sender sich dreierlei merken:

1. untere Fensterkante: Nummer des zuletzt bestätigten Pakets;
2. obere Fensterkante: Nummer des nächsten Pakets, das er senden will; die Differenz zwischen der oberen und unteren Fensterkante ist die aktuelle Fenstergröße des Senders und darf die vorab verabredete maximale Fenstergröße nicht überschreiten;
3. alle Pakete, die noch nicht bestätigt worden sind, da er damit rechnen muss, diese noch einmal zu senden.

Das Fenster des Empfängers hat eine andere Bedeutung. Der Empfänger bestätigt ein Paket erst dann, wenn es dieses Paket zur Weiterverarbeitung an seinen Auftraggeber aus der darüber liegenden (n+1)-Schicht (z.B. einen Internet-Router) weitergereicht hat und es aus seinem Speicher löschen kann. Die Fenstergröße des Empfängers ist die höchste Anzahl von Paketen, die er zwischenspeichern kann, bevor sie ihm vom lokalen Auftraggeber der darüber liegenden (n+1)-Schicht abgenommen werden. Sie entspricht der maximalen Fenstergröße, die zwischen Sender und Empfänger beim Verbindungsaufbau verabredet wurde. Zur Verwaltung seines Fensters muss der Empfänger viererlei tun:

1. seine aktuelle untere Fensterkante merken: das ist die Nummer seiner zuletzt versendeten Bestätigung, die zugehörige Nachricht ist bereits erfolgreich weiterverarbeitet und aus dem lokalen Speicher des Empfängers verschwunden;
2. seine aktuelle obere Fensterkante merken: das ist seine untere Fensterkante plus der verabredeten festen Fenstergröße; dadurch bleibt die Fenstergröße des Empfängers immer konstant gleich der verabredeten Fenstergröße;
3. eingehende Pakete prüfen: wenn ihre Folgenummer außerhalb seines aktuellen Fensters liegt, wird das empfangene Paket bestätigungslos gelöscht; wenn sie innerhalb liegt, wird das Paket in den lokalen Speicher des Empfängers gelegt und zur lokalen Weiterleitung vorbereitet;
4. im lokalen Speicher liegende Pakete an die nächsthöhere (n+1)-Schicht zur Weiterverarbeitung weiterreichen: dazu wird zur Einhaltung der korrekten Reihenfolge immer das Paket mit der Nummer der unteren Fensterkante, also das mit der niedrigsten Folgenummer weitergereicht; danach sendet der Empfänger eine zugehörige Bestätigung an den Sender, löscht das Paket aus seinem lokalen Speicher und erhöht die untere Fensterkante (und damit auch automatisch die obere Fensterkante) des aktuellen Fensters um 1.

Auf diese Weise bekommt der Empfänger die Pakete höchstens in dem Tempo, in dem er sie annehmen und weiterleiten kann. Der Sender muss nicht nach jedem Datenpaket auf Bestätigung warten, sondern kann mehrere Pakete unbestätigt schicken (allerdings nicht zu viele!). Falls Pakete in falscher Reihenfolge ankommen, kann der Empfänger sie richtig sortiert weiterreichen. Und schließlich kann der Empfänger verlorengegangene und fehlerhafte Pakete dadurch reparieren, dass er ihren Empfang nicht bestätigt und dadurch den Sender innerhalb des vereinbarten Fensters zu einer Neuversendung veranlasst.

Nun bleibt die Frage der Fehlererkennung. Die einfachste Methode benutzt Prüfsummen: alle n Bits wird ein Prüfbit mitgeschickt, das die vorhandenen 1-en zu einer geraden Zahl ergänzt. Der Empfänger prüft in Portionen von n+1-Bits (die Zahl n muss natürlich vorher festgelegt sein, typischerweise ist n=8), ob die Anzahl ihrer 1-en gerade ist. Falls nicht, muss diese Portion auf der Leitung verändert worden sein und das ganze zugehörige Paket wird als fehlerhaft zurückgewiesen.

Die Theorie der Fehlererkennung und Fehlerbehebung ist nicht schwierig zu verstehen, aber sehr umfangreich und soll hier nicht weiter vertieft werden. Hier sind die Arbeiten von (Hamming 1950) und die spätere Behebungsmethode des *Cyclic Redundancy Code CRC* hervorzuheben (Tanenbaum 2003, *Error Detecting and Error Correcting Codes*).

8.6 Beispiel 3: SMTP für E-Mail im Internet

8.6.1 Modell der Simple Mail für das Internet

Eine E-Mail ist eine Datei, die über das Transportsystem des Internet von einem Absender zu einem Empfänger gesendet wird. Zur Identifikation der Mail-Empfänger brauchen sich die Teilnehmer zum Glück nicht die unhandlichen Internet-Adressen mit ihren vier dreistelligen Zahlen zu merken. Dafür gibt es die bekannten und einfach zu merkenden E-Mail-Adressen *Username@Domainname*. Die Mailprogramme der Clients und der vermittelnden Nachrichtenserver interpretieren die Adressen und setzen sie zur richtigen Weiterleitung im Internet in die zugehörigen Internetadressen um.

Zur vollständigen Spezifikation des E-Mail-Protokolls müssen zwei Dinge beschrieben werden: erstens die Austauschregeln (wer mit wem in welcher Abfolge), zweitens die E-Mail-Formate (was). Dazu gibt es zwei verbindliche Dokumente, die als Internet-Standard seit 1982 etabliert und viele tausend Male erfolgreich implementiert worden sind:

1. RFC 821: Jonathan B. Postel: Simple Mail Transfer Protocol (SMTP), August 1982, beschreibt die Austauschregeln (das „eigentliche Protokoll");
2. RFC 822: David H. Crocker: Standard for the Format of ARPA Internet Text Messages, August 1982, beschreibt das Datenformat von E-Mail.

Im Gegensatz zu vorhergehenden Entwürfen zum Message Handling (X.400 in ITU/CCITT 1988) sind diese beiden Dokumente leicht zu verstehen. Das dahinter stehende Modell ist wirklich, wie der Name sagt, *simple*. Es enthält vier Akteure (Abbildung 8.10):

1. Nachrichtenserver, die in Abb. 8.10 als *Sender* und *Recipient* dargestellt sind;
2. Filesystem am Senderserver, das das Sendeprogramm des absendenden Clients darstellt;
3. Filesystem am Empfängerserver, das die Mailbox des empfangenden Clients darstellt;
4. Transportsystem über das Internet zwischen den Nachrichtenservern.

Die Akteure kommunizieren miteinander gemäß wohlspezifizierten Protokollen (RFC 821, POP, IMAP) und tauschen dabei Nachrichten in wohlspezifiziertem Format (RFC 822) aus. Zwischen den Nachrichtenservern im Internet (*Sender* und *Recipient*) wird dasselbe Protokoll RFC 821 eingesetzt, wie zwischen dem Nachricht absendenden Client und seinem Nachrichtenserver, weil der Nachrichtenserver, dem die Nachricht mit Bitte um Weiterleitung übermittelt wird, immer online ist und jede Nachricht spontan empfangen und weiterleiten kann. Nur der letzte Server, der aufgrund der Adresse der Nachricht erkennt, dass ihr Empfänger zu seiner Domäne gehört, darf die Nachricht nicht weiter versenden. Er darf nicht davon ausgehen, dass der empfangende Client online ist. Er legt die Nachricht daher in eine lokale Mailbox ab, worin sie verbleibt, bis der empfangende Client sich von sich aus meldet und die Nachricht abholt. Für solche Abholkommunikation gibt es zwei besondere Protokolle, nämlich das *Post Office Protocol* POP und die etwas komplexere Variante IMAP.

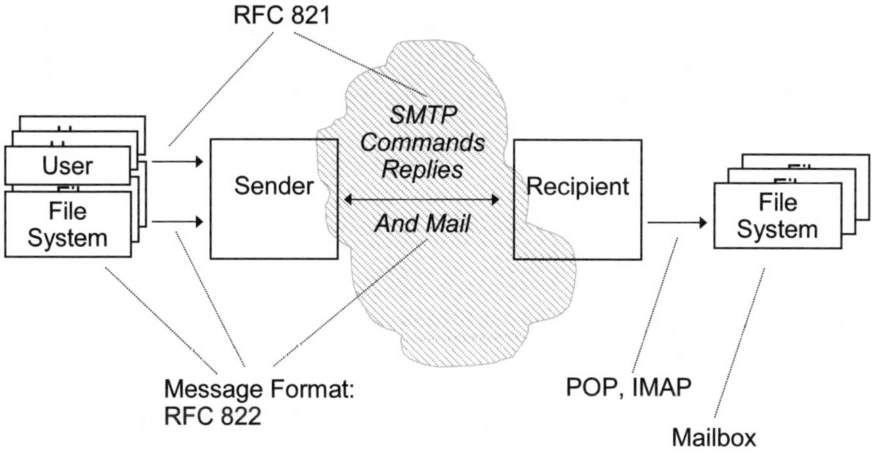

Abbildung 8.10: SMTP Modell nach RFC821, Fig.1, p.2

Im Folgenden beschränken wir uns auf das Protokoll RFC 821 zur Übermittlung einer E-Mail an einen Nachrichtenserver, von dem angenommen wird, dass er online ist und spontan angesprochen werden kann. Wesentliches Teil des Protokolls ist das Nachrichtenformat nach RFC 822, das in seinen *Header*-Feldern Steuerinformationen für die Nachrichtenvermittlung enthält. Dieses wird im folgenden Abschnitt 8.6.2 besprochen. Danach folgt eine Diskussion des Ablaufprotokolls RFC 821 in Abschnitt 8.6.3.

8.6.2 Datenformat der Simple Mail für das Internet nach RFC 822

Eine *Simple Mail* ist nichts anderes als eine Datei aus einfachen *Unicode*-Zeichen. *Unicode* ist in seiner einfachsten Form ein auf 8 Bits erweiterter ASCII-Zeichensatz aus 256 verschiedenen Buchstaben, Ziffern und Sonderzeichen, die jeder Texteditor versteht. Am Anfang einer E-Mail stehen so genannte *Header*-Zeilen, die den Mailprogrammen Informationen zur Steuerung des Mailtransfers mitteilen, zum Beispiel von wem, an wen und zu welchem Zeitpunkt die Mail gehen soll. Nach einer Nullzeile folgt für den Rest der Datei der so genannte Nachrichtenkörper (*body*), das ist der Inhalt der Nachricht, der wiederum aus reinem 8-Bits-ASCII (genauer: aus *Unicode*) besteht. Ein Beispiel für eine E-Mail in ihrer originären ASCII-Form ist die folgende:

```
Date:       1 April 2005 1430
From:       Anton Aalberg <anton.aalberg@campus.uni-hamburg.de>
To:         Berta Brotheim <bbrot@gmx.de>,
            Cristof Ceiser <admin@citron.de>
Subject:    Zeitungsente

Liebe Berta und Cristof,
Ihr habt völlig Recht gehabt, die Gans war eine Ente.
Herzliche Grüße --- Euer Anton
```

Das *Simple Mail* Format und seine Multimedia Erweiterungen MIME werden unten in Kapitel 9 über Datenformate etwas genauer erklärt.

8.6.3 SMTP – Simple Mail Transfer Protocol nach RFC 821

Das Standarddokument RFC 821 von John Postel von 1982 über das SMTP – *Simple Mail Transfer Protocol* umfasst 68 Seiten und enthält im Wesentlichen

- das SMTP Modell (RFC 822, Kap. 2, S. 2-3);
- die SMTP Prozeduren (3, S. 4-18), und zwar
  - Mail, Forwarding, Verifying, Expanding, Sending, Mailing, Opening and Closing, Relaying, Domains, Changing Roles;
- die einzelnen Spezifikationen (4, S. 19-42), darunter
  - Commands, Replies, Reply Codes, State Diagrams;
- Schnittstellen zum Transport System TCP und zum Netz (Anhänge A-D, p. 44-47);
- und sehr ausführlich Beispiele (*Scenarios*, Anhang F, p. 51-63).

Das Protokoll ist gemäß dem einfachen E-Mail-Modell (s.o. Abschnitt 8.6.1 und Abb. 8.10) selbst auch sehr einfach. Die Nachrichtenformate enthalten keine zusätzliche Steuerungshülle (*Envelope*), sondern nur einfache *Header*-Zeilen im Nachrichtentext selbst (s.o. Abschnitt 8.6.2), aus denen die sendenden Protokollmaschinen so genannte Transfer-Kommandos ableiten und zu denen die empfangenden Protokollmaschinen die empfangenen Transferkommandos teilweise neu zusammensetzen.

Das SMTP-Protokoll legt einen einfachen Austausch von „Kommandos“ und „Returncodes“ zwischen einem Sender (Client oder Server) und einem Empfänger (Server) über dem Transportprotokoll TCP im Internet fest, siehe Abbildungen 8.10 und 8.11. Kommandos sind einfache, festgelegte ASCII-Ausdrücke, die spezifische Parameter enthalten. Returncodes sind 3-stellige Zahlen, die Erfolg oder Misserfolg des Kommandos zurückmelden. Zum Beispiel eröffnet das HELO-Kommando einen Nachrichtenaustausch und enthält als Parameter den Domainnamen des Senders. Das QUIT-Kommando beendet den Nachrichtenaustausch und enthält als Parameter ebenfalls den Domainnamen des Senders. Beide Kommandos werden vom gerufenen Server bestätigt, und zwar signalisiert der Empfänger mit dem Returcode 250 ein erfolgreiches HELO und mit 221 ein erfolgreiches QUIT, beide Returncodes enthalten den Domainnamen des Empfängers als Parameter. Zwischen HELO und

QUIT findet der Nachrichtenaustausch statt: erst sendet der Sender nach und nach alle Nachrichten, die er für den Empfänger auf Lager hat, dann beendet er die Sitzung mit QUIT (wie hier in Abbildung 8.11 dargestellt) oder er schickt das TURN-Kommando, mit dem er das Senderecht an den bisherigen Empfänger übergibt und sich selbst in die Rolle des Empfängers versetzt (der Einfachheit halber in Abbildung 8.11 nicht dargestellt).

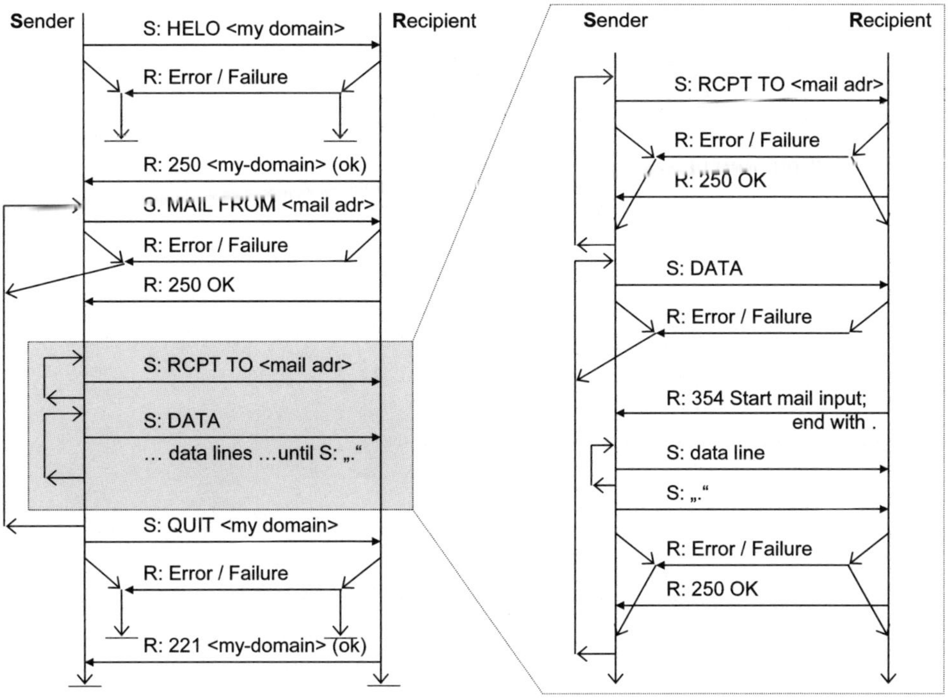

Abbildung 8.11: Mailversand nach RFC 821

Jede einzelne Nachricht wird mit dem MAIL FROM-Kommando eröffnet, dessen Parameter die E-Mailadresse des ursprünglichen Absenders enthält und die der Sender dem *From-Header*-Feld entnimmt. An dieser Stelle kann der Empfänger zum Beispiel eine syntaktische Verifikation der Absenderadresse anstellen und ungültige Absender ablehnen. Danach beginnt die eigentliche Nachrichtenübertragungsphase (in Abb. 8.11 rechts dargestellt): der Sender entnimmt den *To-*, *Cc-* und *Bcc-Header*-Feldern die Empfängeradressen und überträgt sie einzeln im RCPT TO-Kommando, die der Empfänger verifizieren kann. Nach dem DATA-Kommando überträgt der Sender nach und nach die einzelnen Zeilen der Nachricht, und zwar unbestätigt. Die Übertragung eines einzelnen Punktes schließt die Übertragung einer einzelnen Nachricht ab.

Ein Sender kann mehrere Nachrichten hintereinander übertragen, indem er nach dem bestätigten Punkt mit dem MAIL FROM-Kommando eine neue Nachrichtenübertragung einleitet. Der Sender kann aber auch mit dem TURN-Kommando das Senderecht an den Empfänger übergeben oder die Verbindung mit dem QUIT-Kommando beenden.

Es folgt ein konkretes Beispiel für eine erfolgreiche Nachrichtenübertragung. Das erste *telnet*-Kommando ist dabei nicht Teil des Nachrichtenprotokolls, sondern dient nur der Eröffnung einer Verbindung zum angesprochenen *mailserver.sit.fraunhofer.de*, welche die Übersendung von ASCII-Zeichen akzeptiert. Die Portnummer 25 im *telnet*-Kommando, die im ganzen Internet den E-Mailanwendungen zugeordnet ist, signalisiert dem empfangenden Transportprozess im *mailserver.sit.fraunhofer.de*, dass die Verbindung zum SMTP-Programm hergestellt werden soll.

Session Protokoll mit einem Mailserver, Beispiel:

```
S: telnet mailserver.sit.fraunhofer.de 25
R: 220 sonne.sit.fraunhofer.de ESMTP Sendmail 8.8.8/8.8.5;
     Tue, 8 May 2005 10:37:48 +0200 (MET DST)
S: HELO guinness.rz.tu-ilmenau.de
R: 250 sonne.sit.fraunhofer.de
     Hello guinness.rz.tu-ilmenau.de [141.24.112.171],
     pleased to meet you
S: MAIL FROM: ruediger.grimm@tu-ilmenau.de
R: 250 ruediger.grimm@tu-ilmenau.de... Sender ok
S: RCPT TO: malte@sit.fraunhofer.de
R: 250 malte@sit.fraunhofer.de... Recipient ok
S: RCPT TO: nordmann@rz.tu-karslruhe.de
R: 250 nordmann@rz.tu-karslruhe.de... Recipient ok
S: DATA
R: 354 Enter mail, end with "." on a line by itself
S: Hallo Frau Malte und Herr Nordmann,
S: das Treffen kann wie geplant am kommenden Montag stattfinden.
S: In welchem Raum treffen wir uns?
S: Beste Grüße --- R. Grimm
S: .
R: 250 Message accepted for delivery
S: QUIT
R: 221 sonne.sit.fraunhofer.de closing connection
```

Übrigens kann man diesen Dialog von jedem an das Internet angeschlossenen PC ausführen. Aber Achtung: dabei werden echte E-Mails übertragen, man sei also mit dem Spielen mit falschen E-Mail-Adressen vorsichtig. Die empfangene E-Mail sieht dann im RFC 822-Format so aus:

```
Received: from piggy.rz.tu-ilmenau.de (piggy.rz.tu-ilmenau.de [141.24.4.8]
          by sonne.sit.fraunhofer.de (8.8.8/8.8.5) with ESMTP id KAA11241
for
          <malte@sit.fraunhofer.de>; Tue, 8 May 2005 10:40:33 +0200 (MET DST)
From:     ruediger.grimm@tu-ilmenau.de

Received: ...
Received: from guinness.rz.tu-ilmenau.de [141.24.112.171]
          by sonne.sit.fraunhofer.de (8.8.8/8.8.5) with SMTP id KAA11117;
          Tue, 8 May 2005 10:38:36 +0200 (MET DST)
Date:     Tue, 8 May 2005 10:38:36 +0200 (MET DST)
Message-ID:    200505080838.KAA11117@sonne.sit.fraunhofer.de
Apparently-To: malte@sit.fraunhofer.de
Apparently-To: nordmann@rz.tu-karslruhe.de
Content-Type:  text

Hallo Frau Malte und Herr Nordmann,
das Treffen kann wie geplant am kommenden Montag stattfinden.
In welchem Raum treffen wir uns?
Beste Grüße --- R. Grimm
```

Weitere Beispiele finden sich im Standard (RFC822 1982, Appendix F). Zum besseren Verständnis seien hier noch beispielhaft die wichtigsten Server-Kommandos und einige Returncodes zitiert:

Server-Kommandos (Parametervariable kursiv gesetzt):

HELO *hostname*	Sitzungsbeginn: Domainname des Quellrechners
MAIL FROM: *sender-address*	Reverse Path (woher)
RCPT TO: *recipient-address*	Forward Path (wohin)
VRFY *address*	Überprüfe die Auslieferbarkeit der Mail
DATA	Beginne den Nachrichtenkörper
.	Beende den Nachrichtenkörper
HELP	Anzeige von Hilfetexten
RSET	Lösche Mail von „MAIL FROM“ und beginne von vorne
TURN	Tausche Rollen zwischen Sender und Recipient
QUIT	Beende RMTP-Verbindung

Return Codes (Auswahl, aus SMTP 821, 4.2.1, p. 35):

OK-Codes:
220 <domain> Service ready
221 <domain> Service closing transmission channel
250 Requested mail action okay, completed
354 Start mail input; end with <CRLF>.<CRLF>

Errors and Failures:
421 <domain> Service not available, closing transmission channel
450 Requested mail action not taken: mailbox unavailable (e.g., mailbox busy)
451 Requested action aborted: error in processing
500 Syntax error, command unrecognised (e.g., command line too long)
501 Syntax error in parameters or arguments
550 Requested action not taken: mailbox unavailable (e.g., mailbox not found, no access)
553 Requested action not taken: mailbox name not allowed (e.g., mailbox syntax incorrect)
554 Transaction failed

8.6.4 Zustandsautomaten für das SMTP-Protokoll

Das Nachrichtenschema in Abbildung 8.11 gibt zwar einen ganz guten Gesamtüberblick über den Protokollablauf. Es zeigt aber bereits an den verschiedenen Verzweigungen die Schwierigkeit, mit Hilfe des Nachrichtenschemas komplexe Situationen darzustellen. Präziser sind die formalen Darstellungsmethoden der endlichen Zustandsautomaten, der formalen Sprachen oder der Petri-Netze (s.o. Abschnitt 8.3). Der Standard (RFC821 1982) bietet zur formalen Darstellung der Kommandos endliche Zustandsautomaten an. Darin sieht man die einfache Struktur der meisten Kommandos wie HELO, MAIL FROM, RCPT TO, QUIT usw. bei denen ein Kommando hinübergeschickt und ein Returncode zurückgeschickt wird. Der Returncode kann einer der drei Kategorien „Erfolg“, „Misserfolg“ oder „Fehler“ sein. Damit ist das Kommando bereits beendet (Abbildung 8.12 a). Das DATA-Kommando ist etwas komplizierter, da zunächst mit dem Schlüsselkommando DATA der Empfänger in Bereitschaft versetzt wird, nach und nach die Zeilen des Nachrichtenkörpers zu empfangen, bis die Übertragung eines einzelnen Punktes die DATA-Phase beendet (Abbildung 8.12 b).

Aus den Zustandsautomaten kann man unmittelbar formale Sprachen, und mit nur geringem Aufwand Petri-Netze der Kommandos ableiten. Das sei dem Leser als Übung empfohlen.

Bemerkenswert ist das Fehlen von Wiederaufsetzpunkten bei möglichen Übertragungsfehlern. Es gibt nur eine grobe Abbruchsmöglichkeit mit dem RSET-Kommando, bei dem aber eine in der Luft hängende Nachricht aus dem Protokollspeicher gelöscht wird. Bei diesem Protokoll können Informationen verloren gehen, etwa bei den nicht bestätigten Inhaltszeilen einer Nachricht. Das ist beabsichtigt. Denn das Protokoll soll einfach und leichtgewichtig sein. Man setzt dafür auf die Qualitätsmerkmale des Transportsystems. Die Praxis bestätigt diese Strategie, denn Nachrichten gehen eigentlich nie aufgrund von Fehlern im SMTP-Ablauf verloren.

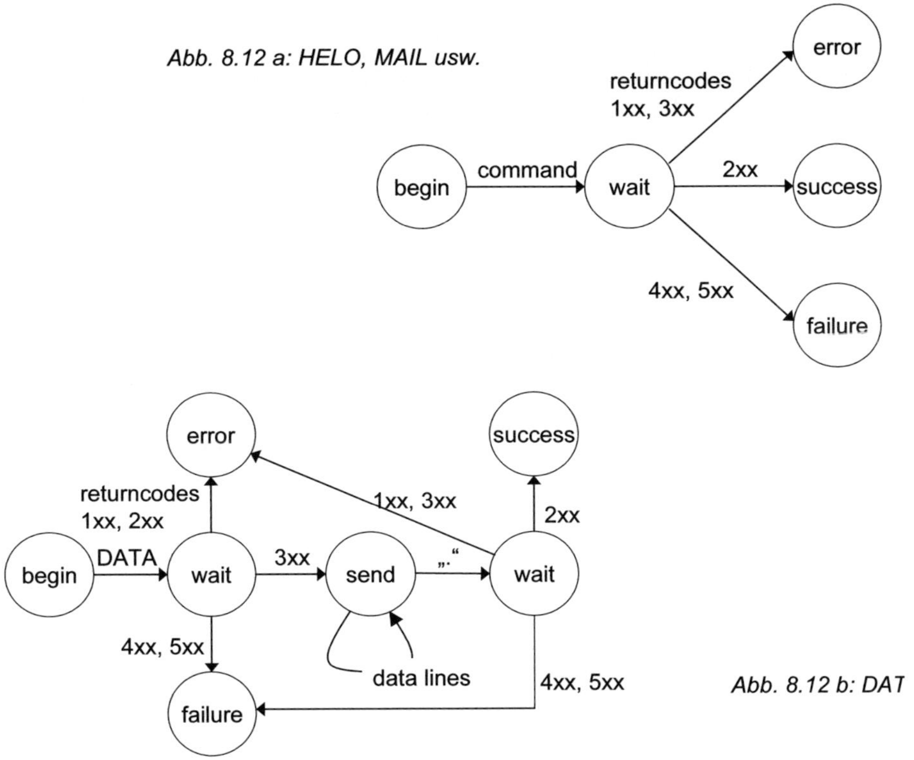

Abbildung 8.12: Endliche Zustandsautomaten für SMTP-Kommandos nach RFC821, 4.4, p.39-40. 8.12 a: Zustandsautomat für HELO, MAIL, RCPT, RSET, SEND, SOML, SAML, VRFY, EXPN, HELP, NOOP, QUIT, TURN. 8.12 b: Zustandsautomat für DATA.

8.7 Beispiel 4: HTTP für das World Wide Web

8.7.1 Modell des Übertragungsprotokolls im Web

HTTP steht für Hypertext Transferprotokoll. Es ist das Protokoll der Webbrowser mit den Webservern und unterstützt den Zugang zu den Webdokumenten. Es wurde ab 1989 von einem Projektteam um Tim Berners-Lee entwickelt, um den Physikern der Forschungseinrichtung CERN in Genf auf möglichst einfache Weise Zugang zu Hypertexten zu verschaffen, die im lokalen Netz verteilt liegen. Das Datenformat der Hypertexte wird von der Webseitensprache HTML (1995) bestimmt, die im folgenden Kapitel 9 über Datenformate im Internet (Abschnitt 9.9) ausführlich behandelt wird. HTML wurde zusammen mit HTTP entwickelt.

Mit dem Zugangsprotokoll HTTP – *Hypertext Transfer Protocol* entschied sich das CERN-Projekt für die denkbar einfachste Form der Datenübertragung: es ist ein zustandsloses 2-Schritte-Protokoll aus *Request* und *Response* (HTTP 1999). Formal ist es äquivalent mit dem *Stop-and-Wait*-Protokoll aus Abschnitt 8.5.3 oben und wird daher in seinem Ablauf durch den Zustandsautomaten, die formale Sprache und das Petri-Netz aus Abbildung 8.6 beschrieben. Siehe auch Abbildung 8.13 b. Inhaltlich dagegen hat das HTTP eine andere Aufgabe als einen Bitstrom portionsweise hinüberzuschaufeln wie das *Stop-and-Wait*-Protokoll.

Die Aufgabe des HTTP ist es, eine Anfrage eines Clients von seinem Browser aus an einen Server abzusetzen und von diesem eine Antwort entgegenzunehmen und an den Browser zu übermitteln. Die Abfrage ist in der Regel die Bitte um die Übersendung einer Webseite. Die Antwort ist in der Regel die Übersendung der Webseite. Es gibt nur diese beiden Protokollelemente: Anfrage und Antwort, die nach ihren englischen Wörtern *Request* und *Response* heißen.

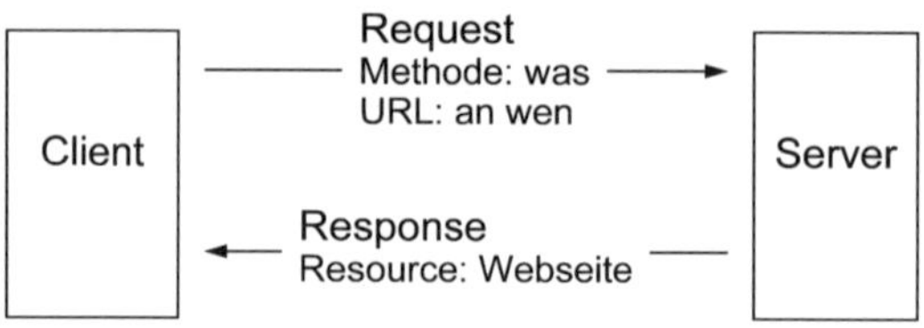

8.13 a: Client-Server-Modell

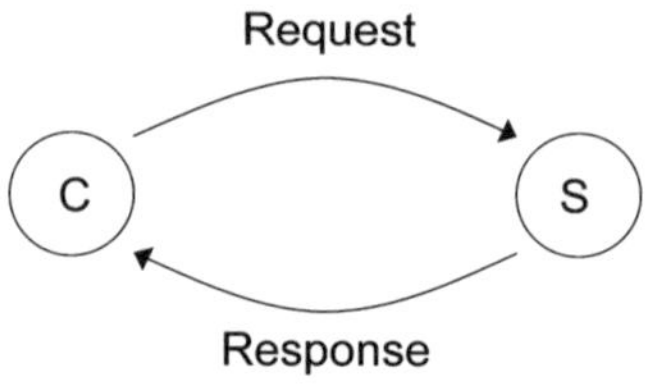

8.13 b: Endlicher Zustandsautomat

Abbildung 8.13: Client-Server-Modell und Zustandsautomat des HTTP

Für die sichere Übertragung von Datenpaketen in Schicht 2 des OSI-Referenzmodells (vgl. Kapitel 7) haben wir gesehen, dass ein solches Protokoll den Verlust von Daten nicht auffangen kann. Für diese Web-Anwendung ist das aber auch gar nicht erforderlich. Wenn eine Anfrage oder eine Antwort verloren geht, dann wartet eben der Nutzer bzw. sein Browser geduldig eine Weile und stellt dann die Anfrage noch einmal. Oft genug erlebt man es, dass der Browser bei Aufruf einer Webseite erst eine Weile hängt und dann meldet, dass der angefragte Webserver nicht antwortet. Die Fehlerkontrolle liegt in der Akteurskompetenz der Browser bzw. in der Personenkompetenz ihrer Nutzer, und damit außerhalb des Netzes. In dieser Einfachheit liegt ein Grund des Erfolges von HTTP, denn statt mit teuren Kontrollschritten ist das Netz frei für inhaltlichen Datenaustausch.

8.7.2 Die Protokolldatenelemente Request und Response

Message
Die Protokolldateneinheiten von HTTP sind so genannte HTTP-Nachrichten (*Messages*). Eine HTTP-Nachricht ist entweder eine Anfrage (*Request*) oder eine Antwort (*Response*). Jede Nachricht besteht aus vier Teilen, das sind (HTTP 1999, 4.1, 5.1, 6.1):

1. eine Startzeile; sie unterscheidet sich bei Anfrage und Antwort:
   - Anfragezeile: „Methode“ „Ziel-URL“ „Versionsnummer“,
   - Antwortstatuszeile: „Versionsnummer“ „Antwortcode“ „Antwortphrase“;
2. der Nachrichtenkopf (*head*) bestehend aus ASCII/Unicode-Zeilen (*headers*);
3. eine Leerzeile als Trenner zwischen Kopf und Körper;
4. der ASCII/Unicode-Nachrichtenkörper (*body*).

Man erkennt an diesem Format das Nachrichtenformat von *Simple Mail* nach RFC 822 wieder (s.o. Abschnitt 8.6.2, die Startzeile wird dort vom DATA-Kommando übernommen). Wie bei E-Mail ist ein HTTP-*Request* oder -*Response* nichts anderes als eine ASCII-Datei, die mit einer Startzeile beginnt und hinter der sich Kopfzeilen, eine Leerzeile und dann der Nachrichtenkörper anschließen. Multimedia-Daten werden wie bei E-Mail mit dem MIME-Mechanismus kodiert und als MIME-Inhaltstypen im Nachrichtenkörper mitgeführt (s.u. Abschnitte 9.5 und 9.6 über die Datenformate von E-Mail und MIME).

Die drei Bestandteile Startzeile, Nachrichtenkopf und Nachrichtenkörper werden im Folgenden für das *Request*- und *Response*-Format gesondert behandelt.

Request
Die *Startzeile* eines HTTP-*Request* enthält drei Informationen für die beteiligten Partner, damit sie die Anfrage erkennen und an die richtige Stelle weiterleiten können, zum Beispiel:

```
GET http://www.w3.org/pub/WWW/TheProject.html HTTP/1.1
POST http://www.sparbank.de/banking/cgi-bin/dir2/form1 HTTP/1.0
PUT http://www.tu-ilmenau.de/~rgrimm/texte/artikel.pdf HTTP/1.1
```

Die drei Informationsteile haben folgende Bedeutung:

- die „Methode“ (hier GET, POST, PUT) bezeichnet den Typ der Anfrage, so dass der Webserver, der die Anfrage empfängt, erkennen kann, wie er das Anfrageformat interpretieren muss;
- der „Ziel-URL“ gibt an, an welchen Webserver die Anfrage zu richten ist (z.B. `http://www.w3.org/)` und die Ressource beim Webserver, auf den sich die Anfrage richtet (z.B. `pub/WWW/TheProject.html`), so dass die Transportschicht die Anfrage richtig weiterleiten und der Webserver die angefragte Ressource identifizieren kann; der Ziel-URL kann weitere Client-Parameter als angehängten String transportieren, zum Beispiel Datenbankanfragen und Formulareinträge (s.u. unter URL);
- die „HTTP-Versionsnummer“ (hier 1.1 und 1.0) signalisiert dem empfangenden Webserver das Protokollformat, das der Client verwendet.
- Die wichtigsten HTTP-Requestmethoden sind GET, POST und PUT.
- Mit der GET-Methode wird der Webserver, an den sich die Anfrage richtet, aufgefordert, die Ressource, die in dem Ziel-URL genannt ist, an den rufenden Client in einem Response-Körper zurückzuschicken.
- Mit der POST-Methode wird der Webserver, an den sich die Anfrage richtet, aufgefordert, der Ressource, die in dem Ziel-URL genannt ist, den im Anfragekörper mitgeschickten Datensatz anzuhängen; damit können Nachrichten platziert, Formulareinträge transportiert und Anfragen an eine Datenbank gestellt werden;
- Mit der PUT-Methode wird der Webserver, an den sich die Anfrage richtet, aufgefordert, die Ressource, die in dem Ziel-URL genannt ist, durch den im Anfragekörper mitgeschickten Datensatz zu ersetzen; damit können Formular- und Datenbankeinträge ersetzt werden.

Weitere Methoden sind DELETE, HEAD, OPTIONS, TRACE und CONNECT (HTTP 1999, 5.1 und 9).

Die *Kopfzeilen* einer HTTP-Anfrage liefern dem angesprochenen Webserver weitere Informationen zur Erledigung der angefragten Aufgabe (HTTP 1999, 5.3). Dazu gehören Absenderadresse (*Host*), Hyperlink-Herkunft (*Referer*), Browsertyp (*User-Agent*), die vom Browser akzeptierten Sprach- und Zeichensatzformate (*Accept*), Typ und Länge des Anfragekörpers (*Content-Type*, *Content-Length*), zum Beispiel

```
GET http://www.w3.org/pub/WWW/TheProject.html HTTP/1.1
Host: mum02.fh-karlsruhe.de
Referer: http://www.fbi-medialab.fh-karlsruhe.de
User-Agent: Mozilla/4.7[de] (Linux)
Accept: image/gif, image/x-xbitmao,image/jpeg
Accept-Encoding: gzip
Accept-Language: de
Accept-Charset: iso-8859-1,*,utf-8
Content-Type: text/plain; charset=US-ASCII
Content-Length: 0
```

Bei der GET-Methode ist der *Nachrichtenkörper* leer. Bei der POST- und PUT-Methode enthält der Nachrichtenkörper den Datensatz, der dem Webserver übermittelt werden soll. Zum Beispiel kann für die Übermittlung eines Formulareintrags mit der POST-Methode der betreffende Teil des Anfragekopfs und der Anfragekörper etwa so aussehen:

```
POST http://www.sparbank.de/banking/cgi-bin/dir2/form1 HTTP/1.0
...
Content-type: application/x-www-form-urlencoded
Content-length: 31

vorname=Berta&nachname=Brotheim
```

Der Anfragekörper enthält in diesem Fall einfach die Zeichenkette aus Paaren von Variablenname und Variableninhalt, jeweils getrennt durch das &-Zeichen. Bei der GET-Methode würde der Anfragekörper leer sein und die Zeichenkette aus Variablennamen und -inhalten wird durch das ?-Zeichen getrennt an den Ziel-URL angehängt:

```
GET http://www.sparbank.de/banking/cgi-bin/dir2/
    form1?vorname=Berta&nachname=Brotheim HTTP/1.0
```

Aus Sicht des Datenschutzes ist die Verwendung der POST-Methode günstiger, da Adressfelder nicht zusätzliche „verdeckte“ Inhaltsinformationen transportieren sollten, die an anderer Stelle protokolliert werden, zum Beispiel in Log-Servern (Rossnagel/Banzhaf/Grimm 2003).

Response

Die *Startzeile* eines HTTP-*Response* enthält drei Informationen für den Client, damit er die Antwort erkennen und beurteilen kann, zum Beispiel:

```
HTTP/1.1 200 OK
HTTP/1.0 401 Unauthorized
HTTP/1.1 503 Service Unavailable
```

Die drei Informationsteile haben folgende Bedeutung:

- die „HTTP-Versionsnummer“ (hier 1.1 und 1.0) signalisiert dem Client das Protokollformat, das der Webserver verwendet;
- der „Antwortcode“ (hier 200, 401 und 503) ist eine dreistellige Zahl, die eine vom Standard vorgegebene Bedeutung in Bezug auf den Status der Anfrage hat;
- die „Antwortphrase“ erläutert den Antwortcode mit einem oder zwei Worten (hier „OK“, „Unauthorized“ und „Service Unavailable“).

Der Standard gibt eine Liste von etwa vierzig Antwortcodes und Antwortphrasen vor und erlaubt die Benutzung selbstdefinierter Codes und Phrasen (HTTP 1999, 6.1.1).

Die *Kopfzeilen* einer HTTP-Antwort liefern dem anfragenden Web-Client weitere Informationen zur Interpretation der erteilten Antwort (HTTP 1999, 6.2). Dazu gehören das Datum der Antwort (*Date*), die Rohdatenlänge der Antwort (*Accept-Ranges*), Art und Zeitdauer der Verbindungsbereitschaft (*Connection*, *Keep-Alive*), Typ und Länge des Anfragekörpers (*Content-Type*, *Content-Length*), zum Beispiel

```
HTTP/1.1 200 OK
Date: Tue, 23 Oct 2005 15:58:11 GMT+2
Accept-Ranges: Bytes
Keep-Alive: timeout=15
Connection: keep-alive
Content-Type: text/html
Content-Length: 1555

<html>
... es folgt HTML-Code ...
</html>
```

Der *Nachrichtenkörper* des HTTP-Response transportiert die angefragte Web-Ressource. Diese ist in der Regel eine Webseite im HTML-Format. Das HTML-Format besteht aus den bekannten Auszeichnungen (engl. *Tags*) in spitzen Klammern, die die Inhalte der Webseiten einschließen und auf diese Weise baumartig strukturieren. Es wird unten im Kapitel 9 über Datenformate des Internet (Abschnitt 9.9) ausführlich behandelt.

Analog zum Umgang von Internet *Simple Mail* (Abschnitte 8.6, 9.5) mit Multimedia nutzt HTTP die Methode von MIME zum Transport allgemeiner Multimediaformate im ASCII-Zeichenstrom des Nachrichtenkörpers:

> Messages are passed in a format similar to that used by Internet mail as defined by the Multipurpose Internet Mail Extensions (MIME).
>
> (HTTP 1999, 1.1 Purpose, p. 7)

Die Formate von Internet *Simple Mail* und MIME werden in diesem Buch in den Abschnitten 9.5 und 9.6 ausführlich behandelt.

8.7.3 Der Uniform Resource Locator URL

Das Adressformat des World Wide Web ist der „Uniform Resource Locator", abgekürzt mit URL. Der HTTP-Standard erklärt den allgemeineren Begriff „Uniform Resource Identifier" so:

> URIs have been known by many names: WWW addresses, Universal Document Identifiers, Universal Resource Identifiers, and finally the combination of Uniform Resource Locators (URL) and Names (URN). As far as HTTP is concerned, Uniform Resource Identifiers are simply formatted strings which identify – via name, location, or any other characteristic – a resource.
>
> (HTTP 1999, 3.2 URI, p. 14)

Die spezielle Form ist also der URL, der eine konkrete Ressource im Web adressieren kann. Ein URL besteht aus mindestens den beiden Angaben über das verwendete Protokoll (z.B. „http“ oder „ftp“) und den Webserver-Domain (z.B. „www.sparbank.de“), die durch ein Doppelpunkt-Doppelschrägstrich voneinander getrennt sind, z.B. `http://www.sparbank.de`. Oft enthält die Adressengabe weitere Informationen. Das allgemeine Format eines URL lautet:

```
"http:" "//" host [ ":" port ] [ abs_path [ "?" query ]]
```

Die einzelnen Bestandteile sind wie folgt zu verstehen:

- *http:* Protokoll-Kennung bis zum Doppelpunkt, z.B. `http:` oder `ftp:`
- zwei Schrägstriche `//`
- *host*: bis zum erstem Schrägstrich: Domainname des Webservers, zum Beispiel `www.mint.com` oder `www.sparbank.de`
- *port*: die Portnummer der Anwendung auf Empfängerseite, mit einem Doppelpunkt an den Domainnamen angehängt, zum Beispiel `http://www.mint.com:80` (80 ist die Standardportnummer des Webservers);
- *abs_path*: lokaler Dateipfad, mit Schrägstrich an den Domainnamen angehängt, z.B.
  `http://www.mint.com/projects/texts/intro.html`
  `ftp://ftp.eu.net/pub/documents/rfc/rfc1945.txt`
- bezeichnete Einsprungstellen in eine Webseite, mit einem Gartenzaun an den lokalen Dateipfad angehängt, z.B.
  `http://www.mint.com/home.html#proj`
- abhängig vom verwendeten Protokoll Username und durch einen Doppelpunkt getrennt Passwörter (schlechter Programmierstil);
- ein Skriptprogramm in einem Subdirectory, das die Anfrage programmgesteuert weiterbearbeiten soll, zum Beispiel `cgi-bin/dir1/srch.asp` für ein Programm *srch.asp*, das im Subdirectory `cgi-bin/dir1` untergebracht ist und nach Datenbankeinträgen sucht;
- *query*: eine Eingabe an ein Skriptprogramm (*srch.asp*), das nach einem Fragezeichen hinten angehängt wird, z.B. das Suchwort „Marktplatz“ in
  `http://www.mint.com/cgi-bin/dir1/srch.asp?Marktplatz`
- *query*: als spezielle Eingabe ein Formulareintrag *variablenname=variableninhalt*, der mit der GET-Methode an das Formularprogramm (form1.asp) beim Webserver übertragen wird, zum Beispiel
  `http://www.mint.com/cgi-bin/dir1/`
  `form1.asp?vorname=Anton&nachname=Aalberg`

Ein URL trägt Informationen für mehrere Prozesse. Der Domainname (*host*) und die Anwendungsnummer (*port*) werden vom absendenden Web-Client verwendet, um den richtigen Auftrag an sein lokales Transportsystem abzugeben: an welche Internet-Adresse und dort an welchen Anwendungsport soll das Datenpaket geschickt werden? Der empfangende Server wertet den lokalen Dateipfad und die Einsprungadresse aus, um die Anfrage an die richtige Stelle weiterzuleiten. Wird ein Querystring mitgeliefert, dann löst der Webserver ihn aus der Adresse heraus, legt ihn in eine lokale Umgebungsvariable (zum Beispiel `QUERY_STRING=Marktplatz`) und übergibt diesen Parameter an das angegebene Verarbeitungsprogramm, zum Beispiel an `cgi-bin/dir1/srch.asp`.

8.7.4 Protokollzustände

Man nennt das HTTP-Protokoll ein zustandsloses Protokoll (engl. *stateless*), da jeder Zyklus nur aus den zwei Schritten *Request* und *Response* besteht und abgeschlossen ist. Nach Abarbeitung eines Zyklus fallen beide Partner, sowohl Client als auch Server, auf ihre Ausgangszustände zurück und vergessen alle Informationen aus dem abgearbeiteten Zyklus. Das ist kostensparend und reicht für das unverbindliche Surfen durchs Web aus. Allerdings gibt es Kooperationsformen, in denen eine Zustandspflege auf beiden Seiten erforderlich ist, vor allem im E-Commerce. Es wäre zum Beispiel höchst unerwünscht, wenn der Bahnkunde bei einer Fahrplanauskunft nicht auf schon erteilte Informationen aufbauen könnte oder wenn der elektronische Warenkorb nach jedem Klick wieder leer wäre.

Um das zu gewährleisten, erlaubt es das HTTP-Protokoll, eine *Keep-Alive*-Verbindungsdauer zu verabreden, innerhalb derer der Server und Client ihre Kommunikationsdaten aufbewahren. Es liegt an den Anwendungsprogrammen bei Server und Client, diese angemessen zu nutzen. Beispielsweise werden so genannte *Cookies* oder temporäre *Session-Ids* eingesetzt, um sich über die einzelnen *Request-Response*-Zyklen hinweg wiederzuerkennen und dabei die zugehörigen Kommunikationsdaten weiter zu verwenden (Rossnagel/Banzhaf/Grimm 2003, IV.4, S. 71 ff.). So kommt es, dass ein Bahnkunde zu einer erteilten Fahrplanauskunft einfach nur den *früher*- und *später*-Knopf zu drücken braucht, um gegenüber dem vorigen *Response* frühere oder spätere Abfahrtszeiten zu erhalten. Warenkörbe und Homebanking-Sitzungen sind auf diese Weise organisiert.

8.8 Beispiel 5: Angebot – Gegenangebot im E-Commerce

8.8.1 Drei-Schritte Basisprotokoll für vertragsbasiertes E-Commerce

Ein Vertrag ist eine mehrseitige Willenserklärung. Je nach Anwendungskontext ist er formfrei oder nur formgebunden wirksam. Kaufverträge sind in den meisten Fällen formfrei (Ausnahme: Immobilen). Gleichwohl muss ein Vertrag erst einmal ausgehandelt werden, ehe er geschlossen werden kann. Dazu muss mindestens jeder Partner den anderen seinen Teil der gemeinsamen Willenserklärung mitgeteilt und den Teilen der Partner zugestimmt haben.

In einfachen Fällen lässt sich diese Verabredung zwischen zwei Partnern Anton und Berta mit drei Kommunikationsschritten abwickeln, indem die Zustimmung von Berta und die Übermittlung ihres Anteils zusammen erfolgen:

1. Anton schlägt Berta eine Vertragsformulierung vor;
2. Berta modifiziert diese und teilt diese Version Anton mit;
3. Anton stimmt zu.

So kann etwa Berta als Kundin an Anton als Anbieter einen Auftrag vergeben:

1. Anton macht Berta ein Angebot für eine Dienstleistung (oder eine andere Ware);
2. Berta modifiziert das Angebot und erteilt den entsprechenden Auftrag;
3. Anton nimmt den modifizierten Auftrag an.

Berta hat natürlich die Gelegenheit, Antons Angebot von vorne herein abzulehnen. Ebenso hat Anton die Gelegenheit, den von Berta modifizierten Auftrag abzulehnen. Beide könnten dann den Dialog wieder von vorne beginnen, um mit anderen Inhalten doch noch zum Ziel zu gelangen. So kann man aus diesen drei Schritten längere Aushandlungsprotokolle zusammensetzen. Deshalb nennen wir dieses Kommunikationsformat das Drei-Schritte-Basisprotokoll des E-Commerce. Wir haben zwei Anwendungen des Drei-Schritte-Basisprotokolls bereits genannt: die Vertragsaushandlung und die Auftragserteilung.

8.8.2 Kooperation, Signatur und Terminierung

Das Drei-Schritte-Basisprotokoll für E-Commerce spezifiziert eine Telekooperation im Sinne des Telekooperationsmodells (s.o. Kapitel 5). Es realisiert die Erfolgskopplung, die wir in Abschnitt 5.2.9 wie folgt definiert hatten: jede Kooperationsrolle hat zwei Mengen von Austrittspunkten, die mit dem Erreichen bzw. Nicht-Erreichen des Kooperationsziels assoziiert sind. Die Erfolgskopplung ist erfüllt, wenn Ziele nur gemeinsam erreicht werden können. Im Drei-Schritte-Basisprotokoll für E-Commerce sind die Rollen durch die beiden Kommunikationspartner gegeben. Das Ziel wird verfehlt, wenn Berta in Schritt 2 *oder* Anton in Schritt 3 ablehnt, und es wird erreicht, wenn Berta in Schritt 2 einen Gegenvorschlag macht (bzw. einen Auftrag erteilt) *und* wenn Anton diesen in Schritt 3 annimmt. Durch diese *und*-Verknüpfung wird die Erfolgskopplung erzwungen: wenn Berta oder Anton ablehnt, ist der Vertrag/Auftrag für beide gescheitert, wenn Berta und Anton annehmen, ist er für beide angenommen. Es kann nicht passieren, dass der eine Partner eine Vertragsbindung hat, der andere aber nicht.

Die Vertragsbindung der Partner kann man mit Hilfe digitaler Signaturen absichern (zu elektronischen Signaturen s. z.B. Eckert 2005, 6.2, S. 193 ff.). Wenn jeder Kommunikationsschritt digital signiert wird und wenn im zweiten Schritt die Aussage des ersten und im dritten Schritt die Aussage des zweiten Schritts zitiert und mit signiert wird, dann hat am Ende jeder der beiden Partner eine Signatur des anderen Partners über beide Aussagen. Das entspricht funktionell einer Vertragsunterschrift und macht die Vereinbarung für beide Seiten unabstreitbar.

Man kann Anton technisch nicht daran hindern, den Gegenvorschlag Bertas anzunehmen und dann das Protokoll abzubrechen. Man kann aber durch eine Metavereinbarung Anton dazu verpflichten, einen Gegenvorschlag von Berta entweder anzunehmen oder abzulehnen. Analog kann man Berta die Verpflichtung auferlegen, einen Vorschlag von Anton entweder mit einem Gegenvorschlag zu beantworten oder abzulehnen. Gleichzeitig kann man durch eine Metavereinbarung den vorzeitigen Abbruch eines Protokolls als ergebnisloses Scheitern der Kooperation interpretieren.

Wir gehen davon aus, dass durch eine gesicherte Verbindung (vgl. Abschnitt 8.5) zwischen Anton und Berta Nachrichten nicht verloren gehen können. Diese Sicherheit kann man auch durch einen genügend breiten Kommunikationskanal realisieren, durch den Anton und Berta sich jeder Zeit nach dem Verbleib von Nachrichten erkundigen können und dadurch einen Verlust entdecken und ggf. beheben oder mindestens zur Kenntnis nehmen. Verfälschungen kann man durch den Einsatz digitaler Signaturen erkennen und ausschließen.

Deshalb verzichten wir im Drei-Schritte-Basisprotokoll für E-Commerce auf Mechanismen der Fehlerbehebung und Flusskontrolle. Es kann sowohl per E-Mail als auch per Web-Kommunikation realisiert werden. Im Falle der HTTP-basierten Web-Kommunikation kann man sich Antons Vorschlag als HTML-Webpage, den Gegenvorschlag und das Akzeptieren bzw. Ablehnen von Anton als *Request-Response*-Paar des HTTP-Protokolls realisiert denken.

8.8.3 Formale Darstellungen

Das Protokoll ist dadurch sehr einfach, dass man davon ausgeht, dass Nachrichten nicht verloren und nicht verfälscht werden können. In diesem Fall besteht das Drei-Schritte-Basisprotokoll seinem Namen gemäß aus drei Aktionen, die eine erfolgreiche Kooperation darstellen, und aus einer vierten, die das Scheitern modelliert (Abbildung 8.14). Der endliche Zustandsautomat in Abb. 8.14 b stellt die erfolgreiche Kooperation über vier Zustände vom Anfangszustand bis zum Endzustand „Ziel erreicht“ dar, die über drei Übergänge *Vor*, *Geg* und *Akz* durchlaufen werden. Der ergebnislose Abbruch durch eine Ablehnung wird durch einen fünften Zustand, der durch die Übergänge *Abl* erreicht werden kann, modelliert. Da keine Nachrichten verloren gehen oder verfälscht werden können, braucht der Zustandsautomat zwischen den Zuständen der Kooperationspartner nicht zu unterscheiden: eine Nachricht, die abgesendet wird, kommt auch an.

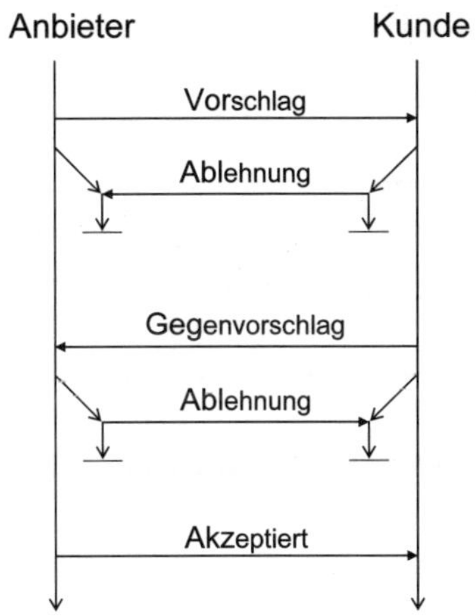

Abb. 8.14 a: Nachrichtenschema

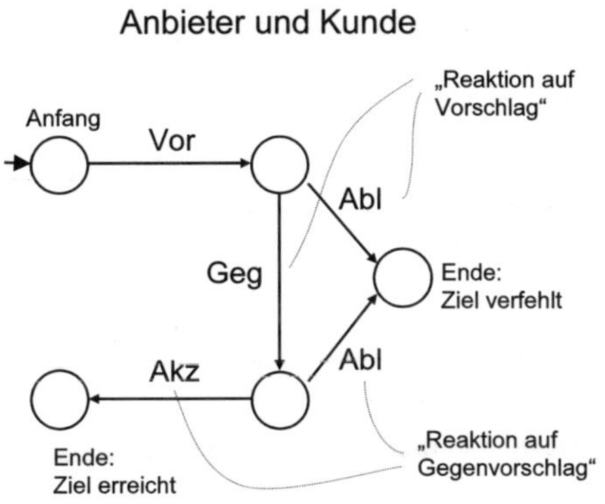

Abb. 8.14 b: Endlicher Zustandsautomat

Abbildung 8.14: Das Drei-Schritte-Basisprotokoll für E-Commerce.
8.14 a: Nachrichtenschema, 8.14 b: Endlicher Zustandsautomat.
Zustandsübergänge sind Vor=Vorschlag, Geg=Gegenvorschlag, Akz=Akzeptiert, Abl=Ablehnung.

In der Petri-Netz-Darstellung des Protokolls kann wieder sehr schön zwischen den beiden Kommunikationspartnern unterschieden werden. Dadurch wird der Kommunikationsverlauf anschaulich gemacht (Abbildung 8.15). Der Anbieter Anton wird durch das Subnetz, das durch das linke Rechteck unterlegt ist, dargestellt. Die Kundin Berta wird durch das Subnetz unter dem rechten Rechteck dargestellt. Die Zustände an den Außenrändern der Subnetze repräsentieren die nicht-deterministischen Verzweigungspunkte der Rollen, in denen sich ihre Akteure entscheiden, welchen Vorschlag oder Gegenvorschlag sie machen und ob sie ablehnen oder annehmen. Die Zustände zwischen den beiden Subnetzen repräsentieren das Nachrichtensystem, aus dem für jeden Partner die nicht vorhersagbaren Nachrichten der anderen Seite hereinkommen. Die Zustände im Inneren der Subnetze repräsentieren die inneren Zustände der Partner im Laufe der Kooperation. Es sind jeweils drei, die den Zuständen nach Abgabe bzw. Erhalt des Vorschlags, des Gegenvorschlags und der ablehnenden bzw. akzeptierenden Reaktion entsprechen.

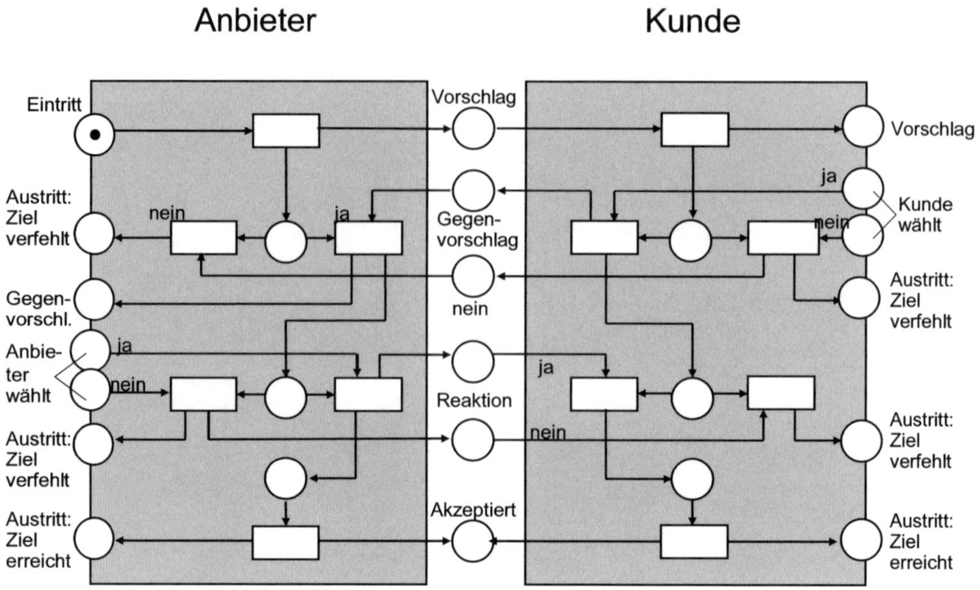

Abbildung 8.15: Petri-Netz-Darstellung des Drei-Schritte-Basisprotokolls für E-Commerce.

Es ist eine gute Übung, den Lauf der Marke vom Anfangszustand, in dem sich Anton vor Abgabe seines Vorschlags befindet, bis hin zu den Ablehnungszuständen („Austritt: Ziel verfehlt“) oder zur erfolgreichen Vereinbarung am unteren Ende der Rechtecke („Austritt: Ziel erreicht“) durchzuspielen. Dabei stellt man fest, dass die erfolgreiche Vereinbarung nur gemeinsam erreicht werden kann. Darin besteht die Erfolgskopplung.

8.9 Zusammenfassung

Protokolle sind Regelwerke korrekten Verhaltens. Digitale Protokolle sind die formale Festlegung von Rollen in einer zielgerichteten Telekooperation im Sinne des Telekooperationsmodells. Sie werden in zwei Teilen spezifiziert:

1. eine Ablaufreihenfolge der Kommunikationsschritte („wer wem in welcher Abfolge“)
2. und darin vorkommende Verhaltens- und Aussagetypen („was“).

Eine Methode zur anschaulichen Darstellung von Protokollen ist das Nachrichtenschema, bei dem der Datentransfer zwischen zwei Kommunikationspartnern durch hin- und hergehende Pfeile in einem zeitlichen Ablaufschema dargestellt ist. Drei Methoden zur formalen Spezifikation von Protokollen bilden Zustandsautomaten, formale Sprachen und Petri-Netze. Sie sind gleichmächtig, eignen sich aber für verschiedene Situationen unterschiedlich gut. Petri-

Netze eignen sich gut dafür, nebenläufige Aktivitäten darzustellen, und können daher die verschiedenen Abläufe der Kommunikationspartner in eigenen Subnetzen zum Ausdruck bringen, die über gemeinsam genutzte Transitionen zusammengeführt sind. Dafür werden Petri-Netze rasch unübersichtlich. Realisiert werden Protokolle schließlich über programmierte Protokollautomaten innerhalb der Kommunikationsautomaten gemäß dem Schichten-Referenzmodell nach OSI. Die Programme müssen sich nach den Vorgaben der formalen Spezifikationen verhalten.

In diesem Kapitel sind fünf Beispiele ausführlich behandelt worden. Die Verabredung über Telefon dient lediglich der Veranschaulichung von Protokolldarstellungen. Die anderen vier Beispiele haben praktische Relevanz. Die Prinzipien der Fluss- und Fehlerkontrolle für Verbindungsprotokolle kommen in allen sicheren Verbindungsprotokollen des Internet zur Anwendung, zum Beispiel bei HDLC. Das Simple Mail Transferprotokoll SMTP nach RFC 821 definiert das im Internet gängige E-Mail-System. HTTP organisiert den Zugang von Browsern zu Webdokumenten und bildet die Protokollbasis des World Wide Web. Und das Drei-Schritte-Basisprotokoll zeigt ein Grundprinzip verbindlicher Kommunikation im Internet auf, so wie es für vertragsbasierten E-Commerce gebraucht wird. Es erzeugt nämlich rückbestätigte und unabstreitbare, beiden Seiten zur Verfügung stehende Willenserklärungen verbindlichen Handelns zu einem gemeinsamen Vertragsziel.

8.10 Lektüre zur Vertiefung

Das Standardwerk der Kommunikationsinformatik ist das Lehrbuch von (Tanenbaum 2003) mit dem sprechenden Titel *Computer Networks*. Es ist ausführlich, nahe an der Praxis des Internets und enthält zahlreiche Beispiele, darunter auch Programme. Zum vertieften Studium der formalen Methoden eignet sich ein Lehrbuch über formale Protokollspezifikationen von (Ochsenschläger/Prinoth 1995). Petri-Netze werden ausführlich und gut verständlich in (Baumgarten 1996) behandelt. Das Standardwerk von (Eilenberg 1974) über Automatentheorie ist nur für Liebhaber harter Mathematik geeignet, für diese aber unverzichtbar.

Verbindungsprotokolle werden von (Tannebaum 2003) über ein ganzes Kapitel hinweg in vorbildlicher Weise beschrieben (*The Data Link Layer*). Darin werden die Methoden des *Stop-and-Wait* und der *Sliding Windows* sowie alle wichtigen Methoden der Fehlerbehandlung ausführlich behandelt. Das Buch erläutert die Protokolle mit Hilfe von Programmierbeispielen, endlichen Zustandsautomaten und Petri-Netzen. Insbesondere wird dort das im Internet am häufigsten verwendete HDLC-Protokoll im Detail vorgestellt. Zur Fehlererkennung nach Hamming kann zusätzlich sein Originaltext (Hamming 1950) empfohlen werden.

Wie E-Mail funktioniert, lernt man am Besten anhand der Standardtexte im Internet (RFC821 und RFC822 1982). Natürlich enthält auch (Tanenbaum 2003) eine gute Einführung in Internet E-Mail.

HTTP wird in allen Büchern über das World Wide Web behandelt, darunter auch bei (Münz/Nefzger 2004). Der Standardtext von Fielding et al. in (HTTP 1999) gibt natürlich die ausführlichste Auskunft und ist als Lektüre durchaus zu empfehlen.

Das Drei-Schritte-Basisprotokoll für vertragsbasiertes E-Commerce wird in Form einer einfachen Auftragskooperation bei (Grimm/Ochsenschläger 2001) mithilfe formaler Sprachen und Kooperationsprodukte vorgestellt. Anhand dieses Beispiels werden dort verbindliche und unverbindliche Phasen von Kommunikation untersucht.

8.11 Übungsaufgaben

1. (a) Beschreiben Sie informell das Protokoll einer Sitzung, in der der Abteilungsleiter die Arbeitsberichte der Mitarbeiter einholt und am Ende Beschlüsse über weitere Arbeitsschritte herbeiführt. (b) Beschreiben Sie informell das Protokoll eines Telefongesprächs. (Abschnitt 8.1)
2. (a) Definieren Sie ein gesellschaftliches Protokoll zum korrekten Verhalten und ein digitales Protokoll zum Ablauf einer Kommunikation. (b) Aus welchen beiden Anteilen besteht ein digitales Protokoll grundsätzlich? (Abschnitt 8.2)
3. Welches sind die Aufgaben einer Protokollspezifikation? (Abschnitt 8.3.1)
4. (a) Spezifizieren Sie nach der Methode des Nachrichtenschemas (bzw. des endlichen Zustandsautomaten, der formalen Sprachen, des Petri-Netzes) die Nachrichtenübertragung eines Nachrichtenservers A an einen Nachrichtenserver B (Abschnitt 8.3). (b) Vervollständigen Sie das Modell in Abschnitt 8.3.1, Abbildung 8.1, durch eine explizite Beendigungsnachricht mit Bestätigung. (c) Erweitern Sie das Modell durch einen Rollenwechsel. (d) Erweitern Sie das Modell weiterhin durch einen Verbindungsabbauwunsch der jeweils empfangenden Seite.
5. (a) Welche Wörter sind im Zustandsautomaten der Abbildung 8.2 (Abschnitt 8.3.3) maximal? (b) Im Zustandsautomaten der Abbildung 8.2 (Abschnitt 8.3.3) wird eine Fortsetzung vom Zustand 4 in einen Endzustand 5 eingefügt, zu dem ein gerichteter Pfeil mit der Aktion f führt. Welche Wörter sind in diesem erweiterten Zustandsautomaten maximal?
6. Welche Linksquotienten entsprechen den Zuständen 1, 2, 3 und 4 im Zustandsautomaten der Abbildung 8.2 (Abschnitt 8.3.3)?
7. Erweitern Sie das Petri-Netz in Abbildung 8.3 (Abschnitt 8.3.4) durch *Timeout*-Übergänge in geordnete Endzustände, durch die die Kommunikation spontan zu einem Ende kommt, wenn die Leitung zwischen Partner A (Nachrichtensender) und B (Nachrichtenempfänger) zusammenbricht.
8. Berücksichtigen Sie in dem Nachrichtenschema in Abbildung 8.4 einer eingleisigen, von zwei Seiten zu befahrenden Strecke einen möglichen Nachrichtenverlust nach der Nachricht „Darf Zug kommen?“ in der Weise, dass beide Seiten einen sicheren Wiederaufsetzpunkt haben. (Abschnitt 8.4)

9. Welches sind die beiden wesentlichen Aufgaben sicherer Verbindungsprotokolle? (Abschnitt 8.5.1)
10. In welchen Kommunikationssituationen verfehlen die Protokolle „BW", „SW" und „SW+TO" ihr Ziel? (Abschnitte 8.5.2-4)
11. Stellen Sie das Verbindungsprotokoll mit einem *Stop-and-Wait-* und einem einfachen *Timeout*-Mechanismus „SW+TO" mit Hilfe eines Petri-Netzes dar. (Abschnitt 8.5.4)
12. Anspruchsvoll: Stellen Sie das Protokoll „AB" in einem gemeinsamen Zustandsautomaten für beide Partner dar. Zur Vereinfachung dieser Aufgabe beschränken Sie sich auf einen einzigen unnummerierten Bestätigungstyp. (Abschnitt 8.5.5, Abbildung 8.8)
13. Anspruchsvoll: Spezifizieren Sie die formale Sprache, die vom vollständigen Zustandsautomaten für „AB" mit 0-1-nummerierten Paketen und Bestätigungen akzeptiert wird. Beschränken Sie sich dazu auf folgende endliche Teilmenge: Listen Sie alle möglichen Aktionsfolgen („Wörter") der Länge 4 (5, 6) auf. (Abschnitt 8.5.5)
14. Spielen Sie folgenden Fall im vereinfachten Petri-Netz in Abbildung 8.9 (Abschnitt 8.5.5) durch und notieren dabei die Stationen, die dieser Verlauf nimmt: *S* sendet aufgrund eines raschen *Timeout* zweimal dasselbe Paket *p*0, die beide bestätigt werden. Nach Empfang der ersten Bestätigung schickt *S* ein neues *p*1, nach der zweiten ein neues *p*0. *p*1 möge auf der Leitung verloren gehen. Das neue *p*0 wird von *E* zwar verworfen (warum?), aber bestätigt, so dass *S* mit wiederum neuen *p*1 fortfährt. Welche Pakete sind restlos verloren gegangen?
15. Definieren Sie die Begriffe *Fenstergröße, aktuelles Fenster, untere Fensterkante* und *obere Fensterkante* jeweils für Sender und Empfänger in einem *Sliding-Window*-Protokoll. (Abschnitt 8.5.6)
16. Führen Sie an einem PC mit Internet-Anschluss über das Telnet Protokoll eine Nachrichtenübertragung an einen Mailserver Ihrer Wahl durch. Orientieren Sie sich dabei an dem Beispiel in Abschnitt 8.6.3.
17. Leiten Sie aus den endlichen Zustandsautomaten der SMTP-Kommandos zugehörige formale Sprachen und Petri-Netze ab. (Abschnitt 8.6.4, Abb. 8.12)
18. Formulieren Sie die Startzeilen des Requests und Responses einer Anfrage nach einer Webseite an den Webserver *www.ethz.ch* mit der HTTP-Protokollversion 1.1, die vom Server positiv beantwortet wird. (Abschnitt 8.7.2)
19. (a) Was bedeutet die Abkürzung URL? (b) Analysieren Sie den folgenden URL: `http://www.mit.edu:80/cgi-bin/databases/srch.asp?grants` (Abschnitt 8.7.3)
20. (a) Spezifizieren Sie die formale Sprache des Drei-Schritte-Basisprotokolls für E-Commerce (Vorschlag-Gegenvorschlag-Akzeptiert und Ablehnung nach Vorschlag oder Gegenvorschlag). (b) Welche der Wörter werden mit dem Erreichen des Kooperationsziels verknüpft, und welche mit dem Verfehlen des Kooperationsziels? (Abschnitt 8.8.3)

9 Datenformate im Internet

9.1 Der Gegenstand

Um Daten auf einem digitalen Medium zu speichern, zu verarbeiten oder zu transportieren, müssen sie in digitaler Form vorliegen. „Digital“ bedeutet „aus diskreten Symbolen bestehend“: so wie die zehn Finger (lat. digitus) einer Hand voneinander klar zu unterscheidende Objekte sind, so werden digitale Dateien in einzelnen, voneinander getrennten Symbolen kodiert. Es müssen nicht unbedingt die binären Symbole 0 und 1 sein, aber diese bilden letztlich die kleinsten Kodierungseinheiten für alle anderen digitalen Symbole. Der „digitalen“ Information mit diskreten Signalwerten steht die „analoge“ Information mit kontinuierlich veränderlichen Signalwerten gegenüber. Das Verhältnis zwischen analogen Signalen und ihren digitalen Informationen ist von Nyquist, Fourier und Shannon beschrieben worden (s.o. Kapitel 6 dieses Buches). In diesem Kapitel hier geht es um Methoden der Spezifikation und Kodierung von digitalen Datensätzen und Dokumenten.

Zu einem Architekturentwurf eines Hauses gehören die Beschreibung seiner funktionalen Aufteilung, die Angabe des verwendeten Materials und eine Darstellung der Ästhetik in der Einbettung des Hauses in seine Umwelt. Entsprechend dieser Dreiteilung werden auch für digitale Daten drei Aspekte beschrieben: ihre logische Struktur, die verwendeten Rohdaten und die Präsentation auf einem Ausgabemedium (Wilhelm/Heckmann 1996). Auf dem Bau müssen dann die Materialien nach den Regeln der logischen Struktur ein- und zusammengesetzt werden. Das entspricht der Kodierung der drei Teile: der strukturellen Hinweise, der Rohdaten, und der Präsentationsanweisungen.

In den folgenden Abschnitten werden zunächst die Methodik der Beschreibung digitaler Daten (Abschnitt 9.2) und ihre Kodierung (Abschnitt 9.3) beschrieben und dann konkrete Verfahren zur Spezifikation und Kodierung digitaler Daten im Internet vorgestellt (Abschnitte 9.4-9.9). Das einfachste Datenformat, das eine Grundlage für viele andere Datenformate bildet, ist das ASCII-Alphabet und seine Erweiterungen (Abschnitt 9.4). Dieses liefert die Rohdaten für die Simple Internet-Mail nach RFC 822 (Abschnitt 9.5). Über die so genannte Base-64-Methode können beliebige Bitstrings als ASCII-Zeichenkette dargestellt und in der ASCII-Welt des Internets (Simple Mail und World Wide Web) eingesetzt werden (Abschnitt 9.6 über MIME). Danach werden zwei Spezifikationssprachen speziell für die Protokolldaten im Internet vorgestellt: zunächst die ältere Spezifikationssprache ASN.1 (Abstract Syntax

Notation No. 1) aus der OSI-Protokollentwicklung, die zum Beispiel in der IT-Sicherheit noch verwendet wird (Abschnitt 9.7); dann die moderne Spezifikationssprache XML, die man oft etwas lax als „Universalsprache" des Internet (und besonders des World Wide Web) bezeichnet und die in der Tat die Grundlage für die Domain übergreifende Kompatibilität der verteilten Web Services bildet. (Abschnitt 9.8). Ein konkreter XML-Datentyp ist das Format XHTML für Webseiten, dessen ursprüngliche Form HTML abschließend vorgestellt wird (Abschnitt 9.9).

9.2 Logische Struktur, Rohdaten und Präsentation von Daten

Für die vollständige Beschreibung digitaler Daten sind die folgenden vier Aspekte konstituierend, siehe Abbildung 9.1:

1. Logische Struktur
2. Rohdaten
3. Präsentation
4. Digitale Kodierung

Als Beispiel für Datensätze (oder Dokumente, wie wir auch sagen werden) dienen in diesem Kapitel die folgenden Anwendungen: Texte und Bücher, Musik, stille Graphik und ein Banküberweisungsformular.

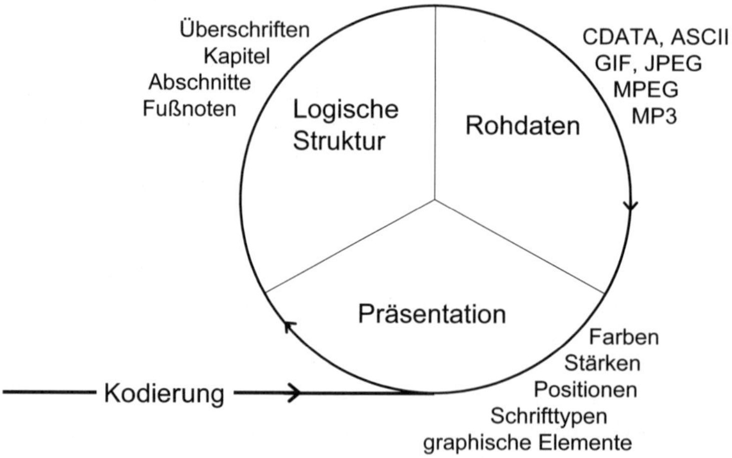

Abbildung 9.1: Die vier Aspekte zur Beschreibung digitaler Daten

Die *logische Struktur* eines Datensatzes (eines Dokumentes) beschreibt seine Aufteilung in Teildatensätze und das Verhältnis der Teile zueinander. Die logische Struktur von Büchern ist zum Beispiel durch ihre Kapitel und Abschnitte gegeben. Klassische Musikstücke sind durch ihre Sätze, Themenblöcke und Motive logisch strukturiert. Bilder werden entweder unstrukturiert als reines Pixelmuster aufgefasst oder nach Kontrastzonen (hell, dunkel) oder inhaltlichen Bereichen (Vordergrund, Blickpunkt, Hintergrund usw.) strukturiert. Die logische Struktur eines Banküberweisungsformulars bestimmen seine einzelnen Felder wie die für Auftraggeber, Geldempfänger, beauftragte Bank, Betrag, Datum, Unterschrift, usw.

Die *Rohdaten* sind die digitalen Symbole zur Beschreibung der einfachsten logischen Einheiten, die ihrerseits keine logischen Untereinheiten mehr enthalten. Bei Büchern sind es Buchstaben, Ziffern und Satzzeichen, die einen Absatz oder eine Überschrift füllen. In der Notenschrift für Musik sind es Noten, Vorzeichen, Pausenzeichen, Taktangaben usw.; im digitalen Audio-Code von MPEG (1992/1994) sind die Rohdaten MPEG-Pakete, die Höhen, Längen und Lautstärken von Musik parametrisieren. Die Rohdaten von Bildern sind Pixel, und bei der höher strukturierten Vektorgraphik sind die Rohdaten graphische Grundelemente wie zum Beispiel (Kreis, Radius, Mittelpunkt) und (Pfeil, Länge Anfangspunkt). Bei einem Banküberweisungsformular sind die Rohdaten wiederum die Zeichen der Schriftsprache und zusätzlich einige Firmen-, Währungs- und Anweisungssymbole.

Strukturierte Daten können Rohdaten zu höher strukturierten Daten sein. Zum Beispiel sind Bits Rohdaten zu Buchstaben, Buchstaben sind Rohdaten zu Texten. Anderes Beispiel: Pixel sind die Rohdaten zu graphischen Elementen, einige graphische Grundelemente bilden die Rohdaten zur Vektorgraphik.

Die *Präsentation* von Daten hängt von dem Medium ab, auf dem sie dargestellt werden sollen sowie von den Subjekten, für die die Darstellung wahrnehmbar sein soll. Präsentation bezieht sich in der Regel auf die menschlichen Sinnesorgane, vor allem auf das Auge für Schrift und Bild und auf das Ohr für Klänge, Musik und gesprochene Sprache. Die Präsentation von Daten macht die Rohdaten im Gewand der logischen Struktur einer Datei für den Menschen wahrnehmbar. Die Präsentation von gedruckten Büchern besteht aus gebundenen Seiten, auf die der fortlaufende Text zeilenweise untereinander geschrieben steht, wobei Kapitel und Abschnitte durch vergrößerten Zeilenabstand voneinander abgesetzt und durch Überschriftzeilen hervorgehoben sind. Die Präsentation von Musik ist in schriftlicher Form das gedruckte Notenblatt, in hörbarer Form die Umsetzung der parametrisierten Tonkombinationen in Druckwellen, die über die Luft übertragen das menschliche Ohr erreichen. Graphiken werden in Formen von gefärbten Punkten, Linien und Flächen auf dem Papier oder einem selbst leuchtenden Medium (Bildschirm) dargestellt. Überweisungsformulare sind in der traditionellen Papierwelt kleine rechteckige Blätter, auf denen die einzelnen logischen Elemente übersichtlich in verschiedenen Bereichen, teilweise mit Leerstellen zum Ausfüllen, aufgedruckt sind; beim Homebanking werden elektronische Überweisungsformulare funktional in einen Kommunikationsprozess zur Ausführung über mehrere Bildschirmseiten integriert.

Der vierte Aspekt ist die *Kodierung*. Sie kommt erst zur Realisierung der Daten in den Arbeits-, Speicher- und Kommunikationsmedien zum Tragen. Die Kodierungsvorschriften werden wie die Präsentationsregeln von der abstrakten Syntaxnotation von Dokumenten getrennt gehalten.

Diese vier Aspekte sind für die Spezifikation eines Datenformats und zu seiner Realisierung in Kommunikationsmedien unverzichtbar. Allerdings spielen sie eine unterschiedliche Rolle.

> **Abstrakte Syntaxnotation für digitale Dokumente:** Die *logische Struktur* und die Zuordnung von *Datentypen* zu den Elementen der lokalen Struktur bis hinunter zu den *Rohdaten* sind gemeinsam in einer *abstrakten Syntaxnotation* zu beschreiben. Die *Präsentationsregeln* sollten dagegen in einem eigenen Beschreibungsteil von der Logik und den Rohdaten getrennt gehalten werden. Die *Kodierung* ist ein weiterer, separater Beschreibungsteil.

Für die Trennung der logischen Struktur von den Präsentationsregeln gibt es zwei Gründe: Zum einen werden die Präsentationsregeln nur in der Kommunikation mit den Ausgabegeräten gebraucht und können ansonsten weggelassen werden. Beispielsweise ist es für das Ausfüllen eines elektronischen Überweisungsformulars durch einen Bankkunden zwar wichtig, wie es auf dem Ausgabegerät der Kunden dargestellt wird. In der Server-Browser-Kommunikation müssen seine Präsentationsregeln daher festliegen. Aber für die Backoffice-Abarbeitung des Überweisungsauftrags, d.h. für die Steuerung der Kontobewegung, ist die Präsentation unwichtig. Für den Transfer des Überweisungsauftrags an das Backoffice der Bank genügen daher die Zuordnung der Daten zu den Elementen der logischen Struktur und ihre Kodierung.

Zum anderen unterliegen dieselben elektronischen Dokumente auf verschiedenen Ausgabemedien verschiedenen Präsentationsregeln. Elektronische Bücher sehen anders aus als gedruckte. Musik wird auf einem MP3-Player anders ausgegeben als über Lautsprecher in einem Kinosaal. Eine Präsentationsgraphik wird man auf Papier anders darstellen als auf einem Overhead-Projektor oder mit einem Beamer. Ein Überweisungsträger sieht im Web-Browser anders aus als in einer E-Mail, und dort wiederum anders als auf Papier. Daher ist es günstig, dieselbe Datenlogik mit verschiedenen Präsentationsregeln assoziieren zu können.

In der geschriebenen und gesprochenen Sprache ist uns übrigens die Trennung zwischen Logik und Präsentation selbstverständlich geworden. Der Autor legt die Abschnitte mit Überschriften in ihrer Reihenfolge fest und formuliert darin die Sätze und Wörter mit Hilfe von Buchstaben und Satzzeichen. Zur Präsentation aber wird das Layout erst vom Verlag nach eigenen Gesichtspunkten festgelegt, der es gegebenenfalls von Auflage zu Auflage ändert. Abschriften des Buches können die Buchstaben ganz anders darstellen. Und jeder Vorleser wird dieselben Sätze anders betonen. In der Musik ist es genau so. Die Interpretation unterliegt in beiden Fällen, Literatur und Musik, der künstlerischen Freiheit. Allerdings lassen Schallplattenaufnahmen die Hörgewohnheiten festfahren und sorgen so für eine Anbindung der Präsentation an die Kunstwerke (Beispiel originale Beatlesaufnahmen).

In der bildenden Kunst dagegen sind Logik, Material und Präsentation untrennbar miteinander verwoben.

Es gibt ein prominentes Beispiel der modernen Kommunikationstechnik, bei dem die Trennung zwischen Logik und Rohdaten einerseits und ihre Präsentation andererseits nicht sauber durchgehalten ist, nämlich in der Webseiten-Sprache *Hyper-Text Markup Language* (HTML 1995). Die HTML-Anweisungen (*Tags*) für Zeilenvorschub, Fett-, Kursivdruck und Trennlinien, (*br*, *f*, *i*, *hr*), die zur Präsentation der Daten gehören, stehen auf derselben Stufe wie die Anweisungen für Überschriften, Paragraphen, nummerierte und unnummerierte Listen (*h*1, *p*, *ol*, *ul*), die zur logischen Struktur gehören. Außerdem gibt es explizite Formatanweisungen über das *font-Tag*, das inmitten einer Liste von Struktur-*Tags* auftauchen kann. Dieses wird durch die später eingeführte *Cascading Style Sheet Language* (CSS 1998/2005) verbessert. Richtig sauber wird die Sache aber erst mit XML (2004), s.u. Abschnitte 9.8 und 9.9.

9.3 Kodierung

Die Beschreibung von Datentypen ist eine Sache. Die Realisierung konkreter Daten in einem konkreten Medium ist eine andere. Um einen Datensatz in der Kommunikation zu verwenden, muss er in das Kommunikationsmedium abgebildet werden, das heißt, er muss mit physikalischen Übertragungssignalen kodiert sein. Bits – *Binary Digits*, die 0 und 1 repräsentieren – bilden die kleinst mögliche Menge an unterscheidbaren digitalen Informationseinheiten (Shannon 1948, siehe Kapitel 6 in diesem Buch). Sie werden von der physikalischen Schicht der Kommunikationstechnik in elektronische Impulse übersetzt, die die Kommunikation auf den Leitungen und in den Arbeitsbereichen der Kommunikationsautomaten physikalisch auf effektive Weise realisieren. Zur Kodierung von Struktur- und Präsentationsanweisungen sowie der Rohdaten, eignen sich daher Bitmuster am Besten.

Zur vollständigen Beschreibung von Datentypen gehören neben der Syntaxnotation die *Kodierungsregeln*, englisch *Encoding Rules*, für alle drei anderen Anteile: die Rohdaten, die Struktur und die Präsentationsregeln. Anhand der abstrakten Syntaxnotation und der Kodierungsregeln kann ein sendender Kommunikationsautomat ein elektronisches Dokument in ein Bitmuster umsetzen, das er „auf die Leitung“ setzt, bzw. als Übergabeparameter an die untere Kommunikationsschicht weitergibt. Der empfangende Kommunikationsautomat kann anhand der Kodierungsregeln das empfangene Bitmuster in ein logisch strukturiertes Dokument umsetzen und dieses gemäß der Syntaxnotation semantisch auswerten. Eine besondere Auswertung kann die Ausgabe auf einem Endgerät nach der syntaktischen Notation der Präsentationsregeln sein.

Die Kodierung von Datensätzen erfolgt durch eine Umsetzung ihrer logischen Struktur, der Rohdaten und ggf. der Präsentationsanweisungen in eine Kette der für die Kodierung vorgesehenen Zeichen. Diese Umsetzung nennt man „Serialisierung“, da ein mehrdimensionales Konstrukt in eine eindimensionale Zeichenkette überführt wird, s.o. Abb. 9.1. Auf der Empfängerseite wird der serialisierte Zeichenstrom wieder in den komplexen Datensatz reformiert.

9.4 Der ASCII-Zeichensatz

9.4.1 Historie

Die Abkürzung ASCII steht für *American Standard Code for Information Interchange*. Der Standard legt die Bitcodierung für Buchstaben, Satzzeichen und Steuerinformationen zu ihrer Ein- und Ausgabe fest.

Die älteste binäre Kodierung der Schriftsprache zur elektrischen Übertragung ist das Morsealphabet, das sechsundzwanzig Buchstaben, zehn Ziffern und einigen weiteren Sonderzeichen und Signalen ein Muster aus unterschiedlich langen Binärcodes zuweist. Realisiert werden die Bits als langes und kurzes Zeichen, die graphisch als Strich und Punkt, akustisch als langer und kurzer Ton, optisch als langes und kurzes Lichtsignal unterschieden werden. Berühmt ist der Seenotruf SOS als dreimal kurz, dreimal lang, und wieder dreimal kurz. (Morse und Veill 1837)

Mit dem Aufkommen von Fernschreibern (Telex) in den 1930er Jahren reichte der Morsezeichensatz nicht aus. Neben den 25 Buchstaben und zehn Ziffern wurden noch einige Sonderzeichen wie Leerzeichen, Bindestrich usw. gebraucht. Dafür führten Baudot (1877, nach dem die „Baudrate" benannt ist) und Murray (1901) einen 5-Bitcode mit Umschaltzeichen ein, der zweimal $2^5=2\cdot32=64$ verschiedene Zeichen ausdrücken kann. In den 1960-er Jahren brauchten die aufkommenden Allzweckcomputer größere Zeichensätze. Die 100 erforderlichen Zeichen der Schreibmaschinentastatur kann man bequem mit 7 Bits darstellen, die $2^7=128$ verschiedene Bitcodes zulassen. Als amerikanische ANSI-Norm wurde ein 7-Bit-Code unter dem Namen ASCII – *American Standard Code for Information Interchange* standardisiert und später in gleicher Form unter ISO 646 (1991) als internationaler Standard IA5 – International Alphabet No. 5 übernommen.

Dem ASCII-Code, der ursprünglich zur Darstellung von Schriftzeichen der englischen Sprache diente, fehlen Sonderzeichen anderer Sprachen, z.B. Akzente und deutsche Umlaute. Zur Einbeziehung all dieser Zeichen wurden verschiedene 8-Bit-Erweiterungen zu ASCII entworfen, unter ihnen ISO 8859-1 („Latin-1", 1997). Schließlich bot auch der 8-Bit-Code zu wenig Platz, um alle Sonderzeichen der Welt gleichzeitig unterzubringen, man denke z.B. an die Tausende von chinesischen Schriftzeichen. Das führte später zum Unicode (ISO 10646, 2003), der inzwischen einen Großteil aller Schriftzeichen der Menschheit enthält. Unicode ist eine aufwärts-kompatible Erweiterung des 7-Bit-Code von ASCII und hat den ASCII-Code heute in vielen Bereichen abgelöst. Unicode kann in 8, 16 und 32 Bits kodiert werden. Das Unicode Transformationsformat UTF-8 belegt pro Zeichen 1 Byte = 8 Bits. In UTF-8 sind alle ASCII-Zeichen unverändert gültig und haben dort als 8. Bit eine 0.

Unter den Alternativen zu ASCII für eine binäre Zeichenkodierung hat nur noch der von IBM, Univac und anderen in den 1970er Jahren entworfene EBCDIC (*Extended Binary Coded Decimal Interchange*) eine gewisse Verbreitung. EBCDIC wird von einigen Großrechnern in ihrer internen Verarbeitung verwendet. Durch die Dominanz von ASCII und

Unicode im Internet transformieren aber auch EBCDIC-Großrechner an ihren Außenschnittstellen zu ASCII bzw. Unicode.

9.4.2 Struktur, Rohdaten, Präsentation und Kodierung

Reihen aus Buchstaben, Satzzeichen und Steuerzeichen zur Seiten- und Zeilengestaltung, so genannte Zeichenketten, bilden einerseits die Rohdaten zu höheren Datenstrukturen wie Texte, Bücher und Formulare. Andererseits stellen sie selbst Daten dar, die eine logische Struktur, eine zugrundeliegende Kodierung in „niedrigeren" Rohdaten (nämlich Bits), und verschiedene Präsentationsformen haben. Zeichenketten heißen auf Englisch *Character Strings* und werden auch in der deutschen Sprache oft so bezeichnet.

Ihre *logische Struktur* ist sehr einfach: Sie bestehen aus einer Folge von Zeichen, in der jedes eine natürliche Position hat: Das erste, zweite, dritte, ... usw. bis zum letzten Zeichen. Zeichenketten sind immer endlich. Zwei Zeichenketten sind gleich, wenn sie gleich lang sind und wenn an denselben Positionen dieselben Zeichen stehen.

Die *Rohdaten* von Zeichenketten werden aus einer endlichen Menge von Zeichen, einem so genannten Alphabet, gebildet. Die Hauptanwendung von Zeichenketten ist die Repräsentation von Schriftsprache, daher sollten alle Zeichen, die in der Schriftsprache gebraucht werden, Mitglied in diesem Alphabet sein. Dazu gehört die ganze Palette der Schreibmaschinentastatur für rund 100 Zeichen: alle Groß- und Kleinbuchstaben, alle Satzzeichen, ein Leerzeichen, ein Zeilenende mit Wagenrücklauf (zurück an Zeilenanfang) und Zeilenvorschub (vor zur nächsten Zeile), Hilfszeichen wie Bindestrich, Plus, Gleichheitszeichen, Prozentzeichen, und so weiter.

Zeichenketten werden auf zweierlei Weise *präsentiert*: zum einen für das menschliche Auge mit Hilfe graphischer Standardformen, zum anderen für das Ohr mit Hilfe von akustischen Lautzeichen. Jedem Buchstaben, Satz- und Steuerzeichen entspricht eine andere graphische Standardform bzw. ein anderes Lautzeichen. Es gibt verschiedene Schrifttypen, so genannte *Fonts*, die unterschiedliche Repräsentationen desselben Zeichens darstellen. Ein Buchstabe behält in verschiedenen Fonts dieselbe, von allen anderen Buchstaben unterscheidbare Grundform. Die gleiche Grundform entspricht der graphischen, bzw. akustischen *Kodierung* des Zeichens, die unterschiedlichen Ausprägungen in den verschiedenen Fonts entsprechen unterschiedlichen *Präsentationen*.

Mit der akustischen *Kodierung* ist es ebenso. Die Kodierung eines Zeichens entspricht einem Grundlaut, der von den Grundlauten der anderen Zeichen unterscheidbar ist. Die *Präsentation* entspricht verschiedenen Varianten nahe dem Grundlaut. Dasselbe Wort kann auf verschiedene Weise ausgesprochen, betont oder gesungen werden, aber es darf sich dabei nicht zu weit vom Grundmuster entfernen.

Für die digitale Kommunikation ist eine dritte Kodierungsform, die *binäre Kodierung*, maßgeblich. Sie ist von der akustischen und graphischen Präsentation vollkommen unabhängig. Für die Kommunikationsprotokolle und für die interne Verabreitung werden die Zeichen zum Zwecke ihrer Unterscheidbarkeit, d.h. im eigentlichen Wortsinne zu ihrer Digitalisierung, binär kodiert. Ihre Schrifttypen und ihre Klangvarianten werden erst zu Präsentationszwecken als Fonts bzw. für die Sprachausgabe kodiert. Die Kodierungsregeln zur Unterscheidbarkeit und zur Präsentation unterscheiden sich. Wir verfolgen hier weiter nur die Kodierung zur Unterscheidbarkeit der Zeichen voreinander, die so genannte Alphabet-Kodierung.

9.4.3 Die ASCII-Zeichencodes

Zur Kodierung verwendet ASCII 7 Bits pro Zeichen. In hexadezimaler Schreibweise bilden 00 bis 7F die 128 verschiedenen ASCII-Zeichencodes. Zur Erinnerung: die hexadezimalen Ziffern A-F repräsentieren die Basiszahlen 10-15, deshalb entspricht 7F = $7 \cdot 16+15 \cdot 1=127$. Die erste Ziffer liegt zwischen 0 und 7 und wird in 3 Bits 000-111 kodiert, die zweite Ziffer zwischen 0 und F in vier Bits 0000-1111, das macht zusammen 128 verschiedene Codes 0000000-1111111. Die vollständige ASCII-Tabelle ist in Abbildung 9.2.a. dargestellt.

Die beiden ersten Zeilen in Abb. 9.2.a enthalten die unteren 32 Zeichencodes 00-1F in ASCII. Diese so genannten Steuerzeichen (*control character*) stellen keine Schriftzeichen dar, sondern dienen der Steuerung von Geräten, die ASCII verwenden, zum Beispiel Drucker und Bildschirme. Während die meisten unter diesen Zeichen heute keine Rolle mehr spielen, zum Beispiel das Klingelzeichen 07=BEL, sind 0A und 0D nach wie vor wichtige Steuerzeichen. 0D = *Carriage Return* (CR) repräsentiert den Wagenrücklauf der Schreibmaschine, das bedeutet: Steuerung des Schreib- und Lesezeigers (*cursor*) auf den Zeilenanfang. 0A = *Line Feed* (LF) repräsentiert den Zeilenvorschub, das bedeutet Steuerung des Schreib- und Lesezeigers (*cursor*) auf dieselbe Spaltenposition der nächsten Zeile. Die Kombination von CR+LF (*Carriage-Return-and-Line-Field*) repräsentiert die kombinierte Aktion „Zeiger zurück an Zeilenanfang (CR) und dann hinunter auf nächste Zeile (LF)“.

Die druckbaren Zeichen beginnen in der dritten Zeile der Abb. 9.2.a mit dem hexadezimalen Code 20 = *Space* (SP), welches als Leerzeichen (engl. *space* oder *blank*) Wörter im Text trennt. Auf der Schreibmaschine entspricht das der breiten Leertaste. Es folgen mit den Codes 21 bis 7E die bekannten druckbaren Zeichen, darunter mit 30-39 die Ziffern 0-9, mit 41-5A die Großbuchstaben und mit 61-7A die Kleinbuchstaben.

Das letzte Zeichen 7F = *Delete* (DEL) ist wieder ein Steuerzeichen für Ausgabegeräte und entspricht der Löschtaste für das zuletzt geschriebene Zeichen. Auf Druckern und am Bildschirm setzt es den Schreib- und Lesezeiger um 1 zurück und überschreibt dabei das zuletzt angezeigte Zeichen.

Die zweite Abbildung 9.2. b zeigt eine besonders weit verbreitete Erweiterung des ASCII-Codes auf 8 Bits, den so genannten Latin-1-Zeichensatz. In der erweiterten 8-Bit-Kodierung haben alle ASCII-Zeichen als erstes Bit eine Null, denn sie rangieren zwischen 00 und 7F. Die erweiterten Sonder- und Steuerzeichen haben alle als erstes Bit eine Eins und rangieren zwischen 80 und FF. Man findet unter ihnen auch die deutschen Sondebuchstaben ä, ö, ü und ß.

	0	1	2	3	4	5	6	7	8	9	A	B	C	D	E	F
0	NUL	STX	SOT	ETX	EOT	ENQ	AC1	BEL	BS	HAT	LF	VT	FF	CR	SD	BI
1	DLE	DC1	DC2	DC3	DC4	NAK	SYN	CTD	CAN	FM	SUB	FSC	FS	GS	NS	DS
2	SP	!	“	#	$	%	&	`	(	)	*	+	,	-	.	/
3	0	1	2	3	4	5	6	7	8	9	:	;	<	=	>	?
4	@	A	B	C	D	E	F	G	H	I	J	K	L	M	N	O
5	P	Q	R	S	T	U	V	W	X	Y	Z	[	\	]	^	_
6	´	a	b	c	d	e	f	g	h	i	j	k	l	m	n	o
7	p	q	r	s	t	u	v	w	x	y	z	{	|	}	~	DEL

(a) ASCII-Code ISO 646

	0	1	2	3	4	5	6	7	8	9	A	B	C	D	E	F
8							seltene Kontrollzeichen									
9							seltene Kontrollzeichen									
A		¡	¢	£	¤	¥	¦	§	¨	©	ª	«	¬	-	®	¯
B	°	±	²	³	´	µ	¶	·	¸	¹	º	»	¼	½	¾	¿
C	À	Á	Â	Ã	Ä	Å	Æ	Ç	È	É	Ê	Ë	Ì	Í	Î	Ï
D	Ð	Ñ	Ò	Ó	Ô	Õ	Ö	×	Ø	Ù	Ú	Û	Ü	Ý	Þ	ß
E	à	á	â	ã	ä	å	æ	ç	è	é	ê	ë	ì	í	î	ï
F	ð	ñ	ò	ó	ô	õ	ö	÷	ø	ù	ú	û	ü	ý	þ	ÿ

(b) 8-Bits ASCII-Erweiterung ISO 8859-1 (Latin1)

Abbildung 9.2: *9.2.a: 7-Bits ASCII-Tabelle ISO 646;*
9.2.b: 8-Bits Latin 1-Erweiterung ISO 8859-1.

9.5 E-Mail Format nach RFC 822

Es gibt heute nur ein einziges E-Mailsystem, das Internet-weit gebräuchlich ist: Internet *Simple Mail* nach RFC 821 und RFC 822. Das war nicht immer so. Es ist von allen E-Mailsystemen das älteste, und innerhalb des Internet ist es die älteste Anwendung. Sie reicht in die 1970er Jahre zurück. *Simple Mail* hat sich vor allem gegen die *Message Handling* Systeme von OSI (ITU 1984 und 1988) durchgesetzt. Aber auch andere proprietäre E-Mailvarianten wie *Unix*-Mail und das auf IBM-Großrechnern in den 1980er Jahren verbreitete BITNET sind durch die Internet *Simple Mail* vollkommen ersetzt worden. Das ist sehr angenehm, denn die verschiedenen Systeme hatten unterschiedliche Protokolle und Adressierungsschemata, die über multilaterale „Gateways" ineinander übersetzt wurden. Das war aber höchst unzuverlässig, so dass alle Teilnehmer sicherheitshalber mehrfache Adressen für die verschiedenen E-Mailsysteme führten. Das ist zum Glück heute nicht mehr nötig.

Das Datenformat von Internet *Simple Mail* dient sowohl als Protokolldateneinheit für den Transfer als auch direkt als menschenlesbare Datei für die Erzeugung und den Empfang von E-Mail. Das liegt daran, dass seine *Rohdaten* reine ASCII-Zeichen, bzw. *Unicode* sind. Daher bedarf es weiter keiner *Kodierung* von E-Mail. Das ASCII-Mailformat wird als Zeichenkette direkt in das Transfersystem hineingeschoben (s.o. Kap. 8 über Protokolle). Außerdem ist das originäre ASCII-/*Unicode*-Format einer E-Mail direkt zur *Präsentation* im Texteditor geeignet. Allerdings heben moderne Mailtools die Kopfzeilen und die verschiedenen Teile des Nachrichtenkörpers in Präsentationsfenstern durch Fettdruck und Absetzen besonders hervor. Auch wird eine Reihe von Kopfzeilen, die nur für das gelegentliche Nachvollziehen des Transfers relevant sind, bei der Endausgabe unterdrückt.

Die *logische Struktur* von Simple Mail und ihre ASCII-*Darstellung* sind im Internet-Standard RFC 822 (1982) spezifiziert. Im Gegensatz zu vorhergehenden Entwürfen zum Message Handling (X.400 in ITU/CCITT 1988) ist dieses Dokument leicht zu verstehen und leicht zu implementieren.

Eine *Simple Mail* ist nichts anderes als eine Datei aus einfachen ASCII-Zeichen (auf 8 Bits erweitert: 256 verschiedene Buchstaben, Ziffern und Sonderzeichen, die jeder Texteditor versteht), an deren Anfang so genannte *Header*-Zeilen stehen, die den Mailprogrammen Informationen zur Steuerung des Mailtransfers mitteilen, zum Beispiel von wem, an wen und zu welchem Zeitpunkt die Mail gehen soll. Der Rest der Datei, der so genannte Nachrichtenkörper (*body*), ist der Inhalt der Nachricht:

> A message consists of header fields and, optionally, a body.
>
> The body is simply a sequence of lines containing ASCII characters. It is separated from the headers by a null line (i.e., a line with nothing preceding the Carriage-Return-and-Line-Field symbol).
>
> (RFC822 1982, 3.1, p. 5)

Das Dokument (RFC822 1982) enthält auf 47 Seiten eine vollständige Syntaxspezifikation des Nachrichtenformats. Dazu gehören die Aufteilung in *Header* und *Body*, die durch eine

Leerzeile getrennt sind. Dazu gehören weiter die Festlegung von Syntax und Semantik der *Header*-Felder: diese beginnen mit einem Schlüsselwort, zum Beispiel *From*, *To*, *Cc*, *Date*, *Message-Id*, usw., danach folgen ein Doppelpunkt und *Header*-spezifische Parameter, bei *From* zum Beispiel eine E-Mail-Adressen, bei *To* und *Cc* eine oder mehrere durch Komma getrennte E-Mail-Adressen, bei *Date* ein Datum usw. Insbesondere legt RFC 822 die Syntax und Semantik der E-Mail-Adressen fest:

addr-spec = local-part "@" domain

(RFC822 1982, 6.1, p. 27)

Der „domain"-Part der E-Mail-Adressen besteht aus einem *Top Level Domain* (rechts außen), für Deutschland zum Beispiel „.dc", für kommerzielle Adressen „.com", für Organisationen „.org", usw., und daran links anschließend durch Punkte getrennt Namen für *Subdomains*. Der Appendix von RFC822 fasst die Syntaxbeschreibung aller Schlüsselbegriffe in alphabetischer Reihenfolge in der formalen Backus-Naur-Form zusammen. Außerdem enthält er einige erhellende Beispiele für *Header*-Felder, darunter etwa

```
Date:       26 Aug 76 1430 EDT
From:       George Jones<Group@Host>
Sender:     Secy@SHOST
To:         "Al Neuman"@Mad-Host,
            Sam.Irving@Other-Host
Message-ID:  <some.string@SHOST>
```

(RFC822 1982, A 3.2, p. 39)

Es ist auffällig, dass das *Simple Mail*-Format keinen Platz für Multimedia-Formate wie Ton, Bild, Video oder Binärcode enthält. Es kennt nur einfache Textzeichen in ASCII. Damit sind auch keine Sicherheitsmechanismen wie Signaturen oder Verschlüsselungen integriert, denn diese drücken sich in „wilden Bitstrings" aus. Es war die geniale Idee von Borenstein und anderen (MIME 1993), die vorhandenen *Header* um einige zusätzliche zu erweitern, die Multimedia-Formate ankündigen, und die Multimedia-Codes auf ASCII abzubilden und in die *Simple Mail* einzubetten. Das MIME-Format wird im folgenden Abschnitt behandelt.

9.6 MIME – Multimedia im Internet

9.6.1 Historie

MIME ist die Abkürzung für *Multipurpose Internet Mail Extensions*. MIME ist eine Methode, beliebige Multimedia-Formate auf Zeichenketten abzubilden und auf diese Weise transparent in Anwendungen zu integrieren, deren Roh- und Steuerungsdaten aus Zeichen bestehen, ohne ihre Steuerungsanweisungen zu stören. Die wichtigste Anwendung für MIME sind die Internet-Anwendungen *Simple Mail* und das *World Wide Web*, die auf dem ASCII- bzw. Unicode-Zeichensatz beruhen.

ASCII ist „*das* Internet-Alphabet“. Alle Anwendungen des Internet sprechen und verstehen ASCII, insbesondere *Simple Mail* und das *World Wide Web*. Multimedia-Formate wie Ton, Bild, Video oder Binärcode lassen sich aber mit ASCII oder Unicode nicht ausdrücken. Wenn nun Rohdaten für Multimedia in Form „wilder Bitstrings“ durch die Mail- und Webserver durchgeschleust werden, ist damit zu rechnen, dass diese einige der 8-Bit-Kombinationen als ASCII-Steuerzeichen interpretieren und ausführen, man denke nur an das Öffnen und Schließen von Mailtransfer-Sitzungen bei SMTP durch einfache ASCII-Kommandos (s.o. Abschnitt 8.6).

Wie also kann man allgemeinen Datenformaten Rohdaten für Multimedia zuordnen, die heil durch die wichtigsten Anwendungen des Internet mit ihrer ASCII-Fixierung durchkommen? In den 1980er Jahren haben nur wenige das als Problem angesehen, da wir alle damals darauf eingestellt waren, dass das einfache Internet durch die Multimedia-orientierten OSI-Protokolle abgelöst werden würden. Diese waren keineswegs ASCII-fixiert, sondern setzten auf eine *Abstract Syntax Notation* für allgemeine Datentypen, die beliebige Rohdaten erlauben. ASN.1 wird unten in Abschnitt 9.7 behandelt. ASN.1 ist zwar flexibel in Bezug auf Multimedia-Formate, aber dafür leider kompliziert. ASCII dagegen ist einfach und wird im Internet überall verstanden.

Es war die geniale Idee von Borenstein und anderen (MIME 1993), die vorhandenen ASCII-*Header* in E-Mail und Webseiten um einige zusätzliche zu erweitern, die Multimedia-Formate ankündigen. Die Multimedia-Codes selbst werden dann in Portionen zu 6 Bits auf Folgen von 2^6=64 geläufige ASCII-Symbole abgebildet und als simpler ASCII-Text in die *Simple Mail* eingebettet. Mit der Formulierung von MIME in 1993 war das Multimedia-Problem des Internet mit einem Schlag gelöst.

9.6.2 Struktur, Rohdaten, Präsentation und Kodierung

Die *logische Struktur* von MIME ist eine Serie von Formatkörpern, so genannten MIME *Body Parts*. Ein *Body Part* kann einfach sein oder aus verschiedenen Unterkörpern (*multipart*) bestehen, die ihrerseits wieder (einfache oder zusammengesetzte) *Body Parts* bilden. *Multipart Body Parts* können „ungeordnet“ (*mixed*) oder „parallel“ (*parallel*) aufzufassen sein. Parallel sind zum Beispiel synchronisierte Ton- und Filmformate. Ungeordnet nebeneinander können zum Beispiel Sammlungen von Fotos und Tonaufnahmen stehen.

Die *Rohdaten* von MIME sind die Rohdaten der unterstützten Multimedia-Formate. Die Multimedia-Formate, und damit ihre Rohdaten, müssen den Endanwendungen, die die MIME-Daten austauschen, bekannt sein. Es können Zeichen sein für den Inhaltstyp „text“, Pixel für den Inhaltstyp „image“, MPEG-Pakete für den Inhaltstyp „audio“ oder „video“, Schlüssel und Kryptogramme für den Inhaltstyp „signature“, und so weiter.

Die *Präsentation* von MIME-Formaten liegt außerhalb von MIME. MIME dient allein dem Durchschleusen der Formate durch das Internet. Die Präsentation ist Aufgabe der Endanwendungen und wird von MIME nicht thematisiert.

Die *Kodierung* der MIME *Body Parts* ist ein Herzstück von MIME. Ein MIME *Body Part* besteht aus einem oder mehreren Kopfzeilen, die in ASCII gehalten sind, gefolgt von einer Serie von ASCII-Zeilen, die das Abbild der Kodierung der Rohdaten des in diesem Body Part transportierten Medienformats nach der Base-64-Methode (s. folgenden Abschnitt) darstellen. Die MIME-*Encoder* in den Endanwendungen kodieren ihre Rohdaten der Medienformate in Bitstrings und diese nach der Base-64-Methode in Zeilen von ASCII-Zeichen. Die MIME-*Decoder* in den Endanwendungen dekodieren erst die Base-64-Zeilen in Bitstrings und diese zurück in die Rohdaten der Medienformate, die sie schließlich mediengerecht weiterverarbeiten.

9.6.3 Base-64-Kodierung

Das Ziel der Base-64-Kodierung ist die Abbildung von beliebigen Bitstrings auf solche ASCII-Zeichen, die von allen Internetanwendungen störungsfrei durchgelassen werden. Die Idee ist sehr einfach: Man zerlege jede Bitfolge in 6er-Pakete und ordne diese gemäß ihrer 6-Bit-Kodierung je einem von 2^6=64 geläufigen ASCII-Symbolen zu. Die 6-Bit-Kodierung ist in einer Tabelle festgelegt:

Value	Encod.	Val.	Enc.	Val.	Enc.	Val.	Enc.
0	A	17	R	34	i	51	z
1	B	18	S	35	j	52	0
2	C	19	T	36	k	53	1
3	D	20	U	37	l	54	2
4	E	21	V	38	m	55	3
5	F	22	W	39	n	56	4
6	G	23	X	40	o	57	5
7	H	24	Y	41	p	58	6
8	I	25	Z	42	q	59	7
9	J	26	a	43	r	60	8
10	K	27	b	44	s	61	9
11	L	28	c	45	t	62	+
12	M	29	d	46	u	63	/
13	N	30	e	47	v		
14	O	31	f	48	w	(pad)	=
15	P	32	g	49	x		
16	Q	33	h	50	y		

Abbildung 9.3: Das Base-64 Alphabet. Aus (MIME 1993, 5.2, S. 22, Table 1)

Bei den ASCII-Zeichen, die die 6-Bit-Muster in der Base-64-Kodierung ersetzen, hat man bewusst die gewöhnlichsten Zeichen ausgewählt und insbesondere diejenigen ausgespart, die für Internet-Mail eine besondere Bedeutung haben, wie Zeilenvorschub und Punkt. Diese ASCII-Zeichen rutschen nun wirklich durch alle Anwendungsservices des Internet glatt durch.

Beispiel: der Bitstring aus 30 Bits 011011010000110101111110011001 wird zunächst in fünf 6-er-Portionen aufgeteilt: 011011-010000-110101-111110-011001, die als Dualzahlen interpretiert die Dezimalzahlenreihe 27-16-53-62-25 ergeben. Diese entspricht gemäß der Base-64-Zuordnung der Zeichenreihe b-Q-1-+-Z. Bei einer UTF-8-Kodierung in ASCII (s.o. Abb. 9.2.a) ergibt das einen Binärcode aus fünf Bytes à 8 Bits, also insgesamt 40 Bits, nämlich im Binärcode (hexadezimal dargestellt) 62-51-31-2B-5A. Der ursprüngliche Binärcode ist also um 33% vergrößert worden.

Statt einer Base-64-Kodierung wäre auch eine Hexadezimaldarstellung mit ASCII-Zeichen 0-9 und A-F denkbar. Dabei würde aber jedes Halbbyte (4 Bits) ein Zeichen kosten, das als UTF8-ASCII kodiert 8 Bits kostet, das bedeutete (mindestens) eine Verdoppelung des originalen Bitmusters. Base-64 ist also die deutlich effektivere Kodierungsmethode in ASCII.

9.6.4 Das MIME-Format

Der MIME-Standard legt die Syntax von MIME-Kopfzeilen (*Header*), die bestimmte Inhaltstypen (*Content Types*) ankündigen, fest und gibt eine Reihe von konkreten Inhaltstypen vor. Die Verarbeitungsprogramme der jeweiligen Medienformate, insbesondere zur Darstellung in den Endgeräten, müssen die Kopfzeilen und zugehörigen Inhaltstypen kennen, kodieren, dekodieren und verarbeiten können. Für alle anderen Programme sind die Kopfzeilen und die nachfolgende Inhaltskodierung reiner (wenn auch sinnloser) ASCII-Text, den sie ignorieren.

Der MIME Standard RFC 1521 (MIME 1993) behandelt die folgenden Themen:

- die Syntax der Kopfzeilen (Sections 3, 4 und 6), darunter besonders
  - Syntax in der Form „Inhaltstyp"/"Inhaltsuntertyp", einfach oder zusammengesetzt,
  - Trennmarkierungen für *Multi Body Parts*,
- das Transferkodierung für die Inhalte (einfacher Text oder Base-64, Section 5),
- vorgegebene Content Types (Section 7),
- minimale Anforderungen an MIME-Kompatibilität (Annex A),
- Hinweise zur MIME-Nutzung in E-Mail (Annex B),
- ein komplexes Beispiel für einen *Multi Body Part* (Annex C),
- eine vollständige, formale Syntaxbeschreibung (Annex D).

Der Nachrichtenkörper einer E-Mail, der ja nur aus ASCII-Zeichen bestehen darf, enthält neben einfachem ASCII-Text MIME-Anteile, so genannte MIME *Body Parts*, die jeweils mit einer Kopfzeile eingeleitet werden, die den Typ des danach folgenden Inhaltstyps erklärt. Eine einfache MIME-Kopfzeile sieht so aus:

```
Content-type: <Name des Inhaltstyps>/<Name des Inhaltssubtyps>(; <Hinweis-
parameter>)
```

Dazu zwei Beispiele:

```
Content-type: text/plain; charset=US-ASCII
```

und

```
Content-Type: image/jpeg
Content-Transfer-Encoding: base64
```

MIME sieht alle üblichen Inhaltstypen bereits im Standardtext vor (Section 7), darunter.

- text/plain und text/richtext
- multipart/mixed und multipart/parallel
- message/rfc822 (einfügen einer ganzen E-Mail))
- image/jpg und image/gif und andere Bildformate
- audio/basic und audio/mp3 und andere Audioformate
- video/mpeg und andere Videoformate
- application/<frei durch Anwendungen wählbar>, zum Beispiel
- application/signature oder application/postscript

Nach der Kopfzeile folgen ASCII-Zeilen, die den Base-64-Code enthalten. Für die Server des Internet, die die MIME-*Body Parts* durchschleusen, ist das einfach nur ASCII-Code, der sie weiter nicht stört und den sie deshalb nicht zu beachten brauchen. Die Empfänger in den Endgeräten aber, die die Medienformate verarbeiten, erkennen anhand der MIME-Kopfzeilen den Inhaltstyp, entschlüsseln den BASE-64-Code in den originalen Binärcode und diesen in die Rohdaten der Medienformate zurück und stecken sie in ihre Verarbeitungskomponenten. So werden Bilder, Musik, Kryptocode binärer Programmcode, und ganz allgemein beliebige Medienformate durch die ASCII-Welt des Internets hindurch getunnelt.

9.6.5 Beispiele

Das folgende denkbar einfachste Beispiel für eine MIME-Nachricht ist in abgewandelter Form dem Standard (MIME 1993, Appendix C) entnommen:

```
MIME-Version: 1.0
From: Nathaniel Borenstein <nsb@bellcore.com>
To: Ned Freed <ned@innosoft.com>
Subject: A plain/text message example
Content-type: text/plain; charset=US-ASCII

Dear Ned, this is a simple message
Which could be sent equally well through the Internet
without MIME, because it is plaintext only.
Best greetings --- Nathaniel
```

Ein zweites Beispiel zeigt den Einsatz von Verschlüsselung einer Email mit Hilfe von S/MIME auf der Basis der Verschlüsselungsformats PKCS7:

```
MIME-Version: 1.0
From: „Rüdiger Grimm" <ruediger.grimm@tu-ilmenau.de>
To: Nathaniel Borenstein <nsb@bellcore.com>
Subject: An encrypted message (secret, secret!)
Content-Type: application/x-pkcs7-mime
Content-Transfer-Encoding: base64

QJ78uHgrtT5/haj80ejJaWuis+caYgSCsoiCusiOCscS87C7ScdV5as8ca7X2Dsc
p7ZhsgtqkLlskoLoajajskI8uuU7hsgavqtwreahH6Z1ollL0oaoskck7/hasjJc
akKalskaisoiqjLdsjdkvqp09Ikkaj/quvbnmMnBHAGshcg/g12hGQplLkivhqOv
leRG
```

Ein drittes Beispiel einer E-Mail enthält drei verschiedene *Body Parts*: einen Klartext (*text*), ein Bild (*jpeg*) und ein Musikstück (*mp3u*):

```
Date: Fri, 04 Mar 2005 19:18:09 +0100
From: ruediger.grimm@tu-ilmenau.de
MIME-Version: 1.0
To: Nathaniel Borenstein <nsb@belcore.com>
Subject: Text, Picture, and Music
Content-Type: multipart/mixed;
              boundary="--XOXOXOXOBLAHBLAH"

This is a multi-part message in MIME format.

--XOXOXOXOBLAHBLAH
Content-Type: text/plain; charset=us-ascii
Content-Transfer-Encoding: 7bit

Dear Nathaniel,
enjoy the included picture and music.
Best greetings --- Ruediger

--XOXOXOXOBLAHBLAH
Content-Type: image/jpeg
Content-Transfer-Encoding: base64

/9j/4AAQSkZJRgABAQAAAQABAAD/2wBDAAgGBgcGBQgHBwcJCQgKDBQNDAsLDBkS
```

```
HhOaHB... etc. some hundred lines ...
8q64RUFX58km7dkPjCg8XunNyxEr96CCRkN4h9CKKurHs7Dxiwt732119Uapp0ct
f9dR0HG/J//Z
--XOXOXOXOBLAHBLAH
Content-Type: audio/x-mpegurl;
   name="rondo_allegro.m3u"
Content-Transfer-Encoding: base64

aHR0cDovL2Rvd25sb2Fkcy5tcDMuY29tL0FBSUNRbFlDRVFCQm9FUUJEZ0VZd0FS
ellXMXdVQThBQUFCUzFJRUFBRkVCQUFBQVV3RUFBQUJVQVFBQUFFTjB0VWc1QTlG
ZXZkY3lTSE45V1NWQ2VlSzlJZy0tL3JvbmRvX19hbGxlZ3JvLm1wMwo=
--XOXOXOXOBLAHBLAH
```


Ein komplexes Beispiel mit *Multi Body Parts* findet sich im Standard (MIME 1993, Annex C). Es empfiehlt sich für die Leser, mit Hilfe des eigenen E-Mailtools eine E-Mail zu erzeugen und daran einige Medienformate wie Bilder, Musikstücke, Videos und Text anzuhängen. Um die MIME-*Header* zu sehen, genügt es, im E-Mailtool die „Ansicht" auf „*Header all*" zu stellen. Die entstandene E-Mail im Ganzen kann man im lokalen *Mailfolder* mit dem Texteditor anschauen.

9.7 ASN.1

9.7.1 Historie

ASN.1 ist die Abkürzung für *Abstract Syntax Notation No. 1*. Das Ziel von ASN.1 ist die Spezifikation allgemeiner Datenformate und ihre Kodierung für den Transfer durch offene Netze. Alle Kommunikationsteilnehmer und Protokollautomaten sollen an ihren Kommunikationsschnittstellen die Struktur und die Kodierung kennen. Transferstationen reichen die Formate transparent weiter. Die Sendekomponenten der Anwendungsprozesse transformieren die medienbezogenen Datensätze anhand ihrer Syntaxnotation und der *Encoding Rules* in die zugehörigen Bitmuster. Die Empfangskomponenten in den Anwendungen dekodieren die empfangenen Bitmuster anhand der *Encoding Rules* und wandeln sie gemäß ihrer Syntaxnotation in die entsprechenden medienorientierten Datensätze zurück und leiten diese den Verarbeitungskomponenten zu, zum Beispiel zur Präsentation auf den Ausgabegeräten.

ASN.1 war als eine erste Syntax-Notation für die Protokolle im OSI-Kontext geplant. Dabei ist es dann allerdings geblieben, weitere Syntax-Notationen wurden in OSI nicht eingeführt. Die anderen Syntax-Notationen wie MIME und XML liegen außerhalb von OSI und tragen ihre eigenen Namen. In einer ersten Version war ASN.1 als X.409 Teil des Nachrichtenstandards *Message Handling* in der X.400-Serie von 1984. In der folgenden X.400-Version von 1988 (ITU/CCITT 1988) war es bereits herausgenommen und als eigener Standard ausgewiesen. Heute bildet (ASN.1 2002) die X.600-Serie der ITU-Standards.

Der Standard besteht aus zwei Teilen. Die logische Struktur und die Rohdaten werden in der „*Basic Notation*“ in ITU 680 und wortgleich in ISO 8824 beschrieben. Ihre Kodierung wird in verschiedenen Versionen als *Basic*, *Canonical* und *Distinguished Encoding Rules* (BER, CER bzw. DER) in ITU 690 und wortgleich in ISO 8825 beschrieben.

Die OSI-Protokolle X.400 (*Message Handling*) und X.500 (*Directories*) sowie alle anderen spezifizieren ihre Datenformate in ASN.1. So wurde unter anderem auch das Datenformat der Zertifikate für öffentliche Verschlüsselungs- und Signaturverifikationsschlüssel (*Public-Key Certificate*) in X.509 mit Hilfe von ASN.1 beschrieben. Während alle anderen OSI-Protokolle aus der Praxis verschwunden sind, ist der Directory-Standard X.500, vor allem in einer Leichtgewichtversion als LDAP – *Light Weight Directory Access Protocol*, erhalten geblieben. Die *Public-Key Certificates* sind fester Bestandteil der Internet-Kommunikation geworden. Insofern hat ASN.1 heute noch eine gewisse Relevanz in der Internet-Praxis.

9.7.2 Struktur, Rohdaten, Präsentation und Kodierung

Zur Beschreibung von allgemeinen Datenformaten verwendet ASN.1 Datentypen. Es gibt universelle Datentypen, die vom Standard vorab festgelegt sind und die jede Anwendung verwenden kann. Dazu gehören die einfachen Typen *Boolean, Integer*, *Bitstring*, *Octetstring*, *Characterstring*. Dazu gehören die zusammengesetzten Typen *Sequence* und *Set*, die ihrerseits einfache oder zusammengesetzte Typen enthalten. Jede Anwendung kann ihre eigenen Datentypen spezifizieren, indem sie sie aus universellen Datentypen aufbaut und zu komplexen Datentypen zusammensetzt. Beispielsweise kann eine Bankanwendung den Datentyp „Kontonummer“ als *NumericString*, der nur Ziffern aus 0-9 enthalten darf, spezifizieren und den Datentyp „Konto gedeckt“ als *Boolean* und den Datentyp „Name“ als Folge (*Sequence*) von „Titel“, „Vorname“ und „Nachname“, die sie ihrerseits alle als *IA5String* festlegt.

Die *logische Struktur*, die ASN.1 den Datentypen aufprägt, ist ein Baum von Datentypen. An oberster Stelle des Baumes (an der „Wurzel“) steht der zu spezifizierende Datentyp. An unterster Stelle (in den „Blättern“) liegen so genannte universelle Datentypen, die von ASN.1 für alle Anwendungen festgelegt sind. Mit ASN.1 kann man Datentypen als Reihen (*Set* oder *Sequence*) von anderen Datentypen spezifizieren, die ihrerseits wiederum Reihen von Datentypen sind, usw. In der untersten Ebene befinden sich universelle, nicht mehr weiter zerlegbare Datentypen wie Zahlen, Bit- und Zeichenfolgen. Die *Rohdaten* sind auf der Ebene der universellen Datentypen von ASN.1 selbst festgelegt. Sie erlauben die Darstellung sämtlicher Medienformate.

ASN.1 zielt ausschließlich auf die Spezifikation von Transferdaten und ignoriert die Verarbeitung der Daten in den Anwendungen. Deshalb thematisiert ASN.1 auch nicht die *Präsentation* von Daten. Die *Kodierung* von ASN.1 wird im nächsten Abschnitt behandelt.

Die Festlegung von Datentypen erfolgt durch Zuweisung eines bekannten Typs zu einem zu definierenden Typ über ein Gleichheitszeichen. Zum Beispiel wird dem zu definierenden Typ *Kontonummer* der universelle Datentyp *NumericString* durch die folgende „Definitionsgleichung" zugewiesen: `Kontonummer ::= NumericString`. Der bekannte Typ (rechte Seite) kann an dieser Stelle zunächst sogar unbekannt sein, muss dann aber nachfolgend im selben Beschreibungsdokument spezifiziert sein, zum Beispiel `Name ::= SEQUENCE OF Namensteil`, und nachfolgend dann `Namensteil ::= IA5String`. Über so genannte *Object Identifier* können Datentypen global wiedererkennbar gekennzeichnet werden, die dann in anderen Dokumenten referenziert werden können.

ASN.1 unterscheidet vier Klassen von Datentypen: universelle, anwendungsweite, kontextspezifische und private Datentypen. Die universellen Datentypen werden ausschließlich vom Standard selbst festgelegt. Zur Unterscheidung sind sie durchnummeriert, die zugehörigen Nummern heißen Typnummern oder *Tag Numbers* (von engl. *Tag* = Etikett, Marke). Die Tabelle der universellen Datentypen ist in Abbildung 4 dargestellt.

```
UNIVERSAL 0       Reserved for use by the encoding rules
UNIVERSAL 1       Boolean type
UNIVERSAL 2       Integer type
UNIVERSAL 3       Bitstring type
UNIVERSAL 4       Octetstring type
UNIVERSAL 5       Null type
UNIVERSAL 6       Object identifier type
UNIVERSAL 7       Object descriptor type
UNIVERSAL 8       External type and Instance-of type
UNIVERSAL 9       Real type
UNIVERSAL 10      Enumerated type
UNIVERSAL 11      Embedded-pdv type
UNIVERSAL 12      UTF8String type
UNIVERSAL 13      Relative object identifier type
UNIVERSAL 14-15   Reserved for future editions
UNIVERSAL 16      Sequence and Sequence-of types
UNIVERSAL 17      Set and Set-of types
UNIVERSAL 18-22   Character string types
UNIVERSAL 23-24   Time types
UNIVERSAL 25-30   More Character string types
UNIVERSAL 31-...  Reserved for addenda
```

Abbildung 9.4: Universelle ASN.1-Datentypen. Aus (ASN.1 2002, X.680, (07/2002), 8.4, p. 11, Table 1: Universal class tag assignments)

Unter den Zeichentypen (*character string*) sind unter anderem die Typen *UTF8String* (Universal 12), *NumericString* (Universal 18), und *IA5String* (gleich ASCII, Universal 22) festgelegt. Unter den Zeittypen sind *UTCTime* (Universal 23) und *GeneralizedTime* (Universal 24) festgelegt. Die *UniversalTime* ist ein *VisibleString* (d.i. ein *Character String*) in der Form „YYMMDD+hhmmss“ oder „YYMMDDZ“.

In einer Datentypspezifikation kann eine Anwendung ihre anwendungsweiten, kontextspezifischen und privaten Daten entsprechend klassifizieren und durchnummerieren, zum Beispiel in der Form

```
Kontonummer ::= [APPLICATION 47] NumericString
Name ::= [CONTEXT 13] SEQUENCE OF Namensteil
Namensteil ::= [PRIVATE 7] UTF8String
```

Die Typnummern (hier 47, 13 und 7) gehen natürlich in die Kodierung der Datentypen ein, s.u.

In einer Liste (Folge oder Menge) von Datentypen können die einzelnen Elemente mit einem internen Namen belegt sein, der mit Kleinbuchstaben beginnen muss. Diesem ist dann ein Typ zugeordnet, der mit einem Großbuchstaben beginnt. Beispiel:

```
BankId ::= [APPLICTION 4] SEQUENCE {
    bLZ      [0] IMPLICIT NumericString,
    bankName        IA5String,
    bankOrt IA5String
    }
```

In diesem Beispiel sind *bLZ*, *bankName* und *bankOrt* Namen, die nur innerhalb des Datentyps *BankId* zur besseren Lesbarkeit stehen, während *NumericString* und *IA5String* Datentypen, in diesem Fall sogar universelle Datentypen, bezeichnen. Für das Element *bLZ* bedeutet `[0]` dasselbe wie `[CONTEXT 0]`, d.h. wenn keine Typklasse genannt ist, gilt immer `CONTEXT`. „`IMPLICIT`“ bedeutet, dass Typ- und Nummer des folgenden Datentyps (hier *NumericString*) in der Kodierung wegbleiben soll, denn *bLZ* ist als Teilelement von *BankId* und darin als `[CONTEXT 0]` hinreichend eindeutig identifizierbar.

Formal gibt es keinen Unterschied zwischen den Typklassen *Application*, *Context-sepcific* und *Private*. Anwendungen sind frei, sie nach ihren Bedürfnissen zu verwenden. Allerdings ist es übersichtlich, anwendungsweite und auf den Kontext einzelner Datentypen bezogene Klassen zu unterscheiden. Private Klassentypen werden eigentlich nicht weiter gebraucht.

Ein etwas ausführlicheres Beispiel für die Spezifikation des Datentypen einer Banküberweisung findet sich unten in Abschnitt 9.7.4.

9.7.3 Basic Encoding Rules

Ein Datensatz wird so kodiert, dass seine Rohdaten in der von der logischen Struktur bestimmten Ordnung rekonstruierbar sind. Dazu gibt es Regeln zur Kodierung der logischen Strukturelemente und der Rohdaten. Nach den Regeln von ASN.1 kodierte Daten bestehen immer aus Vielfachen von *Oktetten* von Bits, enthalten also immer eine durch 8 teilbare Anzahl von Bits.

Jeder ASN.1-kodierte Datensatz besteht aus vier Teilen in der folgenden Reihenfolge:

1. Ein oder mehrere Identifikationsoktette (*Identifier*)
2. Ein oder mehrere Längenoktette (*Length*)
3. Keines, eines oder mehrere Inhaltsoktette (*Content*)
4. Nur in der „indefiniten“ Form: zwei Nulloktette zur Endemarkierung (*End-of-content*)

Die ersten beiden Teile sind immer und ohne Ausnahme vorhanden. Der dritte Teil, der Inhalt, fehlt nur dann, wenn die Längenangabe null ist (alle acht Bits 0). Der vierte Teil ist nur dann vorhanden, wenn der zweite Teil statt einer Längcnangabe den Hinweis „keine Längenangabe, sondern „*End-of-content*“-Markierung“ enthält: wenn das Längenoktett 80 (oberstes Bit 1, alle anderen Bits 0) enthält, dann werden die Inhaltsoktette durch zwei Oktette, die komplett aus Nullen bestehen, abgeschlossen.

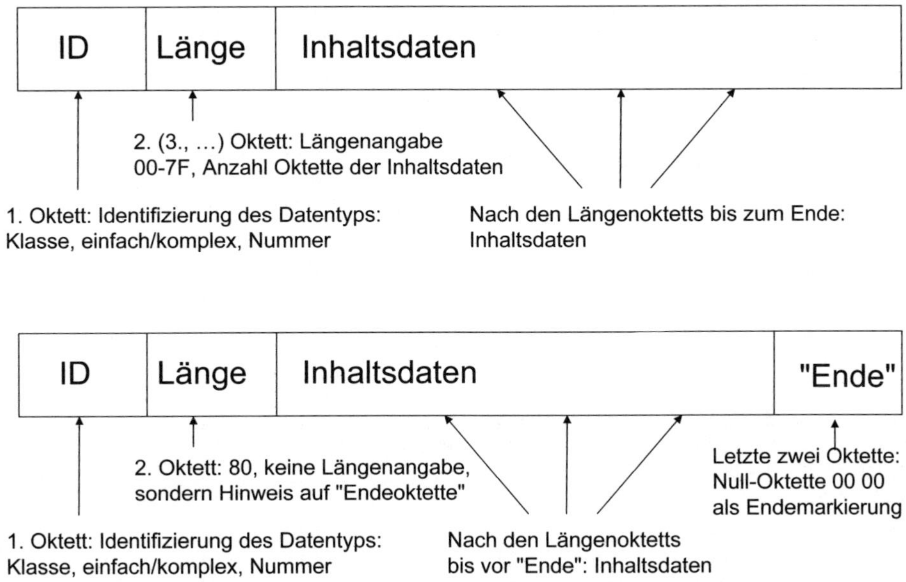

Abbildung 9.5: Struktur eines kodierten Datentyps nach (ASN.1 2002), X.690, (07/2002), 8.1, p. 3-4, Figures 1-2 – Structure of an encoding

Die Längenangabe kann in drei verschiedenen Formen erfolgen: zunächst in der „unbestimmten“ (*indefinite*, Oktettwert=80) oder „bestimmten“ Form (*definite*, alle anderen Oktettwerte); in der bestimmten Form kann die Längenangabe ein Oktett oder mehrere Oktetten in Anspruch nehmen. Oktettwerte 00-7F zeigen an, dass nur ein einziges Längenoktett vorhanden ist und geben die Anzahl der Inhaltsoktette direkt an. Oktettwert 3E bedeutet also zum Beispiel, dass 3·16+14=62 Inhaltsoktette vorhanden sind. Oktettwerte 81-8F zeigen an, dass nach diesem ersten Längenoktett weitere Längenoktette folgen, und zwar genauso viele, wie in den Bits 7-1 des ersten Längenoktetts stehen. Oktettwert 83 (entspricht binär 1000 0011; Bits 7-1 sind dabei 000 0011=dezimal 3) bedeutet also zum Beispiel, dass 3 Oktette folgen, in der die „Anzahl Oktette des Inhaltsteils" steht. Die Längenangabe wird durch die Dualzahl gegeben, die das Bitmuster der folgenden Längenoktette zusammengelegt ergeben.

Zum Beispiel sind die vier folgenden hexadezimal angegebenen Längenangaben äquivalent: (a) 07-gefolgt von sieben Inhaltsoktetten, (b) 81-07-gefolgt von sieben Inhaltsoktetten, (c) 82-00-07-gefolgt von sieben Inhaltsoktetten, (d) 80-sieben Inhaltsoktette-00-00.

Der Identifikationsanteil besteht meistens aus nur einem einzigen Oktett, kann aber in Ausnahmefällen auch mehr als ein Oktett umfassen, nämlich wenn die Typnummer größer als 30 ist. Die Dezimalzahl 30 ist nämlich die größte Zahl, für die in einem Oktett für die Typnummer in binärer Form Platz vorgesehen ist (fünf Bits). Das Identifikationsoktett besteht aus diesen drei Teilen:

1. Zwei Bits für die Klassenangabe Universal, Application, Context-specific oder Private
2. Ein Bit, das angibt, ob der Typ einfach (0) oder zusammengesetzt (1) ist.
3. Fünf Bits für die Typnummer 0-30

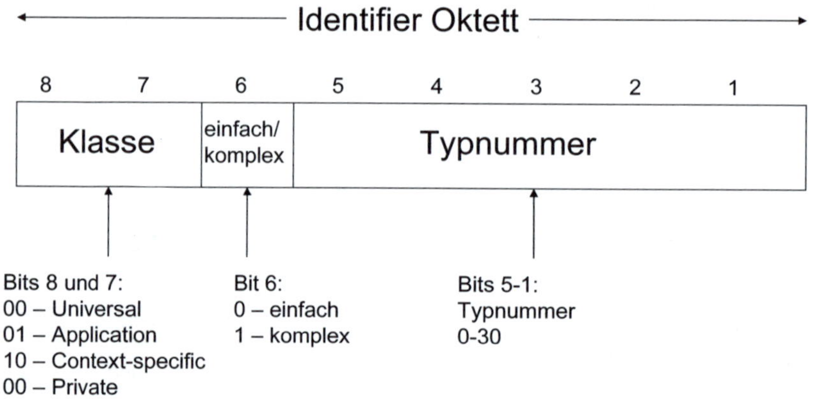

Abbildung 9.6: Struktur des Identifikations-Oktetts nach (ASN.1 2002), X.690, (07/2002), 8.1, p. 4, Table 1 und Figure 3 – Identifier Octet

Der Identifikationsanteil enthält in Bits 5-1 die Typnummer, das ist Platz für die Zahlen 0-31. Allerdings werden nur die Zahlen 0-30 erlaubt. Falls die Typnummer größer als 30 ist, dann sollen die Bits 5-1 alle mit 1 belegt sein (entspricht dezimal 31), und die Typnummer steht in Bits 1-7 des Folgeoktetts, das damit die Werte bis 7F belegen darf (0111 1111, entspricht dezimal 127). Wenn die Typnummer größer als 127 ist, dann folgt ein weiteres Identifikationsoktett, u.s.w.

Zum Beispiel repräsentieren die folgenden Oktette diese Identifikationsmerkmale: (a) 01 – *Universal* einfach/Typnummer 1: *Boolean*, (b) 30 – *Universal* zusammengesetzt/Typnummer 16: *Sequence*, (c) 16 – *Universal* einfach/Typnummer 22: *IA5String*, (d) 61 – *Application* zusammengesetzt/Typnummer 1 (ein Anwendungstyp einer Anwendung), (e) 81 – *Context-specific* einfach/Typnummer 1 (ein kontextspezifischer Typ einer Anwendung), (f) 9E – *Context-secific* einfach/Typnummer 30, (g) 9F-1F – *Context specific*/Typnummer 31, (h) 9F-81-00 – *Context specific*/Typnummer 128, (i) 9F-81-01 – *Context specific*/Typnummer 129, u.s.w.

Ein etwas ausführlicheres Beispiel für die Kodierung eines Datensatzes vom Typ einer Banküberweisung findet sich im folgenden Abschnitt.

9.7.4 Beispiele

Die beiden ersten Bits des Identifikationsoktetts:

Universal/Application/Context/Private	00/01/10/11------

Das dritte Bit des Identifikationsoktetts:

primitive	--0-----
constructed	--1-----

Einige Identifikationsoktette:

Identifikationsmerkmal	Oktettwert, hexadezimal
Universal/primitive 0, 1, 2, ...	01, 02, 03, ...
Universal/constructed 0, 1, 2, ...	20, 21, 22, ...
Application/primitive 0, 1, 2, ...	40, 41, 42, ...
Application/constructed 0, 1, 2, ...	60, 61, 62, ...
Context /primitive 0, 1, 2, ...	80, 81, 82, ...
Context/constructed 0, 1, 2, ...	A0, A1, A2, ...
Boolean=Universal/primitive 1	01
Integer=Universal/primitive 2	02
Bitstring=Universal/constructed 3	23
Sequence=Universal/constructed 16	30
NumericString=Universal/primitive 18	12
IA5String=Universal/primitive 22	16
IA5String=Universal/constructed 22	36
UTCTime=Universal/primitive 23	17

Die Spezifikation eines Banküberweisungsformulars:

```
Ueberweisungsformular ::= [APPLICATION 0] SEQUENCE {
    auftraggeber            [0] Bankkunde,
    empfaenger              [1] Bankkunde,
    betrag                  [2] Geldbetrag,
    termin                  [3] UTCTime,
    verwendungszweck        [4] IA5String OPTIONAL
    }
Bankkunde ::= [APPLICATION 1] IMPLICIT SEQUENCE{
    kunde                   VorNachname,
    bank                    BankId,
    kontoNr                 NumericString
    }
Geldbetrag ::= [APPLICATION 2] IMPLICIT SEQUENCE{
    waehrung                BITSTRING {
                            euro (0), us-dollar (1), british-pound (2), sfr (3), son-
stiges (4) },
    waehrungsname           [0] IA5String OPTIONAL
    ganze                   [1] INTEGER, --- nur volle EUR, ohne cents
    cents                   [2] INTEGER OPTIONAL --- nur zwischen 0 und 99
    }
VorNachname ::= [APPLICATION 3] IMPLICIT IA5String
BankId ::= [APPLICTION 4] SEQUENCE {
    CHOICE {
        bLZ                 [0] IMPLICIT NumericString,
        iBAN                [1] IMPLICIT IA5String,
        bIC                 [2] IMPLICIT IA5String},
    bankName                IA5String,
    bankOrt                 IA5String
    }
```

Die Kodierung einer konkreten Banküberweisung:

Ein konkreter Datensatz wird in dem Moment erzeugt, in dem ein Bankkunde ein elektronisches Formular ausfüllt und in das System eingibt. Wir konstruieren ein Beispiel, in dem Anton Aalberg an Berta Brotheim 23 EUR für den Kauf eines XML-Buches überweist. Anton Aalberg habe die Konto Nr. 123456789 bei der Volksbank Darmstadt, BLZ 50890000. Berta Brotheim habe die Kontonummer 987654321 bei der Deutsche Bank Ilmenau, BLZ 82070000. Dieser Datensatz wird nach den Regeln der ASN.1-Spezifikation eines Banküberweisungsformulars kodiert und sieht dann wie folgt aus, wobei wir die Längenangaben durch ein "LL" und die Zeichenketten in den letzten Inhaltsoktetten in Anführungszeichen angedeutet haben.

Das „Ueberweisungsformular“ ist das Wurzelelement und ist vom Typ *Application/constructed* mit der Typnummer 0. Das entspricht der Belegung des Identifikationsoktetts mit 60 in hexadezimaler Darstellung, mit der unser Code beginnt. Danach folgt ein Oktett mit einer Längenangabe, hier als „LL“ angedeutet. Das Wurzelelement ist explizit spezifiziert als „Folge“ von Unterelementen, entsprechend dem universellen Typ *Sequence = universal/constructed* Nr. 16, das zugehörige Identifikationsoktett ist daher mit hexadezimal 30 belegt. Das erste Unterelement der *Sequence* ist „auftraggeber“ vom Typ *Context/constructed* 0, entsprechend dem *Identifier* A0, der als explizite Typdeklaration „Bankkunde“ hat, das als *Application/constructed* 1, entsprechend hexadezimal 61, definiert ist. Wir haben bis jetzt die Folge der Identifikationsoktette 60-LL-30-LL-A0-LL-61-LL mit ihren Längenoktetten beschrieben. Statt „LL“ gehören in die Längenoktette selbstverständlich die Längenangaben der Inhaltsportionen ihrer Elemente in hexadezimaler Darstellung. Und so folgt Unterelement auf Unterelement bis zum letzten Element „verwendungszweck“ vom expliziten universellen Typ *IA5String = universal/primitive* 22, entsprechend hexadezimal 16.

```
60(Ueberweisungsformular)-LL-30-LL-
A0(auftraggeber)-LL-61-LL-
        63-LL-„Anton Aalberg“-64-LL-30-LL-A0-LL-„50890000“-16-LL-
        „Volksbank“-
        16-LL-„Darmstadt“-12-LL-„123456789“-
A1(empfaenger)-LL-61-LL-
        63-LL-„Berta Brotheim“-64-LL-30-LL-A0-LL-„82070000“-16-LL-„Deutsche
        Bank“-
        16-LL-„Ilmenau“-12-LL-„987654321“-
A2(betrag)-LL-
        62-LL-23-LL-(bitstring(„0“) für „EUR”)-A0-LL-16-LL-„EUR”-A1-LL-02-LL-
        (integer(„23“))-
        [A2 für cents fehlt-]
A3(termin)-LL-17-LL-„060331Z“ (für „31. März 2006“)-
A4(verwendungszweck)-LL-16-LL-content(„Kauf XML-Buch”)
```

Es ist eine etwas eintönige, aber dennoch nützliche Übung, die Kodierung durch Ausfüllen der richtigen Längenangaben zu vervollständigen.

9.8 XML

9.8.1 Historie

XML steht für „Extensible Markup Language“ und wird im Kontext des World Wide Web Consortiums (W3C) entwickelt (XML 2004). Die erste W3C-Empfehlung von XML, Version 1.0, wurde am 10. Februar 1998 verabschiedet. XML hat sich als Kandidat für eine einheitliche Sprache zur Darstellung, Spezifikation und Implementierung von strukturierten Daten und Dokumenten im Internet bewährt. Als „HTML-nahe" Sprache ist XML geeignet, Web-Technologie zu beschreiben. Web Services (W3C 2004) können mit Hilfe von XML ihre Dienste auf eine standardisierte Weise beschreiben (W3C 2005, WSDL – Web Services Description Language). Über entsprechende WSDL-Spezifikationen an den Web Services können Clients verfügbare XML-Dokumente spontan mit Hilfe standardisierter Nachrichten ansprechen. Services auf der Basis von XML versprechen also eine höhere Verfügbarkeit und eine weitere Verbreitung.

XML ist eine vereinfachte Version der komplexen Spezifikationssprache *Structured Generalized Markup Language* (SGML, ISO 8879, 1986). Auf der anderen Seite verallgemeinert XML die Webseiten-Sprache *Hypertext Markup Language* (HTML 1995). XML ist anwendungsoffen und erlaubt die Deklaration von anwendungsbezogenen Dokumentenklassen und ihrer Datentypen. HTML dagegen legt eine Menge von konkreten Datenelementen für Webseiten fest und definiert ihre Präsentation und Hyperlink-Semantik. XML vereint die Vorteile von HTML und SGML und setzt dabei auf die große Akzeptanz von HTML. Inzwischen ist XML als formal korrekte und an Komplexität ausreichend ausgestattete Spezifikationssprache anerkannt. Die neuen HTML-Versionen werden unter dem Namen XHTML auf der Basis von XML spezifiziert.

Der Begriff „XML" wird auf vier verschiedene Weisen gebraucht:

1. XML als Syntax,
2. XML als Dokumentendarstellung,
3. XML als Familie von Standards,
4. XML als Anwendung.

XML als Syntax: XML im engeren Sinne ist eine abstrakte Syntaxnotation zur Spezifikation der logischen Struktur von Datentypen (Dokumentenklassen), die durch das W3C standardisiert wird. Sie beschreibt mit Hilfe von textlichen Auszeichnungen (*Labels* oder *Tags*) die hierarchische Struktur nahezu beliebiger Dokumente, Daten oder Nachrichten. Über so genannte „Dokumenttyp-Definitionen", kurz DTD oder mit Hilfe von Schema-Festlegungen wird für Dokumentenklassen festgelegt, wie ihre Instanzen (konkrete Datensätze) auszusehen haben.

XML als Dokumentendarstellung: Die Elemente, Attribute und Inhalte von Dokumenten sind in reiner ASCII-Form notiert und dienen sowohl der programmierten Verarbeitung als auch der menschlichen Lesbarkeit. XML-Dokumente sind durch die öffnenden und schließenden Elementauszeichnungen (*Tags* oder *Labels* in spitzen Klammern) zum Einschluss von Inhalt oder Unterelementen charakterisiert. Ihre Baumstruktur, die sie den Dokumenten aufprägen, wird vom menschlichen Auge intuitiv erfasst. In derselben Form sind sie für Parser, Compiler und Interpreter umsetzbar. Ein konkreter XML-kodierter Datensatz ist identisch mit seiner ASCII-kodierten Darstellung.

XML als Familie von Standards: XML im weiteren Sinne beschreibt eine Architektur für Hypermedien, aufbauend auf der XML-Syntax. Dazu gehören Namensräume, Hyperlinks, Schemata, Transformationen, *Stylesheets* und Programmierschnittstellen (API = *Application*

Programming Interface). Die verschiedenen Teile dieser XML-Architektur befinden sich in der Standardisierung im W3C bzw. sind schon standardisiert.

XML als Anwendung: Aufbauend auf der XML-Syntax und der XML-Architektur lassen sich XML-Anwendungen spezifizieren, die Bedeutung und die Verarbeitung von XML-Dokumenten für bestimmte Anwendungsbereiche festlegen. Dazu werden Anwendungsdatentypen mit Hilfe von *Document Type Definitions* oder *Schema Definitions* spezifiziert. Zusätzlich ist es für viele XML-Anwendungen nötig, ein „Kooperationsprotokoll" zwischen den einzelnen Anwendungsprogrammen zu spezifizieren, das die Reaktionen eines Programms auf den Erhalt eines XML-Dokumentes festlegt. Ein Beispiel dazu bilden die Web Services (W3C 2004), die über die Beschreibungssprache WSDL (W3C 2005) ihre Dienste an öffentlich zugänglichen Service-Adressen beschreiben, und die über das *Simple Object Access Protocol* (SOAP) mit Web-Clients XML-Anwendungsdokumente austauschen.

XML-Anwendungen können als offene Standards vorliegen, indem sie durch das W3C oder die Internet Engineering Task Force (IETF) standardisiert sind. Sie können anderseits auch kommerziell sein, indem sie durch einzelne Softwarehersteller oder durch Industriekonsortien spezifiziert sind. Beispiele für die erste Kategorie sind die *Web Services Description Language* WSDL, die *Mathematical Markup Language* MML und das *Resource Description Framework* RDF. In die zweite Kategorie fallen z.B. das *Open Trading Protocol* OTP und *Open Financial Exchange* OFX.

9.8.2 Struktur, Rohdaten, Präsentation und Kodierung

In XML unterscheidet man Dokumentenklassen von konkreten Dokumenten. Eine Dokumentenklasse ist der Datentyp eines Dokuments, ein typkonformes XML-Dokument nennt man eine Instanziierung ihrer Dokumentenklasse. Zum Beispiel kann der Datentyp eines Formulars durch viele verschieden ausgefüllte Überweisungsformulare instanziiert sein.

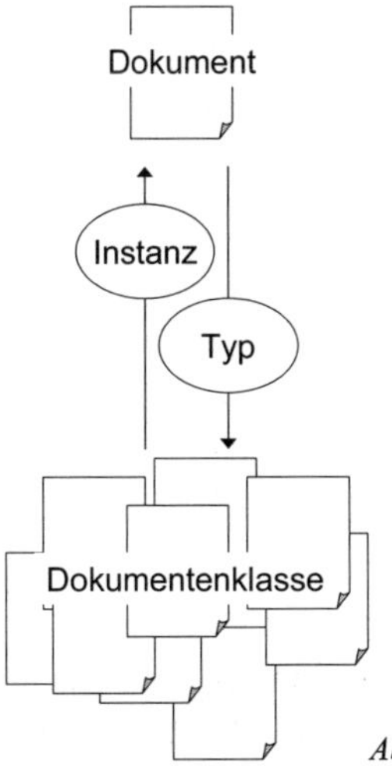

Abbildung 9.7: Dokument und Dokumentenklasse.

XML prägt den Datentypen eine *Baumstruktur* auf. Allgemeine Netzstrukturen mit Querbezügen und bedingungsweisen Zitaten sind mit XML über Navigations- und Transformationsanweisungen (XPath und XSL) möglich. XML-Dokumente können in mehrere Web-Dokumente zerlegt als so genannte *Entities* im Netz verteilt sein. Sie sind im Web als *Hyperlinks* (bekannt aus HTML) adressierbar.

Ein XML-Dokument besteht aus baumartig aufeinander bezogenen *Elementen*, denen jeweils Datentypen zugeordnet sind. Das oberste Element ist die Wurzel des Baumes, ihr Datentyp ist die Dokumentenklasse. Die nächste Ebene bildet die erste Unterteilung des Datentyps in Unterelemente, von denen jedes wiederum weiter in Unterelemente aufgeteilt sein kann. Jedes Element gehört zu genau einem Oberelement (*parent*) und kann mehrere Unterelemente (*children*) haben. Ein Element ohne Unterelement ist ein Blatt (*leaf*). Die untersten Datentypen sind einfache universelle Datentypen, deren Inhalt von nicht weiter unterteilten Rohdaten gefüllt werden.

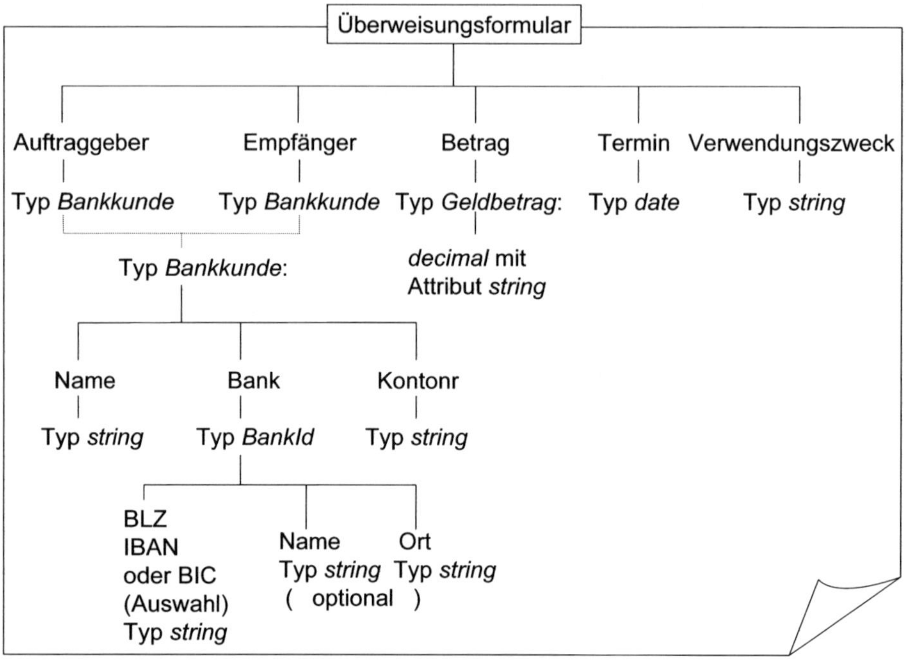

Abbildung 9.8: Baumstruktur eines XML-Überweisungsformulars.

Die *Rohdaten* von XML sind ASCII/Unicode-Zeichen (CDATA). Sie können in ihrer Länge, Auswahl und Größenordnung beschränkt werden, zum Beispiel auf Zahlenmengen (*integer*, *decimal*, *double*), auf Namenskonventionen (*nmtoken*) und sogar auf ganz spezifische Zahlen- und Zeichenkombinationen. Für Inhalte aus „wilden Bitstrings", wie zum Beispiel Programm- oder Multimediacode, stehen XML zwei Methoden zur Verfügung. Zum einen kennt XML die MIME-Methode, die in der Internet E-Mail und im WWW bestens etabliert ist, um Multimediaformate in CDATA-Rohdaten zu kodieren. Zum anderen können *Entities* an anderer Stelle des Netzes wilde Bitstrings enthalten, die den Inhalten von XML-Dokumenten über einen *Notation*shinweis zugeordnet werden. Dadurch tauchen die wilden Bitstrings innerhalb des XML-Codes selbst nicht auf.

XML ist eine Sprache zur Spezifikation von Datentypen und zur Kodierung (ASCII-Darstellung) von konkreten typkonformen Dokumenten. Die Struktur legt nicht fest, auf welche Weise die typkonformen Dokumente – über die ASCII-Kodierung hinaus – präsentiert werden. Allerdings kann man mit Hilfe von XML Transformationen beschreiben, die XML-Datensätze in andere Formate überführen. So kann man XML-Dokumente auch in solche Formate transformieren, für die *Präsentation*sregeln definiert sind, zum Beispiel in die Webseitensprache HTML mit ihren *Cascading Style Sheets*. Zur Überführung von XML-Dokumenten in Präsentationsformate wird die Transformationssprache XSLT (XML *Stylesheet Language Transformation*, 1999) eingesetzt.

Die *Kodierung* von XML-Datensätzen ist genial einfach gelöst. Elemente werden durch öffnende und schließende Marken (*Tags*), die den Namen des Elementes tragen, eingeschlossen, die zugehörigen Attribute stehen neben den Markennamen. Öffnende Tags stehen in spitzen Klammern, zum Beispiel `<Anrede>`. Die zugehörigen schließenden Tags tragen denselben Namen, werden aber mit einem Schrägstrich eingeleitet, zum Beispiel `</Anrede>`. Attribute und ihre Werte werden in den öffnenden *Tags* mitgeführt, zum Beispiel `<Anrede Titel='Dr.'> Frau </Anrede>`. Marken, Markennamen, Attribute und Rohdaten bilden eine lineare Zeichenkette aus *Unicode* (erweitertes ASCII). Diese ist intuitiv von Menschen lesbar und geht genau so, Zeichen für Zeichen als Protokolldateneinheit in die Anwendungsprotokolle. Man kann also sagen, die Kodierung von XML-Dokumenten ist die serialisierte Darstellung des Dokuments in ihrer Markenstruktur und diese ist in reinem *Unicode* kodiert. Damit entfallen komplizierte Kodierregeln wie bei ASN.1. Zum Beispiel könnte ein konkreter XML-Datensatz eines Namens in kodierter Form so aussehen:

```
<Name>
   <Anrede Titel='Dr.'> Frau </Anrede>
   <Vorname> Berta </Vorname>
   <Nachname> Brotheim </Nachname>
</Name>
```

Man nennt kodierte XML-Dokumente auch serialisierte XML-Dokumente oder, wenn es Teile von Dokumenten sind, auch serialisierte XML-*Fragmente* oder *Particles*.

9.8.3 Wohlgeformte *Tag*-Darsellung von XML-Dokumenten

Die logische Struktur eines XML-Dokumentes wird durch die Anordnung der *Tags* in einem Dokument beschrieben. Alle Anteile, die zwischen öffnendem und schließendem *Tag* stehen, sind den zugehörigen Element untergeordnet. Die reine Baumstruktur wird in der *Tag*-Darstellung dadurch durchgesetzt, dass sich öffnende und schließende *Tags* verschiedener Elemente in einem XML-Dokument nicht überlappen dürfen.

Unabhängig von seiner logischen Struktur kann ein XML-Dokument in physikalische Einheiten, so genannte *Entities*, zerlegt werden. So ist es möglich, ein XML-Dokument in verschiedene Dateien zu zerlegen und verteilt im WWW über verschiedene Web-Server zu speichern. Jede Entität liegt als wohlgeformtes XML-Dokument (genauer als XML-Fragment) vor.

In der XML-Syntax unterscheidet man zwischen „wohlgeformten" und „gültigen" XML-Dokumenten. Ein XML-Dokument ist „wohlgeformt" (*well formed*), wenn es unabhängig von der Bedeutung seiner Elemente eine Reihe syntaktischer Eigenschaften erfüllt. Für die vollständige Syntaxbeschreibung siehe (XML 2004) oder etwa (Box et al. 2000, Appendix A). Zu den wichtigsten syntaktischen Regeln der Wohlgeformtheit gehören die folgenden:

1. Es muss ein Wurzelelement existieren, das alle anderen Tags umschließt (Ausnahmen: Kommentare und Verarbeitungsanweisungen).
2. Jedes öffnende *Tag* muss explizit geschlossen werden.
3. Öffnende und schließende *Tags* verschiedener Elemente dürfen sich nicht überlappen, d.h. sie müssen korrekt verschachtelt sein (z.B. ist `<a><b></a></b>` nicht erlaubt).
4. Elemente ohne Inhalt haben eine spezielle Syntax: `<elementname/>`.
5. Elemente dürfen beliebig viele Attribute der Form `attributname='attributwert'` neben ihrem Elementnamen aufführen.
6. Alle Entitäten müssen deklariert sein.

Die „Gültigkeit" eines XML-Dokuments dagegen wird durch eine eigene Festlegung über konkrete Element- und Attributnamen und ihre logischen Beziehungen untereinander hergestellt, über eine so genannte *Document Type Definition* (DTD) oder – moderner – durch ein *XML-Schema*. Ein XML-Dokument, das eine DTD oder ein Schema beinhaltet oder referenziert, wird als gültig (*valid*) bezeichnet, wenn das Dokument wohlgeformt ist und wenn die logische Struktur gegen keine in der DTD, bzw. im Schema angegebenen Regeln verstößt. Das heißt, dass das Dokument genau die Elemente, Datentypen und Attribute hat, die von der DTD bzw. vom Schema festgelegt sind. Allgemein gilt also, dass ein wohlgeformtes Dokument nicht unbedingt gültig sein muss, allerdings muss ein gültiges Dokument immer wohlgeformt sein. Gültig sind XML-Dateien nur gegenüber konkreten Typdefinitionen (DTD oder Schema).

Das Konzept der Wohlgeformtheit ermöglicht die Überprüfung der korrekten Syntax und Schachtelung der Auszeichnungen in einem XML-Dokument, auch ohne dass eine DTD oder ein Schema bekannt ist. Das führt zu einer Reduzierung des Verarbeitungsaufwandes durch Syntaxprüfprogramme (*Parser*) und ermöglicht es, prinzipiell beliebige XML-Dokumente oder wohlgeformte Teile von XML-Dokumenten zu verarbeiten oder anzuzeigen. Dies ist als entscheidender Vorteil gegenüber SGML anzusehen.

In den beiden folgenden Abschnitten werden wir erst die Dokumenttyp Definitionen und danach den Schemamechanismus zur Deklaration von Dokumentenklassen vorstellen.

9.8.4 Dokumenttyp Definitionen

Eine „Dokumenttyp Definition" ist eine formale Grammatik, die eine konkrete XML-Auszeichnungssprache beschreibt und damit einen konkreten Datentyp (eine Dokumentenklasse) festlegt. In ihr werden die Namen der in den Dokumentinstanzen erlaubten und erforderlichen *Tags* und ihre mögliche Schachtelung (Inhaltsmodell, *content model*) definiert. Die DTD dient als allgemeines Muster, wie gültige Instanzen syntaktisch auszusehen haben. Sie macht keine Aussage über die Bedeutung der Auszeichnungen.

Die grundlegende Deklaration von Elementen in einer DTD sieht folgendermaßen aus:

```
<!ELEMENT Elementname (Inhaltsmodell)>
```

Die so deklarierten Elementtypen können Zeichenketten (*parsed character data* – PCDATA) sein, die nicht weiter zerlegbar sind oder in der Art regulärer Ausdrücke weiter zusammengesetzt werden. Zum Beispiel deklariert

```
<!ELEMENT Name (Anrede, Vorname, Nachname)>
```

das Element „Name" als einen aus den Unterelementen „Anrede", „Vorname" und „Nachname" bestehenden komplexen Datentyp. Hingegen deklariert

```
<!ELEMENT Nachname (#PCDATA)>
```

das Element „Nachname" als einfache Zeichenkette. Zusätzlich zu dem Inhaltsmodell für Elemente können Attribute für einen Elementtyp in der DTD vereinbart werden. Die allgemeine Attributdeklaration sieht folgendermaßen aus:

```
<!ATTLIST   Elementname    Attributname Typ Vorgabe ... >
```

Zum Beispiel spezifiziert

```
<!ATTLIST   Anrede Titel CDATA #IMPLIED >
```

für das Element „Anrede" das optionale Attribut „Titel", das optional ist und, falls vorhanden, eine Zeichenkette enthält, zum Beispiel `'Dr.'`.

Diese DTD kann nun in das Beispieldokument direkt eingefügt werden (interne DTD) oder mittels eines URL als externe DTD-Entität referenziert werden. Beispiel: unter der Annahme, dass unter *http://www.sparbank.de/banking/specs/dtd/Ueberweisung.dtd* eine DTD für den Dokumententyp „Ueberweisungsformular“ verfügbar ist, kann sie in einem konkreten Überweisungsformular folgendermaßen referenziert werden:

```
<?xml version='1.0' encoding='ISO-8851-1' ?>
<!DOCTYPE Ueberweisungsformular SYSTEM
     'http://www.sparbank.de/banking/specs/dtd/Ueberweisung.dtd'>
<Ueberweisungsformular>
     ...
</Ueberweisungsformular >
```

Die Verwendung von externen DTDs hat den Vorteil, dass alle DTDs an einer zentralen Stelle verwaltet werden können. Anderseits kann es vorteilhaft sein, ein XML-Dokument komplett selbstbeschreibend zu machen, indem man die DTD in das Dokument einbettet und gemeinsam verschickt.

Als Beispiel für eine DTD wird unten in Abschnitt 9.8.8 der Dokumententyp eines Bank-Überweisungsformulars ausgeführt und erläutert.

9.8.5 Schema Definitionen

Überblick

XML-Schema (2004) ist die moderne Alternative zu den Dokumenttyp-Definitionen DTD. Wie diese ist der Schema-Formalismus eine formale Grammatik, die eine konkrete XML-Auszeichnungssprache beschreibt und damit einen konkreten Datentyp (eine Dokumentenklasse) festlegt. Das XML-Schema unterscheidet sich im Wesentlichen in drei Punkten von der DTD:

1. Schema verwendet eine XML-Notation für Spezifikationen von Dokumentenklassen,
2. die Schema-Grammatik unterscheidet zwischen Elementen und ihren Datentypen,
3. Schema-Definitionen werden an Namensräume gebunden, so dass XML-Dokumente verschiedene Schemata voneinander unterscheiden können.

Das XML-Schema ist der DTD-Syntax überlegen. Abgesehen davon, dass es lästig ist, in der Erzeugung und Interpretation DTD-valider Dokumente zwei verschiedene Syntaxen zu verwenden (die XML- und die DTD-Syntax), hat die XML-Syntax eine stärkere Ausdruckskraft als die von DTD. Die DTD-Syntax beschreibt die Struktur der Elemente mit ihren Attributen und Unterelementen direkt an den einzelnen Elementen. Schema dagegen ordnet den Elementen und Attributen Datentypen zu, die für sich übersichtlich und in reiner XML-Notation spezifiziert werden. Durch die Verwendung von explizit bezeichneten Namensräumen können lokale von globalen Begriffen getrennt und mit Bezug auf die jeweiligen Namensräume aus verschiedenen Schemata nebeneinander verwendet werden.

Ein XML-Schema hat die folgenden charakteristischen Eigenschaften:

- Definition einer Dokumentenklasse (Datentyp eines XML-Dokuments);
- Trennung von Elementen und ihren Datentypen:
  - ein Schema enthält Deklarationen von Elementen jeweils mit Elementname, Attributen und Typzuweisung,
  - jedes Element und jedes Attribut hat einen zugewiesenen Datentyp,
  - ein Schema enthält Spezifikationen von Datentypen;
- einfache und komplexe Datentypen:
  - es gibt eine Reihe vorgegebener, so genannter *built-in*-Datentypen, wie *string, decimal, date, boolean* und viele andere,
  - es können eigene einfache und komplexe Datentypen spezifiziert werden,
  - ein komplexer Datentyp wird durch ein Inhaltsmodell beschrieben, das dem Typ eine baumartige Baumstruktur von Unterelementen aufprägt;
- Namensräume:
  - ein Schema ist im Rahmen eines von ihm benannten Namensraums referenzierbar,
  - ein Schema kann mit Bezug auf seinen Namensraum von anderen Schemata importiert bzw. Teile daraus zitiert werden,
  - Dokumente können sich unter Referenz der zugehörigen Namensräume auf verschiedene Schemata beziehen,
- Jedes Schema ist selbst ein konkretes XML-Dokument, und zwar mit Bezug auf das Schema in `http://www.w3.org/2001/XMLSchema` („Schema der Schemata").

Elemente und ihre Zuweisung zu Datentypen

Die Unterscheidung zwischen Datentypen und Elementen entspricht der zwischen Objektklassen und ihren Instanzen in der modernen objektorientierten Programmierung. Die Struktur einer Dokumentenklasse wird dadurch übersichtlicher, dass Typen gesondert an einer Stelle spezifiziert werden. Vor allem aber braucht man mehrfach verwendete Typen nur einmal zu spezifizieren.

Zur Erläuterung der Element- und Typspezifikation betrachten wir ein kleines Beispiel. Das XML-Fragment

```
<Name>
   <Anrede Titel='Dr.'> Frau </Anrede>
   <Vorname> Berta </Vorname>
   <Nachname> Brotheim </Nachname>
</Name>
```

würde in einer DTD wie folgt spezifiziert werden, wobei das Element „Name" nicht mit einem ausgezeichneten Datentyp, sondern direkt mit seinem Inhaltsmodell verknüpft wäre:

```
<!ELEMENT Name      (Anrede, Vorname, Nachname)>
<!ELEMENT Anrede    (#PCDATA)>
<!ATTLIST Anrede    Titel CDATA #IMPLIED>
```

```
<!ELEMENT Vorname  (#PCDATA)>
<!ELEMENT Nachname (#PCDATA)>
```

Hingegen würde seine Schema-Spezifikation eine klare Trennung zwischen der Typspezifikation einerseits (obere neun Zeilen) und der Deklaration des Elementes und seiner Zuweisung zu dem Datentyp andererseits (letzte Zeile) vornehmen:

```
<complexType name='Personenname' mixed='false'>
<sequence>
<element name='Anrede' type='string' />
<attribute name='Titel' type='string' use='optional'>
</attribute>
<element name='Vorname' type='string' />
<element name='Nachname' type='string' />
</sequence>
</complexType>
<element name='Name' type='Personenname' />
```

Einfache Datentypen

Es gibt einfache Typen (*simpleType*) und komplexe Typen (*complexType*). Typen haben Namen, Attribute und ein Inhaltsmodell. Die Inhaltsmodelle einfacher Datentypen sind nicht weiter in andere Elemente zerlegbar. Sie entstehen aus bestehenden einfachen Datentypen durch Einschränkung oder durch Listenbildung. Beispielsweise ist *integer* der einfache Datentyp einer ganzen Zahl. Daraus könnten als neue eingeschränkte einfache Datentypen die Menge aller positiven Zahlen oder die ganzen Zahlen zwischen -5 und +5 oder alle geraden Zahlen abgeleitet werden. Eine *integer*-Liste wäre ebenfalls ein abgeleiteter einfacher Datentyp und würde zum Beispiel durch die Elemente (-17 20 110) und (37 37 36 37) instanziiert werden. Das folgende Schemafragment spezifiziert den einfachen Datentyp aller ganzen Zahlen zwischen -5 und +5:

```
<simpleType name='bisFuenf'>
   <restriction base='integer'>
      <minInclusive value='-5' />
      <maxInclusive value='5' />
   </restriction>
</simpleType>
```

Das folgende ist ein anderes Schemafragment, das eine Liste aus Dezimalzahlen definiert:

```
<simpleType name='zahlen' base='decimal' derivedBy='list' />
```

Diesen einfachen Datentyp „zahlen“ hat zum Beispiel das folgende Element:

```
<Morgentemperaturen> 37.0 37.1 36.9 37.2 </Morgentemperaturen>
```

Der Standard (XML Schema 2004) gibt selbst eine Reihe von *built-in*-Datentypen vor, die ein Dokument mit Bezug auf den zugehörigen Namensraum von „XMLSchema“ verwenden kann. Ihre Rohdaten sind ohne Ausnahme ASCII/Unicode-Zeichen, die von XML-Parsern jeweils auf ihre Einschränkung geprüft werden können. Darunter sind:

- *uriReference* (Webadresse, z.B. „http://www.irgendwo.de”)
- *string* (beliebige Zeichenkette), *NMTOKEN* (eingeschränkter Zeichensatz für Namen)
- *ID, IDREF* (Identifikationsnamen)
- *ENTITY, NOTATION* (Verweis auf einen beliebigen Datensatz, nicht notwendig XML-konform)
- *timePeriod, date* (z.B. „1950-08-34”)
- *boolean* (true, false, 0, 1)
- *binary* (nur die Ziffern 0 und 1)
- *decimal* (Dezimalbrüche), *integer* (ganze Zahlen)
- *float, double* (Gleitkommazahlen)

Es gibt eine Reihe von Mechanismen, aus einfachen Datentypen durch Einschränkung andere abzuleiten, dazu gehören die Beschränkung auf ein Minimum (*minInclusive*, *minExclusive*) und Maximum (*maxInclusive*, *maxExclusive*), die Beschränkung von Zeichenketten auf eine minimale und maximale Länge (*minLength*, *maxLength*), Zeitbeschränkungen bei einem Datum oder die Zeichenauswahl. Ein besonders flexibles Instrument zur Zeichenauswahl ist das so genannte *pattern*-Attribut, bei dem durch reguläre Ausdrücke das „Muster“ der erlaubten Zeichenketten vorgegeben werden kann.

```
.          beliebiges Zeichen
\d         beliebige Ziffer
\D         Zeichen, das keine Ziffer ist
\s         Leerstelle
\S         Zeichen, das keine Leerstelle ist
A*         keines oder mehrere Zeichen A
A?         keines oder ein Zeichen A
A+         eines oder mehrere Zeichen A

[A,B,C,...] Auswahl aus A, B, C, ...
A|B        Auswahl aus A oder B
[3-7]      Auswahl aus 3 bis 7
A{3}       A muss genau 3-mal vorkommen
A{3,}      A muss mindestens 3-mal vorkommen
A{3,8}     A muss mindestens 3-mal und darf
           höchstens 8-mal vorkommen
\          vor Metazeichen
(...)      Klammern zur Strukturierung
```

*Abbildung 9.9: Reguläre Ausdrücke zur Einschränkung von Zeichenketten (*pattern restriction*)*

Aus der Abbildung 9.9 kann man beispielsweise ersehen, dass der folgende einfache Datentyp eingeschränkter Zeichenketten gerade alle deutschen Autokennzeichen ausdrücken kann:

```
<simpleType name='Autokennzeichen' base='string'
derivedBy='restriction'>
   <pattern value='\D{1,3}-\D\D-\d{1,4}' />
</simpleType>
```

Weitere Beispiele von Zeichenmustern:

[+,-]?\d+,?\d*	alle Dezimalbrüche (mit Komma) einschließlich der ganzen Zahlen
(0|1)+	alle endlichen Folgen aus Dualzahlen
(Herrn|Frau)\s(\D)+	erste Zeile einer persönlichen Adresszeile
(A|a)(\D)*	alle Wörter, die mit einem A oder a beginnen

Komplexe Datentypen
Ein Datentyp besteht aus einem Namen, einer Liste von Attributen und einem Inhaltsmodell. Das Inhaltsmodell komplexer Datentypen kann aus einer Mischung von einfachen Datentypen und Unterelementen bestehen oder ausschließlich aus Unterelementen (`mixed='false'`).

Die in den komplexen Datentypen eingeschlossenen Unterelemente heißen *particles* und können auf viererlei Weise organisiert sein:

1. als lokale Elementdeklaration: <element name='Name' type='Personename' />
2. als Komposition (*compositor*) von Elementen: all, sequence, choice
3. als Zitat eines anderswo liegenden Inhaltsmodells: group
4. unspezifizert: any

Die Kompositionen bedeuten, der Reihe nach: *all* ist eine Folge von Elementen (allgemeiner: von Inhaltsmodellen) in beliebiger Reihenfolge (entsprechend dem Datentyp *Set* bei ASN.1), *sequence* ist eine Folge von Elementen in der vorgegebenen Reihenfolge (entsprechend dem Datentyp *Sequence* bei ASN.1), *choice* ist eine einfache Auswahl unter Elementen (entsprechend der Auswahlregel *Choice* bei ASN.1).

Das Beispiel einer elektronischen Banküberweisung unten in Abschnitt 9.8.8 demonstriert verschiedene Typspezifikationen in einem XML-Schema.

Namensräume
Ein konkretes XML-Dokument benutzt die Elemente und Typen eines Schemas immer mit Bezug auf dessen Namensraum. Mit dem Attribut „targetNamespace“ gibt eine Schemadeklaration sich selbst einen Namen, auf den sich XML-Dokumente beziehen, die die Elemente dieses Schemas verwenden. Ein XML-Dokument benennt dann mit dem Attribut „xmlns“ (das steht für „XML NameSpace“) den Namensraum des verwendeten Schemas. Ein XML-Dokument kann sich auf mehrere Namensräume beziehen. Zum Beispiel bezeichnet die folgende Schema-Auszeichnung

```
<schema xmlns='http://www.w3.org/2001/XMLSchema'
targetNamespace='urn:Welt-der-Anreden'
xmlns:wa='urn:Welt-der-Anreden' >
```

ihren eigenen Namensraum mit `urn:Welt-der-Anreden`. Sie selbst bezieht sich (als eigenes XML-Dokument!) auf zwei Namensräume (zwei „xmlns“-Attribute), nämlich auf das Standardschema von `http://www.w3.org/2001/XMLSchema` und auf ihren eigenen Namensraum. Dadurch kann dieses Schema die eigenen Elemente verwenden, indem sie die Elementnamen mit dem Kürzel „wa:" einleitet. Jedes XML-Dokument, das Namen der so eröffneten Schemadefinition verwenden will, bezieht sich auf diesen Namensraum, zum Beispiel:

```
<Brief xmlns='urn: Welt-der-Anreden'
xmlns=xsi:'http://www.w3.org/2001/XMLSchema-instance'
xsi:schemaLocation='urn:Welt-der-Anreden http://irgend.wo.de' >
...
<Name><Anrede> Herr </Anrede>
     <Vorname> Anton </Vorname>
    <Nachname> Aalberg </Nachname>
</Name>
... usw.
...
```

Dabei gibt das Attribut `xsi:schemaLocation` mit dem Namenspaar

```
'urn:Welt-der-Anreden  http://irgend.wo.de'
```

der interpretierenden Anwendung des Dokumentes „Brief" den Hinweis, dass sie die Schema-Definition zum Namensraum `'urn: Welt-der-Anreden'` unter der Webadresse `'http://irgend.wo.de'` findet.

Namenskürzel werden dann eingesetzt, wenn man mehrere Namensräume verwenden will und diese voneinander unterscheiden muss. Man verwendet oft den Standardnamensraum von XML-Schema und fügt weitere Namensräume hinzu, die man dann aber in der Namensverwendung extra auszeichnen muss:

```
<Brief xmlns='http://www.w3.org/2001/XMLSchema'
xmlns=xsi:'http://www.w3.org/2001/XMLSchema-instance'
xmlns:wa='urn: Welt-der-Anreden'>
xsi:schemaLocation='urn:Welt-der-Anreden http://irgend.wo.de' >
...
<wa:Name>
      <wa:Anrede> Herr </Anrede>
     <wa:Vorname> Anton </Vorname>
    <wa:Nachname> Aalberg </Nachname>
</Name>
... usw.
...
```

9.8.6 Transformationen und Präsentationen mit XSLT

XSLT (1999) ist ein Verfahren zur Umwandlung von XML-Dokumenten und besonders zu ihrer Präsentation. Es hat zwei Hauptanwendungen: erstens die Umwandlung von XML-Dokumenten in präsentierbare Formate wie HTML mit seinen Cascading Style Sheets (CSS

1998/2005) oder Adobe PDF; zweitens die Transformation von Dokumenttypen einer proprietären XML-Anwendungsspezifikation in eine andere.

XSLT nutzt Ausdrücke eines weiteren XML-Standards, XPath (1999), mit denen man gezielt auf Elemente, Attribute und Inhalte in den Strukturen von XML-Dokumenten zugreifen kann. Typische XPath-Ausdrücke sind „." für den aktuellen Knoten, „.." für den Elternknoten, „../xox" für den Geschwisterknoten mit Namen „xox", „node()" für alle Knoten, „@*" für alle Attributknoten und „../@xax" für das Attribut mit Namen „xax" des Elternknotens.

XSLT ist ein Standard des World Wide Web Consortium. Es beschreibt seine Aufgabe als „eXtensible Stylesheet Language Transformations (XSLT) – a language for transforming XML". (XSLT 1999)

Das Quelldokument einer Transformation muss ein gültiges XML-Dokument mit Bezug auf ein Schema sein. Das Zieldokument hingegen braucht nicht notwendiger Weise ein XML-Dokument zu sein. Es kann auch ein Präsentationsobjekt wie HTML (für Webbrowser) oder Adobe PDF (für Drucker) sein. Daher eignet sich XSLT besonders für die Ausgabe von XML-Dokumenten, indem es eine XML-Quelle auf ein ausdruckbares Dokument abbildet.

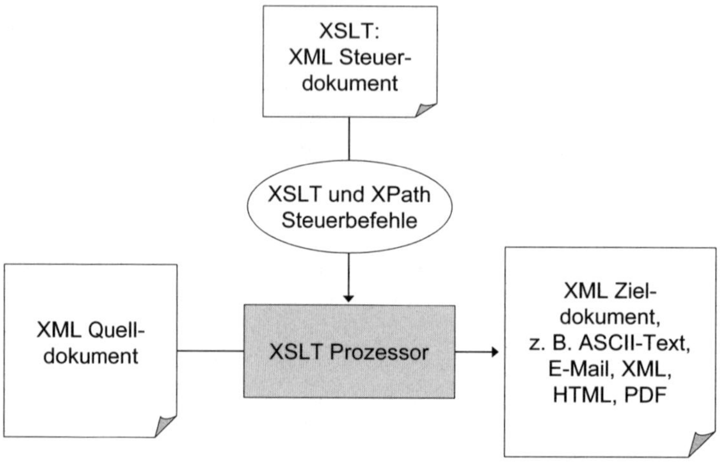

Abbildung 9.10: XSLT-Architektur

Ein konkretes XSLT-Dokument ist selbst ein XML-Dokument. Es enthält so genannte *Templates* (Formulare), die den Rahmen des Zieldokuments bilden. Sie enthalten fest formulierte und offene Stellen. Die festen Stellen werden wörtlich ins Zieldokument übernommen. In die offenen Stellen werden Teile aus dem Quelldokument eingefügt, die mit Hilfe von XPath-Ausdrücken aus dem Quelldokument herausgefischt werden. Die Sprache XSLT hat viele der Konstrukte, die man aus traditionellen Programmiersprachen kennt, wie Variable, Funktionsaufrufe, bedingungsweise Verzweigungen und Schleifen.

Die XPath-Ausdrücke zur Adressierung von Elementen, Attributen und Inhalten im Zieldokument sowie die XSLT-Befehle zur Übertragung des adressierten Quellteils in das Zieldokument sind nicht schwer zu verstehen, aber es sind zu viele mit verschiedenen Wirkungsweisen, um sie hier im Einzelnen vorstellen zu können. Dafür sei auf weiterführende Literatur verwiesen (Box et al. 2000, Ammelburger 2003).

Um überhaupt eine Vorstellung davon zu gewinnen, wie eine Transformation aussieht, sei hier folgendes einfache Beispiel ausgeführt. Das Quelldokument sei ein Überweisungsformular, das das folgende XML-Fragment enthalte:

```
<Auftraggeber>
    <Name> Anton Aalberg </Name>
    <Bank> Volksbank Darmstadt </Bank>
    <KtoNr> 123456789 </KtoNr>
</Auftraggeber>
```

Dieser Teil soll auf eine HTML-Seite abgebildet werden, die in der Ausgabe am Browser wie folgt beginnt:

An Anton Aalberg,
Sie beauftragen die Volksbank Darmstadt,
von Ihrem Konto Nr. 123456789 folgende Überweisung zu tätigen:
...

Die zugehörige HTML-Datei sieht an dieser Stelle so aus:

```
<html>
...
<p>
  An Anton Aalberg,
  <br/>
  Sie beauftragen die Volksbank Darmstadt,
  <br/>
  von Ihrem Konto Nr. 123456789 folgende Überweisung zu tätigen:
</p>
... usw.
```

Die Worte „Anton Aalberg“, „Volksbank Darmstadt“ und „123456789“ setzt der XSLT-Befehl <xsl:value-of select='*element-name*'/> an die entsprechenden Stellen im Zieltext. Die XSLT-Datei würde also an dieser Stelle so aussehen:

```
<html>
...
<p>
  An <xsl:value-of select='/Auftraggeber/Name' />,
  <br/>
  Sie beauftragen die <xsl:value-of select='/Auftraggeber/Bank' />,
  <br/>
  von Ihrem Konto Nr. <xsl:value-of select='/Auftraggeber/KtoNr' />
  folgende Überweisung zu tätigen:
</p>
... usw.
```

Der *value-of* Befehl wirkt sehr einfach, indem er auf eine bestimmte Stelle des Quelldokuments zugreift und ihren Inhalt übernimmt. Andere Befehle iterieren durch mehrere Knoten, wie *copy-of* und *for-each* oder verzweigen bedingungsweise wie *if test* oder *choose when ... otherwise ...*

9.8.7 Verarbeitung von XML-Dokumenten

Alle Anwendungen, die XML-Dokumente verarbeiten, benötigen einen XML-*Parser*. Der XML-*Parser* liest das textuelle XML-Dokument vom Filesystem oder über ein Transportprotokoll, zerlegt das Dokument in einzelne Teile, löst Referenzen auf entfernte Teile auf und überprüft, ob das Dokument wohlgeformt ist. Falls das Dokument eine DTD oder ein Schema enthält oder referenziert, wird noch überprüft, ob die vorliegende Dokumentinstanz konform zu dieser Typdefinition ist. Somit stellt der Parser das Dokument den nachgelagerten Anwendungen zur weiteren Verarbeitung zur Verfügung.

Nach dem „Parsen" kann das Dokument angezeigt bzw. gedruckt oder mit einem Anwendungsprogramm weiterverarbeitet werden. Als Ergebnis der Verarbeitung können neue XML-Dokumente entstehen, die an andere XML-fähige Anwendungen weitergereicht werden oder das Anwendungsprogramm kann mit Datenbanken, Standard-Geschäftsanwendungen etc. kommunizieren.

Grundsätzlich können natürlich die Ergebnisse eines XML-*Parsing* an andere *Parser* weitergeleitet werden, beispielsweise an einen ASN.1-Interpreter. Das Ziel einer einheitlichen Spezifikationssprache ist es hingegen, das Hintereinanderschalten verschiedener *Parser* zu vermeiden. Aus diesem Grund ist es erstrebenswert, die bestehenden ASN.1-Spezifikationen von X.509-Zertifikaten (ASN.1 2002, ITU 1993) in XML umzuspezifizieren.

9.8.8 Beispiele

Im Folgenden wird das Beispiel aus Abschnitt 9.7.4, in dem ein elektronisches Überweisungsformular mit ASN.1 spezifiziert und ein dazu passendes Überweisungsdokument kodiert wurde, nach XML übertragen. Wir werden das Beispiel in seiner logischen Struktur und mit seinen Rohdaten nicht völlig deckungsgleich, aber doch sehr ähnlich übernehmen. Zunächst geben wir ein konkretes Beispieldokument in kodierter XML-Form an. Es folgen die beiden üblichen Methoden, den zugehörigen Datentyp zu spezifizieren, anhand derer interpretierende Anwendungen prüfen können, ob das Dokument „gültig" ist: zunächst eine *Document Type Definition* (DTD), dann ein XML-*Schema.*

Die Kodierung einer konkreten Banküberweisung:

```
<?xml version='1.0' encoding='ISO-8859-1'?>
<!DOCTYPE Ueberweisungsformular SYSTEM
        'http://www.sparbank.de/banking/specs/dtd/Ueberweisung.dtd'>
<Ueberweisungsformular>
    <Auftraggeber>
            <Name>Anton Aalberg</Name>
            <Bank>
                    <BLZ>50890000</BLZ>
                    <Name>Volksbank</Name>
                    <Ort>Darmstadt</Ort>
            </Bank>
            <KtoNr>123456789</KtoNr>
    </Auftraggeber>
    <Empfaenger>
            <Name>Berta Brotheim</Name>
            <Bank>
                    <BLZ>82070000</BLZ>
                    <Name>Deutsche Bank</Name>
                    <Ort>Ilmenau</Ort>
            </Bank>
            <KtoNr>987654321</KtoNr>
    </Empfaenger>
    <Betrag Waehrung='EUR'>23.00</Betrag>
    <Termin>2006-03-31</Termin>
    <Verwendungszweck>Kauf XML-Buch</Verwendungszweck>
</Ueberweisungsformular>
```

Die DTD-Spezifikation einer Banküberweisung (Document Type Definition):

```
<!ELEMENT Ueberweisungsformular (Auftraggeber, Empfaenger, Betrag,
       Termin, Verwendungszweck?)>
<!ELEMENT Auftraggeber     (Name, Bank, KtoNr)>
<!ELEMENT Empfaenger       (Name, Bank, KtoNr)>
<!ELEMENT Bank      ((BLZ, (Name, Ort)?) | ((Name, Ort)?, BLZ))>
<!ELEMENT BLZ       (#PCDATA)>
<!ELEMENT Name      (#PCDATA)>
<!ELEMENT Ort       (#PCDATA)>
<!ELEMENT KtoNr     (#PCDATA)>
<!ELEMENT Betrag    (#PCDATA)>
<!ATTLIST Betrag    Waehrung (EUR | USD | SFR) 'EUR' >
<!ELEMENT Termin    (#PCDATA)>
<!ELEMENT Verwendungszweck (#PCDATA)>
```

Das Komma bezeichnet eine Sequenz von Elementen, das Fragezeichen markiert optionale Elemente, der senkrechte Strich „|“ steht zwischen Alternativen, „#PCDATA“ bezeichnet den nicht weiter zerlegbaren Rohdatentyp einer Zeichenkette. Die Deklaration des Elements „Bank“ bedeutet zum Beispiel, dass es mindestens das Unterelement „BLZ“ enthalten muss, zusätzlich aber die beiden Elemente „Name“ und „Ort“ haben darf. Dabei ist es freigestellt, ob die BLZ dem Paar (Name, Ort) vorangeht oder ihm folgt. Das Element „Betrag“ ist als Zeichenfolge (*PCDATA*) deklariert (wobei die Auswertungsprogramme hier einen positiven Dezimalbruch mit zwei Stellen hinter dem Komma erwarten), der als zusätzliches Attribut unter dem Namen „Waehrung“ angibt, ob es sich um „EUR“, „USD“ oder „SFR“ handelt; fehlt das Attribut, wird „EUR“ angenommen. Das Element „Betrag“ könnte in kodierter Form so aussehen:

```
<Betrag Waehrung='EUR'>23.00</Betrag>
```

oder (gleichbedeutend)

```
<Betrag>23.00</Betrag>
```

oder (mit anderer Bedeutung)

```
<Betrag Waehrung='SFR'>28.95</Betrag>
```

Auf eine Zerlegung des Dokuments in verschiedene *Entities* sowie auf eine Einschränkung der *PCDATA*-Datentypen auf numerische Werte bzw. auf Höchstlängen wurde hier der Einfachheit halber verzichtet.

Die Schema-Spezifikation einer Banküberweisung (XML-Schema):
Wir setzen jetzt den *Schema*-Formalismus von XML ein, um das elektronische Überweisungsformular zu spezifizieren. Ein XML-*Schema* spezifiziert die logische Struktur eines

XML-Dokuments am Übersichtlichsten dadurch, dass es das Dokument als Wurzelelement deklariert und dem zugehörigen Elementnamen einen komplexen Datentyp zuordnet, der in XML-kodierter *Tag*-Schreibweise Elemente und Unterelemente einfügt. Durch weitere Typspezifikationen der Unterelemente erhält das Dokument seine logische Tiefenstruktur. An unterster Stelle stehen die einfachen Datentypen, und letztlich die Rohdaten aus ASCII-Zeichen. So ist es in diesem Beispiel gemacht.

Das Wurzelelement „Ueberweisungsformular" ist am Schluss unseres Schema-Dokuments deklariert und dabei dem Datentyp „FormularTyp" zugeordnet. Davor sind die zugehörigen Datentypen spezifiziert. Dieses *Schema* und die darin definierten Element-, Typ- und Attributnamen sind durch ein Attribut des Schema-Elements (3. Zeile) `targetNamespace='urn:schema-homebanking'` dem Namensraum „schema-homebanking" zugeordnet, den eine Anwendung kennen muss, um das Schema auswerten zu können.

Als erster komplexer Datentyp ist „FormularTyp" spezifiziert, den jedes konkrete XML-Dokument mit dem Namen „Ueberweisungsformular" in diesem Namensraum hat. Er enthält die Elemente „Auftraggeber", „Empfaenger", „Betrag", „Termin" und „Verwendungszweck". Die Elemente „Auftraggeber" und „Empfaenger" haben denselben Datentyp „Bankkunde", der mit dem Namensraumkürzel „hb" referenziert wird, und der als nächster komplexer Datentyp spezifiziert ist. Der Datentyp „Bankkunde" enthält unter anderem das Unterelement „Bank" mit dem komplexen Datentyp „BankId", der hier als letzter Datentyp spezifiziert ist.

Das Element „Betrag" im Datentyp „FormularTyp" hat den komplexen Datentyp „Geldbetrag". Dieser hat zwei Besonderheiten: erstens wird der Inhalt von Geldbetrag durch einen einfachen Datentyp „BetragsTyp" im selben Schema, nämlich unmittelbar über „Geldbetrag", beschrieben. Der „BetragsTyp" ist dadurch gekennzeichnet, dass er Betragsunter- und obergrenzen beachtet. Zweitens hat „Geldbetrag" ein optionales Attribut „Waehrung". Es enthält bis zu drei Buchstaben (gedacht ist an Wörter wie EUR, SFR, USD, BP oder KR), und wenn es fehlt, dann ist an dieser Stelle automatisch das Attribut „EUR" zu ergänzen (*default value*).

Der komplexe Datentyp „BankId" enthält die Elemente *choice* und *sequence*. Das sind zwei der drei von der XML-Schemasprache möglichen Zusammensetzungsregeln für Unterelemente, sogenannte *Compositor*-Regeln. *choice* bedeutet, dass von den folgend genannten Elementen (hier „BLZ", „IBAN" und „BIC") genau eines auftauchen muss. *sequence* bedeutet, dass alle folgend genannten Elemente (hier „Name" und „Ort") in genau dieser Reihenfolge auftreten müssen. Die Kombination der beiden *Compositor*-Regeln sorgt hier dafür, dass genau eines der drei BLZ, IBAN oder BIC da sein muss, während „Name" und „Ort" fehlen dürfen (minOccurs='0'). Das entspricht *nicht genau* der DTD-Definition des Elements „Bank": <!ELEMENT Bank ((BLZ, (Name, Ort)?) | ((Name, Ort)?, BLZ))>. Es ist eine reizvolle Übungsaufgabe, die beiden Definitionen einander anzugleichen.

Alle anderen verwendeten Datentypen sind „einfach", und zwar sind *string*, *date* und *decimal* im XML-Standard als so genannte *built-in simple types* vorgegeben. *string* entspricht der ASCII-Zeichenkette. *date* ist ein *string* von der Form „2006-03-31". *decimal* ist ein *string* aus Ziffern und einem Komma, ggf. mit einem führenden Plus- oder Minuszeichen, zum Beispiel „14890.02“ oder „-1480.3799“. In unserer Spezifikation ist der einfache Datentyp „Geldbetrag“ von dem Dezimalbruch-Datentyp *decimal* abgeleitet und dabei so eingeschränkt, dass er zwei Stellen hinter dem Komma haben darf und einen Wert größer als 0.00 und höchstens 1000000.00 (1 Million) haben muss.

Das letzte Element „Verwendungszweck“ im Datentyp „FormularTyp“ ist optional, was durch das Attribut „minOccurs='0'“ ausgedrückt ist.

Hier folgt unser Beispiel für ein XML-Schema:

```
<?xml version='1.0' encoding='ISO-8859-1'?>
<schema xmlns='http://www.w3.org/2001/XMLSchema'
targetNamespace='urn:schema-homebanking'
xmlns:hb='urn:schema-homebanking'
>
<complexType name='FormularTyp' mixed='false'>
<sequence>
    <element name='Auftraggeber' type='hb:Bankkunde' />
    <element name='Empfaenger' type='hb:Bankkunde' />
    <element name='Betrag' type='hb:Geldbetrag' />
    <element name='Termin' type='date' />
    <element name='Verwendungszweck' minOccurs='0'>
           <simpleType>
              <restriction base='string'>
                 <maxLength value='54' />
              </restriction>
           </simpleType>
    </element>
</sequence>
</complexType>

<complexType name='Bankkunde' mixed='false'>
<sequence>
    <element name='Name' type='string' />
    <element name='Bank' type='hb:BankId' />
    <element name='KtoNr'>
    <simpleType>
       <restriction base='string'>
          <maxLength value='10' />
       </restriction>
    </simpleType>
    </element>
</sequence>
</complexType>
```

```
<simpleType name='BetragsTyp'>
<restriction base='decimal'>
     <minExclusive value='0.00'/>
     <maxInclusive value='1000000.00'/>
     <fractionDigits value='2'/>
</restriction>
</simpleType>

<complexType name='Geldbetrag' mixed='false'>
   <simpleContent>
     <extension base='hb:BetragsTyp'>
   <attribute name='Waehrung' use='default' value='EUR'>
     <simpleType>
        <restriction base='string'>
           <maxLength value='3' />
        </restriction>
     </simpleType>
   </attribute>
     </extension>
   </simpleContent>
</complexType>

<complexType name='BankId' mixed='false'>
<sequence>
<choice>
   <element name='BLZ'>
     <simpleType>
        <restriction base='string'>
           <maxLength value='8' />
        </restriction>
     </simpleType>
   </element>
   <element name='IBAN'>
     <simpleType>
        <restriction base='string'>
           <maxLength value='22' />
        </restriction>
     </simpleType>
   </element>
   <element name='BIC'>
     <simpleType>
        <restriction base='string'>
           <maxLength value='8' />
        </restriction>
```

```
      </simpleType>
    </element>
  </choice>
  <sequence minOccurs='0'>
    <element name='Name' type='string' />
    <element name='Ort' type='string' />
  </sequence>
  </sequence>
  </complexType>

  <element name='Ueberweisungsformular' type='hb:FormularTyp' />

  </schema>
```

Zum Schluss deklariert dieses Schema ein Element mit dem Namen „Ueberweisungsformular", das den im selben Schema spezifizierten Datentyp „FormularTyp" hat. Ein konkretes XML-Dokument, das mit Bezug auf den Namensraum „schema-homebanking" den Namen „Ueberweisungsformular" hat, muss diesem Schema folgen, um „gültig" zu sein. Es könnte genau so aussehen, wie oben in der Beispielkodierung als serialisiertes XML-Dokument dargestellt. Es würde so beginnen:

```
<?xml version='1.0' encoding='ISO-8859-1'?>
<Ueberweisungsformular xmlns='urn:schema-homebanking'
xsi:schemaLocation='urn:schema-homebanking
http://www.sparbank.de/banking/specs/schemata'
>
<Auftraggeber> ... usw ...
</Ueberweisungsformular>
```

Dabei gibt das Attribut `xsi:schemaLocation` mit dem Namenspaar

```
'urn:schema-homebanking   http://www.sparbank.de/banking/specs/schemata'
```

der interpretierenden Anwendung den Hinweis, dass es die Schema-Definition zum Namensraum `urn:schema-homebanking` unter der Webadresse `http://www.sparbank.de/banking/ specs/schemata` findet.

9.9 HTML

9.9.1 Gegenstand und Historie

HTML steht für *Hypertext Markup Language* (HTML 1995). Diese Sprache ist eine konkrete Ausprägung der allgemeinen Spezifikationssprache SGML (*Structured Generalized Markup Language*, ISO 8879 1986), von der sie mithilfe einer Dokumenttyp Definition (DTD, s.o. Abschnitt 9.8.4) abgeleitet ist (1989). SGML ist eine Obermenge von XML (s.o. Abschnitt 9.8.1). In ihrer modernen Form ist XHTML eine konkrete Ausprägung von XML. HTML selbst ist aber älter als XML. Ihr Erfolg war ein wesentliches Motiv für das XML-Projekt ab 1996.

Sieben Jahre früher, 1989, entwarf Tim Berners-Lee für ein lokales Projekt unter Physikern der Forschungseinrichtung CERN in Genf HTML als eine möglichst einfache Spezifikationssprache für Texte, die im lokalen Netz allen Forschern zum direkten Zugriff zugänglich sein sollten. Die Texte sollten verteilt vorliegen und aufeinander verweisen können. Die Verweisstruktur war einfach: über so genannte Hypertext-*Links* konnte die Adresse eines anderen Textes angeben werden. Das englische Wort *Link* heißt auf Deutsch Kettenglied und Verbindungsstück. Das zugehörige Zugangsprotokoll würde bei Interpretation des Textes im lokalen Client nach Bedarf den zitierten Text von der zitierten Stelle abrufen. Inklusion zitierter Texte in einen vorhandenen Text ist ebenfalls möglich.

Berners-Lee traf zur Realisierung dieses Projekts drei wesentliche Entscheidungen:

1. Auswahl der Beschreibungssprache HTML für Hypertexte,
2. Spezifikation des Adressformats URL für die im Netz verteilten Texte,
3. Spezifikation des einfachen Austauschprotokolls HTTP für Hypertexte.

Zur Adressierung von Hypertexten konnte Berners-Lee auf die Domain-Methode der E-Mail-Adressen zurückgreifen. Er fügte vor die Kette von Domainnamen den Protokollnamen „http" ein und hängte an die Domainadresse des Webservers mit Schrägstrichen getrennt lokale Unterbereiche an, so wie man das von den Dateinamen in Unix bereits gewohnt war. Dadurch entstand das intuitiv unmittelbar verständliche Adressierungsformat URL – *Uniform Resource Locator*. Beispiele:

```
http://cm.bell-labs.com/cm/ms/what/shannonday/paper.html
http://www.w3.org/TR/REC-html40
http://plato.stanford.edu/archives/fall2002/entries/church-turing
```

Mit dem Zugangsprotokoll HTTP – *Hypertext Transfer Protocol* entschied sich das CERN-Projekt für die denkbar einfachste Form: HTTP ist ein zustandsloses 2-Schritte-Protokoll aus *Request* und *Response* (HTTP 1999), es ist oben in Kapitel 8 über Protokolle, Abschnitt 8.7, beschrieben.

Die Hypertextanwendung mit HTML, URL und HTTP blieb ein lokales Projekt in CERN, bis Marc Andreessen 1993 mit dem Mosaic-Browser ein geniales Instrument geschaffen hatte, mit dem Clients ohne Programmier- und Protokollkenntnisse auf intuitiv höchst einfache Weise Texte im Netz abrufen und multimedial an ihrem Bildschirm darstellen können: Den *Web Browser*. Das Design des Browsers ist von seinen ersten Anfängen in *Mosaic* (so hieß der historisch erste Web Browser von Andreessen 1993) bis heute in *Netscape*, *Mozilla*, *Firefox*, *Opera*, im *Internet-Explorer* und in allen anderen Produkten gleich geblieben:

- in einer Adressierungszeile im Kopf des Browsers gibt man den URL ein;
- die abgerufene Webseite wird im zentralen Bildschirmteil ausgegeben;
- Verweise auf andere Texte innerhalb eines angezeigten Hypertextes sind farbig markiert und werden mit einem Doppelklick aktiviert, woraufhin der Browser den zitierten Text von der zitierten Stelle abruft und an Stelle des vorherigen Textes im zentralen Bildschirmteil ausgibt;
- Multimedia-Elemente wie Bild, Video und Ton werden vom Browser direkt ausgegeben;
- lokale Navigationen erlauben das Vor- und Zurückschalten zwischen zuvor abgerufenen Webseiten.

Datenbeschreibung (HTML), Austauschprotokoll (HTTP), Adressierung (URL) und die lokale Steuerung des Abrufs (Browser) waren denkbar einfach. Diese vier Elemente bildeten fortan die Grundlage für das fortan so genannte World Wide Web.

Der letzte Mosaikbaustein zum WWW war der Browser, der ab 1993 einen plötzlichen und weltweiten Boom auslöste. Homepages schossen wie Pilze aus dem Boden, auf Visitenkarten fügte man zur E-Mail-Adresse den URL der eigenen Homepage, Informationen wurden im Netz öffentlich und spontan zugänglich. Im Web wurden von Anfang an massenhaft Ankündigungen, Produktbeschreibungen, Gesetzestexte, Kulturprogramme, Firmenportfolios und vieles anderes mehr angeboten. Die erste durchschlagende E-Commerce-Anwendung (*Killer Appplication*) war das Homebanking, das in Deutschland den langsamen und zentralen Postdatendienst BTX ablöste.

Die erste „witzige" Anwendung war die Kaffeemaschine des *Trojan Room* im Rechenzentrum der Universität Cambridge, UK. Eine Kamera war auf die Kaffeemaschine gerichtet und produzierte jede Minute ein neues Bild, das man im Web weltweit abrufen konnte. Sie wurde zum Sinnbild des WWW, durch das die ganze Welt nur noch einen Mausklick weit entfernt lag. Heute gehören *Web-Cams* zu den alltäglichen Web-Angeboten.

1994 konstituierte sich das *World Wide Web Consortium*. Es ist allen Interessierten zur Mitarbeit offen. Es standardisierte ab 1995 HTML und HTTP sowie im Gefolge davon eine Reihe anderer Webstandards. Das wichtigste Projekt des W3C ist die XML-Entwicklung ab 1999, s.o. Abschnitt 9.8.

9.9.2 Logische Struktur, Rohdaten, Präsentation und Kodierung

HTML ist in seiner modernen Form XHTML eine XML-Beschreibungssprache und erbt dieselbe *logische Struktur*, die XML allen Datentypen aufprägt (s.o. Abschnitt 9.8.2). Bereits in ihrer älteren Form als HTML sind HTML-Dateien Bäume aus ineinander verschachtelten Elementen. Im Gegensatz zu XML ist HTML eine konkrete Syntax: seine Elemente liegen fest. Das Wurzelelement jeder HTML-Datei ist das <html>-Element. Es enthält zwei Teilelemente, <head> und <body>. Der Kopf enthält im Wesentlichen einen Titel und weitere Metadaten, die das Dokument beschreiben. Der Körper enthält textliche Satzelemente, wie Überschriften, Paragraphen, Aufzählungen, Tabellen und so weiter.

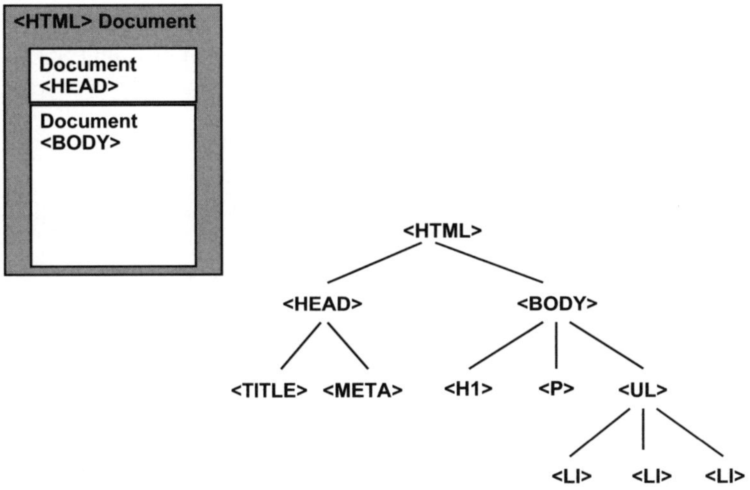

Abbildung 9.11: Die logische Grundstruktur von HTML-Dateien

Die *Rohdaten* von HTML sind der gesamte Unicode-Zeichensatz mit allen Ziffern, Zeichen, Buchstaben, Sonderzeichen sowie den deutschen Umlauten, den kyrillischen, japanischen und chinesischen Zeichensätzen.

Darüber hinaus verfügt HTML über einen Mechanismus, Bilder in eine Webseite zu integrieren. Mit der <img>-Auszeichnung werden Bildformate wie *gif* und *jpeg* zitiert. Während des Ladevorgangs der HTML-Datei lädt der Browser das zitierte Bild von der angegebenen Adresse herunter und integriert es an die mit <img> ausgezeichnete Stelle, ohne dass der Nutzer diesen Aufruf besonders aktiviert:

```
<img src='http://www.ferne.de/Bilder/Bild37.jpg' align=left hspace=20>
```

Mit dem Anker-Element <a href=*URL*> kann HTML eine Textstelle auszeichnen, bei dessen Aktivierung durch den Nutzer der Browser andere Webseiten oder Medienformate lädt. Andere HTML-Dateien würden die ursprünglich geladene HTML-Datei überschreiben. Andere Medienformate wie Videos (*mpeg*) oder Audiofiles (*mpu*), würden parallel zur bestehenden HTML-Datei abgespielt werden:

```
<a href='http://www.ferne.de/Lieder/hottie.mpu'>Hottie als MP3</a>
<a href='http://www.ferne.de/Filme/slap.mpg'>Dick und Doof</a>
```

Die Strukturelemente von HTML-Dateien sind in jeder Browsereinstellung mit einem *Präsentationsformat* verknüpft. Sie kann vom Nutzer eingestellt werden. Normaler Paragraphentext wird in mittelgroßer Einfachschrift ausgegeben. Überschriftzeilen <h1>, <h2>, usw. wachsen mit höherem Niveau an Größe und Fettdruck. Es gibt Elemente für fette <b> und kursive <i> Hervorhebungen im laufenden Text. Es gibt Zeilenstriche <hr>, Umbrüche <br>, Attribute für Leerstellen `hspace` und Leerzeilen `vpsace` sowie für die Randausrichtung `align= left/right/center`. Man kann Farbe `color`, Schriftgröße `size` und Schriftart `face` mit <font>-Attributen einstellen. Das folgende Beispiel zeigt, wie Präsentations- und Strukturanweisungen in HTML-Dokumenten munter durcheinander gehen:

```
<html>
<head>
      <title> Schriftgestaltung </title>
</head>

<body bgcolor='#FFFFFF'>
<h1> Schriftgestaltung </h1>
<p> In unserem Garten wachsen
<font color='#FF0000'><b>rote Rosen</b></font>.</p>
<basefont size='5'>
<p> Der Frühlingsregen lässt das Gras
<font size='7'> wachsen. </font>
</p><p>
Mit dem Rasenmäher wird der Rasen kurz gehalten.</p>
<font face='arial, helvetica' color='#00FF00'>ENDE und aus.</font>
<p> <font size='3'> (Aus: Mein schöner Rosengarten)</font>
```

```
</p>
<hr/>
<p>
<font size='1'>
<a href='log_format.html'> Logische Formatierung </a> <br/>
<a href='phys_format.html'> Physische Formatierung </a> <br/>
</font>
</p>
</body>
</html>
```

Dieses Beispiel kann man in eine Textdatei laden, abspeichern und mit einem Browser aufrufen.

Das Beispiel zeigt zugleich die logischen Grundelemente von HTML, und wie HTML-Dateien kodiert sind. Die *Kodierung* von HTML ist dieselbe wie die von XML (s.o. Abschnitt 9.8.2). Elemente werden durch öffnende und schließende Marken (*Tags*), die den Namen des Elementes tragen, eingeschlossen, die zugehörigen Attribute stehen neben den Markennamen. Allerdings liegen die *Tags* von HTML fest, da ja HTML eine konkrete Syntax darstellt.

9.9.3 Cascading Style Sheets

Im Grundwortschatz von HTML sind Struktur-*Tags* (`head, body, h1, h2, p`) und Präsentations-*Tags* (`b, i, br, hr, font`) nicht klar getrennt.

Zur Verwendung im laufenden Text gibt es Hervorhebungsbefehle physischer und logischer Art. Die folgenden Auszeichnungen geben die Form der textlichen Hervorhebung vor und sind deshalb physische Hervorhebungen:

```
<i> kursiv </i>
<b> fett </b>
<u> unterstrichen </u>
<strike> durchgestrichen </strike>
Etwas <big> größer </big> als normal.
Etwas <small> kleiner </small> als normal.
```

Hingegen sind die folgenden Auszeichnungen nicht in ihrer Form, sondern in ihrer logischen Bedeutung definiert. Die Realisierung hängt von den zugehörigen *Style Sheets* oder, wenn diese fehlen, von der Voreinstellung des Browsers ab:

```
<em> leichte Hervorhebung (z.B. kursiv) </em>
<strong> starke Hervorhebung (z.B. fett) </strong>
<code> Programmcode </code>
```

```
<samp> Beispieltext </samp>
<cite> Zitat </cite>
<abbr> Abkürzung (z.B. 'Hrsg') </abbr>
```

Allerdings bietet die *Cascading Style Sheet Language* (CSS 1998/2005) eigene *Tags* zur Präsentation von Strukturteilen an. Auf diese Weise kann man die Trennung von Struktur und Präsentation etwas besser gewährleisten. Ein *Style Sheet* wird durch das `style`-Element realisiert:

```
<style type='text/css'>
<!--
     HTML-TAG {graphische Eigenschaften}
     HTML-TAG {graphische Eigenschaften}
... weitere ...
-->
</style>
```

Die Einklammerung in die Kommentarklammern `<!-- -->` ist deshalb notwendig, weil dieser Teil nur vom CSS-*Interpreter* verstanden wird, während der HTML-*Interpreter* ihn als Kommentar ignorieren soll. Zum Beispiel könnten der Körper `<body>`, die Überschriften des 2. Levels `<h2>` und der Paragraphentext nach `<p>` wie folgt vorab in ihrer Präsentation bestimmt werden:

```
<style type='text/css'>
<!--
body {font-family:arial; color:white; background-image: blue}
h2 {color: red; border: #FFCC66 outset medium }
p {font-style: italic; font-size: 12}
-->
</style>
```

Es ist guter Programmier- und Schreibstil, diejenigen Präsentationsregeln, die sich in *Cascading Style Sheets* ausdrücken lassen, an zentralen Stellen am Anfang des Dokuments und vor jedem Block mit geänderten Präsentationsregeln zu versammeln.

9.9.4 Die Hyperlinks in das World Wide Web

Hyperlinks sind eine Besonderheit des World Wide Web und werden durch so genannte Anker-Elemente in HTML-Dateien gesetzt. Hyperlinks verknüpfen HTML-Dokumente mit anderen Web-Dokumenten, die entfernt liegen können. Das Anker-Element `<a>` zeigt in seinem `href`-Attribut (für *Hypertext Reference*) auf den URL anderer Webdokumente:

```
<a href='http://www.sparbank.de/banking/specs/schemata'>
Hier finden Sie die Schemata für unsere E-Banking-Anwendung
</a>
```

Bei der Ausgabe im Browser wird der Text „Hier finden Sie die Schemata für unsere E-Banking-Anwendung" ausgegeben und farbig hervorgehoben. In diesem Beispiel enthält das `href`-Attribut einen Verweis auf ein entferntes HTML-Dokument mit dem URL `http://www.sparbank.de/banking/specs/schemata`. Bei Mausklick auf diesen Bereich lädt der Browser das zugehörige Dokument aus dem Netz in seinen Ausgabebereich. Es sind auch Verweise auf lokale Elemente möglich:

```
<a href='log_format.html'> Logische Formatierung </a>
```

Ein HTML-Dokument eröffnet mit einem `href`-Verweis einen „Navigationspfad" in das Netz. Ein Nutzer folgt diesem Pfad, indem er Hyperlinks, die er in einem HTML-Dokument findet, anklickt. Pfade können im Kreis herumführen. Das Web ist insgesamt kein Baum, sondern ein vielfach verwobenes Datennetz, eben ein weltweites Spinnennetz. Häufig gibt es Hin- und Herverweise zwischen zwei HTML-Dokumenten, zum Beispiel für die explizite Angabe von Rückwärtspfaden. Eine gut organisierte lokale Webumgebung sorgt für eine saubere, nicht zu tiefe Baumstruktur mit ausgewiesenen Rückverweisen, entweder entlang dem Navigationspfad oder immer zu einem zentralen Wurzeldokument.

Weitere Hyperlinks können die Elemente `<link>`, `<img>`, `<isindex>` und `<form>` setzen. `<link>` und `<img>` werden spontan akitiviert. `<isindex>` dient der entfernten Datenbankabfrage, und `<form>` erlaubt einen entfernten Fomulareintrag (s. folgenden Abschnitt 9.9.5)

9.9.5 HTML-Formulare

HTML bietet mit dem `<form>`-Tag ein besonderes Element an, mit dem Nutzer interaktiv Eingaben an einen Webserver schicken können. Es enthält zwei wichtige Attribute, das `action`- und das `method`-Attribut. Das `method`-Attribut legt fest, mit welcher Methode der nachfolgende HTTP-*Request* abgegeben werden soll, mit der `POST`- oder mit der `GET`-Methode. Bei der `POST`-Methode werden die ausgefüllten Formularfelder im Nachrichtenkörper übertragen, bei der `GET`-Methode werden sie an den URL-String im Adressfeld angehängt. Im `action`-Attribut wird der URL festgelegt, an welchen der zugehörige *Request* adressiert werden soll.

Das `<form>`-Element enthält als wichtigste Unterelemente

- das `<input>`-Element für die einfache Texteingabe (`type='text'`) und verschiedene Auswahlknöpfe (`type='button', type='reset',type='submit'`),

- das `<textarea>`-Element zur Eingabe mehrzeiliger Texte,
- das `<select>`-Element für die Auswahl aus vorgegebenen Eingaben.

Alle Unterelemente zur Aufnahme von Nutzereingaben haben ein `Name`-Attribut, welches den Namen der zu diesem Eingabeparameter gehörenden Variablen angibt. Nachdem der Nutzer ein Formular ausgefüllt hat, schickt er es ab, beispielsweise durch Anklicken eines `submit`-Knopfes. Als Folge davon liest der Browser die Eingabefelder und ordnet sie den zugehörigen Variablennamen zu. Er bildet aus den Paaren von *Variablenname* und *Kundeneintrag* eine Zeichenkette, und zwar in der Form `Name1=Eintrag1&Name2=Eintrag2&Name3=Eintrag3...` usw., fügt die Zeichenkette in den Datensatz für ein HTTP-Request ein und schickt dieses an denjenigen URL, den er dem `action`-Attribut des `<form>`-Elementes entnimmt. Die `POST`-Methode des Banküberweisungsformulars ist im folgenden Beispiel ausgeführt.

9.9.6 Beispiel: ein unausgefülltes Banküberweisungsformular

Ein leeres Überweisungsformular kann mit dem Webbrowser so dargestellt werden, dass dem Nutzer Eingabefelder zum Ausfüllen zur Verfügung stehen. Es wird durch ein <form>-Tag etwa der folgenden Art eingeleitet:

```
<FORM ACTION='http://www.sparbank.de/banking/cgi-bin/accept'
  METHOD=POST>
```

Nach dem Ausfüllen durch den Nutzer erstellt in unserem Beispiel der Browser einen zugehörigen HTTP-*Request* mit der `POST`-Methode und sendet ihn an den Webserver bei `http://www.sparbank.de/`. Dieser überlässt die Auswertung der Eingabeparameter dem Anwendungsprogramm bei `banking/cgi-bin/accept`. Das Auswertungsprogramm könnte zum Beispiel so weiter verfahren: es bildet aus dem ausgefüllten Formular ein XML-Überweisungsformular in Form eines „FormularTyps“ (s.o. Beispiel in Abschnitt 9.8.8) und übergibt dieses XML-Dokument zur weiteren *Back Office*-Bearbeitung an einen Anwendungsserver. Die folgende Abbildung zeigt die Webseite mit dem unausgefüllten Überweisungsformular.

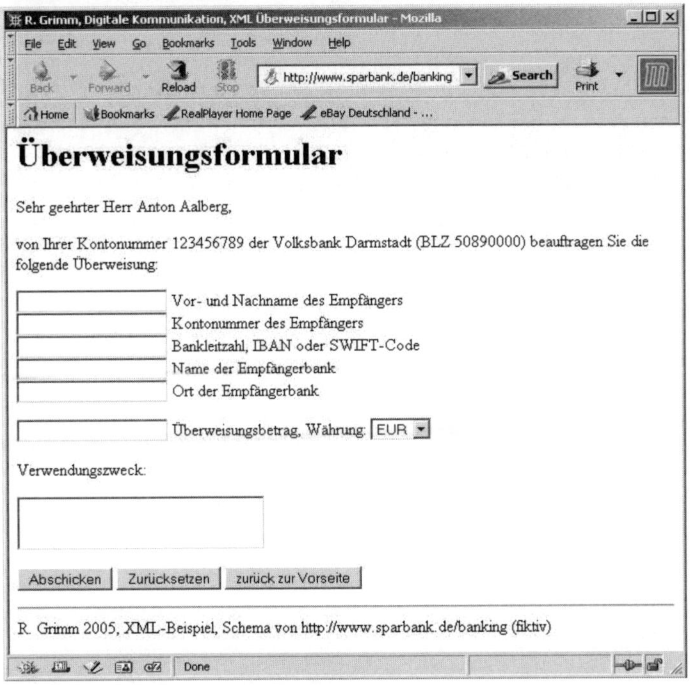

Abbildung 9.12: Ein Überweisungsformular als HTML-Datei

Das ist die zugehörige HTML-Quelle:

```
<html>
<head>
<title> R. Grimm, Digitale Kommunikation, XML Überweisungsformular
</title>
</head>

<body bgcolor='#FFFFFF'>
<h1> Überweisungsformular </h1>
<p>
  Sehr geehrter Herr Anton Aalberg,
</p><p>
  von Ihrer Kontonummer 123456789 der Volksbank Darmstadt
  (BLZ 50890000) beauftragen Sie die folgende Überweisung:
</p>
  <FORM ACTION='http://www.sparbank.de/banking/cgi-bin/accept'
   METHOD=POST>
<p>
```

```
    <INPUT type='text' name='kundenname'> Vor- und Nachname des Empfän-
  gers<br/>
    <INPUT type='text' name='ktonr'> Kontonummer des Empfängers<br/>
    <INPUT type='text' name='blz'> Bankleitzahl, IBAN oder SWIFT-Code<br/>
    <INPUT type='text' name='bankname'> Name der Empfängerbank<br/>
    <INPUT type='text' name='bankort'> Ort der Empfängerbank
  </p><p>
    <INPUT type='text' name='betrag'>
    Überweisungsbetrag, Währung:
    <SELECT name='Waehrung'>
      <OPTION/> EUR
      <OPTION/> USD
      <OPTION/> SFR
    </SELECT>
  </p><p>
    Verwendungszweck:</p>
    <TEXTAREA name='zweck' cols=27 rows=2>
    </TEXTAREA>
  <p>
    <INPUT type='submit' name='Button1' value='Abschicken'>
    <INPUT type='reset' name='Button2' value='Zur&uuml;cksetzen'>
    <INPUT type='button' name='Button3' value='zur&uuml;ck zur Vorseite'
     onClick='history.back()'></p>
  </FORM>
  <hr/>
    R. Grimm 2005, XML-Beispiel, Schema von http://www.sparbank.de/banking
  (fiktiv)

  </body>
  </html>
```

Wenn Anton Aalberg auf Berta Brotheims Kontonummer 987654321 bei der Deutschen Bank in Ilmenau 23 EUR für den Kauf eines XML-Buches überweist, dann belegt der Browser die Variablen des Webformulars so: `kundenname=Berta Brotheim`, `ktonr=987654321`, `blz=82070000`, `bankname=Deutsche Bank`, `bankort=Ilmenau`, `betrag=23.00`, `waehrung=EUR`, `zweck=Kauf XML-Buch`. Der Webbrowser verwendet die im Formular angeforderte POST-Methode und überträgt die Variablen im Nachrichtenkörper eines HTTP-*Request* wie folgt an den Webserver bei `http://www.sparbank.de/`:

```
POST http://www.sparbank.de/banking/cgi-bin/dir2/form1 HTTP/1.0
ACCEPT:text/plain
...
ACCEPT: */*
User-Agent: ...
Content-type: application/x-www-form-urlencoded
Content-length: 138

kundenname=Berta Brotheim&ktonr=987654321&blz=82070000
&bankname=Deutsche Bank&bankort=Ilmenau&betrag=23.00
&waehrung=EUR&zweck=
Kauf XML-Buch
```

Das XML-Dokument eines ausgefüllten Überweisungsformulars, das man aus diesen Informationen bilden kann, ist in Abschnitt 9.8.8 oben vorgestellt und besprochen worden.

Auf diese Weise spielen HTML-Format, Webbrowser, Nutzereingabe, Variable, HTTP-Protokoll, Webserver und lokale Computerprogramme zusammen, um ein Formular auf Kundenseite elektronisch auszufüllen, digital durch das WWW über die ganze Welt hinweg in Sekundenschnelle zu übertragen und den lokalen Prozessen der Bank zuzuführen. Als XML-Dokument hat das Überweisungsformular schließlich die Form, mit der es im ganzen WWW leicht interpretiert und verarbeitet werden kann.

9.10 Zusammenfassung

Zur vollständigen Definition digitaler Datensätze sind vier Aspekte zu beschreiben: die logische Struktur, die Rohdaten, die Präsentation und die Kodierung. Die logische Struktur und die Zuordnung von Datentypen zu den Elementen der lokalen Struktur bis hinunter zu den Rohdaten sind gemeinsam in einer abstrakten Syntaxnotation zu beschreiben. Die Präsentationsregeln und die Kodierung bilden in der Regel separate Beschreibungsteile.

Der ASCII-Zeichensatz mit seiner 7-Bits-Kodierung bildet die Grundlage der Internet-Rohdaten. Das allgemeine Unicode erlaubt Zeichenkodierung in 8, 16 und 32 Bits. UTF-8 ist die 8-Bits-Erweiterung des ASCII-Zeichensatzes von Unicode.

ASN.1 als Syntaxnotation und Kodierverfahren allgemeiner Kommunikationsdaten der OSI-Technologie ist weitgehend von den ASCII-basierten Notationen des Internet abgelöst worden. MIME ist ein Mechanismus zur Kodierung allgemeiner Multimediaformate mit ASCII, bzw. Unicode. E-Mail beruht auf ASCII und kann mit Hilfe von MIME alle Multimediadatenformate innerhalb seiner Nachrichtenkörper transportieren. XML und HTML beruhen ebenfalls auf ASCII und können den MIME-Mechanismus nutzen. Andererseits verfügen sie über Referenzverfahren zum gesonderten Transport allgemeiner Multimediaformate.

9.11 Lektüre zur Vertiefung

Zum Studium der Grundlagen der Dokumentenverarbeitung, besonders über die Strukturierung von Daten eignet sich sehr gut das etwas ältere, aber dennoch aktuelle Buch von (Wilhelm/Heckmann 1996), das leider vergriffen ist und das man sich deshalb aus der Bibliothek ausleihen muss. Viele Datenformate sind kurz und übersichtlich im Taschenbuch Multimedia von (Henning 2000) dargestellt, darunter selbstverständlich auch die Zeichencodes von ASCII und EBCDIC.

Zum Verständnis von MIME empfehle ich den Originalartikel von Borenstein und Freed in (MIME 1993), welches wie alle RFC-Texte online unter http://www.faqs.org/rfcs /rfc1521.html verfügbar ist.

Der ISO-Standardtext über die *Abstract Syntax Notation* ASN.1 in (ASN.1 2000) ist gut verständlich. Zur Begleitung empfehle ich das Buch von Dubuisson (2000).

Über XML gibt es so viele gute Bücher, dass es schwer fällt, eines von ihnen hervorzuheben. Gut gefallen hat mir jedenfalls das mit vielen Beispielen versehene und anschaulich geschriebene Lehrbuch von (Ammelburger 2003). Ebenfalls reich an Beispielen, vollständig und flüssig zu lesen ist das amerikanische Buch „Essential XML" von Don Box et al. (2000). Als Grundlage zu XML ist der originale Standardtext des W3C von Tim Bray und anderen in (XML 2004) online verfügbar, ständig aktualisiert und – wie die meisten W3C-Texte – lebendig und präzise geschrieben.

Über HTML gibt es ebenfalls viele gute Bücher, zur Übersicht und praktischen Anwendung etwa (Münz/Nefziger 2004), speziell zur Webseitenprogrammierung (Lubkowitz 2005), und zum Studium der Sprachspezifikation am Besten das Original (HTML 1995) von Berners-Lee.

9.12 Übungsaufgaben

1. (a) Welche vier Aspekte sind für die vollständige Beschreibung digitaler Datensätze konstituierend? (b) Welche Aspekte werden gemeinsam in einer abstrakten Syntaxnotation beschrieben? (c) Warum sollen die beiden anderen Aspekte in eigenen Teilen außerhalb der abstrakten Syntaxnotation beschrieben werden? (Abschnitte 9.2-9.3)
2. In welcher Spezifikationssprache des WWW sind Logik und Rohdaten einerseits und ihre Präsentation andererseits nur unscharf getrennt? Beschreiben Sie die entsprechenden Spezifikationselemente darin. (Abschnitt 9.2)
3. Unterscheiden Sie zwischen Präsentation und Kodierung von Schriftzeichen in visuellen und akustischen Medien. (Abschnitt 9.4)
4. (a) Kodieren Sie mit Hilfe der ASCII-Tabelle den Ausruf „Hello World", einschließlich der Anführungszeichen, in ASCII-Code und stellen Sie das Ergebnis in hexadezimaler Form dar. (b) Wie lang ist der ASCII-Code in Anzahl Bits? (Abschnitt 9.4)

5. Beschreiben Sie die logische Struktur und die Rohdaten des MIME-Formats. (Abschnitt 9.6)
6. (a) Kodieren Sie mit Hilfe der Base-64-Tabelle das durch die ASCII-Kodierung von „Hello World" entstandene Bitmuster in eine Zeichenreihe aus Base-64-Zeichen, transformieren Sie diese als ASCII-Zeichen wiederum in ein Bitmuster und stellen es in hexadezimaler Form dar. (b) Um wie viel länger ist das Ergebnis als der originale ASCII-Code? (Abschnitt 9.6)
7. Erzeugen Sie mit Hilfe des eigenen E-Mailtools eine E-Mail und hängen Sie daran einige Medienformate wie Bilder, Musikstücke, Videos und Text an. Um die MIME-*Header* zu sehen, genügt es, im E-Mailtool die „Ansicht" auf „*Header all*" zu stellen. Die entstandene E-Mail im Ganzen kann man im lokalen *Mailfolder* mit dem Texteditor anschauen. (Abschnitte 9.5, 9.6)
8. Interpretieren Sie die folgenden Identifikationsoktette in der ASN.1-Kodierung eines Datentyps: (a) 01, (b) 30, (c) 16, (d) 61, (e) 81 (f) 9E, (g) 9F-1F, (h) 9F-81-00, (i) 9F-81-01. (Abschnitt 9.7)
9. Stellen Sie für die folgenden Datentypen die Kodierung der Identifikations- und Längenoktette hexadezimal dar: (a) *Boolean*-Länge 1, (b) *Bitstring*-Länge 3, (c) *Sequence*-Länge 350, `[APPLICATION 13]`-Länge 220, `[17]`-Länge 129. (Abschnitt 9.7)
10. Kodieren Sie das Beispiel in Abschnitt 9.7.4 einer konkreten Banküberweisungsauftrags nach den Regeln von ASN.1. (Abschnitt 9.7)
11. Erweitern Sie in der DTD des XML-Datentyps „Ueberweisungsformular" die Elementdeklaration von „Bank" `<!ELEMENT Bank ((BLZ,(Name,Ort)?)|((Name,Ort)?,BLZ))>` in der Weise, dass statt BLZ wahlweise eines der Elemente BLZ, IBAN oder BIC auftritt. (Abschnitte 9.8.4, 9.8.8)
12. Entwerfen Sie eine DTD und ein Schema, gegenüber denen das folgende XML-Fragment gültig wird:

```
<Musikstueck Art='Arie'>
   <Besetzung> Sopranstimme </Besetzung>
   <Werk Art='Oper' Komponist='Mozart' Jahr='1791'>
     Zauberfloete
   </Werk>
</Musikstueck>
```

    (Abschnitte 9.8.4, 9.8.5, 9.8.8)

13. (a) Welche Aufgaben haben DTDs bzw. XML-Schemata? (b) Nennen Sie wesentliche Unterschiede zwischen den Formalismen von DTD und von XML-Schema. (c) Nennen Sie charakteristische Eigenschaften des Deklarationsverfahrens von XML-Schema. (Abschnitt 9.8.5)
14. Auf welche Weise können Inhaltsmodelle für einfache und komplexe Datentypen organisiert sein? (Abschnitt 9.8.5)
15. Geben Sie die regulären Ausdrücke für die *pattern restriction* der folgenden eingeschränkten Zeichenketten an: (a) alle Wörter der deutschen Sprache, die mit „Qu" oder „qu" anfangen; (b) alle hexadezimalen Zahlenausdrücke; (c) Preisauszeichnungen in Euro. (Abschnitt 9.8.5)

16. (a) Was bedeutet die Abkürzung XSLT? (b) Nennen Sie Ziel und Hauptanwendungen von XSLT. (Abschnitt 9.8.6)
17. Welches sind die konstituierenden Elemente des World-Wide Web? (Abschnitt 9.9.1)
18. Aus welchen Grundbausteinen besteht eine HTML-Seite, welches sind die zugehörigen Auszeichnungen (*Tags*)? (Abschnitt 9.9.2)
19. Was sind Hyperlinks im Kontext des World Wide Web? (Abschnitt 9.9.4)

Nachwort

Was haben wir gelernt?

Was lehren uns die Grundlagen der digitalen Kommunikation? Ich denke, es sind vor allem zwei Dinge: zum einen ordnen wir Argumente über den Charakter von Sprache, zum anderen erwerben wir Fachwissen über den Aufbau des Internet. Diese beiden Dinge hängen zusammen. Wir lernen, dass die Sprache weder abgeschlossen, noch eindeutig ist und dass Kommunikation nicht vorab spezifizierbar, mithin auch nicht determiniert ist. Das zwingt zur Modularisierung des Telekooperationsmodells in einen offenen Personenanteil und einen geschlossenen Rollenanteil.

Aufgabe der Kommunikationsinformatik ist die Spezifikation der Rollen, die Implementierung der Kommunikationsfunktionen und die Gestaltung der Mensch-Maschine-Schnittstelle. Die Kommunikationsinhalte verbleiben in der Hand der autonomen Kommunikationspartner. Die Kompetenz, die Verantwortung und also auch die Lösung von Interessenskonflikten der Menschen werden nicht automatisiert. Zentrale Verhaltensmodelle führen an den Kommunikationsansprüchen der Menschen vorbei. Das kann in lokalen, kontextbezogenen Anwendungsumgebungen über lokalen Netzen anders sein. Diese sind zentral steuerbar, hier können Einschränkungen der Nutzung durchgesetzt und Interessenskonflikte zentral entschieden werden. Das Internet selbst aber, das „Netz der Netze", bleibt eine offene Kommunikationsumgebung.

Und genau so ist das Internet technisch organisiert. Es unterstützt das dezentrale Zusammenspiel von Einzelpersonen und von lokalen Umgebungen, die gemäß ihrem Kontext zentral organisiert sein können. Das Internet setzt technisch folgende Prinzipien durch, die zu ihrer Zeit in der zweiten Hälfte des 20. Jahrhundert revolutionär waren.

Erstens die horizontale Trennung des dezentralen und zustandslosen Datennetzes vom globalen Anwendungskontext (7-Schichtenmodell). Das Datennetz ist leichtgewichtig. Die Komplexität der Funktionalität, der Qualität und Sicherheit dagegen versammelt sich in den Endknoten in den Anwendungen (Internet versus OSI).

Zweitens die dezentrale Organisation des Datennetzes. Um Teil des Datensatzes zu werden (um ein *Host* zu werden), muss man sich nur mit einem lokalen Namensgeber verständigen und mit mindestens einem anderen *Host* verbinden, eine zentrale Anmeldung ist nicht erforderlich (und nicht möglich). Das sorgt für Wachstum an Zugangsknoten in die Breite.

Drittens die freie Überlagerung der Anwendungen: Es bedarf keiner zentralen Kontrolle von Anwendungen, sondern sie können bruchlos nebeneinander entstehen und wieder vergehen. Die Einführung des World Wide Web in den 1990ern zum Beispiel hat den bestehenden Betrieb von E-Mail in keiner Weise gestört. Wer immer will, führt eine neue Anwendung ein und braucht dazu niemanden um Erlaubnis zu bitten. Erst für die globale Referenzierung wird ein Eintrag im Internet-Namensregister erforderlich.

Viertens der einfache Rohdatensatz des ASCII (MIME versus ASN.1). Seine Erweiterung in den allgemeinen Unicode hat graduell stattgefunden, ohne dass die Nutzer das besonders gemerkt hätten, außer, dass ihnen nun Umlaute, kyrillische, japanische und andere „ungewohnte“ Zeichen zur Verfügung stehen, sogar in Adressfeldern (übrigens sorgt das für einige Unsicherheit in Bezug auf die Eindeutigkeit von Adressen). Multimediadaten werden per MIME und Referenztechnik durch ASCII hindurch getunnelt. Auf dieser Basis entsteht die Metasprache XML zur Spezifikation von Anwendungen aller Art.

Als Resultat dieser Prinzipien hat sich das Internet nahtlos in den privaten und beruflichen Kommunikationsablauf integriert. Der Zugang zum Internet wird in dem Maße angenommen, wie er zu wertvollen Anwendungen führt. Das Internet verändert dabei unser Kommunikationsverhalten: unser Verhältnis zu Nähe und Ferne, zu schnell und langsam, zu Kommunikation in Gruppen und zu zweit sowie zur direkten und indirekten Rede. Mir scheint, es verändert auch unser Verhältnis zur flüchtigen und bleibenden Kommunikation. Im Internet reden wir nicht nur mehr und schneller, sondern auch kurzlebiger. Ich bin sehr gespannt, ob das Papier auch in Zukunft der Träger langfristig bleibender Dokumente sein wird. Ich möchte das prophezeien.

Danksagung

Bei der Entstehung dieses Buches hat eine Reihe von Menschen mitgeholfen, denen ich ausdrücklich danken möchte. Zuerst danke ich meinen Kolleginnen und Kollegen in Ilmenau, die mich in meinem Forschungssemester im Winter 2004/2005 so unterstützt haben, dass ich tatsächlich viel Zeit für dieses Buch aufwenden konnte. Einige haben außerdem Teile kritisch mitgelesen und dabei meinen Blick erweitert und mich vor Fehlern bewahrt. Es werden wohl dennoch Fehler geblieben sein, für die die Verantwortung natürlich allein bei mir liegt. Deshalb bitte ich weiterhin ausdrücklich um Hinweise auf bestehende Fehler, Lücken und Ungereimtheiten.

Ohne vollständig zu sein, möchte ich folgenden Personen für ihre Mithilfe namentlich danken: Nicola Döring (Kommunikationswissenschaft), Jens-Uwe Sattler (Algorithmen), Eckhardt Schön und Marion Riedle (XML und HTML), Peter Ochsenschläger (Protokolle), Alfred Kirpal und Sabine Milde (Literaturzitate), Sebastian Vogt (Abtasttheorem), Thomas Sporer (Signal-to-Noise). Überhaupt hat mir die Zusammenarbeit mit den Medientechnologen in Ilmenau, an erster Stelle mit Karlheinz Brandenburg, geholfen den Anteil der Medien in der digitalen Kommunikation besser zu verstehen.

Meine Lehrer Eckart Raubold und Heinz-Jürgen Burkhardt haben mir geholfen, das Telekooperationsmodell zu formulieren. Insbesondere Eckart Raubold sehe ich als Vater der modernen IT-Sicherheit an, die zwischen der technischen Durchsetzbarkeit von Anforderungen einerseits und der freien Nutzung bei unabstreitbarer Nachvollziehbarkeit andererseits unterscheidet. Von ihm habe ich gelernt, dass das Netz die Konflikte der Menschen nicht lösen kann, sondern Mechanismen zur Verfügung stellen muss, die uns helfen Konflikte aufzuklären, so dass konfliktbeladenes Handeln im Internet (wie zum Beispiel im E-Commerce) erst möglich wird.

Meinem ersten Mathematikprofessor Egbert Brieskorn verdanke ich den Einstieg in die philosophischen Grundlagen der Mathematik, für die er uns damals in Göttingen bereits im ersten Semester begeistern konnte. Unvergessen der angelnde Cantor auf dem Rücken des Walfisch.

Mein größter Dank gilt allerdings meiner Familie, die mich während der intensiven Schreibphase im Winter 2004/2005 so geduldig ertragen und mir meine Arbeitsumgebung zu Hause so freundlich gestaltet hat. Vielleicht kommt Ihr ja eines Tages dazu zu lesen, was ich hier von morgens bis nachts studiert habe. In Anlehnung an unsere familiären Sprachspiele widme ich dieses Buch daher „Bemaschar“ und „Joju“. Wer immer das verstehen mag…

Literaturverzeichnis

Ammelburger, Dirk (2003): XML – Grundlagen und Anwendungen. Hanser Verlag, München, Wien 2003.

Appelrath, Hans-Jürgen; Ludewig, Jochen (2000): Skriptum Informatik – eine konventionelle Einführung. BG Teubner, Stuttgart, 5. Aufl. 2000.

ASN.1 (2002): Abstract Syntax Notation One (ASN.1). Specification of Basic Notation. ITU-T Rec. X.680 (2002) | ISO/IEC 8824-1:2002. And: Specification of Basic Encoding Rules (BER), Canonical Encoding Rules (CER) and Distinguished Encoding Rules (DER). ITU-T Rec. X.690 (2002) | ISO/IEC 8825-1:2002. Available from http://asn1.elibel.tm.fr/en/standards/index.htm [download 13.2.2005]

Austin, John L. (1962): How to do Things with Words. Oxford: Clarendon Press, 1962.

Baumgarten, Bernd (1996): Petri-Netze. Grundlagen und Anwendungen. Spektrum Akademischer Verlag. Heidelberg, 2. Auflage 1996, 371 S.

Bentele, Günter; Beck, Klaus (1994): Information – Kommunikation – Massenkommunikation: Grundbegriffe und Modelle der Publizistik und Kommunikationswissenschaft. In: Jarren, Otfried (Hrsg.): Medien und Journalismus 1. Westdeutscher Verlag, Opladen 1994, S. 16-50.

Bentele, Günter; Bystrina, Ivan (1978): Semiotik. Grundlagen und Probleme. W. Kohlhammer Verlag, Stuttgart, 1978.

Bishop, Matt (2004): Introduction to Computer Security. Addison Wesley, Boston etc, 2004, 747 pages.

Borsche, Tilman (1996): Klassiker der Sprachphilosophie. C.H. Beck, München, 1996, 548 S.

Box, Don; Skonnard, Aaron; Lam, John (2000): Essential XML – Beyond Markup. Addison Wesley, Boston etc. 2000, 368 p.

Brandenburg, Karlheinz; Grill, B.; Jonuscheit, H.; Kapust, R.; Seitzer, D.; Sporer, Th. (1989): „Übertragung von hochwertigen Tonsignalen mit Datenraten im Bereich 64 - 144 kbit/s.“ Rundfunktechnische Mitteilungen, 1989, H. 5, S. 209-213 (zuerst veröffentlicht in ITG-Fachtagung „Hörrundfunk“ 1988).

Brandenburg, Karlheinz; Stoll, G. (1994): „The ISO/MPEG-1 Audio Codec: A Generic Standard for Coding of High Quality Digital Audio.“ Journal of the AES, Oktober 1994, S. 780 - 792 (zuerst veröffentlicht als Konferenzbeitrag zur 92. AES-Convention, Wien 1992).

Burkart, Roland (2002): Kommunikationswissenschaft. Grundlagen und Problemfelder. Umrisse einer interdisziplinären Sozialwissenschaft. UTB Uni-Taschenbücher Bd.2259 - Kommunikationswissenschaft, Stuttgart, 2002.

Capurro, Rafael (1978): Information. Ein Beitrag zur etymologischen und ideengeschichtlichen Begründung des Informationsbegriffs. München 1978.

Capurro, Rafael (2001): Theorie der Botschaft. Beitrag zum Symposion „Transziplinäre Kommunikation. Aktuelle Be-Deutung des Phänomens Kommunikation im fächerübergreifenden Dialog." Universität Salzburg, Österreich, 25.-26. April 2001, 21 S. Proceedings. Online von http://sammelpunkt.philo.at:8080/archive /00000062/ [download 11.10.2004].

Chomsky, Noam (1963a): Introduction to the formal analysis of natural languages. In: Luce, R. D.; Bush, R.; and Galanter, E. (Eds.): Handbook of Mathematical Psychology II, Wiley, New York, 1963, pp. 269-322. And: Formal properties of grammars. Ibid. pp.332-418. And: Finitary models of language users. Ibid., pp. 419-491.

Chomsky, Noam (1963b): The algebraic theory of context-free languages. In: Braffort, P.; and Hirschbert, D. (Eds.): Computer Programming and Formal Systems, North-Holland, Amsterdam 1963, pp. 119-161.

Church, Alonso (1936): An Unsolvable Problem of Elementary Number Theory. American Journal of Mathematics, No. 58, 1936, pp. 345-363.

CISCO Systems Inc. (2002): Cisco Networking Academy Program – Lehrbuch 1. und 2. Semester. Cisco Press, 3. Auflage, März 2002, 595 S. Darin Kap. 2: Das OSI-Referenzmodell, S. 49-68.

CISCO Systems Inc. (2003): Open Systems Interconnection (OSI) Protocols. Chapter 30 of the Internetworking Technology Handbook. Online at Cisco Documentation, http://www.cisco.com/univercd/cc/td/doc/cisintwk/ito_doc/osi_prot.htm, posted 27 Feb 2003. [download 11.1.2005]

Copeland, B. Jack (2002): The Church-Turing Thesis. In: Edward N. Zalta (ed.): The Stanford Encyclopedia of Philosophy (Fall 2002 Edition), Online article available from http://plato.stanford.edu/archives/fall2002/entries/church-turing/ [download 20.1.2005].

CSS (1998/2005): Cascading Style Sheets Homepage. Bert Boss, CSS Contact. Update 11.2.2005. http://www.w3.org/Style/CSS/ [download 3.3.2005]. CSS2 (level 2) Specification, 12 May 1998, http://www.w3.org/TR/CSS2/ [download 3.32005]

Dahrendorf, Ralf (1958/1977): Homo Sociologius: Ein Versuch zur Geschichte, Bedeutung und Kritik der Kategorie der sozialen Rolle. Westdeutscher Verlag, Opladen, 1958. 15. Auflage 1977.

Deutsches Patent- und Markenamt (2004): Richtlinien für die Prüfung von Patentanmeldungen. Prüfungsrichtlinien. München, 1.3.2004. http://www.dpma.de. Insb. 3.3.3.2.1, Grundlegende Erfodernisse gemäß §§ 1 bis 5 PatG.

Döring, Nicola (2003): Sozialpsychologie des Internet. Die Bedeutung des Internet für Kommunikationsprozesse, Identitäten, soziale Beziehungen und Gruppen. Hogrefe Verlag, Göttingen, 2. Auflage, 2003.

Dubuisson, Olivier (2000): ASN.1 – Communication between heterogeneous systems. Elsevier-Morgan Kaufmann Publishers, 2000, 588 pages. http://www.oss.com/asn1 /dubuisson.html. [Online Einkauf, download 25.2.2005]

Eckert, Claudia (2005): IT-Sicherheit. Konzepte – Verfahren – Protokolle. Studienausgabe. Oldenbourg Verlag, München, 2005, 412 Seiten.

Eco, Umberto (1980): Il nome della rosa. Gruppo Editoriale Fabbri-Bompiani, Sonzogno, Etas S.p.A., Milano, 1980. Auf Deutsch: Der Name der Rose, Hanser Verlag, München, Wien, 1982.

Eilenberg, Samuel (1974): Automata, Languages and Machines, Vol. A . Academic Press, New York, 1974, 451 S.

Erdmann, Eduard (1930): Grundriß der Geschichte der Philosophie. Deutsch-Schweizerische Verlagsanstalt, Eigenbrödler-Verlag, Berlin und Zürich. 1930, 730 S.

Euclid de Alexandria (ca. 300 v.Chr.): Euclidis Elementa. Edidit et Latine interpretatus est. I. L. Heidelberg, Leipzig, 1883. http://home.t-online.de/home/099191080-0002/elementa.htm [download 21.1.2005]

Fano, R.M. (1949) in: M.I.T, The Research Laboratory of Electronics, Technical Report No. 65, March 17, 1949.

Ferraiolo, David F.; Sandhu, Ravi; Gavrila, Serban; Kuhn, Richard D.; Chandramouli, Ramaswamy (2001): Proposed NIST Standard for Role-Based Access Control (RBAC). ACM Transactions on Information and System Security, Vol. 4, No. 3, August 2001, 224–274. Online von http://csrc.nist.gov/rbac/rbacSTD-ACM.pdf [download 28.11.04].

Furth, Peter (1991): Soziale Rolle, Institution und Freiheit. In: Kerber/Schmieder (Hrsg.): Handbuch zur Soziologie. Rowohlt (rde Bd. 407), Reinbek, 1991, S. 213 ff.

Gödel, Kurt (1931): Über formal unentscheidbare Sätze der Principia Mathematica und verwandter Systeme, I. In: Monatshefte für Mathematik und Physik, 38 (1931), 173-198.

Goffman, Eving (1969): Wir alle spielen Theater. Die Selbstdarstellung im Alltag. Piper Verlag, München, 1969.

Goldschlager, Les; Lister, Andrew (1990): Informatik. Eine moderne Einführung. Carl Hanser Verlag, München 3. Aufl. 1990, 366 S.

Goos, Gerhard (2001): Vorlesungen über Informatik. Band 2 „Objektorientiertes Programmieren und Algorithmen". Springer, Heidelberg, 2001.

Görke, Lilly (1974): Mengen, Relationen, Funktionen. Verlag Harry Deutsch, Frankfurt/M. und Zürich. 4. stark bearbeitete Auflage 1974, 392 Seiten. Ursprünglich: Volk und Wissen, Volkseigener Verlag, DDR, Berlin. Darin vor allem Kap. 6, Vergleich unendlicher und endlicher Mengen, S. 264-310.

Grice, Herbert Paul (1968): Utterer's Meaning, Sentence-Meaning, and Word-Meaning. In: Foundations of Language, 4, 1-18, 1968. Auf Deutsch: Sprecher-Bedeutung, Satz-Bedeutung, Wort-Bedeutung. In: G. Meggle (Hrsg.): Handlung, Kommunikation, Bedeutung. Frankfurt/M., 1979, 85-111.

Grice, Herbert Paul (1969): Utterer's Meaning and Intentions. In: The Philosophical Review, 78, 147-177, 1969. Auf Deutsch: Sprecher-Bedeutung und Intentionen. In: G. Meggle (Hrsg.): Handlung, Kommunikation, Bedeutung. Frankfurt/M., 1979, 16-51.

Grice, Herbert Paul (1975): Logic and Conversation. In: P. Cole, J. Morgan (Hrsg.): Syntax and Semantics. Vol. 3. New York, San Francisco, London, 41-58, 1975. (Dt.: Logik und Konversation. In: G. Meggle (Hrsg.): Handlung, Kommunikation, Bedeutung. Frankfurt/M., 1979, 243-265.)

Grimm, Rüdiger (1991): Sicherheit für offene Kommunikation, Teil 2: Kommunikation. Arbeitspapiere der GMD 598, ISSN 0723-0508, Birlinghoven, 1991, 68 S.

Grimm, Rüdiger (1994): Sicherheit für offene Kommunikation – Verbindliche Telekooperation. B.I. Wissenschaftsverlag, Mannheim, 1994, 274 S.

Grimm, Rüdiger; Ochsenschläger, Peter (2001): Binding Telecooperation. A Formal Model for Electronic Commerce. In: Computer Networks 37 (2001). Elsevier Science B.V. (North-Holland), Sep 2001, 171-193.

Grimm, Rüdiger (2004): Shannon verstehen. Eine Erläuterung von C. Shannons mathematischer Theorie der Kommunikation. Diskussionsbeiträge des Institut für Medien- und Kommunikationswissenschaft, TU Ilmenau, Nr. 15, ISSN 1617-9048, Dezember 2004, 51 S.

Habermas, Jürgen (1981): Theorie des kommunikativen Handelns. Band 1: Handlungsrationalität und gesellschaftliche Rationalisierung. Band 2: Zur Kritik der funktionalistischen Vernunft. Suhrkamp, Frankfurt a.M., 1981.

Hamming, Richard Wesley (1950): Error Detecting and Error Correcting Codes. Bell System Techn. Journal, Vol. 29, April 1950, pp. 147-160.

Hartley, Ralph V. L. (1928): Transmission of Information. Bell System Technical Journal, 7. July 1928, 535-563.

Henning, Peter A. (2000): Taschenbuch Multimedia. Fachbuchverlag Leipzig, Carl Hanser, München usw. 2000, 580 S.

Hofstadter, Douglas R. (1991): Gödel, Escher, Bach. Ein Endloses Geflochtenes Band. Orig. .An Eternal Golden Band, Basic Books, New York 1979. Deutsch: Klett Stuttgart, 1979. dtv München 1991, 844 S.

Hogrefe, Dieter (1989): Estelle, LOTOS und SDL – Standard-Spezifikationssprachen für verteilte Systeme. Berlin usw., Springer 1989. 188 S.

Holtz-Bacha, Christine; Kutsch, Arnulf (Hrsg.): Schlüsselwerke für die Kommunikationswissenschaft. Wiesbaden: Westdeutscher Verlag 2002, S. 265-267.

Howes, Timothy A.; Smith, Mark C.; Good, Gordon S. (2003): Understanding and Deploying LDAP Directory Servers. Boston etc, Addison-Wesley, 2nd Edition, April 2003, 986 pages.

HTML (1995): T. Berners-Lee, D. Connolly: Hypertext Markup Language – 2.0, RFC 1866, Nov 1995, 77 p., http://www.faqs.org/rfcs/rfc1866.html. Neuere Versionen: HTML 4.01 Specification, W3C Recommendation 24 December 1999, http://www.w3.org/TR/REC-html40/. Siehe auch XHTML, http://www.w3.org /MarkUp. [download 23.3.2005].

HTTP (1999): Fielding, R. et al.: Hypertext Transfer Protocol – HTTP/1.1, June 1999, 114 pages, http://www.faqs.org/rfcs/rfc2616.html. [download 23.3.2005]

ISO 646 (1991): Information technology – ISO 7-bit coded character set for information interchange. ISO/IEC/JTC1/SC2, 1991. (Entspricht *IA5* und *ASCII*)

ISO 8859-1 (1997): Information technology – 8-Bit Single-Byte Coded Graphic Character Sets (Part 1: Latin alphabet No. 1). ISO/IEC/JTC1/SC2, 1997. (*8-Bits extended ASCII*).

ISO 10646 (2003): Information technology – Universal Multiple-Octet Coded Character Set (UCS). ISO/IEC/JTC1/SC2, 2003. (*32-Bits-Erweiterung von ASCII*)

ISO 7498 (1984): Information Processing Systems – Open Systems Interconnection (OSI) – Basic Reference Model. First Edition ISO 7498-1984, 15 Oct 1984. Technical Corrigendum 1, ISO/IEC/JTC1, ISO 7498-1988 (E.). http://www.acm.org /sigs/sigcomm/standards/iso_stds/OSI_MODEL/ [download 4.3.2005]

ISO 8879 (1986): SGML – Structured Generalized Markup Language, 1986.

ITU/CCITT (1988): Message Handling Systems. Recommendations X.400-X.420 (1988). Genf 1989. (auch als ISO 10021)

ITU/CCITT (1993): The Directory X.500. Insb.: X.509 – The Authentication Framework. Genf, 1993. (auch als ISO/IEC 9594)

Jarren, Otfried (Hrsg., 1994): Medien und Journalismus 1. Eine Einführung. Westdeutscher Verlag, Opladen 1994, 330 Seiten.

Kerber, H.; Schmieder, A. (Hrsg., 1991): Handbuch zur Soziologie. Rowohlt (rde Bd. 407), Reinbek 1991.

Kloock, Daniela; Spahr, Angela (2000): Medientheorien – Eine Einführung. UTB, Werner Fink, München, 2. Auflage 2000. Darin: Kümmel, Albert: Mathematische Medientheorien, S. 205-236.

Krüger, Gerhard; Reschke, Dietrich (Hrsg., 2004): Lehr- und Übungsbuch der Telematik. Netze, Dienste, Protokolle. Fachbuchverlag Leipzig im Carl-Hanser-Verlag, 3. Aufl. 2004, 440 S.

Kuhn, Wilfried (1976): Physik, Band III B, Thermodynamik und Statistik. Westermann, Braunschweig, 1976, 180 S.

Lasswell, Harold D. (1961): The Structure and Function of Communication in Society. In: Schramm, Wilbur (Ed.): Mass Communication. Urbana, Chicago, London, Illinois University Press, 1961, 117-130.

Lektorat des BI-Wissenschaftsverlags (Hrsg., 1993): Duden Informatik, B.I., 2. Aufl. 1993.

Lemley, Mark A.; and Lessig, Lawrence (2000): The End of End-to-End: Preserving the Architecture of the Internet in the Broadband Era. UC Berkeley Law & Econ Research Paper No. 2000-19; Stanford Law & Economics Olin Working Paper No. 207; UC Berkeley Public Law Research Paper No. 37, October 2000. http://ssrn.com/abstract=247737 [download 18.4.2005]

Löffelholz, Martin (2001): Neue Schlachtfelder – alter Journalismus. In: Sagt die Wahrheit: Die bringen uns um! Zur Rolle der Medien in Kriegen und Krisen. Deutsche Welle Schriftenreihe, Bd. 3, Köln 2001, 27-36.

Lubkowitz, Mark (2005): Webseiten programmieren und gestalten – HTML, CSS, JavaScript, PHP, Perl, MySQL, SVG und Newsfeeds. Galileo Computing, Bonn, 2. Auflage 2005, 1150 S.

Luhmann, Niklas (1987): Was ist Kommunikation? In: Information Philosophie 1, 1987, 4-16.

Maletzke, Gerhard (1978): Psychologie der Massenkommunikation. Verlag Hans-Bredow-Institut, Hamburg, 1978.

Maletzke, Gerhard (1998): Kommunikationswissenschaft im Überblick. Grundlagen, Probleme, Perspektiven. Westdeutscher Verlag, Opladen, 1998.

Maturana, Umberto (1985): Erkennen. Die Organisation und Verkörperung von Wirklichkeit. Vieweg Verlag, Wiesbaden usw., 1985.

Meggle, G. (1979, Hrsg.): Handlung, Kommunikation, Bedeutung. Suhrkamp, Frankfurt/M., 1979, 481 Seiten.

Meggle, G. (1981, Hrsg.): Grundbegriffe der Kommunikation. De-Gruyter-Studienbuch. De Gruyter, Berlin, 1981 – XIV, 349 Seiten.

Merten, Klaus (1977): Kommunikation. Eine Begriffs- und Prozessanalyse. Westdeutscher Verlag, Opladen 1977.

Merten, Klaus (1999): Einführung in die Kommunikationswissenschaft. Grundlagen der Kommunikationswissenschaft. Lit-Verlag, Münster usw. 1999, 585 Seiten.

MIME (1993): Borenstein, Nathaniel; Freed, Ned: MIME (Multipurpose Internet Mail Extensions), Part 1: Mechanisms for Specifying and Describing the Format of Internet Message Bodies. Network Working Group, RFC 1521, September 1993, 70 pages. http://www.faqs.org/rfcs/rfc1521.html. [download 25.2.2005]

Morris, Charles (1946): Signs, Language, Behaviour. Prentice Hall, New York, 1946.

MPEG-1 (1992): ISO/IEC JTC1/SC29/WG11 (MPEG), International Standard ISO/IEC 11172-3, Coding of moving pictures and associated audio for digital storage media at up to about 1.5 MBit/s. Part-3: Audio. 1992. („MPEG-1 Audio". Beschreibt eine Familie von drei Audiocodierverfahren („Layer"). „MP3" ist „MPEG-1 Audio" + „MPEG-2 Audio low sampling rates").

MPEG-2 (1994): ISO/IEC JTC1/SC29/WG11 (MPEG), International Standard ISO/IEC 13818-3, Generic coding of moving pictures and associated audio. Part 3: Audio. 1994. („MPEG-2 Audio". Enthält auch die „halben Abtastraten" (u.a. mehr). „MP3" ist „MPEG-1 Audio" + „MPEG-2 Audio low sampling rates").

Münz, Stefan; Nefzger, Wolfgang (2004): HTML 4.0 Handbuch, Studienausgabe. Franzis-Verlag, Feldkirchen, März 2004 (Taschenbuch).

Nagl, Manfred (1990): Softwaretechnik: Methodisches Programmieren im Großen. Springer, Berlin usw., 1990, 387 S.

Naumann, Friedrich (2001): Vom Abakus zum Internet. Die Geschichte der Informatik. Darmstadt 2001.

Nehmer, Jürgen (1985): Softwaretechnik für verteilte Systeme. Springer Compass, Springer Verlag, Berlin, Heidelberg etc., 1985, 185 Seiten.

Noelle-Neumann, Elisabeth; Schulz, Winfried; Wilke, Jürgen (2004): Fischer Lexikon Publizistik Massenkommunikation. Fischer Taschenbuch, Frankfurt a.M., 3. Auflage Juli 2004, 768 S.

Nyquist, Harry (1924): Certain Factors Affecting Telegraph Speed. Bell System Technical Journal, 4. April 1924, 324 ff.

Nyquist, Harry (1928): Certain Topics in Telegraph Transmission Theory. A.I.E.E. Trans., v. 47, April 1928, 617 ff.

Ochsenschläger, Peter; Prinoth, Rainer (1995): Modellierung verteilter Systeme – Konzeption, formale Spezifikation und Verifikation mit Produktnetzen. Vieweg, 1995, 280 S. Online unter http://www.sit.fraunhofer.de

Ochsenschläger, Peter; Repp, Jürgen; and Rieke, Roland (2000): Abstraction and composition - a verification method for co-operating systems. Journal of Experimental and Theoretical Artificial Intelligence, 12:447-459, June 2000. Copyright: ©2000, American Association for Artificial Intelligence (www.aaai.org). All rights reserved. Online unter http://www.sit.fraunhofer.de/_SIT-Projekte/shvt /node8.html [download 28.3.2005].

Oliver, David W.; Kelliher, Timothy P.; Keegan, James G. Jr. (1997): Engineering Complex Systems with Models and Objects. Mc-Graw-Hill, New York etc., 1997, 325 p.

Pehl, Erich (2001): Digitale und analoge Nachrichtenübertragung: Signale, Codierung, Modulation, Anwendungen. Hüthig Verlag, Heidelberg, 2. Aufl. 2001.

Platon (um 400 v.Chr., 1994): Lysis, Symposion, Phaidon, Kleitophon, Politeia, Phaidros. Rowohlt, Reinbek bei Hamburg, 1994.

Prakke, Henk (1968): Kommunikation der Gesellschaft. Einführung in die funktionale Publizistik. Regensberg Verlag, München, 1968, 172 S.

Pressman, Robert (2001): Software Engineering. McGraw-Hill, New York etc., 5th Edition 2001, 860 p.

Puerer, Heinz (2001): Grundbegriffe der Kommunikationswissenschaft. Online-Text. http://www.uvk.de/puerer/ [download 6.10.04].

Reinhold, Gerd (2000): Soziologie-Lexikon. Oldenbourg Verlag, München, Wien, 4. Auflage 2000.

RFC 791 (1981), Jonathan B. Postel: Internet Protocol (IP). DARPA Internet Program. Protocol Specification. Sep 1981. (Obsoletes RFC0760). http://www.faqs.org/rfcs/rfc791.html. [download 8.2.2005]

RFC 793 (1981), Jonathan B. Postel: Transmission Control Protocol (TCP). DARPA Internet Program. Protocol Specification. Sep 1981. http://www.faqs.org/rfcs /rfc793.html. [download 8.2.2005]

RFC821 (1982), Jonathan B. Postel: Simple Mail Transfer Protocol (SMTP). RFC 821, August 1982, 68 pages. http://www.faqs.org/rfcs/rfc821.html. [download 8.2.2005]

RFC822 (1982), David H. Crocker: Standard for the Format of ARPA Internet Text Messages. RFC 822, August 1982, 47 pages. http://www.faqs.org/rfcs/rfc822.html. [download 8.2.2005]

RFC1122 (1989): Requirements for Internet Hosts – Communication Layers. In: Internet Engineering Task Force (IETF), R. Braden, Editor, Oct 1989, http://www.faqs.org/rfcs/rfc1122.html [download 8.2.2005]

RFC1180 (1991): T. Socolofsky, C. Kale: A TCP/IP Tutorial. RFC 1180, January 1991, 28 pages. http://www.faqs.org/rfcs/rfc822.html. [download 10.2.2005]

Roßnagel, Alexander (Hrsg., 2002): Handbuch Datenschutzrecht. C. H. Beck, München 2002.

Roßnagel, Alexander; Banzhaf, Jürgen; Grimm, Rüdiger (2003): Datenschutz im Electronic Commerce. Schriftenreihe Kommunikation und Recht. Verlag Recht und Wirtschaft, Heidelberg, 2003, 325 S.

Saake, Gunter; Sattler, Kai-Uwe (2003): Algorithmen und Datenstrukturen. Eine Einführung mit Java. dpunkt-Verlag, Heidelberg, 2. Auflage 2003.

Schaff, Adam (1960): Einführung in die Semantik. Linguistik – rororo studium. Rowohlt Taschenbuch Verlag, Reinbek bei Hamburg, August 1973, 377 Seiten (Übers. aus: A. Schaff, Warschau 1960).

Saltzer, Jerome H.; Reed, David P.; and Clark, David D. (1981): End-to-End Arguments in System Design. Second International Conference on Distributed Computing Systems (April 1981) pages 509-512. In: ACM Trans. in Computer Systems 2, 4, Nov 1984, 277-288. http://web.mit.edu/Saltzer/www/publications /endtoend/endtoend.pdf [download 18.4.2005]

Schmidt, Siegfried (1987): Der radikale Konstruktivismus. Ein neues Paradigma im interdisziplinären Diskurs. In: Schmidt, Siegfried (Hrsg.): Der Diskurs des Radikalen Konstruktivismus. Suhrkamp, Frankfurt a.M., 1987, S. 11-88.

Schmidt, Siegfried (1991): Wir verstehen uns doch? Von der Unwahrscheinlichkeit gelingender Kommunikation. In: Deutsches Institut für Fernstudien (TIFF), Tübingen, Funkkolleg Medien und Kommunikation, Konstruktion von Wirklichkeit, Beltz Verlag, Weinheim, Basel, 1991, S. 50-87.

Schöning, Uwe (2001): Theoretische Informatik – kurzgefasst. Spektrum, Akademischer Verlag, Heidelberg, 4. Auflage 2001.

Schramm, Wilbur (1954): The Process and Effect of Mass Communication. University of Illinois Press. Urbana 1954.

Searle, John R.; Kiefer, Ferenc; Bierwisch, Manfred (Eds., 1980): Speech act theory and pragmatics. Synthese language library. Dordrecht (u.a.), Reidel (Niederlande), 1980, 317 Seiten.

Searle, John R. (1980): The Background of Meaning. In: Searle, John R.; Kiefer, Ferenc; Bierwisch, Manfred: Speech act theory and pragmatics. Synthese language library. Dordrecht (u.a.), Reidel (Niederlande), 1980, S. 221-232.

Searle, John R.; Vanderveken, Daniel (1989): Foundations of illocutionary logic. Cambridge University Press, Cambridge, 1989, 227 Seiten.

Searle, John R.(1998): Mind and Society. Philosophy in the Real World. Basic Books, Perseus Books Group, New York, 1999, 175 pages.

Shannon, Claude E. (1948): A Mathematical Theory of Communication. The Bell System Technical Journal. Vol. 27, July 1948, pp. 379-423; and October 1948, pp. 623-656. Reprint with Corrections at http://cm.bell-labs.com/cm/ms/what/shannonday/paper.html [download 25.10.04].

Shannon, Claude E.; Weaver, Warren (1949): The Mathematical Theory of Communication. University of Illinois Press: Urbana and Chicago 1949. E.g., in: Paperback 1949/1998, Library of Congress Card Catalog, USA, No. 49-11922, 125 pages. Auf Deutsch erschienen als „Mathematische Grundlagen der Informationstheorie“, übers. von H. Dreßler, Oldenbourg, München, Wien 1976.

Shannon, Claude E. (1949): Communication Theory of Secrecy Systems. The Bell System Technical Journal, Vol 28, October 1949, pp. 656-715.

Stegmüller, Wolfgang (1969): Hauptströmungen der Gegenwartsphilosophie. Eine kritische Einführung. Alfred Kröner Verlag, Stuttgart. Vierte, erweiterte Auflage, 1969, 742 Seiten.

Tanenbaum, Andrew S. (2003): Computer Networks. Fourth Edition. Prentice-Hall International Editions, Englewood Cliffs, N.J., 2003, 912 Seiten.

Turing, Alan M. (1936): On computable numbers, with an application to the Entscheidungsproblem. Proc. London Math. Soc. Ser. 2, Vol. 42, 1936, pp. 230-265; and Vol. 42, pp. 544-546.

Turner, Kenneth J. (Ed., 1993): Using formal description techniques – An introduction to ESTELLE, LOTOS and SDL. Wiley, Chichester, 1993, 431 p.

Völz, Horst (1991): Grundlagen der Information. Akademieverlag, Berlin, 1991, 643 S.

Vowe, Gerhard (2004): Der Informationsbegriff in der Politikwissenschaft. Diskussionsbeiträge des Institut für Medien- und Kommunikationswissenschaft, TU Ilmenau, Nr. 10, ISSN 1617-9048, Januar 2004, 25 S.

Wagenknecht, Achim (1995): Einführung in die politische Philosophie Hanna Arendts. Tectum Verlag, 1995, 128 S.

Warschauer, Mark (2002): Reconceptualizing the Digital Divide. First Monday, Vol 7, No 7 (July 2002), URL: http://firstmonday.org/issues/issue7_7/warschauer/ [download 9.1.2005]. See also http://www.digitaldividenetwork.org/.

Weber, Max (1911): Zu einer Soziologie des Zeitungswesens. In: Verhandlungen des ersten deutschen Soziologentages in Frankfurt a.M. 1910. Mohr, Tübingen, 1911, S. 45-52.

Westley, Bruce H.; MacLean, Malcom S. Jr. (1957): A Conceptual Model for Communications Research. In: Journalism Quaterly, 34, pp. 31-38, 1957. First in: Audio-Visual Communication Research 2, 1954, 3-12.

Whorf, Benjamin L. (1956): Language, Thought, and Reality. Wiley, New York, 1956. Dt. Ausgabe: Sprache, Denken, Wirklichkeit. Beiträge zur Metalinguistik und Sprachphilosophie. rde Bd. 174, Rowohlt Taschenbuch Verlag, Reinbek bei Hamburg, Mai 1963, 158 Seiten.

Wiener, Norbert (1963): Kybernetik. Regelung und Nachrichtenübertragung. In: Lebewesen und Maschine. Econ Verlag. Düsseldorf, Wien, 1963. Auch in Rowohlt-Verlag, Frankfurt a.M., 1968.

Wilhelm, Reinhard; Heckmann, Reinhold (1996): Grundlagen der Dokumentenverarbeitung. Addison Wesley, Bonn, Reading MA usw. 1996, 274 S. (vergriffen)

Witt, Kurt-Ulrich (1992): Einführung in die objektorientierte Programmierung. Oldenbourg Verlag, München, Wien, 1992, 230 Seiten.

Wittgenstein, Ludwig (1922): Tractatus logico-philosophicus. Dt.-engl. Ausgabe London 1922 (Frankfurt 1960). Abgedruckt z.B. in Edition Suhrkamp Nr. 12, 1. Auflage, Frankfurt 1964, 115 Seiten.

Wittgenstein, Ludwig (1953): Philosophische Untersuchungen (Philosophical Investigations). Hrsg.: G.E.M. Anscombe, R.Rhees, dt.-engl. Ausgabe Oxford 1953 (Frankfurt 1960). Abgedruckt z.B. in Suhrkamp Taschenbuch Nr. 14, 1. Auflage, Frankfurt 1971, 268 Seiten.

Woitass, Michael (1991): Koordination in strukturierten Konversationen. Ein Konversationsmodell für kooperierende Agenten und seine Anwendung im Bereich Computer-Supported Cooperative Work (CSCW). R. Oldenbourg Verlag, München, Wien, 1991, 222 Seiten.

W3C: HTML, HTTP siehe unter HTML, HTTP.

W3C: XML, XML Schema, XPath, XSLT, siehe unter XML, XML Schema, XPath, XSLT.

W3C (2004): Web Services Architecture. W3C Working Group Note 11 February 2004, David Booth, Hugo Haas et al. http://www.w3.org/TR/ws-arch/ [download 18.3.2005]

W3C (2005): Web Services Description Language (WSDL). Version 2.0 Part 1: Core Language, 16.3.2005, Roberto Chinnici et al. W3C Web Services Activity. Web Services Description Group. http://www.w3.org/2002/ws/desc/ [download 18.3.2005]

XML (2004): Bray, Tim; Paoli, Jean; Sperberg-McQueen, C. M.; Maler, Eve; and Yergeau, François: Extensible Markup Language (XML) 1.0 (Third Edition). W3C Recommendation, 4 Feb 2004. http://www.w3.org/TR/REC-xml/ [download 13.2.2005]

XML Schema (2004): XML Schema Part 0: Primer Second Edition. W3C Recommendation 28 October 2004. http://www.w3.org/TR/xmlschema-0/ [download 18.3.2005]

XPath (1999): The Extensible Stylesheet Language Family (XSL). XML Path Language (XPath) – an expression language used by XSLT to access or refer to parts of an XML document. Version 1.0, W3C Recommendation 16 November 1999 (latest version), http://www.w3.org/TR/xpath [download 18.3.2005]

XSLT (1999): The Extensible Stylesheet Language Family (XSL). XSL Transformations (XSLT) – a language for transforming XML. Version 1.0, W3C Recommendation 16 November 1999 (latest version), http://www.w3.org/TR/xslt [download 18.3.2005]

Zingel, Harry (2004): Grundzüge des Projektmanagements. Version 3.2 Online-Skript Zingel 2002-2004, 32 Seiten. http://www.zingel.de/pdf/proj10.pdf [download 19.1.2005]

Abkürzungsverzeichnis

APDU	Application Protocol Data Unit (in der Praxis SMTP, HTTP, usw.). 7.3.8
API	Application Programming Interface. 9.8.1
ASCII	American Standard Code for Information Interchange. 7-Bit-Kodierung für 2^7=128 Zeichen, ISO 646. Erweitert im 32-Bits-Unicode, ISO 10646. 9.4
ASN.1	Abstract Syntax Notation No. 1. ISO-Standard für ein Austauschformat für Kommunikationsdaten im Internet. 9.7
BER	Basic Encoding Rules. Kodierungsregeln der Datenspezifikationssprache ASN.1. 9.7.1
BTX	Bildschirmtext. Ab 1983 Projekt der Deutschen Bundespost zum Online-Angebot von Anwendungsdaten. Ein- und Ausgabe an speziellen BTX-Geräten oder am Fernseher. Verbindung über Telefonnetz. Erfolgreich mit Homebanking und einem einfachen Mailing. Durch zentrale Postserver gesteuert. Ab 1993 vom dezentralen WWW abgelöst. 9.9.1
CCITT	Comité Consultatif International Téléphonique et Télégraphique, heute ITU. 7.2.2
CDATA	Character Data. Rohdaten in XML, non parsed, vgl. PCDATA. 9.8.2, 9.8.4
CER	Canoncial Encoding Rules. Kodierungsregeln der Datenspezifikationssprache ASN.1. Vgl. BER – Basic Encoding Rules. 9.7.1
CR	Carriage Return. Wagenrücklauf, ASCII-Codierung als 0D, s. CRLF. 9.4.3
CRLF	Carriage Return and Line Field. 2-Bytedarstellung 0D0A für die Steuerung des Lese- und Schreibzeigers (*cursor*) auf die erste Position der nächsten Zeile. 9.4.3
CSSL	Cascading Style Sheets Language. Präsentationssprache für Web-Seiten, in HTML intgerierbar. 9.9.3
DER	Distinguished Encoding Rules. Kodierungsregeln der Datenspezifikationssprache ASN.1. Vgl. BER – Basic Encoding Rules. 9.7.1

DTD	Document Type Definition. Spezifikationsmethode für Datentypen mit Hilfe von XML. Wird heute in der Regel durch die Schema-Methode ersetzt. 9.8.4
EBCDIC	Extended Binary Coded Decimal Interchange. Von IBM entworfene und in allen IBM-Maschinen unterstützte 8-Bit-Kodierung für 2^8=256 Zeichen. Im Internet wird statt EBCDIC der ASCII-Code verwendet, 9.4.1
FTP	File Transfer Protocol. Internet-Anwendung zum Download und Upload von allgemeinen Dateien. 7.2.1, 7.3.8, 7.4.1
GSM	Global System for Mobile Communications. Die Menge aller Spezifikationen und Schnittstellen für die Mobiltelefonie in Europa. GSM-Standard wird heute von 3GPP (3rd Generation Partnership Project) gepflegt. Nutzfrequenzen zwischen 450 und 1.900 MHz, Kanalbandbreite 200 kHz. In Deutschland D1 und D2 im Bereich 900 MHz und 1.800 MHz. Zum Vergleich: UMTS im Bereich 2 GHz. 5.1
HDLC	High-Level Datalink Control. Sicherer Datenaustausch in Schicht 2 des OSI-Referenzmodells. 8.5.1
HREF	Hypertext Reference. Attribut des HTML-Ankerelements <a> zum Verweis auf andere HTML-Dokumente und multimediale Formate im Web. 9.9.2, 9.9.4
HTML	Hypertext Markup Language. Zur Gestaltung von Struktur und Präsentation von Webseiten. 7.3.6, v.a. 9.9
HTTP	Hyper Text Transfer Protocol. Internet-Anwendung zum Austausch von Web-Dokumenten, vor allem von HTML-Seiten. 7.2.1, 7.3.8, 7.4.1, v.a. 8.7
IETF	Internet Engineering Task Force. Steuerungsgremium der Internet-Standardisierung (RFC). 9.8.1.
IMAP	Internet Mail Access Protocol. Protokoll zum Abholen von Internet E-Mail aus einer Mailbox durch den empfangenden Client. Alternative zu POP. 8.6.1
IP	Internet Protocol. Leichtgewichtiges Austauschformat von Datenpaketen zwischen lokalen Netztechnologien. Weltweit akzeptierte Methode der Adressierung von Internet-Knoten (Hosts) und des Austauschs von Datenpaketen über ihre lokalen Netze. 7.4.1, 7.4.2
ISO	Internation Standards Organisation. Dachorganisation der nationalen Standardisierungsgremien, wie DIN (Deutsche Industrienorm) in Deutschland. 7.1, 7.2.2
ITU	International Telecommuniation Union, Zusammenschluss aller Telekommunikationsanbieter zum Zwecke der Standardisierung von Kommunikationstechnik, früher CCITT. 7.1, 7.2.2

LDAP	Lightweight Directory Access Protocol. Methode zum Austausch von Dateninformationen im Internet, besonders für die Auskunft über Schlüsselzertifikate in Verschlüsselungs- und Signaturanwendungen. 7.4.2, 9.7.1
LF	Line Feed. Zeilenvorschub, ASCII-Codierung als 0A, s. CRLF. 9.4.3
MIME	Multipurpose Internet Mail Extensions. Multimedia Formate für ASCII-basierte Anwendungsdaten im Internet, für E-Mail, Web usw. 9.6
MML	Mathematical Markup Language. 9.8.1
MP3	Moving Pictures, Audio Layer 3. ISO-Standard für den Code von Audiodaten. Aus MPEG-1 (1992) und MPEG-2 (1994). 6.5.4, 6.5.7
MPEG	Moving Pictures Expert Group. ISO-Gremium zur Standardisierung von Multimedia Datenkodierung. 6.5.4, 6.5.7
OFX	Open Financial Exchange. US Industriestandard für Bankenanwendungen mit XML. 9.8.1
OSI	Open Systems Interconnection, ISO-Standardisierung von Kommunikationstechnik. 7
OTP	Open Trading Protocol. US Industriestandard für E-Commerce-Anwendungen mit XML. 9.8.1.
PCDATA	Parsed Character Data. Rohdaten in XML, vgl. CDATA. 9.8.2, 9.8.4
PDF	Portable Document Format. Dateiformat der Firma Adobe Systems, 1993 erstmals als Acrobat 1. Proprietäres, aber weithin akzeptiertes Präsentationsformat. 9.8.6
POP	Post Office Protocol. POP3 = POP Version 3. Übertragungsprotokoll zum Abholen von E-Mails von einem E-Mail-Server. RFC 1939. Alternative zu IMAP. 8.6.1
PPDU	Presentation Protocol Data Unit (spielt in der Praxis keine Rolle mehr). 7.3.8
PPP	Point-to-Point Protocol. Protokoll zum Verbindungsaufbau über Wählleitungen, zumeist über Modem oder ISDN. 7.3.8
RBAC	Role Based Access Control. Rollenbasierte Zugriffsmethoden in der Informatik. 5.6
RFC	Request for Comment, Typname der Internet-Standards, gesteuert von der Internet Engineering Task Force IETF. 7.4.2
RDF	Resource Description Framenwork. W3C-Standard für die Anwendungsbeschreibung von Web-Dokumenten an ihrer Service-Schnittstelle mit XML. 9.8.1.

SGML	Structured Generalized Markup Language. ISO 8879, umfangreiche Spezifikationssprache für Hypermedien, Vorgänger von XML. 9.8.1
SMTP	Simple Message Transfer Protocol. Internet Anwendungsprotokoll zum E-Mailversand an E-Mailserver. 7.2.2, 7.3.8, 7.4.1, 7.4.2, v.a. 8.6
SOAP	Simple Object Access Protocol. W3C-Standard für den Austausch von XML-Dokumenten mit den Web Services. Eine Grundlage zu SOAP bildet die WSDL – Web Services Description Language. 9.8.1
SOS	Save Our Soles. Seenotruf des Moresalphabets. 9.4.1
SPDU	Session Protocol Data Unit (spielt in der Praxis keine Rolle mehr). 7.3.8
SSL	Secure Socket Layer. Absicherung von Transportdaten gegenüber unerlaubtem Mitlauschen (Verschlüsselung) und Verändern (Signatur) auf dem Transportweg im offenen Internet. 7.3.4
TCP	Transmission Control Protocol. Standard Verbindungsprotokoll für Internet-Anwendungen. 7.3.8, v.a. 7.4.1
TPDU	Transport Protocol Data Protocol (in der Praxis TCP oder UDP). 7.3.8
UDP	User Datagram Protocol. Leichtgewichtige Variante zu TCP. 7.3.8, 7.4.1
UMTS	Universal Mobile Telecommunications System. Zusammenfassung von Protokollen und Schnittstellen, die für ein Mobilnetz der 3. Generation benötigt werden, daher auch oft einfach als 3G bezeichnet. UMTS-Standard wird heute von 3GPP (3rd Gene-ration Partnership Project) gepflegt. Nutzfrequenzen zwischen 1.900 und 2.170 MHz, Kanalbandbreite 5 MHz. Designierter Nachfolger von GSM. 5.1
Unicode	s. USC
URI	Uniform Resource Identifier. Allgemeines Adressierungs- und Namensformat des World Wide Web. Spezielle Formen davon sind URL und URN. 8.7.3
URL	Uniform Resource Location. Adressierungsformat des World Wide Web. 8.7.3
URN	Uniform Resource Name. Namensform für die lokale Verwendung in Web-Anwendungen. Zur globalen Zuordnung kann eine URN auf eine globale Webadresse in Form einer URL abgebildet werden. 8.7.3
USC	Universal Character Set. Die von ISO verwendete Bezeichnung des Unicode-Zeichensatzes. 32-Bits-Kodierung pro Zeichen erlauben über 4 Milliarden verschiedene Zeichen. 9.4.1
UTF	Unicode Transform Format. Zur Darstellung von Unicode in 32 Bits (UTF-32), 16 Bits (UTF-16) und 8 Bits (UTF-8). UTF-8 mit oberstem Bit=0 entspricht dem 7-Bits ASCII-Code. 9.4.1

W3C	World Wide Web Consortium. Gremium zur Steuerung der WWW Aktivitäten, vor allem der Standardisierung, http://www.w3.org. Bekannteste W3C-Standards sind HTML, HTTP, XML. 9.8
WWW	World Wide Web. Bezeichnung für die Architektur, die Protokolle und die Anwendungen aller durch HTML und HTTP realisierten Prozesse und Dienstleistungen im Internet. 9.8
WSDL	Web Services Description Language. W3C-Standard für die Beschreibung von Diensteparametern an der Zugangsschnittstelle zu Web Services. Wird im SOAP-Protokoll eingesetzt. 9.8.1
XML	Extensible Markup Language. W3C-Standard seit 1998 (XML 2004). Standard-Spezifikationssprache für Datenformate in Web-Anwendungen. 9.8
XMLNS	XML-Namespace, Attribut eines XML-Dokuments zur Referenz der in diesem Dokument verwendeten Namen. 9.8.5
XSL(T)	XML Style Sheet Language (Transformations), Transformationssprache für XML-Strukturen, zum Beispiel zur Präsentation mit HTML. 9.8.6

Personenverzeichnis

Abaelard(us), Petrus (1079-1142), auch Palatinus genannt: französischer Philosoph der Scholastik. Schüler von Roscalin und von Wilhelm von Champeaux, zwischen deren Extrempositionen im Universalienstreit er vermittelte. Mit ihm akzeptierte der so genannte Konzeptualismus die Existenz von Einzeldingen und ihrer Begriffe, die aber nicht nebeneinander bestünden, sondern in den Einzeldingen komme ihr Wesen zum Ausdruck („universalia in rebus"). (Abschnitt 3.3.1)

al-Choresmi (al-Chwarizmi), Abu Abdallah Muhammad ibn Musa (ca. 780-850): Mathematiker aus der persischen Provinz Chorassan, die im 8. Jahrhundert von den Arabern erobert wurde und heute zu Usbekistan gehört. Aus dem Klang seines Namens leitet sich der Begriff Algorithmus ab. Er schrieb Bücher über Arithmetik, Geographie, Astronomie und kalendarische Probleme. Auch der Begriff „Algebra" geht auf ihn zurück: er wurde klanglich aus dem Titel seines Buches Al-Dschabr abgeleitet, das ins Lateinische übersetzt die europäische Mathematik beeinflusst hat. (Abschnitt 2.3)

Andreessen, Marc (*1971): Amerikanischer Informatiker und Geschäftsmann. Erfinder und Autor des Mosaic-Browsers (1993). Browsers ermöglichten erstmals die integrierte Darstellung multimedialer Formate beim Nutzer und den einfachen Zugriff auf entfernte HTML-Dateien und ihre Hyperlinks. Gründer der Firma Netscape Communications Corporation (1994). Neben Tim Berners-Lee der wichtigste Wegbereiter des World Wide Web. (Abschnitt 9.9.1)

Anselm von Canterbury (1033-1109): Englischer Theologe und Philosoph, 1078-1093 Abt des Benediktinerklosters Bec (Normandie) und 1093-1109 Erzbischof von Canterbury. Erster strenger Scholastiker, Gegner des Roscalin, vertrat mit Augustinus' Motto „credo ut intellegam" die Vorherrschaft des Glaubens vor der Vernunft. Ontologische Gottesbeweise. (Abschnitt 3.3.1)

Aristoteles (384-322 v. Chr.): Griechischer Philosoph, Schüler des Platon und Lehrer Alexanders des Großen. Gründer des Lyzeums, der so genannten peripatetischen Schule, in Athen. Lehrschriften über Logik, Metaphysik, Naturwissenschaft, Mathematik, Ethik, Politik. Über die Universalien kehrt er sich von Platons Begriffsrealismus ab und vertritt die substantielle Existenz der Einzeldinge, deren Wesenheit in dem Vielen liegt („univeralia in rebus"). (Abschnitt 3.3.1)

Austin, John L. (1911-1960): Englischer Philosoph, lehrte in Oxford, UK, und Harvard, Massachusetts. Mit der Arbeit "How to do Things with Words" (Harvard 1961) Begründer

der Sprechakttheorie im engeren Sinne. Siehe aber auch Wittgenstein, Grice und Searle. (Abschnitte 3.2, 3.5, 3.7.4, 3.8.1)

Babbage, Charles (1791-1871): Englischer Mathematiker, Professor in Cambridge, UK. Gründer und Co-Gründer der Royal Analytical Society, Royal Astronomy Society und Royal Statistical Society. Erfinder und Bauer der ersten Rechenmaschine, der *Difference Engine*, 1832, und einer erweiterten Version, der *Analytical Engine*, 1856. Regte Ada Lovelace zur Entdeckung des Programmierens an. (Abschnitte 2.3, 2.4.3)

Bach, Johann Sebastian (1685-1750): Thüringischer Komponist und Kantor, Familie aus Eisenach. Stellungen in Arnstadt, Köthen und vor allem als Thomaskantor in Leipzig. Meister der Harmonie und des Kontrapunkts. Schöpfer des Wohltemperierten Klaviers. Höhcpunkt und Abschluss der Barockmusik vor dem Übergang zur dynamischen Klassik. (Abschnitt 3.4.3)

Baudot, Jean-Maurice-Émile (1845-1903): Französischer Nachrichteningenieur, Erfinder des 5-Bit Telegrafencodes mit Umschaltzeichen für 64 verschiedene Telexzeichen. Baudot ist Namensgeber der „Baudrate" (bd) als Übertragungsgeschwindigkeit für physikalische Signale/Sekunde auf einer Nachrichtenleitung. In elektronischen Medien entspricht die Baudrate der Frequenz. (Abschnitt 9.4.1)

Berners-Lee, Tim (*1955): Direktor des World Wide Web Consortium, Senior Researcher am MIT, Cambridge/Massachusetts, Professor für Computer Science in Southampton, UK. Wesentlicher Entwickler der HTML-Webseitensprache und des HTTP-Webkommunikationsprotokolls. Damit ist Bernes-Lee ein Wegbereiter des World Wide Web. Siehe auch Marc Andreessen. (Abschnitte 8.7 und 9.9.1)

Boltzmann, Ludwig (1844-1906): Österreichischer Physiker, Professuren in Graz, Leipzig, Wien. Erste experimentelle Bestätigung der Maxwellschen elektromagnetischen Lichtwellentheorie. Anwendung der Wahrscheinlichkeitslehre auf den Zusammenhang zwischen Thermodynamik und Mechanik, Statistik der Gasmoleküle, Einführung des Entropiebegriffs. (Abschnitt 6.5.5)

Borenstein, Nathaniel (*1957): Amerikanischer Informatiker. „Software Strategist" in School of Information at the University of Michigan, Ann Arbor. Erfinder von MIME – Multipurpose Internet Mail Extensions (MIME 1993). (Abschnitte 9.5, v.a. 9.6)

Brandenburg, Karlheinz (*1954): Professor für Medientechnologie der Technischen Universität Ilmenau und Direktor des Fraunhofer Instituts für Digitale Medientechnologie IDMT. Legte mit seiner Doktorarbeit 1989 bei Prof. Dieter Seitzer, Universität Erlangen, den Grundstein zur MP3-Erfindung. (Abschnitt 6.5.7)

Cantor, Georg (1845-1918): Mathematiker und Logiker, Lehrstuhl in Halle/Saale. Begründer der Mengenlehre (ab 1877). Aussagen zur Mächtigkeit unendlicher Mengen. Bewies mit dem Diagonal-Abzählverfahren die Abzählbarkeit der rationalen Zahlen. (Abschnitt 3.4.1)

Cerf, Vint (*1943): Amerikanischer Informatiker. Einer der „Väter des Internet“. Zusammen mit Robert E. Kahn Verfasser und Implementierer des TCP (RFC 793). Aufbau des ersten Internet-Cluster in Stanford, California, in den 1970ern. (Abschnitt 7.2.2)

Chomsky, Noam (*1828): Amerikanischer Linguist, geistiger Vater der generativen Grammatiken und der „Chomsky Hierarchie“ zur Klassifikation formaler Sprachen. Professor für Sprachphilosophie in M.I.T., Massachusetts. (Abschnitt 1.2.5)

Church, Alonso (*1903): Amerikanischer Mathematiker und Philosoph, Professur in Princeton, New Jersey, ab 1967 in California State University, Los Angeles. 1936 erste Formulierung des Begriffs einer berechenbaren Funktion. (Abschnitte 2.5.2, vor allem 2.5.3)

Cohen, Paul (*1934): Amerikanischer Mathematiker. Bewies 1963 die Unentscheidbarkeit (vgl. Gödel) der Kontinuumshypothese und des Auswahlaxioms mit Mitteln des Zermelo-Fraenkelschen Mengenkalküls. (Abschnitt 3.4.4)

Dahrendorf, Ralph Gustav Baron (*1929): Deutsch-britischer Philosoph, Soziologe und Politiker. Geistiger Vater des Homo Sociologicus. Führender FDP-Politiker während der 1968-er Studentenbewegung in der Bundesrepublik Deutschland. Ab 1958 Professor für Soziologie in Hamburg, Tübingen, Konstanz; MdB, Staatssekretär im Auswärtigen Amt, Kommissar der EU in Brüssel. 1974-1984 Direktor der London School of Economics, 1987-1997 Dean des St. Anthony's College in Oxford, UK. 1993 durch Königin Elisabeth II. in den Adelsstand (“life peerage”) erhoben und seither Mitglied des Oberhauses in London. (Abschnitt 5.6)

Eilenberg, Samuel (1913-1998): Amerikanischer Mathematiker, führend in der algebraischen Topologie, später wesentliche Beiträge zur Automatentheorie (1974). (Abschnitte 1.2.2, 8.3.3).

Epimenides (um 600 v. Chr.): Griechischer Priester aus Kreta, der auch in Athen gewirkt hat. Sein Ausspruch, dass alle Kreter lügen, wurde als Paradox berühmt, da er selbst Kreter ist. Unter anderem zitiert in Paulus Brief an Titus 1,12. (Abschnitt 3.4.4)

Escher, Maurits Cornelis (1898-1972): Niederländischer Graphiker und Buchillustrator. Optische Täuschungen in Vexierbildern von Gebäuden und Landschaften. (Abschnitt 3.4.3)

Euclid de Alexandria (365-275 v.Chr.): Philosoph und Mathematiker der Antike an der Bibliothek in Alexandria und vielleicht in der Akademie Platos in Griechenland. Vater der Geometrie und Arithmetik sowie der Axiomatischen Methode der Mathematik. Hauptwerk *Elemente*. Erfinder des „Euklidischen“ Algorithmus zur Primzahlzerlegung natürlicher Zahlen. (Abschnitte 2.3, 2.4.3)

Fano, Robert M. (*1917): Italienisch-amerikanischer Informatiker. Professor für Elektrotechnik und Informatik am M.I.T., Massachusetts. Für die Informationstheorie grundlegend ist die Fano-Shannon-Methode der Datenkompression. (Abschnitte v.a. 6.5.7, 6.6.3)

Fourier, Jean-Baptiste Baron de (1768-1830): Französischer Physiker, Begründer der theoretischen Physik. Bekannt durch die „Fourier-Reihen“ zur Darstellung periodischer Funktionen in seiner Theorie der Wärmeausbreitung. (Abschnitte 6.3, 6.4, v.a. 6.4.1, 6.7)

Gödel, Kurt (1906-1978): Österreichischer Mathematiker und Logiker. Ab 1939 Professor in Princeton, New Jersey. Arbeiten über die Prädikatenlogik und das Aussagenkalkül. Begrub 1931 mit dem Unvollständigkeitssatz den Glauben an die widerspruchsfreie Abgeschlossenheit mathematischer Axiome und Ableitungsregeln. (Abschnitte 2.5.3, 2.7.3, 3.2, 3.4.1, 3.4.3, v.a. 3.4.4, 3.4.5, 3.5, 3.7.1)

Grice, Herbert Paul (1913-1988): Englischer Philosoph, lehrte in Oxford, UK, Berkeley, California, und Harvard, Massachusetts. 1967 axiomatische Formulierung der intentionalen Sprechakte (Utterer's Meaning, Sentence-Meaning, and Word-Meaning). Siehe auch Wittgenstein, Austin und Searle. (Abschnitte 3.2, 3.5, v.a. 3.6, 3.7.3, 3.8.1)

Habermas, Jürgen (* 1929): Soziologe und Philosoph der Kritischen Frankfurter Schule. Professor der Universität Frankfurt, 1971-1983 Direktor des Max Planck Instituts in Starnberg. Hauptwerk: Theorie des kommunikativen Handelns (1981). (Abschnitt 4.10)

Hamming, Richard Wesley (1915-1998): Amerikanischer Informatiker. Erfinder der "Hamming-Distance" zwischen verschiedenen Bitstrings zur Erkennung und Behebung von Übertragungsfehlern (Hamming 1950). 1946 Kollege von Claude Shannon in den Bell Telephone Laboratories. Ab 1976 Professor für Computer Science in Monterey, California. (Abschnitt 6.6.4)

Hartley, Ralph Vinton Lyon (1888-1970): Amerikanischer Informatiker und einer der Väter der Informationstheorie. Vorgänger von Shannon in der Theorie der effizienten Leitungskodierung (Hartley 1928). (Kap. 6)

Heisenberg, Werner (1901-1976): Theoretischer Physiker, 1932 Physik-Nobelpreis für die Unschärferelation (präzise Bestimmung von Impuls und Ort subatomarer Teilchen nicht gleichzeitig möglich). Professur für theoretische Physik in Leipzig, ab 1941 in Berlin. Nach dem 2. Weltkrieg Aufbau des Max-Planck-Instituts für theoretische Physik in Berlin. (Abschnitte 3.3.1, 3.7.4)

Husserl, Edmund (1859-1938): Philosoph und Logiker, Professuren in Halle/Saale, Göttingen und Freiburg. Hauptwerk „Ideen zu einer reinen Phänomenologie und phänomenologischen Philosophie", 1913. Das Bewusstsein konstituiere schöpferisch mit Absicht und Intuition jede Art von Sein. Das Wesen der Dinge werde intuitiv erschaut („universalia in mente"). (Abschnitt 3.3.1)

Kahn, Robert E. (*1938): Amerikanischer Informatiker in Bell Labs, M.I.T. und DARPA. Einer der „Väter des Internet". Zusammen mit Vint Cerf Verfasser des TCP (RFC 793). (Abschnitt 7.2.2)

Lasswell, Harold D. (1902-1978): Amerikanischer Psychologe und Politologe. Professor für Sozialwissenschaften an den Universitäten Milikan, Chicago, Columbia und Yale. Hauptwerke „Psychopathologie und Politik" (1930) und sein Modell der Massenkommunikation (1961). (Abschnitte 4.2, 4.4, v.a. 4.9.4)

Locke, John (1632-1704): Englischer Philosoph und Naturforscher. Hauptwerk „Versuche über den menschlichen Verstand", 1689. Für ihn bilden Vernunft und Toleranz sowie Erfahrung, Empfindung und Reflexion die Basis des Erkennens. Einfache Ideen seien für sich real, komplexe Ideen dagegen seien das Ergebnis sprachvermittelter Reflexion und Empfindung. (Abschnitt 3.3.1)

Lovelace, Ada (1815-1852): Englische Mathematikerin. Namensgeberin des Computerprogramms ADA (Pentagon, USA, 1975). Tochter von Lord Byron, Kollegin und Freundin von Charles Babbage (1791-1871). „Erfinderin" des Programmierens anhand ihrer Interpretation der *Difference Engine* (Charles Babbage, 1842), zu deren Erläuterung sie beispielhaft die ersten Computerprogramme schrieb. (Abschnitt 2.3)

Luhmann, Niklas (1927-1998): Professor für Soziologie an der Universität Bielefeld. Begründer und Hauptvertreter der Systemtheorie. (Abschnitt 4.10)

Maletzke, Gerhard (*1922): Kommunikationswissenschaftler. Beiträge zur Theorie der Massenkommunikation. Wissenschaftlicher Referent am Hans-Bredow-Institut der Universität Hamburg (1952-1964), Honorarprofessor der Universität Hohenheim. (Abschnitte 4.2, 4.6)

Merten, Klaus: Kommunikationswissenschaftler. Seit 1985 Professor für Kommunikationswissenschaft an der Universität Münster, Schwerpunkte: Public Relations, Theorien und Methoden der Kommunikationswissenschaft, Wirkungsforschung. (Abschnitte 4.1, 4.3, 4.4, 4.5, 4.6, v.a. 4.9.3, 4.9.4. 4.10, 6.2, 6.3)

Morse, Samuel (1791-1872): Amerikanischer Künstler. Erfinder des Telegrafen (1833) mit einem ersten reinen Zifferncode (1837). Lebte von den Einnahmen aus seinen Telgraphenpatenten in den USA. Sein Schüler Alfred Veill entwickelte ab 1838 den als Morse-Alphabet bekannten Morsecode zum Einsatz in der Telegrafie sowie für Licht- und Tonsignale, vor allem auf See. (Abschnitt 9.4.1)

Noelle-Neumann, Elisabeth (*1916): Eine der herausragenden Persönlichkeiten auf dem Gebiet der empirischen Meinungsforschung in Deutschland nach 1945. Leiterin des „Instituts für Demoskopie" in Allensbach, das sie 1947 als erstes seiner Art in Europa gründete. (Abschnitt 6.9)

Nyquist, Harry (1889-1976): Amerikanischer Physiker und einer der Väter der Informationstheorie. Zunächst im AT&T, ab 1934 Kollege von Claude Shannon bei den Bell Telephone Laboratories. Beitrag zur Informationstheorie mit dem Nyquist-Shannon Abtasttheorem über das Maß der digitalen Information in analogen Signalen. (Abschnitte 6.3, v.a. 6.4.2)

Petri, Carl Adam (*1926): Forschungsleiter in der GMD (Gesellschaft für Mathematik und Datenverarbeitung, heute Fraunhofer Gesellschaft) und Honorarprofessor der Universität Hamburg. Entwickelte in den 1960er Jahren die Methode der Petri-Netze zur formalen Beschreibung diskreter verteilter Systeme (Abschnitt 8.3.4).

Platon (428-348 v.Chr.): Schüler von Sokrates und Lehrer von Aristoteles. Schöpfer des so genannten „Platonischen Fiktionalismus", auch „Idealismus" und „Begriffsrealismus" genannt. Demnach sind Einzeldinge nicht für sich real, sondern aus ihren wesenhaften Begriffen abgeleitet. Begriffe werfen in den Einzeldingen gleichsam Schatten ihrer eigentlichen Wesen („der ideale Kreis“) in unser Bewusstsein („universalia ante res“). (Abschnitt 3.3.1)

Postel, John (1933-1998): Amerikanischer Informatiker. Direktor der Abteilung Computer Networks am Information Sciences Institute (ISI) der University of Southern California, Los Angeles, und Direktor der Internet Assigned Numbers Authority (IANA). Einer der Väter des Internet. Editor und Verfasser grundlegender Internet-Standards: Editor von RFC 791/793 (IP/TCP); Autor von RFC 821 (E-Mail), RFC 881 (Domain Names). (Abschnitt 7.2.2)

Raubold, Eckard (*1939): Kommunikationsinformatiker. Leiter des GMD-Instituts für Systemtechnik 1980-1995 (heute Fraunhofer Institut für Sichere Informationstechnik), Darmstadt; 1995-2002 Leiter der Forschungsabteilung der Telekom, Darmstadt und Bonn. Honorarprofessor der Universität Frankfurt. Durch seine Arbeiten regte er die Einbeziehung der Menschen und ihrer konfligierenden Interessenlagen in die Modellierung von IT-Sicherheit an (Telekooperationsmodell, Kap. 5).

Ries, Adam (1492-1559): deutscher Rechenmeister. Leitete ab 1518 in Erfurt und ab 1523 in Annaberg (Sachsen) eine Rechenschule und verfasste in der beginnenden Reformation drei Rechenbücher in deutscher Sprache. 1539 zum „Kurfürstlichen Sächsischen Hofarithmeticus“ ernannt. Ries gilt als Vater des modernen Rechnens mit den arabischen statt mit den unhandlichen römischen Ziffern. (Abschnitt 2.3)

Roscelin(us) aus Compiegne (1050-1120): Französischer Philosoph der Scholastik, Lehrer Abaelards, Begründer des Nominalismus (Materialismus) im Universalienstreit, demnach nur die Einzeldinge eine reale Existenz haben, während ihre Gattungen (ihr spezifisches Wesen) lediglich Produkte unseres subjektiven Vorstellens seien, das in ihnen Ähnlichkeiten feststelle („universalia post res“). Geriet damit in Konflikt mit dem kirchlichen Trinitätsdogma und musste 1092 bei der Kirchenversammlung von Soissons widerrufen. (Abschnitt 3.3.1)

Russell, Bertrand (1872-1970): Englischer Mathematiker und Philosoph. Lehrstuhl in Cambridge, UK. Kollege von Frege, Lehrer von Wittgenstein. Unter anderem Arbeiten in der Logik der Mathematik, 1901 Russel'sche Antinomie der Mengenlehre. (Abschnitte 3.3.2, v.a. 3.4.2, 3.4.3, 3.4.4)

Searle, John R. (*1930): Amerikanischer Philosoph, besonders Sprachphilosophie, Lehrstuhl in Berkeley, California. Mächtigster Vertreter der Sprechakttheorie. Siehe auch Wittgenstein, Austin und Grice. (Abschnitte 3.3.2, 3.5, 3.6, 3.7, 3.8)

Shannon, Claude E. (191916-2001): Amerikanischer Mathematiker in den Bell Laboratories. 1958-1978 Honorarprofessor für Mathematik und Elektrotechnik am M.I.T., Massachusetts. Grundlegende Arbeiten zur Kodierung von diskreten und analogen Übertragungskanälen. Begründer des Modells zur mathematischen Kommunikationstheorie (1948). Weitere Arbeiten zur theoretischen Kryptographie. (Kap. 6)

Turing, Alan M. (1912-1954): Englischer Mathematiker. Forschungstätigkeit auf dem Gebiet der Logik, Algebra, Zahlentheorie in Princeton, New Jersey, und Cambridge, England. Mitbegründer der theoretischen Informatik. Entwickelte 1936 den Begriff der Berechenbarkeit anhand des theoretischen Konzepts der so genannten Turing-Maschine. Erster Beweis des Halteproblems. Im 2. Weltkrieg als Kryptoanalytiker in Bletchley Park, entschlüsselte die Enigma. (Abschnitte 2.1, 2.3, 2.5.2, v.a. 2.5.3, 2.6.4, 3.2, 3.4.1, 3.4.3, 3.4.5, 3.7.1)

Weaver, Warren (1894-1978): Amerikanischer Mathematiker, Direktor der Abteilung Naturwissenschaft in der Rockefeller Foundation. Veröffentlichte zusammen mit Claude Shannon 1949 die „Mathematische Theorie der Kommunikation", das Grundlagenwerk zur Kodierung von diskreten und analogen Übertragungskanälen. (Kap. 6, v.a. Abschnitt 6.4.2)

Weber, Max (1864-1920): Begründer der wissenschaftlichen Soziologie, 1889/92 Promotion und Habilitation in Jura, 1894 Professor für Nationalökonomie in Freiburg (1894), Heidelberg (1897) und München (1919). Soziologisches Hauptwerk „Wirtschaft und Gesellschaft" (posthum 1922). 1909 Mitbegründer der „Deutschen Gesellschaft für Soziologie" und 1918 der Deutschen Demokratischen Partei (DDP), 1919 Sachverständiger der deutschen Delegation bei der Konferenz zum Versailler Vertrag 1919. (Abschnitt 4.1)

Westley, Bruce H. (*1915?): Amerikanischer Kommunikationswissenschaftler mit wesentlichen Beiträgen zum Journalismus. 1946-1968 Professor für Journalismus an der University of Wisconsin-Madison, 1969-1981 in der University of Kentucky. Westley/McLean Rückkopplungsmodell der Massenkommunikation (1957). (Abschnitte 4.2, 4.4, v.a. 4.9.5)

Wiener, Norbert (1894-1964): Amerikanischer Mathematiker, Logiker und Philosoph. Schüler von Russel, Hilbert, Husserl, Landau. Professur am M.I.T., Massachusetts. Untersuchte gemeinsame Prinzipien in Mathematik, Technik und Gesellschaft. Prägte den Begriff der Kybernetik (1963). (Abschnitt 1.3.1)

Whorf, Benjamin Lee (1897-1941): Amerikanischer Anthropologe und Linguist, studierte 1931 bei Sapir in Yale, Connecticut. Er entdeckte zusammen mit Sapir die "Relativität von Sprache". Arbeiten anhand der Hopi-Sprache. Verdiente sein Brot als Versicherungsangestellter (Hartford Fire Insurance). (Abschnitt 3.3.1)

Wittgenstein, Ludwig (1889-1951): Österreichischer Philosoph und Logiker. Beziehung zum Wiener Kreis um Carnap, Schüler von Russell, ab 1939 Professor für Philosophie in Cambridge, UK. Grundlegende Arbeiten zur Sprachphilosophie durch den „Tractatus logico-philosophicus" (1922). Nach dem Gödelschen Unvollständigkeitssatz 1931 neuer Ansatz mit „Sprachspielen" in den „Philosophischen Untersuchungen" (veröffentlicht 1953). (Abschnitte 3.2, v.a. 3.3.2, 3.4.4, 3.4.5, v.a. 3.5, 3.7.1, 3.7.4, 3.8.1, 3.8.5, 3.8.6)

Stichwortindex